淘宝
创业成功的秘密

meyes　阿加加菲　树袋熊和桉树　zgyl_2001
著

電子工業出版社
Publishing House of Electronics Industry
北京•BEIJING

内 容 简 介

本书由淘宝大学经验畅谈居从众多精华帖中精心甄选出淘宝牛人卖家的成功案例访谈，淘宝网人气店主采用现身说法，让店主自述其网店经营历程与经营策略。本书浅显易懂却又充满智慧，只要你用心，就一定能够读懂，每个店主的经验都是不同的，通过这些案例，读者们会受到更多元化的启发。

在淘宝千变万化的大局势之下，网店生存立足点不断提高。“蜻蜓点水”般的经营理念，根本不能适应这“万变”之淘宝。《淘宝牛人的秘密》由此诞生并再次改版，本书指引现今的网店经营者如何适应变化，怎样立足新时代的淘宝，是开网店前的必修读本，此次改版在原基础上，阐述更高深度的实用经验之干货分享。

图书在版编目（CIP）数据

淘宝创业成功的秘密 / meyes 等著. —修订本. —北京：电子工业出版社，2015.7
ISBN 978-7-121-26166-4

Ⅰ. ①淘… Ⅱ. ①m… Ⅲ. ①电子商务－商业经营－案例－中国 Ⅳ. ①F724.6

中国版本图书馆 CIP 数据核字(2015)第 114096 号

策划编辑：林瑞和
责任编辑：徐津平
文字编辑：杨　璐
印　　刷：三河市双峰印刷装订有限公司
装　　订：三河市双峰印刷装订有限公司
出版发行：电子工业出版社
　　　　　北京市海淀区万寿路 173 信箱　邮编 100036
开　　本：720×1000　1/16　印张：25　字数：488 千字
版　　次：2015 年 7 月第 1 版
印　　次：2015 年 7 月第 1 次印刷
印　　数：4000 册　定价：59.00 元

凡所购买电子工业出版社图书有缺损问题，请向购买书店调换。若书店售缺，请与本社发行部联系，联系及邮购电话：（010）88254888。

质量投诉请发邮件至 zlts@phei.com.cn，盗版侵权举报请发邮件至 dbqq@phei.com.cn。

服务热线：（010）88258888。

前　言

本书由淘宝大学经验畅谈居社区从众多精华帖中精心甄选出淘宝牛人卖家的成功案例访谈，用浅显易懂的方式讲述了他们在淘宝从最初开店到最终成功所经历过的每一个细节，让每一位读者都能很清晰地了解一个成功卖家的操作模式。只要你用心，就一定能够读懂本书，从中分析出经营智慧及成功品质！掌握网上开店特有的经营模式，塑造自己的独特店铺，永远快人一步，成为网商中的佼佼者。

随着人们的消费习惯发生巨大变化，全民网购的热潮席卷全球，网络购物已经在全世界成为一种时尚潮流！因此，在淘宝网上创业，已经成为许多人的不二选择，投资少，风险小，只要方法正确，赢利也非常可观。

随着电子商务的发展和大淘宝战略的启动，目前淘宝平台上越来越呈现出个性化、柔性化和社会化的趋势，淘宝网已然成长为一个庞然大物，开放的功能越来越多，也越来越复杂。那么，我们该如何应对？

网店的运营模式有很多，淘宝网的店主每天都在上演一个个的奇迹，只要你有善于发现的眼睛，善于学习的心态，就能知道那些出色的店主是用什么独特的经营方式在梳理店铺。我们集中归纳，从中寻找出最适合自己的模式，才能让我们如虎添翼，少走弯路，快速迈上成功的征途。

本书精选 63 位淘宝网人气店主，采用现身说法，让店主自述其网店经营历程、销售方式与创业捷径，介绍自己的网商之路，通过“寻找货源到店铺装修管理，营销推广到售后服务，运营理念到阵地实战”等一系列的创业故事与大家尽情分享成功之道。

每个店主的经验都是不同的，通过这些案例，会给读者更多元化的启发，从中可以掌握“如何寻找一手货源”“如何打造养眼店铺”“如何运用 SEO 推广”等一系列前辈们的实战经验，分析出店主们的经营理念与创新思路，并且通过自己的思考、分析之后运用到自己的运营当中，改善网店的种种缺陷，摆脱经营不善的窘迫！

本书由经验畅谈居电商社记者负责采访相关卖家，电商社社长韩军燕（树袋熊和桉树）、副社长周华萍（zgyl_2001）统撰定稿，经验居掌门刘秀伟（meyes）及护法孟晓宇（阿加加菲）负责资料的整理与编写。在此，要特别感谢经验畅谈居全体同人所付出的努力，没有他们高效率的工作，本书不会按期完成。

开店容易守店难，当你面对种种困惑及窘迫时，请谨记永远以谦卑的态度去学习别人的成功经验，多学善用，把别人的经验变成自己的，开辟一条独特的成功之道。再次奉劝那些想走捷径的人，请先学会走路，再慢慢起跑。再苦再难的路，只要记住：坚持，坚持，再坚持！要相信，机会只给有准备的人，下一个成功的肯定就是你。

目　录

创业卷

第 1 章　风云篇——**谁在淘宝叱咤鼎力** 2

七格格：富二代不做啃老族 3
柠檬绿茶：如何缔造居家类目之巅峰 11
箱包行家 UCT：誓做电子商务领头羊，得淘宝得天下 18
杜微：85 后借 2000 元成就金皇冠 25
裂帛："向内行走"淘品牌，愈行愈远 31
两三事：坚持自我，该出手时就出手 39
阿格日勒：舌尖上的淘宝，内蒙古奶酪第一店 47
七贝熊母婴旗舰店：把梦想种下，就会开花结果 52

第 2 章　异士篇——**从不为人知到众人皆知** 58

旺旺烘培屋：微淘玩出金皇冠，九零女子梦想成真 59
怡红公子：民工到老板的蜕变 64
费冬霞：日售四万元的秘密，小夫妻淘宝舞动奇迹 70
源雀小郭：高手推广赛过职业直通车操手 74

鞋老外：不是只有蜘蛛才可以在网上生存......82
丁丁旅游：门外汉到门内精，清华学习日销 10 万元......90

第 3 章　木兰篇——**谁说女子不如男**......96

牛妈 Coco：淘宝“牛”事业胜过职场摸爬滚打......97
春姿蝶舞：现代木兰，做淘宝替父还债......103
米奇米妮：美女妈妈“四心”闯淘宝换皇冠......108
西西里：巾帼不让须眉，不做推广月销三千单......114
伊束香：一包面膜成就大梦想......120
海蓝蓝：淡季稳居淘宝销售前列......127
画画的大象：才艺兼修美术系女子，轻中式慢生活......133

第 4 章　爱心篇——**每一份爱都值得感动**......139

阳光四顺：命运洗礼仍乐观......140
舞行舞秀：为妻倾注至情至爱......146
阿加加菲：生命不止战斗不息......152
新梅 99：风雨过后不是彩虹也要前行......161
志当千里耀世中华：“站”着开店绝不认输......165
游林冰：用灵魂站立并行走......170

第 5 章　警醒篇——**听警钟在长鸣**......176

随海漂游：一夜痛失 40 万元，四皇冠的“劫”......177
蜂蜜和柚子茶：劝君熟知规则，莫让无知封了店......184
拍拍乐：淘宝废寝忘食还不够，有个性才能脱颖而出......191
自由魔力：皇冠卖家站在高处也烦忧......200

实　战　卷

第 6 章　**货源入门**......206

千里鹿：淘宝入门心态早明确......207
百惠购物吧：一手货源优势谈......211

再丰：便宜就是硬道理 215
友善地狗：大淘宝时代国际性的货源整合 219
偶爱偶家哦：三皇冠谈服装进货诀窍 224

第 7 章　装修心法 228

亲爱的三儿：与众不同的拍摄风格 229
琪贝儿国际儿童服饰：视觉营销塑五皇冠 237
阿多 ad：坚持实拍月销一万单 243
洋子：小店街拍也有范 249
风：躲避时尚让买家 N 次回头 258
海信电视集市店：视觉营销抓自然流量，如何上淘宝搜索排名第一页 261

第 8 章　推广奇招 269

韩都衣舍：畅谈推广不吝啬 270
久爱珠宝旗舰店：生意和广告是一对孪生姐妹 274
海宝先生：魔术般的 SEO 推广 279
包容家居：三钻小店月销 20 万元 283
凤求凰：用文化凝结顾客 290
曾新美：美丽与智慧并存，销量增十倍 296
柏卡姿旗舰店：自主创业，舍我其谁 301
阿灿来也：8 小时狂销一万件，揭秘小而美精髓 308

第 9 章　营销阵法 316

网罗你我：特色与质量成就“小而美”，失败尽头是成功 317
快来运动吧：掌握营销，买房很容易 323
颜美纯：12 件单品销路飙升 327
半价 mm：达人眼里看淘宝营销 333
汉珍蜜坊：诱导营销，10 个月升两皇冠 339
贾真：我的成功可以给很多人希望 345
玉蜜坊：四招引爆店铺流量 356

第 10 章　服务制胜 362

网逗数码：金皇冠百分百口碑不掺假 363
吕可可旗舰店：客服拿来主义生意旺 369
山货商贸：自己选择的路，跪着也要走完 374
娜雅韩妆：另类留客颠覆不推而广 379
海棠 1：高品质服务迎客没商量 383
雨荷宝贝：淘宝不是馅饼，最终要靠自己探索 387

创业卷

第 1 章　风云篇

——谁在淘宝叱咤鼎力

◎ 七格格：富二代不做啃老族

◎ 柠檬绿茶：如何缔造居家类目之巅峰

◎ 箱包行家 UCT：誓做电子商务领头羊，得淘宝得天下

◎ 杜微：85 后借 2000 元成就金皇冠

◎ 裂帛："向内行走"淘品牌，愈行愈远

◎ 两三事：坚持自我，该出手时就出手

◎ 阿格日勒：舌尖上的淘宝，内蒙古奶酪第一店

◎ 七贝熊母婴旗舰店：把梦想种下，就会开花结果

七格格：富二代不做啃老族

本篇导读：七格格 TOP 潮品，淘宝女装店 TOP 10，2006 年创建于中国杭州并入驻淘宝。凭着年轻的热情和执著的追求一步步摸索成长，在经历一次又一次的蜕变之后她变得更加强大。从最初的集市店到如今拥有自主品牌，一次次历练之下的七格格立誓："奇迹不在当下，在最后！"七格格是一种文化，是一种坚持独立追求自我个性的文化。她是一个有灵魂的店铺！七格格曾向格女郎承诺："我们会走得慢些，等一等灵魂！"但谁又能想到，把一家网店彻底渗入粉丝心灵深处的创始人居然是一个 80 后的小姑娘呢？

嘉　宾 ID：七格格吉祥
店铺名称：七格格 TOP 潮品
店铺主营：时尚女装
店铺链接：http://sugargirl.taobao.com
记　　者：丫丫爱小念

创业背景

七格格创始人——曹青，1982 年 7 月 7 日出生，"七格格吉祥"由此而来。芳龄二九，眉清目秀扎着马尾的她坦言："我是富二代，但绝不啃老！"因为曹青曾在父亲创建的布业有限公司工作过 4 年多，几年的经营管理给"七格格"定型打下了夯实的基础。那些年在父亲公司的锻炼，让她深谙公司架构、运营、管理之道；同时，从小在富裕环境中成长，让她对财富远比一般人更拿得起、放得下。曹青表示：拥有 35 年历史，年销售过亿，父亲创办的公司，只是为自己提供了一个有利的场地，七格格整个创业过程全部是自收自支，没用过父亲一分钱。事实上，七格格成立之初，曹青并未让父亲知晓，只因男朋友是在网上认识的，再把事业投入到互联网，怕父亲反对，所以瞒着老爸偷偷做起了网络生意，直到把网店做大做强之后，才告知父亲有这么一家网店的存在。虽然有 4 年公司运营规划的经验，但在七格格走向成熟稳定的道路上曹青也经历过两次“黑暗”大事件。

七格格 TOP 潮品大事记

- 2006 年 8 月，“七格格”淘宝注册网店。曹青学国际贸易出身，在老爸公司担任外贸部经理兼运营主管，她开始玩票的第一批货来自四季青，花了 4000 元。
- 2008 年 8 月，因为一款“海蓝风情”T 恤热卖 500 件，“七格格”的店晋升到 5 钻，团队升级到 3 人——在广告公司上班的男友何森杰友情加盟，客服牛宝宝全职进入。
- 2009 年 1 月，某天，“七格格”吃完晚饭，打开网站一看，哈哈，网店爬上了 1 冠。
- 2009 年 4 月，网店升级到 2 冠，团队扩充到 20 人。
- 2009 年 7 月，“七格格”参加淘宝培训，直接吸取大卖家的优秀经验及网络行销推广策略。回来后，七格格公司运营进行全面规划，成立客服部、设计部、采购部、数据分析部、仓储物流部等，逐步实行现代化电子管理；同时在淘宝网投入近 200 万元硬广告，强势推出 IAIZO 和 OTHERMIX 品牌，以惊人的速度成长为品牌网货。
- 2009 年 12 月，年度淘宝女装 TOP 10 评选揭晓，“七格格”的网店飙升至第 4 名。
- 2010 年 1 月，“七格格”正式注册公司，全称是：杭州黯涉电子商务有限公司。
- 2010 年 4 月，“七格格”参加淘宝“网商 MBA”高级研修班；研修班的入学“分数线”相当苛刻——报名学员网店年销售额至少 800 万元，并拥有 10 人以上的网店运营团队；4000 元草根卖家出身的“七格格”，在 2009 年一年不到的时间扩张为淘宝大鳄，成为最传奇的案例。
- 2010 年 5 月 27 日，“七格格”获得 2010 年第二届中国服装电子商务峰会大奖。
- 2010 年 12 月 28 日，“七格格”网店荣升金冠。

访谈实录

今天向大家介绍的是淘宝的 TOP 潮店——七格格 TOP 潮店。悉数 2010 年叱咤淘宝服装行业的风云人物非七格格莫属了，说到七格格，可谓无人不知，没人不晓！七格格 TOP 潮店于 2006 年之后的两三年中一直处于“玩票”状态；直到 2009 年 1 月才升上皇冠，2009 年 7 月才开始正经地在淘宝发展，但它只用了半年就又打造出 4 个皇冠，在 2010 年底淘宝女装排名中，神话般名列第 4。网店从 4000 元起家，到 2009 年全年销售额超过 3000 万元；从年初只有 3 个人的团队，到年底拥有 100 多位员工、全套电子管理系统、工业流水线、注册两个服装品牌，宣布网店所有在售女装都是百分百原创作品……2010 年，它已经变身为淘宝公认最火的女装店，而且凌厉的业绩还在不断飙升！其竞争力和悬疑度，简直升级到了恐怖的地步，同时拥有 10 万余人的格女郎粉丝群，这是她的骄傲，也是她的一份责任！她每月的销售额为 300～500 万元，在很多人看来，半年做到如此成绩，的确是一个奇迹。采访中，七格格笑着说：“按现在的发展势头，2011 年的销售额基本上是 2010 年的 5 倍，也就是 1.5 个亿。”可七格格说：“这一切都不是奇迹，只是过程，奇迹还在最后！”

采访七格格是我很久的一个愿望了，今天七格格能接受我的采访也是我的荣幸，而揭开七格格的神秘面纱，就在今天！首次亮相名人访谈，一睹七格格芳容。

七格格和老公

丫丫爱小念：首先，非常感谢七格格能接受我的采访，其实我也是刚入淘宝不久，但早已耳闻七格格大名，非常佩服七格格的作为，也很想知道你在开始做淘宝的时候是怎样的一个规模以及初衷？

七格格吉祥：在 2002 年淘宝还没有面市的时候，我就已经通过互联网银行汇款买东西了，在淘宝开店以后，我就开始在淘宝购物了，也算是第一批买家，2004年我已经算是一个超级买家了，到了2006年我就和我老公兼职做了淘宝，因为我和我老公都超级喜欢时尚的事物，对穿衣搭配都有自己的见解，于是我们就做起了服装。开始卖的也是别人的牌子！到了2009年做到一皇冠，7月份开始全职！在我看来，淘宝开店，归结起来两条路：一是进别人的货，比如到四季青进货，做分销商；二是做自己的品牌，找工厂加工甚至自己办厂。前者是淘宝上个人创业者最普遍的创业方式，但自己无法掌控货源，只能小打小闹。而做品牌则是从淘宝店铺转向企业运营最重要的路径。

丫丫爱小念：那个时候对你来说最大的困难是什么？

七格格吉祥：好像也没什么困难吧！因为当时我和老公做淘宝感觉就是“玩票”性质的，只是简单地出售自己的喜好而已，能有人认同我们的穿衣风格，我们就已经很满足了！在2009年7月之前我们没做过什么推广，因为都是兼职，所以对淘宝也没有付出很多，自然也不期望它能给我们带来什么效益！也许是心态的问题，所以觉得那个时候没有什么困难！创立自主品牌一直以来都是我和老公的一个梦想，从2006年开始兼职做起淘宝后生意一直都是不温不火，我的老公爱好服装设计，在2009年7月，IAIZO品牌上线了！这次的设计非常成功！我和老公认为我们的转折点来临了！

丫丫爱小念：你们当时设计IAIZO品牌的时候，是一个什么样的设计理念呢？

七格格吉祥：在我们的品牌理念中，七格格作为品牌与其旗下子品牌的功能不同：她是汇集潮流大品牌的概念，是潮人的聚集地，是网络服装潮流的风向标。IAIZO力推原创设计概念，要求风格强烈，色彩运用大胆，强调束身、性感、PUNK（朋克）、摇滚、自然、亲和、多种独立原色混合，深受年轻有自我形象、自我生活态度、独立而且有影响力的都市女性追捧。IAIZO是一种文化，是一种坚持独立、追求自我的个性，穿七格格的衣服是一种时尚的表达，也是一种个性的象征，这种表达和象征是七格格将这种文化融合到设计里所需要完成的！七格格要抓住眼球的是潮流的冲击感。耸肩、铆钉、混搭、毛绒、色彩感……我们应用的都是当季最流行的元素。让我们的格格迷感受到：潮！但这一个字的品牌形象只通过平面传达给用户并不容易。我老公何森杰是一名服装设计师，以他为主导成立了专业的设计师团队和搭配师团队，并搭建了非常专业的摄影棚，花重金聘请了某届新丝路模特大赛的分赛区冠军DODO做模特。我认为，DODO不是最漂亮的，但是她的气质和风格经过化妆和搭配与七格格品牌浑然天成，时尚而阳光的感觉一下子就能让人记住。

丫丫爱小念：你的这种设计理念非常优秀，可是当第一批自己设计的服装做出来以后，效果到底如何呢？

七格格吉祥：设计非常成功，但是因为我们当时年轻，不够成熟，2009 年的两次黑暗大“事故”，造成了很多的遗憾和对格格迷的伤害！

2009 年 7 月，七格格的 IAIZO 正式上线了，本来认为是七格格的转折点，因为想法的不成熟，过程的草率，我们甚至没有在第一批 IAIZO 秋装的工厂选择上进行全面的考核和资质的审核。打衣服的样板，拍摄图片，然后挂在店铺开始售卖。2009 年 9 月，淘宝天下创刊，七格格家作为唯一的服饰赞助卖家参加了创刊仪式。在会议上，一位 MM 提了一个很直白很尖锐的问题：“你就是七格格吗？你身上穿的衣服是自己家的吗？好像不是别人说的质量那么好啊……”在羞愧以及尴尬中，当时的我只是红着脸保持沉默。于是连续三个晚上，我一直反复浏览这些带着无奈的评价。2009 年 7 月至 9 月，IAIZO 有将近 30 000 多件不合格的秋装被“想法简单，自以为是”的七格格家售卖给上万个格女郎，将近 400 个中差评。

2009 年 12 月，TOP 的淘宝全民疯抢活动，格格家第一次单日销售上万件，除了客服连续病倒，物流部门直接挂“敢死队”的牌子外，格格做梦都在亲手包包裹、回复留言，又是将近 300 个中差评！

丫丫爱小念：IAIZO 品牌生产的时候，你们那个时候是怎样的一种心态？

七格格吉祥：激动，甚至有点迷失自我，或许年少轻狂，单纯的以为品牌的上线就一定会成功，却忽略了诸多细节，现在想想，都是年轻惹的祸！如果可以重来，那么我会在沉稳中前进，力求做到完美！

2009 年 9 月整整一个月，停止了上新品，我们总结出一条：“走得太快了，要等等灵魂！”格格家需要一个灵魂！而不是那样卖货冲销量的“虚假繁荣”！

丫丫爱小念：这两次黑暗的“事故”，你认为输在哪里？

七格格吉祥：2009 年 7 月后的质量问题我们输给自己的年轻，自己的不负责，自己的大意。

2009 年 12 月的发货蜗牛速度事件我们输给自己的经验，自己的能力，服务态度，发货速度，我们团队力量的微弱！

2009 年 12 月的某一天，淘宝小二的一个电话让格格非常惊讶，得知在淘宝女装 TOP 10 的评选中，七格格家竟然也在其列。那时我异常感动，我未曾想到的是，原来有这么多人一直支持着有缺点的七格格家。尤其是，许多老顾客并没有因为七格格家青涩的伤害而放弃七格格，而是用更多的订单和赞美支持、鼓励着七格格的成长。那些投票的积累，排名第 4 的总投票成绩，让七格格觉得，肩膀上有那么一份责任和压力，需要扛起来！

于是，一步一个脚印，格格家开始了寻找灵魂之旅。自从 2009 年 7 月秋装质量问题之后，七格格成立了 QC（品质控制）部门，实行 100%的全检。

格格家的品质控制检查

2009 年 12 月，发生了因为日销售上万件，发货速度像蜗牛事件之后，逐渐增加了客服团队。

客服团队

丫丫爱小念：总结以往的“事故”，对于七格格的将来你觉得该如何走呢？

七格格吉祥：对于未来的七格格，虽然我们还会犯错，但是我们会更积极地去面对指责，更快地去改正。而对于那两次“事故”，两次紧急“刹车”一直成为我们耿耿于怀的遗憾，心里很想一瞬间解决掉所有的问题，一瞬间让我们的团队变得无比完美，可惜我们都是凡人，无法一步登天，现实总有太多的无奈。年轻时不懂得的爱情，成长时执意的叛逆，直接而粗糙的表达，不经意的忽略和有些神经大条的粗心，我们所有人都是这样成长起来的，在伤害别人与受伤之中完成破茧的阵痛或重生的涅槃。而当自己终于站在了时间河流的彼岸再次回望时，除了感谢那些伤痛教会了自己什么是人生，更多的也许是，对于那些无法弥补的伤害充满了淡淡的遗憾和深深的愧疚。一直想做点什么，思前想后，时间无法倒流，但是我们却可以用现在的多一些努力去弥补曾经的伤害，为自己的青涩和不成熟埋单。

这两次事件对我的影响很大。对于我来说，每一个用户体验都是成就品牌的基石，其中不仅涉及产品的设计和质量，还有消费体验。将来我会下大力气重整供应链，首先量身定做了一套 IT 系统，订单、发货都由 IT 系统来管理。1 万单包裹，通过系统管理，两天就能全部发完，出错率还大大降低。这种整合前台和后台的 IT 系统也是国内诸如亚马逊、京东商城等大的电商平台最核心的竞争力。

整合供应链的另一个措施就是选择代工厂。我要选择代工厂并不一定是规模最大的，而是要品质理念相一致，但一定要占有对方至少 30%的生产量，以保证自己的产品质量和出货时间。

重整供应链的另一个好处是数据挖掘部门与设计、生产通过系统联动起来。数据挖掘部门的职责就是每天对销售数据进行分析，比如热销度、翻单的可能性、买家意见等。这些分析结果反过来可以指导设计和生产。在与工厂的磨合中，工厂慢慢地建立起适合七格格的反应机制。比如工厂目前能做到 3～5 天出版样，首单 10 天出货，翻单 7 天出货。翻单率达到 70%以上，库存率却在 3%以下，真正实现了快速潮流。

经过此次历练，七格格将给大家一个承诺，我们会“走得慢点，抓住自己的灵魂！”设计好每一个款式，拍好每一张照片，回复好每一个问题，发好每个包裹。从点滴做起！给大家一个实际行动，证明我们的抱歉以及诚意，给那些由于格格家的青涩和不负责任而伤害过的买家们一个回馈，回馈每位一如既往支持七格格家的朋友们。

采访后记：相比七格格 TOP 潮店的成功，固然有其先天的优势，但其坚持打造风格鲜明的品牌形象及特有的营销手法，值得广大电商借鉴。七格格飞速成长的发展轨迹也并非不可复制，可以成为大家学习的样板。我们的今天是七格格的昨天，而七格格的今天将会是我们的明天！

创业需要的是一份激情，但是在激情中我们万万不可迷失自我！前人的经验就是为我们铺开的路，我们要感谢他们，激励我们！力求在完美中沉稳前行！

柠檬绿茶：如何缔造居家类目之巅峰

本篇导读：2010 年 12 月 28 日，由中国电子商务协会主办的第十三届中国国际电子商务大会在北京人民大会堂召开，大会围绕“中小企业云服务数字媒体新时代”这一主题展开。国际电子商务大会是中国互联网行业及电子商务领域内规格最高、规模最大、影响力最强的行业盛会，大会享有中国电子商务行业“奥斯卡”的美誉。中国 C2C 第一网店——柠檬绿茶在此次主题为“中国电子商务十年发展——寻找榜样力量”的评选活动中，荣获了“中国电子商务零售行业龙头企业奖”和“2010 中国电子商务诚信企业奖”。2010 年，无疑是柠檬绿茶的巅峰之年，而柠檬绿茶到底如何可以攀登如此高的巅峰呢？到了这个高度，柠檬绿茶是否就满足了呢？未来柠檬绿茶将致力于什么，又会怎么做呢？很多人都说为商不仁，真的是这样吗？柠檬绿茶作为中国网商 C2C 的老大到底做了什么样的榜样，除了他们的商业利益，他们做了哪些公益行为呢？本次访谈将一一揭晓！

嘉　宾 ID：柠檬绿茶
店铺名称：柠檬绿茶
店铺主营：化妆品、女装、居家日用、饰品、鞋包、食品等
店铺链接：http://nmlch.taobao.com
记　　者：东北小虫

柠檬绿茶发展简史

淘宝网扎根落户

2003 年 5 月淘宝网成立，同年 8 月，柠檬绿茶创始人王维栋和张定华夫妇以 500 元资金，在淘宝开店。当时，大家对网店的诚信抱有很大的怀疑，如何让别人

相信自己？2004 年 7 月，王维栋和张定华毅然辞去白领工作，在上海人民广场开了第一家实体店铺，率先构筑了第一道诚信体系，赢得了柠檬绿茶大踏步前进。

从个体到企业化

2005 年，作为后起之秀的淘宝网在国内的人气飙升，排名位居第一。凭借淘宝的发展，柠檬绿茶再次取得了飞跃式的发展，网店运营走向企业化运作之路。同年，上海爱来屋信息科技有限公司成立，第二家实体店在静安寺开业。当时虽然人员有限，但是大家在“快一点、快一点、再快一点”的企业精神推动下，尽自己最大能力承担多项工作，使得柠檬绿茶的发展非常迅速！同年年底，后方仓储和物流的仓储物流中心搭建成功，为柠檬绿茶更快速地发展提供了坚强的后盾。

2006 年，柠檬绿茶结合淘宝当时的形势，在向外界郑重承诺：“柠檬绿茶绝不销售过期、临期及假冒伪劣的商品”的前提下，实行低价经营策略，率先让利于消费者，以薄利多销的发展策略，使得柠檬绿茶又一次腾飞，从此领跑淘宝电子商务市场。

跃居中国 C2C 第一网店

2007 年，在淘宝开店的第四年，居民楼里的办公已经远远不能满足其公司的现状，于是柠檬绿茶将办公室从居民楼搬到写字楼，开始正规化、规模化发展。同年 8 月，柠檬绿茶问鼎淘宝 5 皇冠（20 万好评），成为淘宝当时唯一一家 5 皇冠店铺！2008 年，柠檬绿茶屡创奇迹，第一家突破 50 万信誉好评的卖家，第一家做到 35 天 10 万信誉度的卖家，第一家突破 100 万信誉好评的卖家。柠檬绿茶跃居中国 C2C 第一网店！

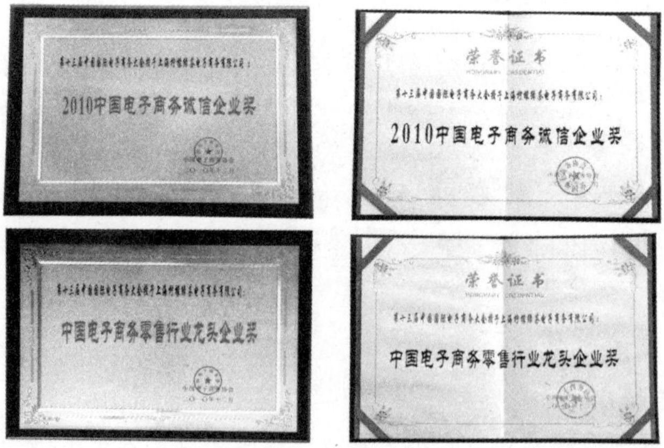

柠檬绿茶所获的奖项

缔造传奇，成为 C2C 行业杠杆

2009 年，网络上虽然流传着关于柠檬绿茶信誉炒作以及出售假货的流言，但是依然没有阻挡柠檬绿茶缔造传奇的步伐。柠檬绿茶在创造日交易量 1 万笔之后，成功突破日交易量 1 万 5 千笔，缔造传奇，而 6 年的努力，经历的风雨以及取得的成就，使柠檬绿茶成为 C2C 行业的标杆！

2010 年 12 月 28 日，由中国电子商务协会主办的第十三届中国国际电子商务大会在北京人民大会堂召开，大会围绕“中小企业云服务数字媒体新时代”这一主题展开。国际电子商务大会是中国互联网行业及电子商务领域内规格最高、规模最大、影响力最强的行业盛会，大会享有中国电子商务行业“奥斯卡”的美誉。中国 C2C 第一网店——柠檬绿茶在此次主题为“中国电子商务十年发展——寻找榜样力量”的评选活动中，荣获了“中国电子商务零售行业龙头企业奖”和“2010 中国电子商务诚信企业奖”。

访谈实录

柠檬绿茶总裁王维栋说：“柠檬绿茶在路上，一切都为了客户，为了一切客户，为了客户一切。”

柠檬绿茶总裁王维栋

东北小虫：你参加了首届淘宝大学网商 MBA 研修班，能给我们介绍一下参加这个研修班的初衷吗？

柠檬绿茶：淘宝是中国最成功的电子商务平台，而淘宝网提供网商 MBA 研修班这样的平台，帮助卖家成长，交流经验，了解和掌握淘宝网发展的思路和动向，也是为淘宝网优秀的卖家提供了一次深度交流的机会。以开放的心态相互学习，作为淘宝第一的 C2C 卖家，我们很愿意参加这样的培训。

东北小虫：五天的课程中你最大的收获有哪些呢？

柠檬绿茶：（1）了解了大淘宝的发展方向，为我们适时地根据淘宝的发展，适时地调整发展的策略提供很好的指引方向；

（2）学习到了有关电子商务运营、推广及数据分析等方面的内容，为专业性提升提供了好的指导；

（3）结识了一批非常优秀的网商朋友，大家都能敞开心扉地交流经验，为共同进步和合作建立了良好的基础；

（4）认识了一批优秀的小二，与他们建立起了深厚的友谊。

东北小虫：你觉得一个团队在运作淘宝生意中应该把握好哪些关键环节呢？

柠檬绿茶：（1）方向一致；（2）协作共享；（3）细节把控；（4）包容坦诚。

东北小虫：一个公司的成功，团队精神很重要，那么要建立一个有凝聚力的团队，你认为要凭借什么呢？

柠檬绿茶：企业文化，统一的目标，统一的思想，统计的价值观，合理的分配机制！

东北小虫：那么你们的团队是怎么分配的呢？

柠檬绿茶：定量、定岗、定责，根据发展的规划设计人员岗位。目前大部分淘宝的卖家或商家，还都处在创业期，包括柠檬绿茶在内。人员的设计和职责划分都应该以最精简的流程达到最高的效率。

东北小虫：要将分配制度转化为执行力，那么你认为主要靠什么呢？

柠檬绿茶：沟通、带动、氛围营造、制度约束。

东北小虫：那么你认为，你的企业文化灌输的如何，执行力怎么样呢？

柠檬绿茶：这个问题，我可以举个例子来说明。过年前一个月，由于快递公司爆仓，加上交易量特别大，为了更好地保证客户的包裹能够尽快发出，办公室人员下班之后都没有回家，全都积极主动的到仓库帮着一起配单，转发 EMS、搬货、配货、打包，一干就到凌晨，并且第二天准时上班，一直坚持到过年放假！

东北小虫：难怪你做得这样成功呢！那么除了团队的凝聚力之外，你认为还有什么对你的网店比较重要呢？

柠檬绿茶：推广是一个永远值得讨论和提升的问题！ 我觉得，先用好淘宝提供的推广工具，再考虑其他的推广模式。

（1）大方向的判断，推广的商品或主题活动一定是你对市场预判（数据分析）而得知的；

（2）建立数据分析的模型，不断调整你的推广策略；

（3）店铺及推广的产品整体要能有足够的承接力。

我觉得推广应该是：引流-承接-转化，做适合自己的推广，达到自己承接范围内的效果最好，太低会亏本，太高会影响客户体验，损失的还是自己，先要对自己的服务能力做出判断，再配合店铺经营的方向，使用合适的推广工具。

东北小虫：淘宝现在的进步是飞快的，可以用日新月异来形容，对于这样高速发展的市场，你有什么看法？淘宝未来的趋势是怎样的？

柠檬绿茶：淘宝推动了中国电子商务的高速发展，电子商务已初见雏形。但是相对于中国市场容量而言还有很大的空间。需要大家共同来开垦，只有开放、合作、分享，才能共赢。

东北小虫：你认为在这样的环境下哪些创业者或是哪类创业模式更容易成功呢？

柠檬绿茶：创业成功者都具备一个共同的特质：不轻言放弃，定好位，坚持走下去！模式并非是成功的关键，阿里巴巴的模式当时并未有几个人看好，淘宝当时也并未被多少人看好，但是都成功了。模式是可以创造的！

东北小虫：2010 年，无疑是柠檬绿茶的辉煌巅峰，是很多卖家望尘莫及的。为了保持龙头老大的地位，未来，柠檬绿茶将着重哪些方面呢？

柠檬绿茶：未雨绸缪，超越自己，再造传奇。

（1）客户第一，让每一位客户满意！

（2）绝对瘦身。由于前期柠檬绿茶的快速扩张，人员迅速达到了 300 多人，外来管理文化、内部固有文化、人员成长度的矛盾加深，造成管理成本不断增加，沟通成本陡增，效率下降，已远远超过了业务增长的幅度，企业利润直线下滑。为了达到减员增效，必须瘦身。

（3）行业调整，品牌建设。行业也会有所调整，目前柠檬绿茶还是确定在化妆品、服装、居家、饰品、食品等快消领域品牌的合作及自有品牌的建设上！

（4）企业文化。现在公司的企业文化相对以前也有所修改，以前是“快一点，快一点，再快一点。”现在是“快一点，快一点，再快一点；稳一点，稳一点，再稳一点。诚信为本，善始善终！”

（5）商品质量。2011 年 3 月 11 日，柠檬绿茶主动邀请工商、质监、消费者三方联合对公司仓库进行检查。柠檬绿茶坚持以诚信为本，致力于打造成潮流、健康、高品质、精品购物商城，但是目前我们对供应商的话语权、自身对部分品类商品的鉴别能力，还无法超越上述高端商城。所以从我们联合相关执法部门和消费者来进行检查，这个体制也会一直延续下去。

相关执法部门和消费者对柠檬绿茶进行检验

走过 8 年电商之路的柠檬绿茶将会在未来更加珍惜客户的信任，感激客户的支持，并期待与淘宝、淘宝客户走过下一个 8 年。珍惜、感恩、欣赏、共赢！

东北小虫：最后你最想对中小卖家说些什么？

柠檬绿茶：坚持！

柠檬绿茶的公益行为

公司内部：职工林子的父亲得了骨癌，治疗费用需要几十万元，对于一位只有 20 多岁的女孩子而言，是怎样也无力承担的。柠檬绿茶的兄弟姐妹们纷纷焦急地询问情况，并且积极表达了给林子捐款的愿望，给予林子经济上的帮助和精神上的抚慰，并且当时就有很多同事发短信给她表示慰问！在接到消息的第 2 天暨 2010 年 12 月 3 日，我们举办了为林子的父亲捐款的活动。截至 2010 年 12 月 3 日下午，柠檬绿茶所有伙伴共捐款 10 170 元，这点钱可能是杯水车薪，但这不单单是一个数字，更代表了所有伙伴们的拳拳之心！

公益捐款：2008 年 4 月，奥运会的祥云火炬如火如荼在全世界传递时，柠檬绿茶加入到新浪网组织的全国爱国企业的国旗捐赠活动中，柠檬绿茶在第一时间，为日本、泰国和越南的莘莘学子和爱国人士，筹集并几经周折成功邮寄了 700 余面国旗，价值 1 万余元。2008 年 5 月，汶川地震，柠檬绿茶累积捐款捐物价值 3 万余元。并且成功资助 2 名灾区的孤儿，直到长大成人。2010 年青海省玉树县发生地震，柠檬绿茶的每一位员工的心时刻牵挂着灾区人民，并迅速团结捐款赈灾，捐款总值一万余元，奉献了我们一份诚挚的爱心。

促进就业，解决失业，帮助创业：2009 年柠檬绿茶旗下上海网星管理咨询有限公司成立，致力于对希望电子商务创业的个人，希望从事电子商务工作的应届大中专院校毕业生、西部人员进行实战培训，提供创业扶持指导和就业实习岗位。

箱包行家 UCT：誓做电子商务领头羊，得淘宝得天下

本篇导读：如今的淘宝天下，高手云集，能人辈出。长江后浪也能胜过前浪，不进则退。不管是刚起步的稚者还是经营多年的行家，想要一争高下，行动决定成果。淘品牌是未来淘宝的大趋势，当品牌沉淀和传播在短时间内产生冲突的时候，我们不能只顾眼前，犯拔苗助长的错，要像 UCT 那样把握适度原则，爱之愈爱。

嘉 宾 ID：utc 行家箱包专营店
店铺名称：UCT 行家箱包专营店
店铺主营：国际箱包品牌
店铺链接：http://utchl.tmall.com/shop/view_shop.htm?prc=1
记　　者：东北小虫

嘉宾简介

曹铁宁，江苏南通人，UTC 行家箱包专营店总经理、南京大学管理学硕士，有着多年资深互联网从业经验，曾担任第二届北京网络媒体协会理事。2009 年加入行家（中国）有限公司，致力于将高品质的箱包、旅行皮具国际品牌引入中国，打造大中华区最大的专业箱包、旅行皮具品牌投资商与运营商，同时让“旅行更快乐”的核心力量能够传递给每一个旅行者。目前 UTC 行家旗下一共代理了瑞士军刀威戈、芬兰时尚品牌高乐、意大利奢侈品牌 BRIC'S、美国第一商务品牌 TRAVELPRO（奥斯卡电影《在云端》的箱包赞助商）等数十个国际知名品牌箱包。同时在上海、深圳、北京、广州等城市一流的机场和商场中开设了近 300 家地面店。曹铁宁作为中国互联网 Web 2.0 时代的领跑者，有信心通过 UTC 行家箱包的运营，将淘宝网所倡导的“新商业文明”的新理念与新要求传播给更多的卖

家和消费者。

曹铁宁

创业自述

在运营 UTC 行家箱包专营店之前，我曾经在中国最大的互联网社区天涯网做过管理员，在中国第一批门户网站之一山东百灵网做过总编，在中国互联网 Web 2.0 的棋手博客网做过总裁。同时我还担任了第二届北京网络媒体协会理事，国家职业技能鉴定中心的编审，北京京鼎律师事务所的顾问等各种职务。在 2009 年之前，我对淘宝网的理解还是基于海量的中小卖家、地摊便宜二手货、价格低廉没有任何售后服务的一个大集市而已。所以在为行家（中国）制定在中国市场的电子商务运营模式的时候，还是以自己的独立域名、积极的市场营销理念、海量的市场推广费用为基础的。

而我的集团母公司——行家（中国）有限公司是香港华美国际集团、英国 PEAK GAIN MANAGENMENT LTD.,CO.、英国 ABLE DYNAMIC LTD.,CO. 等联合投资组建，致力于将高品质的箱包、旅行皮具国际品牌引入中国，打造大中华区最大的专业箱包、旅行皮具品牌投资商与运营商。香港华美国际集团是一家从外贸、外包生成商，十年内发展成为全球箱包领域集品牌营销、生产、研发、物流中心于一身的跨国集团企业。2008 年，UTC 行家启动，在上海发布了盛大的品牌发布会。包括瑞士军刀威戈（Wenger）、芬兰时尚潮流品牌高乐（Golla）、意大利奢侈品牌 BRIC'S（布里克斯）、经典商务品牌 Carlton（卡尔顿）、全球旅行生活配件产品领导品牌蓝旅（Travel Blue）、美国十大户外品牌之一高山（High Sierra）、意大利意豹（Ghepard）等数十个国际知名品牌箱包悉数登场，UTC 行家成为这些国际品牌在大中华区的总代理、总经销或引入中国的领路者。

同时，行家（中国）有限公司在上海、深圳、北京、广州等城市的机场和一流商场中开设了近 300 家地面店。

我们的电子商务运营团队在 2009 年 5 月建立，7 月正式登录淘宝商城并开始运营，因为假货问题，我对淘宝商城的网店运营就一直存在顾虑和担忧，早在 2009 年 5 月之前，当时我们集团公司的总经理 DAISY 就一直在找淘宝方交涉关于我们代理的威戈品牌箱包，在淘宝上充斥着大量的假货问题，瑞士的品牌方也一直非常头疼。

基于以上理由，区别于一般的淘宝卖家，UTC 行家箱包专营店从一开始就是以打假为运营工作的重中之重。我们成立了专门的打假小组，负责搜集淘宝上的打假信息，并和淘宝方充分沟通，进行联合打假。而从实际效果来看，我们去年的打假工作确实是行之有效的。不但打击了假货市场，也在一定程度上将 UTC 行家箱包专营店的名牌正品的旗号打响了。

不过在打假的工作之后，我们又遇到了新问题，那就是包装和物流。UTC 行家是以传统的零售渠道模式来设计运营的。我们的产品包装都是购物袋，类似纸盒包装则从来没有考虑过，记得我当初介绍我的朋友来买名牌箱包的时候，她在拿到货的第一时间内向我投诉，“你们的包怎么像地摊货，随便一个塑料袋裹着就把一个箱子寄过来了。我怎么拿去送人？”在接下来的一段时间里，我还接到消费者投诉我们用民工塑料袋来包装产品。于是我们立刻进行整改，要求公司设计专门的包装纸盒，保证消费者可以完整无损地拿到我们的产品。

但是接下来我又遇到了新问题，就是我们的物流。虽然 UTC 行家在全国有近 200 家门店，但是我们的仓库配发系统竟然支撑不了每天 100 单的发货量，每次我在淘宝上搞活动，就立刻接到大量的发货不及时的投诉，曾经在一段时间内，我们的客服小姐只能颤抖地和消费者商量，“我们可以保证在 72 小时之内发货。”要知道中国的 B2C 配送，基本上是可以达到消费者下单的 72 小时之内收到货，而我们只能保证 72 小时内发货，我们甚至还出现过一个星期之后才发货的记录。只能是多次往返于总部、仓库之间沟通协调。

如此反复的沟通多次之后，整个平台的运营终于走上了正轨。

我们开始尝试着在淘宝网上进行大面积的广告促销。焦点图、钻石展位、频道内页 BANNER、淘宝直通车等，反正能投的都投，不能投的也找关系挤进去投。同时根据消费者对品牌的认知度，我们还进行了一些不同于直投广告的互动活动。这些活动，在事后证明也是行之有效的，如果度量掌握得更均衡一些，那么还可以做到更有效率，效果更好。

例如，我们曾经搞了一场促销活动，芬兰的高乐品牌是专业做电子数码类产品的，它的电脑背包、数码单反相机包、音乐袋、手机袋等都非常有名，而且产品的定位和风格非常时尚，颜色和款式都很大胆、前卫。我们在淘宝网首页投了一个焦点图，内容是让消费者购买了我们的高乐产品之后，可以将自己和高乐的包拍个合影，然后写上一些使用心得，再发给我们，我们收到照片和心得之后，消费者可以再免费拿一款价格不高于他下单的那款包的任何一件产品。

我记得当时我们的活动大概吸引了 6 万的独立 UV，参加者人数有 3000 人，UTC 行家品牌借助这个促销活动获得了很大的品牌展示量。设计这个活动也是和我之前的社区运营经验分不开的，我认为中国的互联网已经进入了 2.0 时代，配合电子商务的蓬勃发展，中国网民对社区的理解程度加上其消费者的心理特征，需要有别开生面的营销推广方式。

当然，除了上面的广告推广之外，我们也做了一些毁誉参半的广告活动。例如，在百度贴吧“贾君鹏，你妈妈喊你回家吃饭”爆吧的第二天，我们就立刻找了一个动漫画家，画了一幅四格漫画，主题就是“贾君鹏，你妈妈喊你回去拿瑞士军刀背包”——贾君鹏在网吧上网，无论妈妈喊他回家吃饭还是其他，他就是不回家，然后妈妈来了一句，“瑞士军刀背包买回来了”，贾君鹏立刻下线回家了。这个广告当时上线的时候，淘宝的店小二也做了一些质疑，我们后来还是坚持将这个广告在第二天上线。之所以说这个广告毁誉参半，就在于这个贾君鹏事件是无法和我们瑞士军刀威戈品牌挂钩的，可能会在一定程度上降低我们的品牌形象，很难想象一个国际大牌，会如此使用网络元素来给其做品牌形象广告，何况我们是在贾君鹏事件刚刚发生的第二天就采取了动作，但是从当天的实际传播率和回头率来看，我们这个广告还是成功的，经过这个事件都快大半年了，我还经常听到淘宝店小二和消费者在和我聊天的时候，提到那个贾君鹏的四格漫画。

之所以提到上面这则广告，我的目的就在于提醒现在很多的淘宝大卖家，品牌的沉淀和品牌的传播在短时间内可能会产生冲突，我们一定要掌握适度的原则，千万不要只顾着眼前的利益，做拔苗助长的事情，而且对于品牌，要爱之愈爱，慎之愈慎。

总之，在淘宝网开店经历了很多，我自己从一个互联网门户网站转到一个垂直的电子商务领域，而行家（中国）的运营则由传统的店铺零售扩展到淘宝网、线上零售，在前进的每一步中既有痛苦也有欢乐、既有沮丧也有兴奋。总体而言，借助于 UTC 行家旗下品牌知名度和我们对产品高质量的助力，UTC 行家箱包专营店在短短一年时间内，迅速站稳脚跟，获得了很好的收益。同时我们也逐渐消除了国际品牌商对国内电子商务市场的疑惑，用实际行动证明了我们当初的选择——淘宝作为中国电子商务的领头羊，得淘宝网得天下！

访谈实录

东北小虫：你好，曹总！很荣幸能采访到你！了解到你刚刚参加了全球首届 MBA 网商学习班，这个活动的门槛是相当高的，你能给我们介绍一下你和你的店铺，以及为什么要参加这样的活动吗？

utc 行家箱包专营店：你好，小虫！UTC 行家箱包专营店是 2010 年 7 月进入淘宝商城的，我们主要经营国际箱包品牌。在北京、上海、广州等各大、中城市的机场和当地的一流商厦都有我们的直营店铺，目前直营店铺已经有 200 家左右。我们最好的品牌、中国消费者获知程度最高的是瑞士的威戈箱包品牌。

在我们进入淘宝商城之前，整个网络的销售比较混乱，整个代理和营销体系也不健全，加上真货和假货混合在一起，给消费者带来很大的不便。这些问题都通过进入淘宝商城获得了很大的改观。

2011 年淘宝还邀请了我们威戈的中国区总裁，代表 30 家品牌商，在打假新闻发布会上发言，启动 10 年消费者保护年的活动。

在半年的运营过程中，我们虽然获得了很大的销量，品牌知名度也获得了很大的提升。但是国际品牌对中国电子商务市场的疑虑，以及我们如何从地面的传统渠道，转换到网络的销售渠道，还存着诸多的问题，这也是我非常渴望参加 MBA 学习的主要原因。

东北小虫：通过你的介绍，了解到你目前是由地面转向网销这样一个状态，那么在这个学习班之后这些问题得到了很好的解决吗？有具体的方案出台吗？

utc 行家箱包专营店：不能说一下子得到了解决，但是给我们提供了很好的解决思路。接下来，我们会从供货渠道、商品款式的选择、价格带的定位以及商品的包装等入手，创造出属于自己的一套国际箱包品牌的淘宝运营之路。

我们相信在中国的电子商务平台上，得淘宝，得天下！

同时，我们也会和国际品牌方协调沟通，采取更灵活的经营策略，针对中国的消费者市场和需求，制定自己的商品策略。

淘宝所提出的 C2B 概念，应该是未来电子商务的一个重要变革。大品牌加上个性定制，肯定有大市场。

因为我们既要照顾传统渠道和电子商务之间的变革，同时又要涉及国际品牌如何应对中国消费者市场的需求，所以在两者之间需要摸索出一条新路，我们在淘宝的运营中获得了很大的帮助，也取得了很好的经验！

东北小虫：淘宝的发展对于国内整个电子商务市场的影响力是无可厚非的，2011 年的大淘宝战略和淘宝各方面的更新更是一个明显的标志！在这样的大环境下更有利于你这样有实力的集团发展！

utc 行家箱包专营店：这块我们还是很有信心的！相对于中小卖家对品牌的需求我们有优势，但是我们缺少中小卖家那种灵活性和草根性，这也是我现在比较担忧的问题。很多的国际品牌到了中国水土不服，这个是相当普遍的现象。

另外我们还有一个优势，我们网络渠道的扩张和地面渠道的扩展，互为依存，相互支持，这块也是我们比较乐观的地方。相对于地面渠道，我们会根据同一品牌，制定网络特供款。不同的品牌，指定某一品牌精心全力打造成网货品牌。

东北小虫：这样的转变需要一个过程，真正的蜕变后相信你们会做得更精彩！也会带给我们广大箱包爱好者一个很好的购物和服务平台，那么在这个转变过程中你对团队的管理和淘宝商家工具的应用有什么样的统筹呢？

utc 行家箱包专营店：大公司有大公司的烦恼，团队因为是临时组建，很多员工从一开始对电子商务不熟悉，对我们的产品和品牌不熟悉，到现在，经历了很多，团队管理确实是最困难的，也是极富挑战性的。

解决团队业务的问题，这块淘宝的店小二给了我们很多帮助，定期会有店小二过来给我们做培训，找我们开会，了解我们的经营情况，出谋划策，向我们解释淘宝的规则。

同时我们也非常重视公司内部的培训，让商品部给我们培训品牌知识，找店员给我们讲解消费者针对箱包产品的需求。

淘宝商家工具，我们基本上能使用的都使用了，最新的数据魔方，对我们的帮助也很大。我们会把从淘宝了解到的数据反馈到我们的产品设计部门、国外的品牌方以及总部，让他们随时调整商品和运营策略，更快更精准地定位我们的消费群体。

东北小虫：关于数据魔方的上线对我们广大网商可以说是一个惊喜，在这方面的体验你能展开说明一下吗？

utc 行家箱包专营店：对，这个太重要了。因为我们的国际品牌基本上是按照国外的消费者群体来设计制作的，在进入中国市场的时候，品牌方基本上是一头雾水。

例如，威戈电脑双肩背包，他们的尺寸一开始是按照欧美的体型标准来制作的，经过我们的消费者反馈和调查之后，尺寸明显偏大，所以很快做了调整。事实上你们注意看耐克的背包在中国和美国的尺寸也是不一样的。

另外，中国和外国的消费者需求也不太一样，类似于拉杆箱，外国人喜欢行李拉杆箱越大越好，中国人喜欢讨巧型，功能型的，最好是可以直接带上飞机！

一开始我们和品牌商协调这个事情的时候，他们也不太了解。之后我们给出具体的数据，主要是淘宝大分类的数据，他们马上按照我们的数据调整业务方向。

特别是我们刚开始登录淘宝商城的时候，基本上是按照地面卖什么，我们就卖什么的思路来运作的。把网络渠道作为地面渠道的一个补充、附属。通过一段时间的运营，拿到具体的数据，发现网络上的销售完全可以支撑起一条独立的业务线，而且比地面更有扩展性和可能性！

东北小虫：淘宝是一个很好而且很成熟的网销平台，正如你所说的得淘宝得天下！

utc 行家箱包专营店：对！因为我们 UTC 行家有两个定位。

第一个定位是针对消费者的，我们是箱包的行家，将更好的箱包品牌和商品引入中国，给消费者更多的选择。

第二个定位，我们是箱包品牌的管理者和运营者，我们需要强大充分的数据支撑，这块淘宝对我们的帮助也很大。

东北小虫：对于魔方的数据是不是由专门的人来分析呢？这方面的数据量相当大，怎么整合和更好地利用也是有很多技巧和实战经验的吧？

utc 行家箱包专营店：这块我们也在和淘宝一起工作，我们有专门的数据分析员，同时也会向淘宝反馈，我们对哪些项目更感兴趣，哪些数据存在问题等。

东北小虫：相信有你的这些反馈对于淘宝更好地改进和更新都有很大的帮助！

utc 行家箱包专营店：嗯，互相促进帮助的过程！

采访后记：得淘宝，得天下，箱包专家 UCT 的“天下”可谓步步为营。品牌之路的渗透，特别是自创品牌（淘品牌），更加需要商家适时掌握原则，遇挫调整，让品牌形象强势而立。品牌的光环并非如表面看起来亮丽，背后永远蕴藏着不为人知的汗水与艰辛。

杜微：85 后借 2000 元成就金皇冠

本篇导读：最初的 2000 元创业基金是借来的，四年来秉着“死扛下去总会有机会”的信念，一路咬牙硬撑，总算得到家人以及朋友的理解。“要成功先发疯，勇往直前”，淘宝成就一代一代的创业奇才，偌大的创业舞台上，心有多大，路就能行多远！

嘉 宾 ID：duwei99
店铺名称：1970 流行馆
店铺主营：日韩女装瑞丽女装
店铺链接：http://miss1970.taobao.com
记　　者：zilaichen122333

嘉宾简介

店主叫杜微，经贸英语专业，老公是学计算机编程的。人人都称她为小 V，对于此次采访她满怀着感激之情。从零信誉到一个金冠，用她的话说，这四年一路走过来，要感谢的人太多了，是忠诚的客户、合作的团队、至爱的亲人们陪伴她走到今天。

杜微

创业历程

“有时候，死扛下去总会有机会的！”小 V 就是用这句话勉励着自己！

小 V 和她老公是初中的同桌，小店是 2006 年一个偶然的机会创建的。22 岁临近毕业的时候，为前途、为生活，曾经不谙世事的他们开始眉头紧锁，和所有要奔向社会的孩子一样，毫无头绪，茫然失措！

因为接触到了淘宝，品尝到前所未有的购物乐趣：轻轻点点鼠标，原来世界可以变得如此奇妙。小 V 的第一单生意是自己的衣服，在赔了几元的情况下，快乐地从她的手中发出，当时男友笑她傻，但那是人生的第一单，即便是赔钱，小 V 心里也是暖暖的，之后的她终于了解：原来网络这么神奇！

后来，小 V 把她老公也拖下水，于是，这家淘宝小店在他们的精心培育下慢慢成长，如同孩子似的从呱呱落地到慢慢地学习走路，像他们一样相互磨合、相依相伴，小 V 常常会为了顾客一句暖心的话语开心一整天，同样，受到冤枉、责怪，心情也会跌入谷底。虽然前进得很艰难，但是很快乐。2007 年秋天，他们迎来了第一颗小钻石，同年 9 月第二颗钻石，随着第二颗钻石的到来，小 V 和老公告别了大学生活，整天对着电脑成为宅家一族。那时，在家长和同学的心目中，看似不务正业消磨时光的行为，不被众人理解。刚刚毕业的两个人，光靠小店微薄的收入，可以说是入不敷出，于是小 V 选择了家教，她老公也在麦当劳做起了兼职。白天小 V 上班，他在家里接待顾客，晚上他上夜班的时候，小 V 来管理小店，轮流穿梭在工作与网店之间。当时的两个人虽然天天见面，却连多说几句话都很难，那段日子，又艰苦又迷茫，因为不知道所付出的到底能换回什么？

三钻、四钻，随着信誉的不断增长，他们的工作量也随之变大，两个人辞去兼职，全力扑向淘宝小店。有时候死扛下去，机会总会有的！正是因为这句话，四年死扛终于让两人欣慰……

访谈实录

zilaichen122333：你好，我是经验畅谈居实习记者紫来格格，在约你的这几天中知道你一直在摄影棚进行秋装的拍摄，很感谢你抽空接受采访。你还在学校读书的时候，是怎么想到开网店做服装的呢？

duwei99：开始的时候，并没有想过淘宝会是我以后的事业，是从买家做起的，在网上看到自己喜欢的衣服，买回来以后大小不合适，退换货又太麻烦，于是低于买价出售了。女孩子可能都喜欢漂亮的衣服吧，相对于其他，觉得这个更容易一些。

zilaichen122333：在 2007 年开店初期你遇到的最大阻碍是什么呢？

duwei99：最难的是资金，因为还是学生，每个月只有有限的生活费。虽然那时候还没有现在的规模，但是起步还是需要资金的，2000 元，还是向朋友借的，不敢和父母提及此事，曾经小心地透露过，但是母亲不同意，觉得这不是一个正经的工作。

zilaichen122333：你和你老公带领团队做淘宝快四年了，也取得了骄人的成绩，当年的场景历历在目，你能谈谈最不能忘怀的、记忆最深刻的是什么吗？

duwei99：想起以前的事真是感慨万千。2007 年那个夏天，他在心疼我变瘦的同时自己同样变黑变瘦，100 多斤的货扛在 100 斤出头的身体上，每天上下 6 楼，当这个年纪的同学都在忙着逛街、谈恋爱的时候，我们像老夫老妻一样，为我们的将来努力着，连续几个月的奋斗，每天 7 点左右起床，晚上 3 点左右睡觉，我和他都到了身体的底线，体重从 110 斤降到了 80 几斤，同学还向我打听减肥的秘方……但是小店一步一步走上正轨，这个令我们骄傲和高兴，再多的付出也值得。父母在北方的一个小县城开超市，妈妈曾经说，什么时候我有出息了，她才来长春，2008 年 6 月，奋斗了两年之后，小店 2 个皇冠，从 2 个人，变成了 8 个人，多了 6 名客服，我们把父母和妹妹从北方的县城接到了这里，那时，是作为孩子的我最幸福的时刻！

店铺逐渐壮大，2009 年 10 月开始，由于小店的需要，我来到了广州，一待就是 6 个月，每天跑在个个档口和厂家之间，生活习惯、气候差异，让我初到那里时很不适应，三十几度的天气，常常闷得人喘不过气，不过好在婆婆一直在这边照顾我的饮食起居，不然自己真的熬不过来。但是相比之下，体力上的累和寂寞，远不及心灵上的疲惫，家里的事情，都丢给了老公、父母、妹妹。心累的滋味，常常使人处在崩溃的边缘。随着店铺逐渐壮大，很多事情随之而来，有待解决的问题越来越多，需要改进的地方不止一处。他说，心里有恐惧，不愿走进工作室，进去就头疼、心烦，这个问题我想自己经营过店铺的朋友应该都会有同感吧！

zilaichen122333：创业的艰辛，只有掌柜自己能体会，旁观者远不能想象。你现在店里的衣服都是广州订货吗？自己加工和拿别人的货有很大区别，在此过程中遇到哪些你没有预料到的问题呢？

duwei99：应该是在 2 皇冠的时候就自己加工了，区别很大，在自己准备加工以前，我曾在广州待了 6 个月，选布料、联系加工厂、把质量关等都是自己不熟悉的，需要去摸索学习。店铺主要是以 T 恤为主，价位大概在 29 元、39 元之间，在广州进货的时候，发现适合自己卖价的 T 恤质量不过关，质量过硬的价格也是过硬，所以才想到自己找加工厂，但是人生地不熟，而且我自己对衣服的面料一点儿也不懂，所以我说，应该感谢很多人，走到现在，真的是得到了很多朋友的帮助。

开始的时候选面料，在中大（面料市场）一蹲就是一天，而且常常迷路，那里实在是够大！自己走过之后，回头看，真的是一分耕耘一分收获，曾经的汗水、泪水，都是值得的。面料里面真的有好多学问，看似一样的布，成分可能差很多，价格就会相差很多。自己选布，就放心多了，我们能保证的是 T 恤 100%纯棉，保证我们的品质，质量控制在自己手中，销售起来也更有底气。我觉得大多数的顾客都是非常可爱的，你给予她们多少，她就会回馈你多少，你的努力，她们会看见。

zilaichen122333：小 V 用不到四年的时间做到了 1 金冠，相信你在推广营销方面很出色，请问店里主要做了哪些推广？你能具体讲讲哪个推广渠道对店里的销售最有效、最实用吗？

duwei99：推广渠道主要有 5 种：淘宝客推广、直通车、淘宝长约单广告、论坛发帖子、帮派。

（1）淘宝长约单广告，做一整年的广告，无疑是引进客流量最高的，广告在淘宝首页，或者是收藏夹，或者各个频道里面展现，但是价格很高，长约单每年 200 万元起。

（2）个人觉得淘宝客的效果比较好，只是挑选一些店铺里面非常畅销的、购买记录多的衣服进行推广，因为淘客也要看你的衣服是不是购买率高。佣金这里，购买记录少一点的，佣金相对高一些，购买记录多的，佣金少一些。淘客现在都很有经济头脑，如果很难销售的款式，那么就算你设置 50%的佣金，也不见得有人来推广。

（3）直通车，一年之前我觉得效果比较明显，现在从我店铺的数据来看反映平平。直通车价格设得太高，对于 29 元、39 元的 T 恤来说，还是比较吃力的。

（4）帮派属于起步阶段，我们倒是很重视这一点，淘宝官方非常提倡建立店铺帮派，做得好的帮派可以上首页，所以也在向一些店铺学习，主要就是文案以发帖子为方式，我们也会采用一些广告，来吸引买家加入我们的帮派，比如我们从 2011 年 6 月到 8 月有个持续的赢手机大奖活动，和近期做的七夕征文都是为了增加帮派成员而做的，我们还计划对老顾客进行多方位回访与回馈，也会做一些活动。

（5）店铺的促销活动是不可缺少的，定期更换，吸引新老顾客，让顾客从中得到实惠。

zilaichen122333：对于大卖家的发展都离不开一个优秀团队的合作，能介绍一下你的团队吗？你又是以什么样的方式管理他们的呢？

duwei99：我们的团队现在有 24 个成员，分为销售部、售后部、发件部、广告部。

广告部分：店铺装修、后期制作、文案策划；客服以解答咨询、客户回访为主；售后处理买家退换货、与物流的链接；发件包括质检、库房管理、物流。无论我们的团队划分得如何细致，都要有一个锁链去链接，就是各部门之间的协调与沟通很重要。平时，我经常会给他们灌输“要成功先发疯，头脑简单向前冲”。

zilaichen122333：女装这一行业在淘宝竞争已进入白热化，尤其是 T 恤，价格相对于其他女装又偏低一些，那么，同行业竞争你是怎样为自己谋划的呢？

duwei99：T 恤相对一些雪纺衫、裙子来说，利润是比较低的，淘宝女装做 T 恤的也很多。之前从 3 皇冠升到 5 皇冠，价格的优势首当其冲，但是现在同行业 T 恤 50%都是在 29 元、39 元左右，想要让自己的店铺脱颖而出，款式、质量和服务，缺一不可。如果说之前我们的优势是价格，那么现在的优势就是有自己的加工厂，我们和其他同行业最大的区别就是质量、款式，自己一手抓。

小 V 的团队

2010 年底就有很多老顾客提议，店铺里面多融入一些其他风格、类型的衣服，例如雪纺、衬衫、短裤、裙子，2011 年我们逐步进行了添加。

zilaichen122333：抓住行业流行趋势以及大众化消费者对服饰的喜好，确实能让自己的店铺在整个行业中立于不败之地。那么，你对店铺今后的规划是怎么想的呢？

duwei99：现在顾客比较注重品质、档次，但是我们成长到皇冠，积攒的客户群消费单价基本是在 40 元左右，所以今后的很长一段时间里，我们会保持住店铺整体可爱、清纯的风格，需要多多引进一些高档次、高品质的衣服来迎合更多的顾客，希望小店能逐渐再壮大，顾客们可以在店里从头到脚找到自己喜欢的风格。

zilaichen122333：四年的淘宝风雨历程，你对刚起步的新卖家有什么建议呢？

duwei99：现在淘宝顾客要求比较高，我能给新卖家的建议就是：少一些抱怨，多一点坚持，罗马城不是一日建成的。每个人都有自己的梦想、目标，确认目标后，就向着目标努力，终会有实现梦想的那一天。

采访后记：金冠辉煌背后的汗水、泪水只有自己经历过才能真实地体会到其中的酸甜苦辣，要相信有多少付出就会有多少收获。对淘宝心生畏惧或者疲劳倦怠看不到希望的朋友，请相信过程的苦终会过去，熬过就是晴天。

裂帛："向内行走"淘品牌，愈行愈远

本篇导读：大风，小风，在淘宝迅速刮起一阵狂热的"裂帛飓风"。而同事却笑言，她们俩是最懒的创业人。正是这对懒人姐妹引领的原创品牌服饰，以其"向内行走"的独特设计理念，五年时间把"裂帛"两字植入 63 万"精灵"的内心深处，并且一直在不断延伸……

嘉　宾 ID：天鹅纵横

店铺名称：皇冠 Liebo［裂帛］设计师品牌★神秘狂喜的民族女装★

店铺主营：女装、女鞋、包包、配饰等

店铺链接：http://ripsky.taobao.com

记　　者：东北小虫

嘉宾简介

裂帛创始人——大风，小风两姐妹。

大风："我们做裂帛，只是一个小小的表达，在内心里，对于边缘而具有强烈张力的色彩，对于本真而非中庸的生活方式，是所有东西积累起来的。

穿衣服，只是其中的一个表达，就像我们的很多客户说：平时没有穿过呢，不知道会不会走在街上太奇怪？然后我们说：衣服可以作为一个尝试，你穿着自然了，那么，你的生活方式也将有更多可能了。"

小风："店里的向向说，如果有一天，我们做得很大很出名了，有人来采访他对于我和姐姐最深刻的印象是什么，那么他会毫不犹豫地说：她们是我见过最懒的创业人！"

创业历程

裂帛的创业历程可以用下图来诠释。

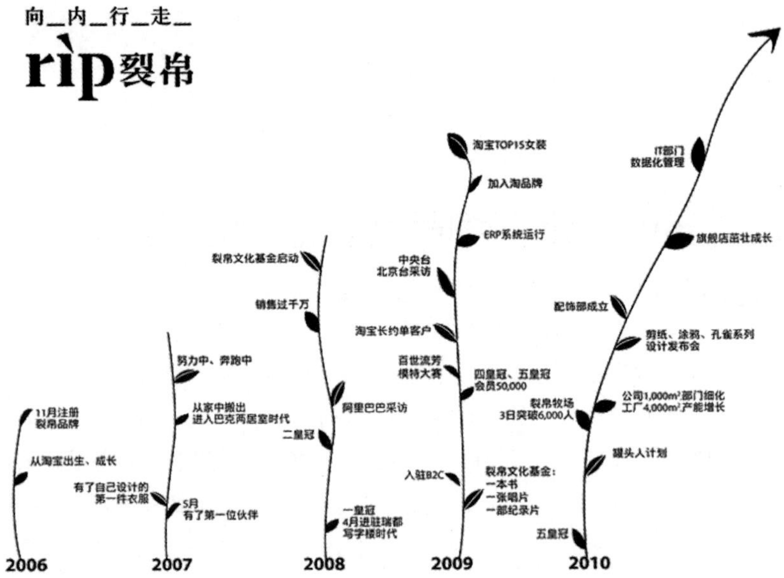

裂帛的创业历程

访谈实录

东北小虫：你好，裂帛姐妹，非常感谢你能给我这次采访的机会，对于裂帛，相信广大卖家和买家都不陌生，你给我们介绍一下你的产品和店铺吧，相信这也是很多人想进一步了解的！

天鹅纵横：你好，小虫！很高兴有这样的机会在经验居和大家一起学习。

我简单介绍一下：产品——走风格路线，想通过衣服来传达这样一种理念，即化解社会身份，内视反听，挖掘自我，还有环保。店铺——主营的就是女装，鞋、包、配饰也都有一些，全部是原创设计！

裂帛姐妹

东北小虫：成功经营的关键，你能分享一下吗？

天鹅纵横：买家是裂帛的精灵，而员工内部，我们彼此互称家人。

目前是在寻找更加有效率的操作模式，但是向心力是没有问题的。因为团队的管理，用淘宝的观点来讲，不是一群人团结在一个人下面，而是一群人为了一个共同的目标而奋斗。

店铺的完善，这是一个很大的话题。概括地说：出问题最多的地方就是软肋所在，然后找到导致它产生的原因，想对策。有问题的地方一定要及时发现，及时完善。最忌讳的是如同温水煮青蛙般麻木下去，陷在一团琐碎事务中。一定要整体看待。换位思考就是一个很好的方法，尤其通过评价，好评、中评、差评都能反映出不足所在。其实裂帛是在被淘宝的成长带动着向前冲，不狂奔，就会被远远抛下。逆水行舟，不进则退。

东北小虫：裂帛已经树立了独立深广的品牌形象，给我们诠释一下吧！

天鹅纵横：衣服，是穿在身上的心灵。裂帛，向内行走。衣服的天性是赋予、增加，增强意识和增加暗示，让它去参与社会，建立自我位置感，建立身份，同时建立群体存在感。外在穿着的动作变成内在的精神解脱，像剥洋葱一样，直至接近内在。狂喜、神秘、流浪、异域、撕裂规则、强烈地生活。裂帛，向内行走。向内，是一切的开始。

东北小虫：了解到你们的管理是很人性化的，给我们分享一下吧！

天鹅纵横：比如说，裂帛的工作氛围很轻松……压力大是一回事，但有压力的同时也是轻松的。

开会的时候，因为过于脑力激荡，大家会一起吃棒棒糖来补充能量，就是淘宝上卖得很火的那个棒棒糖。大家穿着随意也不会被要求，相反的是，如果穿得太正式，那么反而会要求穿得随意些，因为正装会“不裂帛”，所以公司里进进出出的都是非常养眼的搭配。运动的、妩媚的、颓废的、童稚的、典雅的……什么类型都有。

东北小虫：看你们的企业文化氛围真让人羡慕，那么你在团队的建设和部门的划分上是怎么统筹的呢？

天鹅纵横：因为是原创啊，就很辛苦。不能像其他店铺那样，找好渠道，然后进货、销售这么简单。我们的各个环节可以用下一页的这些图来说明，这就是我们各个部门分化情况和工作管理的各个环节。

关于人员方面。2010 年，为了解决快速发展带来的人员需求，裂帛启动了罐头人计划。大家可以通过我的淘宝→淘江湖→更多应用→淘帮派（帮派名称：裂帛牧场）来了解一下。罐头人计划召唤每一位“不为工作而工作”的家人，有特长同时熟悉淘宝的，都会优先录用。

东北小虫：对于淘宝的推广是我们一个永恒的话题，在这方面你是怎么做的呢？给我们分享一下吧！

天鹅纵横：参加淘宝活动+硬广+直通车+店铺配套活动。

淘宝活动很好！就是有时候硬性要求的折扣有点吃不消，但因为是免费的，是很有必要去争取的资源。

硬广，建议有实力的大卖家去做，中小卖家不要尝试。为什么呢？硬广流量很高，但是要在货源、销售、发货、售后都有承受力的情况下才可以去做。不然只是浪费时间和金钱，把自己弄得一团糟。

直通车，这个我个人不是很有经验。但如果说硬广是爆炸性效果的话，那直通车就是燃烧的火焰，是大家都可以尝试的一个推广。但是要做就要投入大量精力去学习，不然会得不偿失，做好了还是很有效果的。中小卖家、大卖家都很合适。

店铺配套活动是搭配之前的三项来做的。前三项向店铺引入流量，然后店铺配套活动就承接流量。空有流量，接不住，那就是浪费资源。

东北小虫：正如你所说的，有效的推广背后会有一个强大、完善的客服和售后团队的支持，这方面是怎么做到的？

天鹅纵横：目前，我们拥有一个强大的客服主管和一个强大的售后主管。我们也始终坚持、坚信“客户第一，家人第二”的理念。

将心比心，让客户满意永远是裂帛的坚持。我们不排除少数客户自身的问题，但是裂帛人将以此作为自身修炼的途径。任何一个裂帛人对待客户始终要问自己的问题是：如果我是她，那我想要怎么样才最满意？要怎么样才最开心？要怎么样才最喜欢？

裂帛的客服部门一直用以下原则要求自己：

（1）无论何种状况，耐心面对，用线上线下的笑容服务，始终体现尊重和诚意。

（2）在坚持原则的基础上，用精灵喜欢的方式对待她们。

（3）站在精灵的立场思考问题，最终达到甚至超越精灵期望。

（4）平衡好精灵需求和裂帛利益，寻求双赢。

（5）关注精灵需求，提供建议和资讯，真实可靠地帮助她们。

（6）让精灵把来裂帛当成一种完美的享受。

在客服部门，随着咨询的精灵数量不断上升，客服人员的压力也越来越大。

在淘宝很多卖家已开始采取关闭旺旺，让客户自助购物时，裂帛家人们是通过各种途径提高回复效率——有的撰写导购短文为精灵进行答疑解惑；有的会请同事为自己带午饭，坚持在线状态，边吃午饭边答复问题；有的制作了大量个性化、人性化的快捷短语迅速回复精灵，避免精灵们接触相同的快捷回复感到乏味；

临近结婚、出国、出差、放寒暑假这些特殊情况时，客服将会与发货部门做协调，为着急的精灵跟进发货进度；时不时利用休息时间来公司为精灵们处理问题，或者托付给同事帮忙处理；有问必答，绝不出现有些店铺“付过款就联系不到”的情况；真诚恳切地为精灵们做推荐，绝对不会为了利益而乱做建议。

售后部这个处在接触客户的一线岗位，精灵们在穿着过程中，如果感觉衣服哪里不合适，或者扣子掉了，腰带丢了，联系到售后那里，则都会及时处理解决，或者安排补发。

其他部门，诸如设计部、策划部等，无一不是接受精灵反馈的超级处理器，由一线部门为她们带来信息，或者部门直接获得，就立即开始分析和改进措施，平面设计调整色差，服装设计师调整设计等。所以，“客户第一”在裂帛不是虚假与做作的概念，而是日常工作的必备方式。也正是这种基于阿里巴巴创建的精神观、价值观，在裂帛得到完整与统一的认可和体现，才使裂帛一步步成长到了今天。

东北小虫：那你认为当前形式发展中最主要的大方向是怎样的？未来会有什么样的奇迹呈现给我们大家呢？

天鹅纵横：在跟上淘宝成长步伐的同时，在“客户第一”的基本原则下，由近及远，随时添加：

（1）成为全淘宝最为知名的特色设计品牌之一；

（2）保持年销售额100%增长；

（3）裂帛文化基金促进中国边缘文化的可持续发展，每年以100%的比例增长投入文化基金运行；

（4）建立属于自己的专业化、现代化、高科技、能适应快速反应模式的生产基地；

（5）裂帛的团队专业精英架构基本完成；

（6）做设计师的地球村；

（7）做出“买得起的高品质中国时尚”与“高品质服务”并存的模式；

（8）让中国各个民族的文化精神，通过各种形式和色彩保存、延续下来；

（9）为更多的边缘人和事提供更多的支持和帮助。

东北小虫：这样的人性化企业管理，这样的凝聚力和氛围，相信会做得更精彩！现在，越来越多的中小卖家到淘宝创业，对此你有什么看法，想对他们说些什么呢？

裂帛的设计师团队

天鹅纵横： 现在进入淘宝，和前几年的形式大不相同了，但淘宝是一块沃土，只要你有能力和远见，相信成功是必然的！

三年前的淘宝，是卖家和卖家的竞争。现在的淘宝，是公司和公司的竞争，甚至集团和集团的竞争。所以，生存会相对困难……如果要坚持做下去，那么一定要定位鲜明。大范围的资源都没有了，小空间还是有的，细分市场，精准定位，安全第一。

东北小虫： 那么我们如何在小空间和细分市场里定位自己呢？

天鹅纵横： 要有亮点。例如，当地的特产，还没有登录淘宝的，可以抢占市场；经营种类（有特长的，即使偏门，也永远吃香），提供各种定制服务的，如专门为“橡皮章”而成立的店铺之类；再如也做和其他人一样的东西，但是服务特别到位，或者整个店铺氛围特别引人流连的。

东北小虫： 在这样的形式下我们就需要对特色有一个判断，选对蓝海市场做好风格化推广，中小卖家往往没有一个方向感，总是很迷茫，一般一个简单的淘宝创业的发展历程是怎样的呢？谈一下你的看法！

天鹅纵横： 首先，要明白整个流程。货源要稳定，品质要有保证，接下来找快递谈好合作，哪怕不能降低价格，起码对于商品安全有好处。

然后，会开始为客源着急。有银子的可以尝试直通车，银子不多的可以努力寻找各种免费资源。比如发帖、报名参加淘宝活动。千万不要发广告帖，帖子一定要有美感。广告帖不会有人看，有内容的好帖子才能吸引人，而且吸引到的是高品质的客源。

多在淘宝买东西，换位思考就会明白，在自己买东西的时候，什么样的东西最能吸引自己。了解淘宝规则，遵从它，脚踏实地地去做，不要有狂想。实际的目标，比一万个空泛的计划都来得可靠。

多在经验畅谈居、淘宝大学还有帮助中心学习知识、集思广益，很多都是很好的分享。明白自己在做什么，坚持下去，并且能够跟着淘宝的成长而成长，慢慢就做大啦。

东北小虫：你讲得非常精彩！有了你这样的指导，相信很多中小卖家会更有信心！我们做淘宝就要从点滴做起、做好，用心去做，我想会有丰厚的收获！

天鹅纵横：是的！多学多看多实践，走出属于自己的路！

采访后记：一段段业内传奇，一个个成功案例。淘宝的发展使得如今的电子商务多姿多彩，展现给我们的是专业的团队、科学的管理、集团化的经营规模。未来的淘宝必然风起云涌，让我们一起期待这美好的未来！中小卖家的发展也并不是没有天空，独特的视角和出发点、学会管理、懂得经营，走向成功先完善自我，一切成功来源于我们的努力学习和拼搏！

两三事：坚持自我，该出手时就出手

本篇导读：独一无二的特色经营，网店之路将会行得更远。两三事——“最优女装卖家”，21 万粉丝的热烈追捧，源于穆雷蕾张扬的个性和驾驭色彩的独特眼光。坚持自我因为他们内心强大，果断就是要该出手时便出手！

嘉　宾 ID：执一 amily
店铺名称：两三事品牌
店铺主营：原创设计个性女装
店铺链接：http://shop33259856.taobao.com
记　　者：东北小虫

嘉宾简介

两三事掌柜穆雷蕾，于 2005 年在北京邮电大学读研期间开店，从 2008 年 4 月硕士毕业开始全职做网店，2009 年创建原创女装品牌“STH（两三事）”。2008 年、2009 年连续两年进入年度女装 TOP 100 店铺。2009 年接受新周刊、2010 年接受北京晚报和新浪网专访。 2009 年被淘宝官方评为“最优女装卖家”。两三事，是一本畅销小说的书名，亦是淘宝网一个普通的女装网店店名。两三事，顾名思义，两件、三件或者更多的事。如果生活可以用一件件或大或小的事构成，那每一天都是闪烁而过的 *N* 张画面，连续起来它可以是惊险的动作片，可以是一笑而过的娱乐档，亦可以是痛彻心扉的爱情哑剧。我们都是其中的演员，冷暖自知。这里的两三事是一家始终自由随性甚至几度散漫的网店，出售一些奇奇怪怪的衣服，写一些奇奇怪怪的文字。店主穆雷蕾，白羊座，哲学硕士。简单粗暴幻想性人格，爱好黑白电影，却善于驾驭浓烈色彩。她喜欢一个人独处，却可以呼风唤雨地开拓两三事妞们的极乐世界。她的妞们都亲切地称她为“11”。在属于两三事的世界里，生活是一场华丽荒诞的时装大片，一闪而过。但你我却是这场 T 台上独一无二的“麻豆”，我们始终忠实于自己强大的内心，不妥协、不偏颇，更不曾人云亦云的消磨片刻时光。“We got something strong and so were holding on…”我们坚持自我，因为我们内心强大！

两三事店主穆雷蕾

创业自述

我 2008 年研究生毕业，放弃稳定的高校工作，专业做网店。四年的时间，我从业余到专职做网店，从卖闲置品到销售精品女装，从零信誉度到双皇冠百分百好评率，从零销售到每月 50 万元的销售额，今天我谈起做网店的经历，一路走来，感慨颇多。

2005 年 4 月，我考上北京邮电大学的硕士研究生，紧张的备考生活突然松弛下来。我琢磨着离 9 月入学还有半年时间，应该做点事情。于是在淘宝网上开了一家女装店铺。一开始是为了打发时间，没想过赚钱，卖一些个人闲置的衣服。拍好图片上传到网上——几百块钱买来的衣服几十块钱就卖了，做的纯粹是亏本生意，没想到真的吸引了一批顾客。2005 年 12 月，闲置的衣服已经售空，但是顾客们并不满足，于是我就在逛街之余淘一些衣服来卖，没想到反响很好，我的品味和搭配赢得了越来越多的顾客，人气也越来越旺。但是这种业余的方式很快也不行了，我开始去批发市场拿货。

2008 年初之前，都是比较业余的在做淘宝生意，因为学业的关系，没有太多时间打理网店。进货、拍照、上传、编辑新品、售前沟通、发货和售后服务都是我自己一人完成，但是一个人的精力毕竟有限，我不仅非常辛苦，网店的发展也很缓慢。2008 年初硕士毕业，我放弃了留校工作的机会，选择全职做网店，租来办公室和库房，招聘客服人员、库管人员和平面设计人员，开始了专业化运作。一年多的时间，网店取得了较大的发展，目前网店员工增加到 30 人，在售货品 200 余种、月销售量 7 000 多件，销售额达 100 万元，顾客数突破 20 000 人，取得了初步的成功。

访谈实录

东北小虫：你好，很感谢你能在百忙之中接受我的采访！了解到你参加了首届网商 MBA 研修班，你能给我们介绍一下参加这个研修班的初衷吗？同时你有什么需要解决的问题呢？

执一 amily：网购是新生事物，每月、每年都有很大的变化。我们当时总结了一个很好的比喻，说我们这些网商是一群走夜路的人，看不清楚前面，大家一起走比较好一些，可以互相扶持！参加这个 MBA 班的初衷就是要去找一起走夜路的伙伴，大家一起走，抱团打天下！

东北小虫：现在电子商务的发展速度非常迅猛，那么从当初创业到现在的成功，你认为淘宝创业最关键的是什么？你对中小卖家有什么样的指导呢？

执一 amily：我认为最关键的就是：坚持、坚持、再坚持！创业是长征，遇到困难是肯定的，只有坚持才能胜利，坚持就是胜利！我们一路走来，也遇到过很多的问题和困难，只要坚持，就没有迈不过的坎！

东北小虫：创业不但需要经营的学问，更需要的是一种态度！

执一 amily：是的，态度决定一切！

东北小虫：相信你就是靠着这样的态度成就了今天的成功，请问你在经营中是怎么解决数据分析和有效推广的核心问题呢？

执一 amily：说实话，我们现在还没有很好地解决这个问题，也在探索。这的确是一个核心问题，我们重视得晚了，我们的推广部是刚刚才成立。我是在参加 MBA 研修班后，回来马上成立的推广部，现在还没有团队，没有找到感觉。我觉得要有一个整体的规划，要符合店铺整体的定位。但是具体来讲，可能与类目、店铺本身特点的相关性比较大。还是要找到符合自身特点的推广方式，不可能千店一方。

东北小虫：那你在推广方面最主要的一个努力方向明确了吗？打算如何利用淘宝的推广工具呢？

执一 amily：当然还是直通车！在做好数据分析的前提下，做好直通车！我们是小众店铺，硬广等面向大众的方式对我们而言效果比直通车来的流量要差很多，最近新上线的数据魔方我们也在用，对了解行业整体情况很有帮助。

东北小虫：你认为女装行业今后的发展方向怎样？你将如何去调整？

执一 amily：会逐渐分化出特色店和大众店，特色店靠特色风格，大众店靠价格。我们还是会做足自己的风格、自己的特色，在细分市场争取做到最好，在整个市场上占有自己的一席之地！没有特色，又没有价格优势，会变得比较难生存。

东北小虫：是的，这个发展将是必然趋势，看到你的交易量很大，你是怎么处理客服团队的管理问题呢？这是成交很关键的环节。

执一 amily：我主要是注意过程，对结果不是太在意。我们的销量其实跟客服没有太大关系，客服主要是把服务做好——责任、热情、专业，对客户要有责任心，态度要热情，回答问题要专业。

东北小虫：在你的店铺发现一个很有特色的地方就是对客服的评分，这突显了你的一个管理细节，你是怎么对客服的绩效进行考核的呢？

客服打分

执一 amily：说实话，我只是要求客服要做到“责任、热情、专业”，目前对他们的业绩还没有进行考核。有时候我会看聊天记录、顾客评价、店铺留言，以及客服打分。

东北小虫：你对以后网销的大环境如何看待，又怎样去应对？

执一 amily：总量会继续高速增长，但是随着卖家越来越多，买家越来越挑剔，竞争也会越来越激烈！今年、明年对我们卖家而言，会比较难熬。这将是一个洗牌的过程，估计后年会形成一个较稳定的市场格局。也就是马云说的："今天很残酷，明天更残酷，后天很美好！"

东北小虫：你能分享一下几年来经营淘宝店铺的经验吗？

执一 amily：好的。网络给了"80 后"们低成本创业的巨大机遇，网店经营中有哪些主要问题，这些问题怎么解决，我试着以我的网店为例谈谈经验。

（一）分析大势：该出手时就出手。

首先是对大势的判断，网络购物的巨大发展空间让我下定了专职做网店的决心，人有决心和信心，做事情才会一往无前。

2008 年初，我硕士毕业留校工作，在一般人看来是挺好的工作，我却高兴不起来。当时，发展网店和工作形成巨大的冲突，白天繁忙的工作，下班回家就想好好休息，但是店铺却有一大堆的事情需要处理，当时店铺又处于快速发展期，每天的售前咨询、订单处理、售后服务、进销存管理非常耗费人的精力，每天都弄得精疲力竭。到底怎么办？长期这样下去，不仅工作做不好，店铺发展不好，人也受不了，我必须做出选择。最终我选择了网店，辞去了稳定的学校工作。

因为我看好网络购物发展的大势：网络购物必将有巨大的发展空间。中国有 10 亿的潜在网民、有 3 亿的现实网民，网络购物才刚刚兴起，未来发展空间巨大。随着网络的日渐普及、配送体系的完善、网上支付越来越便利，网上购物已经具备了快速发展的条件，在网上开店是可以做成的事业，值得投入。

我国网上购物近年的确处于"井喷式"的高速发展期，每年增长率都在 100% 以上，即使百年难遇的金融危机，也没有对网络购物的增长带来多大的影响。

除了这个还有一点点个人的想法在里面：自己做事情喜欢自由，不喜欢学校里清闲而刻板的工作，希望有更多的自由。于是，我下定决心，辞去了稳定的学校工作，全身心投入到网店的经营。

（二）明确定位。

下定决心做专职网店之后，必须思考一个非常重要的问题：网店的定位，包括风格定位、客户定位、产品定位等。

淘宝网店里有几百万家店铺，销售女装的网店至少有几十万家，如何赢得竞争？首先就面临定位的问题：准备吸引什么样的顾客？定位什么样的风格？提供什么样的商品和服务？我结合前期的经验和自己的所长，定位为简约、休闲的风格，主要吸引 20～30 岁的年轻白领，经营个性休闲女装。

风格定位方面：现在的 80 后都市白领追求休闲路线，不再满足于上下班都穿刻板的职业装。休闲装不仅穿着舒适，更能体现出自己的个性。客户定位方面：20～30岁的年轻白领是目前网购的最大人群，既不像20岁以下的学生没有支付能力，又不像30岁以上的成熟女性普遍没有网购习惯。产品定位方面：近年来，韩版服装在中国逐渐兴起，欧美服装既昂贵，又不太适合东方人的身材，而国产服装设计、做工还普遍有很大的差距，韩版服装兼具设计、做工和适穿性的优势，日益得到年轻白领的认同。

（三）加强推广，为有源头活水来。

确定风格定位、产品定位和客户定位之后，最重要的工作就是市场推广。淘宝上的女装店铺浩如烟海，即使明确了定位，如何找到潜在顾客，如何让顾客找到店铺，都是难题。

网上购物的推广不同于实体商店的推广，没有成熟的模式，一切都靠摸索。我为此也花费了不少心思，想了很多办法，逐渐摸索出一套切实有效的推广方法。

（1）参加淘宝的各项推广活动：直通车、淘宝客、钻石展位等。

（2）利用老顾客的口碑营销：超级买家秀、淘宝论坛、友情链接等。

（3）积极拓展淘宝外的推广渠道：和一些时尚网站、团购网站合作。

（4）完善产品展示，与专业团队合作，场景、服装搭配、拍摄、后期处理、排版都非常专业。

通过这些方法，在巩固老顾客的同时，也有了源源不断的新顾客，店铺业绩稳步发展，目前的顾客数突破20 000人，每天的点击量在5万左右。

（四）拓展货源。

客源有了，货源问题就凸显出来，如果没有好的货品，那么顾客来了也留不住，推广工作就白做了。最初，我是在北京本地的批发市场拿货，随着店铺的发展，本地的货源已经不能满足需求。从2008年开始，我到全国各地积极寻找货源，经过一番辛苦的努力，目前已经与杭州、广州等服装产业发达地区的几家工厂形成了长期合作关系，解决了货源问题。这样，我逐渐向产业价值链的上游拓展，从小批发商到大批发商再到工厂，“打通价值链”，为顾客提供质量更好、价格更低的商品，提升了竞争力。

（五）提升服务。

客源、货源都有了，将二者联系起来的服务就成了关键。

服务说起来简单，做起来复杂。简单地说，每项服务工作的内容都不难做，但是海量的服务加起来，既不能出错，还要做出品质，真不是一件容易的事情。从另一个角度来说，如果服务做好了，那么就能成为重要的核心竞争力。

我的想法就是服务要实现顾客的“四度”：信任度、满意度、美誉度和忠诚度。顾客初来的时候，其信任度是很低的（尤其是网络购物），如何打消顾客的疑虑，是初次面对顾客服务的重点；有了初步的信任，顾客可能会做出尝试购买的行为，通过耐心、细致的服务，解答顾客的问题，是赢得顾客满意度的关键；顾客收到货品满意，进行二次购买，继续提供耐心、细致的服务；或者收到货品不满意，客服如何予以圆满解决，是赢得顾客美誉度的关键。顾客对店铺的美誉度会形成二次、三次购买行为，如何在这期间保证每次服务都让顾客满意，并建立合理的会员优惠制度，是赢得顾客忠诚度的关键。

为了实现“四度”，我对售前咨询、售中订单处理、售后服务过程中的几十个服务内容都进行了细致分析，总结出服务的流程和质量控制方法，与员工一起讨论、总结、提炼，最终形成了一套行之有效的服务体系。

（六）优化管理。

网店内部管理方面，进销存和员工管理是比较重要的工作。

由于不是一手交钱、一手交货的付现交易，网店的进销存管理有其特殊性，有买下未付款的、已付款的、跑单的、银行汇款的、支付宝直接打款的、预定货的、囤货的、退货的、换款的、换色的、换尺码的，这使得网店的进销存管理比实体店要复杂得多。每天都要进行海量的分析统计，才能既保证供货及时，又尽量减少库存，减少占用资金。经过一年多的摸索，我的网店目前已建立了较好的进销存管理体系。

员工管理是另一个重点。网店的员工主要是客服、设计、生产、库管。客服的工作非常烦琐，每天面对各种各样的顾客，心理压力大，管理的重点在于心理调适，形成良好的心理素质和平和的心态。美工的管理重点在于提升品位，不是简单的图片处理，而是通过后期处理、排版、店铺装修把店铺的灵魂、货品的风格淋漓尽致地表现出来，这需要长时期的积累。库管的管理重点是提要求，鼓励他去摸索出一套适合网店的进销存管理体系。

结论：网店成功的关键在于三点——特色、信誉、速度。

（一）特色。

第一个成功的关键是要有鲜明的特色，要在浩如烟海的几百万家网店中脱颖而出，一定要有自己的特色，没有特色就没有卖点，就没有顾客必须购买的理由，就没有竞争力。淘宝最大的几家女装店都有鲜明的特色，阿卡是以自主设计民族服装为特色，小虫是以仿大牌为特色，LUNA 是以自我设计加日式服装为特色。没有特色的淘宝网店，很难吸引顾客，目前在淘宝已经很难生存。有特色还不能有非常“刁钻”的特色，即市场定位极其狭窄的“特色”，这种特色很难支撑网店做出规模。

（二）信誉。

第二个成功的关键是要积累好的信誉，网上交易由于买卖双方不能见面，货品不能立刻亲手体验，信誉的重要性远远大于实体店。可以说信誉是网店的“生命”。如果没有好的信誉，则都是“一锤子买卖”，网店是很难长期经营的。

信誉的积累主要有两个方面的重点，一是售前如实陈述货品情况，二是售后无条件退换货。售前的情况，即使网店有着很好的信誉度和好评率，大部分顾客还是抱着怀疑的心态来购物的。不能为了促成交易而“忽悠”顾客，应如实陈述，建立信任。售后的情况，由于网店的特殊性——不能试穿，顾客不满意收到的货品要求退换货的情况是常见的，如果拒绝退换货，则即使完成交易，也会带来差评，顾客也不会二次购买，最终受损的还是店铺自身，不利于店铺的长期发展。

（三）速度。

第三个成功的关键是提升整个业务链的速度。网店完整的业务链是进货、拍照、上架、达成交易、发货、收货、评价，提升整个业务链的速度至关重要。

进货、拍照、上架这些售前环节速度的提高，有利于在市场上抢占先机。淘宝网店浩如烟海，同一款商品可能有多家网店在售，谁抢占了先机，谁就有可能赢得更多的销售。发货、收货、评价这些售后环节速度的提高，可以提升顾客满意度。顾客在下单后，总是希望以最快的速度收到货品，如果收货时间过长，那么即使货品本身没有问题，也会降低顾客的满意度。此外，提升业务链的速度还可以提高网店的存货周转率和资金周转率，提高经营效率。提升业务链的速度要求网店必须在进货、发货、库存方面不断优化，对网店内部管理提出了较高的要求。

采访后记：大胆迈出自信的步伐，两三事的成功可谓是步步为营、胸有成竹。大动作之下必有大作为，穆雷蕾如是。而对于刚起步的创业人来说，不能一味地羡慕成功，思索自己的下一步才是关键。

阿格日勒：舌尖上的淘宝，内蒙古奶酪第一店

本篇导读：一个广告，换回了亿万客户；一个广告，成就了阿格日勒的网店；一个广告，造就了小奶花这个品牌；一个广告，赢得了丁杰的美丽爱人；一个广告，缔造了丁杰的幸福人生……

内蒙古的冬天，彻骨的冷，丁杰躲在家里不想出去，他想为自己买一双鞋子，这时候无意间看到一则淘宝的广告，就点击进去，并成功地在网上为自己买了鞋子。丁杰想："如果我也开个店铺，把我们的奶酪放上去卖，那会怎么样呢？"就是因为这个念头，他成功开了一家网店。当时在内蒙古开网店的人真是凤毛麟角，他做了第一个吃螃蟹的人。丁杰买的不只是一双鞋子，而是为自己买来了一条路，很多人都说，只要鞋子穿合适了，去哪里都行。而就是这双鞋子穿合适了，才走出了丁杰的今天。

有了第一单生意之后，淘宝小二联系丁杰，他听从了小二的建议，并孤注一掷地买了广告，内心忐忑，成败在此一举。就是这个广告，让丁杰的店铺走上了兴旺，成就了丁杰的事业，也是这个广告，让丁杰拥有了自己的爱人。淘宝，不但淘出了事业，更淘出了一个美丽的爱人！

嘉　宾 ID：阿格日勒
店铺名称：内蒙古奶酪第一店 零食热卖 美食天堂
店铺主营：奶制品，奶酪
店铺链接：http://xiang8.taobao.com
记　　者：树袋熊和桉树

访谈实录

树袋熊和桉树：你当初在网上开店的时候，内蒙古知道网店的人不多吧？

阿格日勒：是的，那个时候这边几乎没什么网店。

树袋熊和桉树：那你如何知道淘宝，又是如何开始的呢？

阿格日勒：从一双鞋开始。内蒙古这边冬天很冷，我和大家一样都不愿意出门。无意间看到淘宝的广告，然后单击进去，好奇的买了一双鞋，几天后竟然快递直接送到家里来了，当时就觉得挺方便的。

树袋熊和桉树：那买了这双鞋后，就自己开网店了吗？

阿格日勒：当时就想自己也卖点什么东西吧，大家都知道内蒙古是乳都，而在当时来说，其他的地方几乎都没有卖奶酪的，所以就开了这家网店，当时的图片都是用手机拍的。

树袋熊和桉树：那么刚开始时生意如何呢？你对第一单生意还有印象吗？

阿格日勒：和所有人一样，刚开始根本没有生意，连问的人都没有。也许一开始还能接受这个事实，后来实在接受不了了，就开始点淘宝所有能单击的地方。记得当时有个叫聚宝盆的，能看所有的在线收藏和收藏宝贝排行，在这里发现有挺多人收藏奶酪的，证明很多人对奶酪有兴趣，就给收藏这些宝贝的顾客发信息，信息内容现在还记得："你好，看你对奶酪有兴趣，这里销售最好的蒙古奶酪，而且价格实惠，亲买不买没关系，来看看吧。"然后写上自己的店铺地址。

树袋熊和桉树：那么信息发出去多久之后才开始有生意的呢？

阿格日勒：不知道发了多少条信息，第二天真的有一些客户联系我，他们问各种各样的问题，当时有很多问题都不知道如何去解答。大概在第 4 天的时候，一个上海美女成了这个店铺的第一位客人。

树袋熊和桉树：看来对自己的第一单生意比较兴奋啊，那么接下来的生意稳定吗？

阿格日勒：接下来就得感谢两个人。一个是淘宝小二，另一个就是当时的客服，他们加在一起，促成了稳定的订单和一个推广，得到了之后稳定的生意。

树袋熊和桉树：当时有淘宝小二在帮忙吗？

阿格日勒：当时是一个销售部的小二，他说可以通过买广告带来效果，我就试了试。说实话，如果当时的广告没有成功，那就没有今天了，因为我把所有的钱都投进那个广告了，那是一个首页单品的展示位置。

树袋熊和桉树：那么这个广告的效果如何呢？

阿格日勒：效果很好。当时对客户的问题根本回复不过来，也没有时间来解释和回复，只能不停按“Alt+F4”组合键去关闭对话框，不然电脑就会爆机，因为当时只有自己一个人。直到深夜，我终于可以喘口气了，在旺旺上找到好友老秘，问其是否能帮忙来当 3 天客服，自己已经顶不住了。老秘很大方地说没问题，现在想来，老秘的一句没问题，给当时的自己带来了无限的鼓励和帮助。当时我并没见过老秘，只是通过旺旺交流的比较多，但是对老秘的信任程度超过了自己的预期，事实证明自己真心信任别人就会得到对方真心的帮助。后来，老秘准时上线，我直接给老秘打电话告诉了他旺旺的密码，然后说，你先上着，有不明白的地方就问我。5 分钟后我致电给老秘：“是否顺利，还有哪里不清楚的吗？”结果他答：“怎么这么多人！我之前一直怀疑淘宝有的店怎么会有那么多人去购物呢，今天算是见识到了。”是啊，引用老秘当时的话，其实这个何尝不是我要问的呢？淘宝已经走进了人们的生活，这里热情购物的人实在太多了，不过想想能成为其中的一分子，我很庆幸。因为那一周下单太多，我已经无法应付更多的订单了，只好先把店铺关闭一周。同时顾客的问话只能用自动回复，我还记得自动回复是这样写的，“亲，你好，由于订单达到 5000 多个未发货，我们现在暂时不接单，一周后恢复正常，之前付款的顾客我们会根据付款顺序依次尽快安排发货，之后需要购买产品的顾客请你一周后光顾，谢谢你的理解和支持。”当时很多顾客万分惊奇，很害怕财货两空，于是不停地联系我。顾客不理解地说，“你的店铺信用评价总共才 5000 多，怎么会有 5000 多个没发货的呢，骗人的吧？”无奈之下，我只有截图给他们看，然后告诉顾客，我们的店铺第一次上活动，没想到会有这么多订单，由于经验不足，所以出现了这样的情况，真的很抱歉。我带着十分的诚意和顾客一一解释，还好淘宝的顾客比较宽容，都表示理解。当时我忙碌的情况是这样的，上午顾客相对较少的时候和打单的同事一起打单，下午到晚上人多的时候和老秘一起接顾客的单，如果这期间顾客少点的时候，则又会继续打单，我和老秘每天只能睡两个小时，困意全无的我们可能是靠一种动力在继续坚持着，努力着，尽快把所有顾客的包裹发出去，让顾客安全的收到，放心的品尝。对我来说，这就是胜利。

冰冰分享与阿格日勒的甜蜜爱情：我们是从买东西结缘的，我比较喜欢在淘宝买东西，是买其他东西的时候在某人的评价里看到奶酪，就点进去了。我当时也是冲着运费只要 2 元买来尝尝的，没想到就喜欢上了，于是向身边的朋友推荐，之后就开始团购。我记得我当时应该是他最大的客户，也许是因为想留住这个客户吧，所以我们经常聊天，并不只是聊买卖，而是什么都聊。就是因为他首次上活动，然后叫我帮忙，我答应下来之后这一帮就走不掉了。我之前有自己的工作，后来把工作也辞了。我喜欢旅游，应该是一年后，我说正好去内蒙古看看吧。然后 2009 年 6 月我第一次去内蒙古旅游，接着 11 月底再次去玩，2010 年 5 月就彻底到内蒙古这边来了。我们应该会在这个冬天结婚！

冰冰

树袋熊和桉树：那么现在年销售额总共有多少呢？

阿格日勒：2010 年是 1500 万元左右。

树袋熊和桉树：淘宝路上你遇到最大的困难是什么呢？

阿格日勒：就现在而言最大的困难是自己造成的，就是货品供不应求，所以有时候觉得挺对不起顾客的。今后我们一定要把这些问题处理好，重点就是扩大加工厂来调节供不应求的矛盾，希望能够满足大家的需求。现在我就发不出货了，昨天上活动卖了 8000 多个单子，货又供不应求。今天我们包装的工人全调到生产那边去生产奶酪了，真的很尴尬。供不应求，发展并扩大自己的工厂，势在必行。

树袋熊和桉树：其实现在每天都有那么多单子，你认为除了本身金皇冠的信用以及老顾客的口碑积累，你还做了哪些推广？

阿格日勒：线下推广，线上推广，淘宝现在有很多推广工具，也有很多免费的广告位置，我们经常去看，什么是适合自己的，然后联系相关负责人，他们都很热情。

树袋熊和桉树：小奶花现在做到热销，做到供不应求，你认为最关键的是什么呢？

阿格日勒：质量和服务都很重要，缺一不可。

树袋熊和桉树：你觉得你的产品最大的特色是什么呢？

阿格日勒：一个是品牌文化，另一个就是口感了。说实在的，现在卖奶酪的人挺多的，已经和从前大不一样了，但是我们家的奶酪的确和市场上的不一样，无论是口感还是配方都是我们自己研制出来的，所以这也是我们店里有很多回头客和老顾客的原因吧。

树袋熊和桉树：是的，那么贵公司的文化理念是什么呢？

阿格日勒：服务顾客，完善自我。

树袋熊和桉树：其实现在做淘宝的网店肯定不如当年那么容易了，你认为你在淘宝上最大的优势和劣势又是什么呢？

阿格日勒：优势就是很多人都知道我们的品牌，知道我们的产品，很多顾客也在无形中把我们推荐给身边的朋友，让更多的人知道我们。我认为劣势就是之前我跟你说的，产品量的问题，所以说这个问题一定要解决好，才能走得更顺畅。

树袋熊和桉树：你也可以算是奶制品的龙头老大了，你有作为龙头老大的压力吗？

阿格日勒：压力当然有了，不过有压力才有动力！

树袋熊和桉树：你觉得最大的压力来源于哪里呢？

阿格日勒：来自顾客！因为只有顾客满意，我们才满意，顾客稍有不满意，那么我们就有压力了，并且应该在最短的时间内调整好达到顾客满意的程度。

树袋熊和桉树：你认为你所用过的推广方式中最管用的方式是什么呢？

阿格日勒：说实话没掌握到最好的，一直都是用的淘宝广告，淘宝首页广告。

树袋熊和桉树：那么你在淘宝最想感谢的人是谁呢？

阿格日勒：最想感谢的是马云，没有马云就没有淘宝，没有淘宝就没有今天的阿格日勒！

采访后记：阿格日勒的成功或许和他很早开始做淘宝有很大的关系，但是阿格日勒的成功绝非偶然。我们在感慨丁杰成功的同时，也应该反思自己，到底丁杰的成功给了我们什么启示呢？我想每个人看完后的感触都不一样，感触丁杰太幸运，还是感触自己太不幸，也或者感触自己没有抓住时机。此时此刻，如果你努力，那么也一样会成功。还等什么，一起努力吧！创造 2011 的辉煌成就，创造自己的奇迹！

七贝熊母婴旗舰店：把梦想种下，就会开花结果

本篇导读：她做化妆品入行，淘宝改制，她意识到必须要适应这个改变才能有所发展。面对化妆品行业激烈的品牌竞争，她选择以退为进，从化妆品行业转到建立自己的童装品牌。于是，便有了“七贝熊”这个童装品牌。“七贝熊”走过三个月的时候，我们采访了她——七贝熊的掌柜。整个采访中，掌柜说自己的店铺好比刚刚出生的婴儿，可就是她的这种比喻，却让我想到用一句话来形容七贝熊的发展最贴切了。“小荷才露尖尖角，早有蜻蜓立上头。”究竟店铺为什么会发展得如此神速，做得如此成功呢？接下来和我一起探秘吧！

七贝熊掌柜

嘉　宾 ID：七贝熊旗舰店

店铺名称：七贝熊旗舰店

店铺主营：童装

店铺链接：http://qibeixiong.taobao.com

记　　者：树袋熊和桉树

访谈实录

树袋熊和桉树：你是 2011 年年初转行的吗？转行的原因是什么呢？现在业绩如何呢？

七贝熊旗舰店：2010 年 11 月的时候，我已经决心要转行，当时选了很多行业，尤其是女装，特别想做这个行业，但是这个行业也是竞争最激烈的。后来我就在淘宝的各个类目中筛选，突然发现童装这个行业在淘宝并没有一个特别出名的品牌，包括在国内的各个卖场，也没有极其突出的品牌，尤其是现在每个家庭基本上都是独生子女，对宝宝越来越重视，所以就选中了这个行业。担心肯定是有的，但是我既然选择了，就要坚持下去，一旦发现错了，再回头就是了！当初转行的原因是我之前一直在做化妆品，而且都是做别人的品牌，就算做得再大，也只能到天花板，但是做自己的品牌后，我可以看到无限的天空，高度就不一样了。至于为什么不做自己的化妆品品牌呢，那是因为化妆品不同于其他品类，一个不知名的品牌如果要让众人接受，那需要雄厚的资金来操盘！我没那个能力，所以改行。转行之后，到现在已经 101 天了，感觉挺不错的，因为之前没有做过童装类，所以能有这样的成绩很满足，现在基本上每天销售额都有一万多元。

树袋熊和桉树：那么七贝熊这个品牌是你自有的品牌吗？

七贝熊旗舰店：七贝熊是我自己注册的，当时一想到转行，我就马上注册公司，公司下来之后就注册品牌了。我当时想了好几天，后面才圈定这个品牌，“七贝熊”这个名字我们也没有太多的想法，就是为了好记、好听、可爱，大家都喜欢就可以啦！

树袋熊和桉树：那么做童装和做化妆品肯定不太一样，但是推广方法却大同小异，你都用过什么推广？最有效的推广又是什么呢？

七贝熊旗舰店：靠质量，靠服务，靠口碑，顾客的朋友都是我们的潜在顾客，只有口口相传，生意才能做长久！我们很少做推广，除了上活动，目前直通车一天的费用在 20～30 元。

树袋熊和桉树：都做过什么活动呢？

七贝熊旗舰店：目前做过的有天天特价、淘金币和超级麦霸等。

树袋熊和桉树：那么就这几个活动而言，你认为哪个活动更适合自己的店铺，又有什么利弊呢？

七贝熊旗舰店：只要是大型的活动，都适合我们。先来说说利，通过活动，可以迅速聚集店铺的人气，从而带动店铺更多的人气宝贝！当然单品的关联营销也要做好，否则很容易达不到预期的效果！再说弊，做活动前两天，我会睡不着，常常很激动，很焦虑，因为不知道活动会给自己带来多少销量，而做活动都会事先囤积很多库存！还有做活动的时候会很累，现在商城运行 3 个多月，打印机都打坏 2 台了。

树袋熊和桉树：那么对于天天特价和超级麦霸参与的流程和方式，能给大家分享一下要注意的事情吗？

七贝熊旗舰店：天天特价跟超级麦霸的报名都是在“我的淘宝”左侧，“营销中心”的“活动中心”里面，里面有报名方式的详细介绍，大家可以到里面仔细看看，特别是“天天特价”，这个活动是针对中小卖家，也就是说 C 店要皇冠级以下才可以报名，B 店要总销售额 2 万元以下才能报名。只要价格有优势，那么很可能会入选！

树袋熊和桉树：一般多长时间可以通过参加活动的审核呢？需要做哪些准备工作呢？

七贝熊旗舰店：审核一般是 5～7 天，这个时候要做的就是耐心等待，如果你的产品入选了，则系统会自动发消息提示你，你就要在这个时候开始备货，然后等待小二通知活动档期。

树袋熊和桉树：活动的发货环节是不是很重要？如果不能按时发货，那么会有什么后果呢？

七贝熊旗舰店：发货是很重要的，大多数活动都是要求 3 天之内发货，所以我们做活动之前都会把上活动的单品部分先打包，做好标示，等到活动开始时顾客拍下就可以直接发了！这样可以大大缩短我们的发货时间，如果没有备好货，超过 3 天还没发货，一旦引起顾客的投诉，那么很容易被小二记录在案，这样下次再报活动，就会增加被拒绝的几率。

树袋熊和桉树：一旦店铺做大就要雇用员工，有时候员工的服务态度和自己是不一样的，那么你是如何保证员工的服务质量呢？

七贝熊旗舰店：我们的客服现在入职都需要通过培训和考试，一旦通过，就可以安排上岗，因为客服是站在第一线，直接面对消费者，所以这个岗位是很关键也很重要的！2010 年 12 月之前我们一共只有 3 个人，现在已经达到 12 个工作人员，由于发展速度超过预期，所以我现在也很头痛。因为我们的内功并没有练好，基础并不扎实，只是一味地往前冲，我总害怕有一天，我们会撞得头破血流，灰溜溜的退回来！就像 2011 年 4 月，我们规划放缓前进的步伐，先练好内功然后再稳步前进，可是现在内部的问题还是很多！

树袋熊和桉树：客服培训的主旨是什么呢？

七贝熊旗舰店：首先是耐心，心平气和，因为我们面对的是全国的顾客，什么样的顾客都会遇到，我们没办法去改变她们，只能让自己去适应她们！再者就是善于捕捉顾客的消费心理！引导他们消费，如果能做好以上两点，那就是一个优秀的客服，我们没有办法要求客服全心全意跟我们一样做好客服的工作，但是有些时候不得不放手。

树袋熊和桉树：一个团队的管理远不止客服这一块，发展得那么快，团队管理是不是一个问题？如何解决团队管理突出的问题呢？

七贝熊旗舰店：如果我还抓着客服这块工作不放，那么店铺就谈不上进步，也没有时间去规划！我们是用公司制度流程化来管理的，如果你不能适应这个制度，那么请你离开！因为一个团队在发展，随着人员的增加，每个人的价值观都会不一样，很容易产生冲突，所以，我们一定要做到以制度来规范，而不能以人来规范，这样才能做到公平公正。

树袋熊和桉树：那么一个网络公司的制度，你认为最重要的是什么呢？

七贝熊旗舰店：其实也很矛盾，归纳一下就是 4 个字：激情、安分。因为这两个词语本身就是矛盾的，所以只能努力做到平衡。激情是一家年轻公司所具备的，如果没有激情，那么整个公司怎么谈理想，谈发展呢？安分是希望每个员工都能认真做好自己手头的工作，切勿异想天开，想着如何做大做好，还是要练好基本功！

树袋熊和桉树：发展得太快，会出现很多问题，你认为，你遇到的最大问题是什么呢？

七贝熊旗舰店：其实有很多问题，小问题没有及时解决就会成为大问题，但最大的问题是仓储管理！

树袋熊和桉树：仓储管理这块，如果管理不善，那么会有什么后果呢？你又是如何克服这个问题的呢？

七贝熊旗舰店：没有系统化的流程，仓储很容易发生漏发、错发、少件、实际库存与店铺库存不符等，很容易给顾客留下不好的印象，从而影响顾客的再次购物！我们目前引进了一套专门针对商城的订单仓储管理软件，目前正在调试中，希望能尽快解决我们的问题！

树袋熊和桉树：接下来我们说说货源的问题吧，转行做童装的时候，是不是因为自己有货源优势呢？

七贝熊旗舰店：转行的时候，自己还没接触过服装类的产品，而且当时对服装也不懂，也没有什么货源优势，都是从零开始的。

树袋熊和桉树：那么货源方面有没有遇到困难呢？

七贝熊旗舰店：开始的前半个月挺累的，因为不仅要忙着找货源，又要装修店铺，当时我们才 3 个人，刚好我是 2011 年 1 月 1 日开业，当时又快过年了，正是童装的旺季，我记得当时做到年二十八的时候，仓库里已经只剩下不到 20 件衣服了，最先是进了 5 万元的货，所以我总是庆幸自己的运气很好！过年后，由于有了前面的基础，生意也一天比一天好，这个时候都是厂家自己找上我们的，包括目前在谈并购的这家工厂，也是他们自己找来的。而且我们现在也有了自己的服装设计师，是我们高薪从别的公司挖过来的。

树袋熊和桉树：花那么多精力和资金在货源的问题上，带来的最大好处是什么？

七贝熊旗舰店：给顾客带来黏性。因为一个小孩从 1 岁到读小学，在这期间他/她都是我们的客户，我们不断地开发出新的款式，顾客如果选定了你家，那么很有可能她就是你的忠实顾客，而且伴随着宝宝的成长，对我们的黏性就更牢！还有就是口碑，我们目前有将近 17%的新顾客都是老顾客介绍的。她们看中的都是我们的款式，我们的质量！所以我觉得最大的好处是可以牢牢地抓住顾客！抓住老顾客除了口碑和信用之外，更重要的就是货源了！所谓的货源，就是款式和质量。

树袋熊和桉树：几个月的时间能做到现在的成绩，真的是飞速，那么接下来有什么打算呢？

七贝熊旗舰店：在社会进步、物质生活水平逐步提高的今天，顾客对文化的需求也日益强烈，一个好的品牌，好的品牌文化，正逐渐影响着越来越多顾客的购买行为，品牌的定位，高档、中档、低档，都将影响着你的顾客群体。我们只做了 3 个月，我把我们比喻成刚出生的婴儿，还没有完全学会走路，却开始慢跑，所以接下来首先是打好基础，稳步前进，同时又不能掉队。前辈们在天上飞呀飞，我们在地上追呀追！接下来计划开一家实体的品牌旗舰店，未来打算在沿海的几个城市，都能开上七贝熊旗舰店！

树袋熊和桉树：做淘宝这么多年，你感触最深的是什么？

七贝熊旗舰店：网商之路，任重道远，贵在“坚持”两个字！我也是从小卖家一步步走过来的，接触淘宝现在也有两年了，都是自己一步一步坚持过来的。我们还小的时候，不能有多红火的生意，都是要坚持！坚持！再坚持！每一家红火的店铺背后都有鲜为人知的难处与泪水。并不是随便做就可以随便成功的，都是靠自己不断学习，不断探索，一直坚持过来的！其实我有一个希望，就是希望我们的卖家都能迅速成长起来，共同把网购市场一起做大做圆，使得我们国家的网购市场越来越规范，越来越成熟。同时希望经验畅谈居——名人访谈能越办越好，成为淘宝大学的“淘品牌”！

第 2 章　异士篇

——从不为人知到众人皆知

◎ 旺旺烘培屋：微淘玩出金皇冠，九零女子梦想成真

◎ 怡红公子：民工到老板的蜕变

◎ 费冬霞：日售四万元的秘密，小夫妻淘宝舞动奇迹

◎ 源雀小郭：高手推广赛过职业直通车操手

◎ 鞋老外：不是只有蜘蛛才可以在网上生存

◎ 丁丁旅游：门外汉到门内精，清华学习日销 10 万元

旺旺烘培屋：微淘玩出金皇冠，九零女子梦想成真

本篇导读：当很多人尝到电商这块蛋糕的甜头之后，越来越多的人进军淘宝这一行业，有的人做得风生水起，但更多人淹没在激烈的电子商务竞争中，所谓有心栽花花不开，无心插柳柳成荫，九零后小女子巧借微淘创上万流量，成为了淘宝金皇冠掌柜……

嘉　宾 ID：汪汪狗厨房电器 1980
店铺名称：旺旺烘培屋
店铺主营：烘培工具、烘培原料
店铺链接：http://shop58515397.taobao.com/
记　　者：iinhere

嘉宾简介

她，一个 90 后女孩，大学学的专业是珠宝设计，酷爱画画，但由于不是艺术生，画画功底并不好。因此虽有一腔设计热情，也苦于无人惜才。然而，她不甘心放弃自己的梦想，大学毕业打算继续深造读研，但高昂的研究生费用，却又让她这个普通家庭的孩子望而却步。无奈之下她开始打工——给设计师当助手，隔三差五加班至晚上十一二点，尽管如此省吃俭用积蓄依然少得可怜。在种种现实的压迫下，女孩想过放弃自己的梦想，种种境遇让她否定自己，丧失自信，曾一度失去追求梦想的那份坚定。回忆起那段时期，女孩说：“当颓废的心情比较严重时，我抬头看到自己出租屋里墙上的那些设计图纸，于是我又咬咬牙坚持下来了。然而，这毕竟离我的研究生费用还差了好多，接着我开始找兼职，起初找了份上夜班和周末班的淘宝客服，每天下了班再去上两个小时的兼职客服，周末也没有任何休息时间，那时候真的很累，每天像个机器人一样在工作。或许骨子里我是一个不甘平庸的人，我不断地在自己的工作中寻找商机，客服的工作也让我对淘宝

慢慢加深了解，最后我决定辞掉工作，自己做淘宝。因为我意识到只有赚到足够的钱才有资格追求自己的梦想。”

旺旺烘焙屋的店长

创业背景

当我决定做淘宝的第二天就把设计师助理的工作辞掉了，兼职的客服我依然还在做，一是因为我还要养活自己，二是客服的工作也能让我了解更多客户的需求及怎么样才能更好地留住顾客。就这样，我白天弄着自己的淘宝店，晚上做做兼职，虽然日子很苦很累，但是我很开心，毕竟有了一份自己的事业，而且我可以把我的设计理念也投入到这个店铺里，那一刻，我感觉到所学的知识没有白费，对美的事物的把控能力我相信自己比一般人都强。

访谈实录

iinhere：从你的创业故事中，我深深地感受到一种不怕吃苦的精神，而这精气神正是创业者所需要的，现在你的店铺旺旺烘焙屋也是金皇冠了，可以和我们分享一些重要的经验吗？

旺旺烘培屋：我在这想跟大家分享的第一个经验就是店铺的装修风格非常重

要，一定要有自己的理念，无论怎么装修，都不能偏离了自己的中心思想，而且定位也很重要。店铺的装修不一定要做到华丽，但是一定要让顾客看着舒服，并且贴合自己店铺产品，其实店铺的装修也是无形中的销售。让顾客一进店铺就能感受到你是卖什么的，就比如我是做烘焙产品的，那么我的装修风格就要尽量靠近那种烘焙的甜蜜及那种新鲜出炉的面包的香喷喷的感觉。我想让我的顾客进到我的店里感觉就像进了面包店一样，“闻”到那种味道就会产生想购买的欲望。

iinhere：网店门面是客户看到的第一印象，这是相当重要的，一进来就能看到自己想要的信息才能留住更多的客户，关于网店的免费流量，你有什么好的心得？

（1）免费流量第一把手：搜索流量。

旺旺烘培屋：其实初次接触淘宝卖家都很难，中小卖家尤其是像我这样白手起家的年轻人，启动资金很少，资金链也不完整，像直通车、钻石展位对我来说简直就是望尘莫及，初建的网店，我也不可能去拿我进货的钱来投入到这上面。但是做好一个店铺，首先要从做好一个宝贝开始。所以我建议中小卖家们不用去想太多，先从搜索切入，首先你得在上新的过程中发现一个热门有潜力的宝贝，然后优化搜索，主动伸手抓住免费流量。

iinhere：那么，你在搜索这一块有没有什么自己的小窍门呢？

旺旺烘培屋：我们都知道在搜索里，销量权重是第一位的，做好一个宝贝，要先从一个词出发，知道流量是通过哪个词进来的，哪个词转化率高。找到最有爆款潜质的产品匹配上最精准的词，形成一个良性循环。淘宝里面有个搜索试错原理，意思是如果不匹配，则顾客通过搜索进来但不会购买，久了之后淘宝会认为你的宝贝不适合这类客户购买，宝贝不被淘宝推荐了，就没有了展示的机会。所以最关键的是要匹配，不断优化，在前期一直走上坡路。

（2）按计划做好上下架，坚持分析。

新店掌柜必须要做一周计划表，因为七天一次上下架，建议制定一轮完整的培养周期。选好款后，制定每周每天必须要完成的任务，比如对应上周每天的 UV、销量翻倍，并努力去完成它。这很枯燥，效果每个店铺也不一样，但一定是有效果的。一个周期完成后，再制定下一个七天计划，和做作业一样！还有社会化营销，通过微博、微信去传播；抓住每天进店的十几或几十个 UV，主动服务，促成转化。就这样慢慢坚持下去，我的店铺已经小有成就，后来我又自己摸索出了一个引流的好方法。

（3）升皇冠最大的贡献——微淘。

iinhere： 聊天的时候有聊到微淘这一块，微淘出来也很久了，但大部分掌柜对微淘还并不是很明白，我也特想知道你是怎样用微淘引流量的？

旺旺烘培屋： 现在用手机购物的客户越来越多，淘宝也陆陆续续出了来往、微淘、爱淘等，我觉得主要是店铺微淘，对我们店铺的引流起到了很重要的作用。店铺的微淘如果能够运用好的话，那么带来的流量是非常可观的。所以在这里我想给大家叮嘱一句话，维护好自己的微淘，就是给自己的淘宝店一把开启流量的钥匙。

微淘的维护要从以下几点来看：

微淘定位；微淘内容；微淘活动；粉丝互动；小编交流。就比如我的店铺是做烘焙产品的，最先的定位是以发布美食食谱为主，但是后来发现这样并不能提高粉丝的活跃度，反而大家看了食谱会觉得比较沉闷，看不下去，所以后期我就又做了一些改变，把互动的游戏，互动的话题，可以交流的内容，都加入进来。比如我做的如下图所示的小游戏，粉丝的反应就不错。

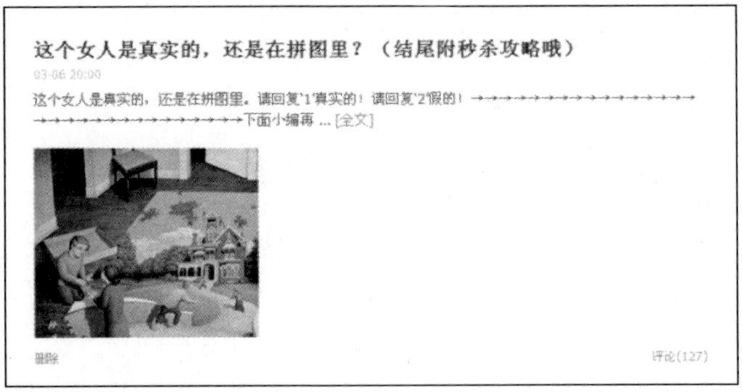

还有如下图所示的这个互动都为店铺赢得了很多有效的流量。

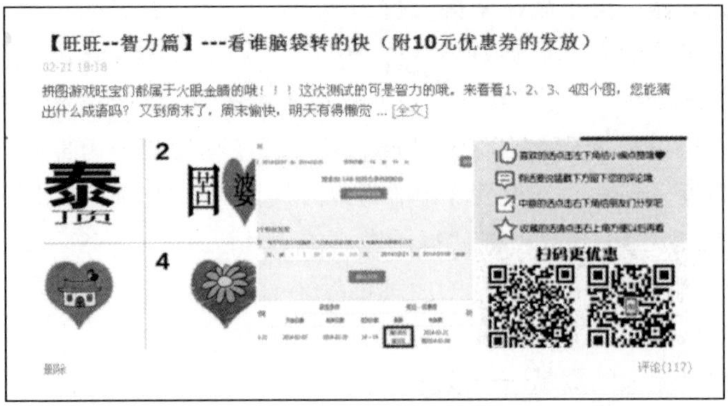

iinhere：虽然有一些热门的互动，但冰冻三尺绝非一日之寒，肯定不是随便发几条就能引起热度的，要坚持不懈才知道什么样的帖子是客户喜欢的？

旺旺烘培屋：嗯，说起来容易做起来难。我刚开始的时候没有任何微淘官方资源的支持和推送，都是自己一步一步把原创的内容展现出来，记录粉丝分享的有用的食谱，加上粉丝聊天性的沟通，将这些作为主打发布出去，慢慢累积。后来过年的时候我还做了过年不打烊的专题，提前把过年期间的微淘维护都做好，保证我的每位粉丝和将要成为我粉丝的亲们随时随地都能与我联系，和我互动。再后来，功夫不负有心人，我努力了半年终于见到了成果，我的店铺微淘上了首页，这让我有了些成就感，毕竟我的付出没有白费。

我始终坚信付出总会有回报，慢慢的我的小店就从小心红变成了一颗小钻，手里也渐渐地有了些资金，陆陆续续的我又上了直通车、钻石展位、淘宝客，还有各类促销活动，随之店铺步入正轨。现在我就是一个专职做淘宝的，因为店越做越大了，所以我觉得更重的就是要努力维护好它，认真接待每一位顾客，认真做好每一次售后，真诚地帮每一位消费者解决他们的问题。我觉得我要尽量把每位新顾客都变成回头客，我相信自己产品的质量没得说，所以接下来的就是用我的热情和真心留住他们。

iinhere：现在淘宝也正式上了轨道，之后对自己的店铺和人生有什么样的规划呢？

旺旺烘培屋：现在做淘宝也快两个年头了，店铺做到一个金皇冠，我真的觉得很欣慰，但是同时更让我欣慰的是我可以有机会继续深造来完成我的梦想。再过一阵子，我就准备去考研究生了，我想让自己在成为一个成功的淘宝店主的同时也能成为一位成功的设计师。我在努力打造有自己风格的淘宝店，让它充满着面包般的香气。

采访后记：如今用手机淘宝的人越来越多，抢先掌握无线流量也能掌握第一手优质客户。旺旺烘培屋即使在淘宝获得了自己的成功，仍然不忘记最初的梦想，我很佩服旺旺烘培屋的这份执著和努力。梦想是伟大的，有梦想的人有无法阻挡的勇气，努力和坚持就是梦想的翅膀，在梦想里挣扎的淘宝店主们一定要找到自己的风格和适合自己的方向，这样才能像旺旺烘培屋一样将梦想变成“真”!

怡红公子：民工到老板的蜕变

本篇导读：没有生意的时候要有积极的心态去学习渡过难关，增强自己的实力。店铺的成功各有各的不同，然而失败只有一个原因——放弃。希望大家都能用百折不挠、锲而不舍的精神，用心、认真、执著的实现淘宝梦想！

低矮的黄土房，曲折的山路，城市的人们肯定会问：如此美丽的景象是真实的村庄吗？这里就是我们今天的采访嘉宾，怡红公子8989所生活的土地，甘肃省定西岷县。厚厚的黄土养育了世世代代的西北人，他们一心想走出山里，为了实现这个梦想有多少人背井离乡……在城市当民工的他们饱尝人间辛酸，外出打工为的是子女的生活，却造成了多少的留守儿童？又有多少人在外辛苦奔波的同时记挂着家里的爹娘和子女而夜夜不眠？他们早已习惯日出劳作、日落而息辛苦的生活，他们无暇顾及这天上人间的佳境。这样的场景我们似曾相识，却记不得那是多少年前，而他们朴实的表情、拥有的快乐，我们在城市的灯红酒绿中奔波时，是否还有些许回忆呢？简单的游戏，简单的快乐，这些是我们多么羡慕的啊！但是他们的贫穷又有谁在意呢？他们的思念又谁能体会呢？这样的小路，这样的房子，这样的村庄，这样的美丽，他们的生活除了这片黄土，还有什么呢？而我们的采访嘉宾，他从大城市回到这里，一条网线、一台电脑，他把家乡山里的特产推向了全国，他在自己梦想实现的同时也守护着家人，他是怎样做到的呢？由民工到老板，他又是怎样做到的呢？今天将通过我们的采访如实为大家展现。

嘉 宾 ID：怡红公子8989
店铺名称：岷县当归人家农民哥

店铺主营：岷县当归，岷县土特产

店铺链接：http://mxdgrj.taobao.com

记　　者：树袋熊和桉树

为了拍摄宝贝的照片，从走几十里山路借一个数码相机开始，如此的艰辛，却没有阻挡他的创业。最终他走出了大山，只是用了一台电脑和一条网线……

怡红公子 8989 和他生活的土地

访谈实录

树袋熊和桉树：你是怎么想起在网上开店，并经营起自家产的农作物呢？

怡红公子 8989：开网店来自于创业的强烈愿望，卖农产品是因为我家是农村的，对农产品很了解。

树袋熊和桉树：从什么时候开始接触淘宝的？

怡红公子 8989：2008 年 11 月，有朋友向我推荐淘宝，我就随意注册了怡红公子这个 ID，因为我喜欢《红楼梦》。我当时想以后可以修改，但是改不了，并且这个 ID 号码刚开始引来了很多人的误会。

树袋熊和桉树：正式开店铺、买电脑、买数码相机是在什么时候呢？

怡红公子 8989：正式开店是在 2010 年 10 月，而整个 9 月我都是在等待宽带接通的日子中度过的。

树袋熊和桉树：等待接通宽带的日子一定很焦急吧？会不会经常想接通宽带后要怎么做，是否在心中计划了千遍万遍呢？

怡红公子 8989：那个时候的我非常焦虑，不知道开店之后前途如何。有邻居嘲笑的压力、家人的不理解、对自己经营能力的怀疑，但是我想为了自己的创业梦想值得一试。

树袋熊和桉树：你还记得接通宽带的第一天做了什么事情吗？

怡红公子 8989：宽带刚接通我就登录我的店铺，当时店铺是关闭的，因为我是在打工的时候申请的账号，回家后已经 4 个月没有登录店铺。我马上下载旺旺，还打电话专门咨询了淘宝的客服，咨询可以重新开店的时间。

树袋熊和桉树：安装宽带和购置电脑，这笔消费家人和周围的人理解吗？

怡红公子 8989：购买电脑是我的破釜沉舟之举。当时我想我的爱好是正当的，那么我用自己在城市节俭的钱购买电脑是正确的，哪怕以后没有用处，作为自己的家用电器也可以。购买电脑用了我半年的积蓄，花费 3000 元左右。

树袋熊和桉树：当时买的是什么型号的数码相机？

怡红公子 8989：刚开始我没有相机，每次拍照都是去十几公里外的亲戚家借，我现在使用的还是在淘宝网上购买的 400 元的柯达相机。起初，我对电脑知识了解得不多，在使用的过程中自己慢慢学习，很多功能我现在还是不会，就连使用手机下载音乐都不太熟练。

树袋熊和桉树：那么到目前为止，对淘宝、对电脑的使用情况掌握得如何？

怡红公子 8989：对淘宝我有了一定的了解，使用得还可以，但是电脑的其他知识所知甚少。

树袋熊和桉树：想必当初你的创业过程也是异常艰辛的，拍照、上传、发货，从开始到最终的处理，但那时候的忙碌却得不到支持，当时有没有闪过放弃的念头？

怡红公子 8989：当时我也有过那种想法，经常怀疑自己是不是当淘宝掌柜的料，可是淘宝掌柜成功的榜样力量是无比强大的，他们给了我坚持下去的信念。有时候，成功仅仅一步之遥，只要再等一分钟。如果我没有顶住压力，如果我没有沉默的坚持，如果我放弃了，那么或许今天你们看不到这位朴实的、手里拿着那么多发货单的农村小伙，你们也看不到我这位淘宝掌柜。

树袋熊和桉树：你开网店之初发货不是很方便吧？开店之前又没有什么经验，是怎么协调因此而产生的一些矛盾呢？

怡红公子 8989：开网店之前，我在家里是农民，在外面是农民工，但是我希望自己能够创业，并自由的经营。那时候我常常把家乡的土特产送给城市里的朋友，没想到他们非常喜欢。

树袋熊和桉树：你从注册到出现第一颗钻石，用了多长时间呢？

怡红公子 8989：大概一个月左右。店铺申请得比较早，正式经营是在我回家后才开始的。

树袋熊和桉树：正式经营后，你起初没有预测到的最大困难是什么呢？

怡红公子 8989：刚刚开店的时候没有生意，快递价格也非常高，首重 16 元。

树袋熊和桉树：那时候父母支持你吗？

怡红公子 8989：母亲去世了，父亲不理解我。我们农村的观念使得他们认为我不下地干活，而整天坐在电脑前就是不务正业。

树袋熊和桉树：当时要克服这样的压力并坚持下去非常不容易吧？最终改变这样的局面是在什么时候呢？而你又是如何平衡快递的昂贵价格与新店铺开张商品价格过低之间的矛盾呢？

怡红公子 8989：刚开始的时候我没有赚钱，都是赔钱发快递，快递收费太高，我就自己来承担超出城市价格的部分。我坚持的那段时间是内外交困，我想如果我无法渡过难关，那么就彻底失败了。但是坚持下去，总还会有希望。同时，淘宝的成功掌柜给了我很大的榜样力量，支撑了我的信念。

树袋熊和桉树：起初的利润也是非常低吧？从父亲眼中儿子在电脑前面不务正业的局面，一直到你用创造利润改变父亲的观点，是在什么时候呢？

怡红公子 8989：在一钻以后就稍有赢利，在两钻以后，父亲看到这是一个职业，我的收入也得到改善，经常给父亲买东西，他知道我做的是正事，并且有收入。

树袋熊和桉树：得到家人的支持是件高兴的事情，自己内心肯定也激动了很久吧？你的东西大部分是自产自销，如何让顾客相信你的产品质量过硬，恐怕也花了不少心思吧？

怡红公子 8989：家里人从怀疑到接受再到支持是个缓慢的过程，也是我用信心感染顾客的过程，我用了很多的心思让顾客相信我们的产品品质和卫生质量，这也是我工作的重点。

树袋熊和桉树：你是如何打消顾客顾虑，博得顾客信任的呢？并且还有了大量的回头客。

怡红公子 8989：我们在家里分拣得非常仔细。我白天很少在线，都是在家里分拣和加工农产品。很多顾客也了解我们的产品，他们收到后打开一看就明白的。但是也有很多朋友不明白，我经常写留言条给顾客，一般都写上怎么分拣、加工、保存，很多买家一看就明白。

树袋熊和桉树：我看你店铺里的图片有很多在地里工作和晒产品的场景，那么，这是不是你取信顾客的手法之一呢？

怡红公子 8989：是的，在虚拟的网络世界，经常有很多店家挂羊头卖狗肉，所以我特别想用心做好店铺的每一个细节，在店铺里体现我的价值观、人生观，展现我与众不同的地方，这就是店铺的特色。做一个有灵魂的店铺、亲切的店铺、以人为本的店铺。

树袋熊和桉树：让顾客信任是一方面，让更多的顾客知道你的店铺是另一方面，你是用什么方法去推广的呢？在没有利润的情况下和有了利润后的推广，又有何不同呢？

怡红公子 8989：我的推广一般都是口碑营销，当我把一次服务做得尽善尽美的时候，这不是结束，而是更多服务的开始。当顾客对我家宝贝比较满意的时候，不但他自己会再次光临，还会介绍朋友来购买，我很少使用付费推广。

树袋熊和桉树：但是利用口碑营销，好像推广的速度并不尽如人意呢！有很多店铺觉得太难了！

怡红公子 8989：口碑营销是比较慢的过程，但那是滚雪球般的积累，启动很慢但是越转越快。另外刚刚开始的店铺，细节完善没有做好，服务的水平没有提高，做广告的话，我个人认为不划算。在口碑营销积累的过程中我再改进我们的生产工艺，埋头学习，不断提高我们的服务水平。

树袋熊和桉树：现在的店铺还是你一个人在忙碌吗？

怡红公子 8989：以前是我一个人，后来是和我妻子两个人，现在我们还加入了一位，基本上变成三个人的团队了。

树袋熊和桉树：看来队伍一步步壮大，网商的路也越走越宽了，自家产的土特产肯定不能满足你店铺的货源需要，那么你的货源来自哪里呢？

怡红公子 8989：以后我将在家乡进行收购，对品质非常好的特产进行高价收购，这样我的发展也能惠及我们家乡父老。

树袋熊和桉树：这是一个很好的想法，现在还能保证自产自销吗？

怡红公子 8989：目前还可以。很多时候，我们也放弃了部分流量，因为我们的产能不够，我想要提供高品质的农产品，如果我们的产能不够，那么我就不敢接单了。首先保证接到的订单一定要能供给品质好的产品，有时候我隐身在线就是为了放弃部分流量。2011 年 9 月，家乡的农产品都收获后，我挑选高品质的收购，同时增加了团队的成员，让店铺更上一个台阶。

树袋熊和桉树：这就是新的里程了，其实现在肯定有很多人羡慕你，你们那里的人应该也有不少人崇拜你吧？

怡红公子 8989：是的，我认为我们的小店现在还处于积累的阶段，各个方面的知识我都很匮乏，需要学习，需要慢慢积累，我想总会有量变到质变的一天，我们会更上一层楼。

树袋熊和桉树：当初从外出务工，到回家自己创业，有没有想过，网络成就了你的梦想？

怡红公子 8989：自从我接触了网络就非常喜欢它，我知道我会因为网络而改变。但是我没有想到的是网络对我的改变这么大，现在我是四钻卖家，就在几个月前我还不敢想象我什么时候能成为钻石卖家呢！

树袋熊和桉树：你有没有试过在旺旺群里聊天来推广你的产品呢？

怡红公子 8989：想过，但是我没有时间，因为我是农民。很多事情需要亲自做，我和那些职业的淘宝卖家不一样，没有他们那么多的时间，我要用全部的精力来学习。

树袋熊和桉树：你很强调农民这两个字，好像农民让你有一种自卑的心理。

怡红公子 8989：因为没有文凭，我以前在城市很难找到工作。现在我树立了信心，因为我看到农民也能做好，这是一种自豪。

树袋熊和桉树：你有没有梦想更遥远的明天呢？在你们老家成立个种植基地？

怡红公子 8989：想过，那是个美好的未来。可是我看看现在的自己，感觉那是个遥不可及的梦想，就和我当初从零起步对四钻卖家的感觉遥不可及一样。但愿我能和乡亲们一起为我们家乡的经济建设作出贡献。

树袋熊和桉树：说不定你哪天就成为你们那里的焦点人物呢！说起这个，在淘宝最大的收获是什么呢？

怡红公子 8989：我在淘宝最大的收获就是信心。对自己的信心，对我们农产品的信心，对网络的信心。财富也是其中之一，我的精神面貌在失业时和有收入时是不一样的。

采访后记：真的很难想象他一路走来所遭遇的一切，他在成功的背后付出的艰辛，也是我只能体会却看不到的。相信他这种执著不放弃的劲头，会一如既往地带着他走向更成功的明天。创业最初的他从零开始到四钻都不敢想象，网上创业一年后的他要成立自产自销的农业基地。他说他不敢想象带领大家用网线走出大山，但是我却通过采访相信终有一天他会用这条网线和他的父老乡亲一起走出大山，让他们的产品走出大山，实现他们的致富梦想！

费冬霞：日售四万元的秘密，小夫妻淘宝舞动奇迹

本篇导读：一对勤劳朴实的夫妇，曾经打过工，开过饭店，做过实体服装店。几经周折几次创业，随后转战淘宝，如今做到淘宝舞蹈服行业的老大，一个淘宝商城店铺，两个淘宝集市店（1 个 3 皇冠店，1 个 3 钻店）。3 皇冠集市店铺单日最高销售额将近 4 万元，老天爷为何如此眷顾他们？什么样的营销手段如此惊人？

嘉　宾 ID：费冬霞
店铺名称：霞飞舞蹈用品
店铺主营：舞蹈用品
店铺链接：http://shop37016386.taobao.com/
记　　者：乖乖时尚宝贝 88

嘉宾简介

我叫费东霞，老公刘军，曾经我跟我老公到单位打过工，一段时间后，发觉打工的生涯并不适合我们。后来开了一家小型饭店，每天起早贪黑无休无止地工作，依然挣不到几个钱。后来又租了个门面开起童装实体店，然而因高昂的房租，外加童装行业残酷的竞争，一年下来不见利润甚至还亏本，最后我们改行做了舞蹈服的实体店。

创业背景

舞蹈服装生意较之前选的行业稍微有点甜头可享，于是那年过年的时候我花 2000 多元买了一件皮草，未曾想被朋友告知淘宝网上才卖几百元，开始我并不相信，固执地认为质量肯定不一样，后来我就上淘宝网浏览，光看图片和我身上穿的皮草是一样的，那一刻心里有些懊恼。然而，更大胆的想法从脑子里蹦出，就想把自己的舞蹈服装店搬上淘宝。就这样，我们加入了淘宝这个大家庭，开始了

我们的漫漫创业路。

费东霞和老公刘军

访谈实录

1．一手货源，抢占市场优势。

因为我们的实体店铺主要是做广场舞蹈服的，来购买的顾客基本上都是团购。广场舞蹈服的价格我们有一点优势，因为我老公人脉关系不错，找到了合作的供应商，我们自己进面料让其代加工，从而节约了不少成本。整个流程从面料到做工都严格把关，顾客购买后感觉性价比高，自然会介绍朋友过来，环环相扣的口碑效应让网店生意越来越好。

2．用爱温暖员工，增强团队凝聚力。

生意红火后，网店需要团队来运作。由刚开始的两个人发展到今天的 12 个人，2011 年我们还开了淘宝商城。关于员工管理这一块，我个人认为不要把员工当成是打工者，不要过度地拉开与员工的距离。我们跟员工相处得非常融洽，每个月都举行聚餐，因为员工都是年轻人，有时候还一起到 KTV 唱唱歌，偶尔放松一下也是有必要的。人员的管理看似很难，凝聚力看似很难维护，其实不然，只要用真心对待，付出真情，凝聚力自然就增强了。我们网店的每一位员工都是比较敬业的，人心换人心，你对他们好，他们自然也就对你负责了。借用店内美工兼运营小陆之言：“在我们这里不存在老板跟员工，都是兄弟姐妹，我们叫他老板他还不高兴呢。员工身体不舒服，我们老板比你父母还关心你。一般员工都不会轻易离职，即使别人工资再高，我们也不会走，在不创业之前，我不会换工作。”

3．维系老顾客，诚信发展新顾客。

我们店铺唯一的好处就是老顾客多，我们这个类目就是靠老顾客。一年前的老顾客，第二年还会到我们的店里购买，大多数消费者对我们的服务还是比较满意的。

记得去年有个安徽的顾客买了肚皮舞饰品，留言备注的当天给发货。当时我们订单比较多，按顺序发货，没有注意他的留言，耽误了人家。第二天客户找来，说来不及了，要求退货。当时拍的是60多元的商品，我老公为了结识这位买家朋友，就去长途汽车站，看看有没有当天直接到他们那个城市的长途车，放车上给人家带过去就不会耽误了。当时去一看没有，我们是县级市，需要到另外一个城市才有长途车，后来我老公打车去的，一来一回车费我们花了 200 多元，商品才60多元。那个买家拿到宝贝时，都感动得哭了。

4．可供参考的营销方案。

第一，开好直通车，稳步发展。

说到直通车，我们要提醒大家的就是关键词可以参考TOP数据榜，设置好竞价、地域、时间等因素，另外直通车既然开了，就要持续进行要开好，不然效果也不会很明显。

第二，强化内功，询单转化率高。

我们注重宝贝详情页的优化，顾客进来了，看到的宝贝详情非常简单，自然会影响购买欲，更谈不上成交率。同时我们店铺的客服素质普遍较高，如此一来下单成功率也更高。

4,632	1,784	2.31	1,596	479
浏览量	回访客数	平均访问深度	支付宝成交件数	支付宝成交笔数

39,620.50	128	7.17%	309.54
支付宝成交金额	回成交用户数	全店成交转化率	客单价

采访后记：一个集市店可以创造日销售近四万元的骄人业绩，我们可以想象嘉宾商城店是何等的火爆。每个人降生到这个世界以前，就注定了要背负起经历各种困难折磨的命运。不够坚强的人当逆境来临时，就会承认自己的失败，而假如我们够坚强，就该明白，我们就是为经历这些风险而来。因此，遇到逆境时，我们要忍一忍、熬一熬，再多拿出一份勇气和信心。成功的道路上布满荆棘与泥

泞，需要付出辛劳，洒下汗水，甚至泪水。只要我们在路上，成功就在前面！

店铺信息及员工合影

源雀小郭：高手推广赛过职业直通车操手

本篇导读：很多人从开始做淘宝就会遇到几个很难的问题：我要做什么行业？要如何入手？要怎么做好？当磨砺后，知道自己选择的行业，也入手开启了自己的小店铺，但是摆在面前的最大困难就是要怎么推广出去。

恰逢此时，铺天盖地的广告应运而生！于是想，我是不是可以也开一下直通车，或者找一个好的运营商来给我做。直通车是被众多中小卖家又爱又恨的网店推广手段，很多人存在困惑。“源雀小郭”在直通车推广方面有自己独特的见解，且看他是如何借用该推广，短时间内玩至淘宝皇冠店的。

嘉 宾 ID：源雀小郭
店铺名称：源雀海报设计坊
店铺主营：网店海报设计
店铺链接：http://yqshejifang.taobao.com/
记　　者：海信电视集市店

嘉宾简介

我是来自山东曲阜的一名淘宝卖家，现在在青岛即墨发展。在外四年，经历从无到有，跌跌撞撞起起伏伏。这个躁动的年纪，驱使我疯狂地去追逐。业精于勤，付出过就会有回报。如果有人说，我付出了却没有回报，那么我只能说，你在差一步的路上，选择了放弃，再多走一步你就成功了。

创业背景

在创业期间，我觉得心态最重要。从事电商服务行业，主要擅长店铺装修、直通车设计、宝贝描述设计等平面设计。从事淘宝工作四年，从平面设计到淘宝视觉设计，再到店铺运营，店铺主要以女装类目为主。2013 年年底，豹纹羽绒做到月销售 15 000 件，兔毛羽绒服做到月销售 35 000 件。

源雀小郭

访谈实录

海信电视集市店： 你创下过那么惊人的销售业绩，可以简单分享下你是怎么做到的吗？

源雀小郭： 店铺装修视觉统一是非常重要的。

店铺视觉不统一，店铺整体容易出现“乱”或“花”的感觉。这个现象出现后很容易让浏览者觉得店铺商品图是盗来的，或图片生硬堆放在一起，给人感觉像低档次的摆地摊，让买家觉得不专业。这样的话，直接会影响转化率。当店铺浏览量很大，成交转化率很低时，先回头看看你的店铺视觉统一了没。例如豹纹羽绒女装店，平时只能做到 3000～6000 件销售量，这次成功突破 15 000 件。就是因为从店铺装修到宝贝描述，再到主图的优化等，都进行了整体配合、定位运营。

对于小卖家来说，不要盲目选择，对自己店铺要有准确定位。多浏览一些成功卖家所写的文章，他们会从文章中告诉你，在他们身上发生的事情。

我不奢望我的建议对你有多大帮助，但是我希望，我的想法能带给你更多的创业希望。因为我也是从零开始学习，一步步走过来的。我不想说，我走得有多辛苦。每个人为了生存都会很辛苦，长大之后，才明白不要过多盲目活在自我的感情世界里。因为比我们困难的朋友多的是，我们只能咬紧牙关，把事情扛下来。

海信电视集市店： 很多中小卖家都说，直通车不好用，没有点击，没有转化，能结合你的经历给大家分享下吗？

源雀小郭： 其实并不是没有点击转化，只是主图和宝贝描述的图片深入不了人心，设计不美观突出不了重点。主要还是要考虑产品拍摄像素是否很差，产品图模糊不堪，主图设计效果不突出，宝贝描述展示产品差，特点展示不出来，购买是否让买家放心。这几点是小卖家常常关注的问题。

如果主图吸引不了客户，那么宝贝描述就不会发挥作用。只有很好地优化主图、描述产品，把产品的特点展现出来，把优惠政策展现出来，让图片更直观。这才是好主图。

有时，客户还会问除了直通车还有其他推广方式吗？

每次我都是笑着解释，如果连搜索精准的直通车都做不好，那么靠其他的推广都等于拿钱去打水漂。毕竟我们做推广都是想挣钱，所以我推荐大家学习一下如何用直通车做推广。

用直通车做推广时，选词是困扰大家的一个问题，怎么搜索将会带来什么样的客户。根据推广周期和推广单品条件（销量、评论等）的不同，目标也有可能不同，但无非是两种：流量、利润。这两种目标有的时候是矛盾的。如果你经历过所谓中高端商品的推广，那么你会发现这个道理。中高端的成交词和普通商品的成交词是不同的，两件看起来一样的连衣裙，如果你价格在 99 元，那成交词有可能是“蕾丝连衣裙”，但如果你的价格在 299 元，那么成交词就很可能变成“优奢连衣裙”！并且“蕾丝连衣裙”比“优奢连衣裙”更容易推成爆款。

为什么？

1．当你搜索“蕾丝连衣裙”的时候，它只代表你对款式的要求，一个女人看到两件完全一样的款式，价格相差两倍（别说什么宝贝详情页，这是最容易复制的东西），你觉得她会选哪件？做过女人生意的人想必都了解。

2．当你搜索“优奢连衣裙”的时候，虽然款式未定，但有一个想法是非常明显的：你是一位追求品质的女人，你来淘宝绝不跟风买便宜的东西！所以价格高的在这个时候反而有成交的希望。

综合以上两点，我们可以很明显地看出来搜索人的心理差异，前者是针对款式的，后者是针对感觉的，同一种款式不同的价格，女人会选择便宜的，因此贵的卖不出去。但同一档价格不同的款式，女人会挑谁的就很难说了，因为感觉是非常缥缈的东西，她自己也没有明确的目标！这样的情况会造成什么样的后果呢？

两个后果：“优奢连衣裙”的流量比“蕾丝连衣裙”少，因为价格区分了用户心理，用户心理决定了她的搜索行为。再者，“蕾丝连衣裙”的转化率一定较为稳定，“优奢连衣裙”的成交转化率就像过山车一样忽高忽低。看看“蕾丝连衣裙”与“高雅连衣裙”及“气质连衣裙”的转化率对比吧。优劣势的对比，与个人对店铺的定位有关。

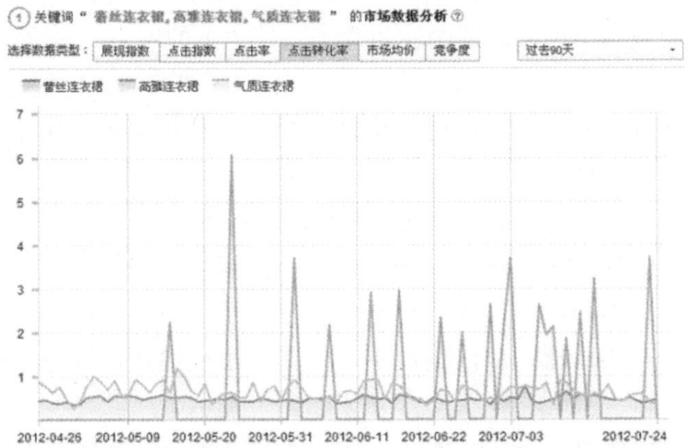

“蕾丝连衣裙”、“高雅连衣裙”和“气质连衣裙”的转化率对比

海信电视集市店：关于“开车”，你个人认为最重要的几个环节和操作方法是怎么样的呢？

源雀小郭：

1．选款

我只说四种方式。

第一种，第一印象选款新，上架的宝贝根本不知道哪款比较畅销，哪款比较好卖，这里我们需要有敏锐的洞察力。每个店铺都会有两到三款是比较畅销的，把你认为能走的款挑出来，进行直通车推广，然后根据数据来进行分析，看哪款走得好。

第二种，查看量子后台销售排行榜，直接下载该数据，时间跨度大一点，数据会更具有代表性，根据访客数和销量额计算出 UC 价值高的可以用直通车来测试。

第三种，将搜索淘宝关键词按销量排序卖得最好的款挑出来（这种叫跟款，如果没有价格优势的话，那么就做不成大爆款）。

第四种，阿里巴巴选款还是搜索关键词，按销量排序卖得最好的，是市场反应最好的。

通常那些容易成交的宝贝的停留时间一般都在 4 分～5 分 30 秒之间，访问深度超过 1.5，跳出率低于 70%。

2．预算

很多人不清楚怎样做直通车费用预算，方法很简单，你期望达到什么位置？

这个位置需要多少销量？根据目前的转化率需要多少流量？根据付费流量所占比例及该类目下的PPC，就能大概预测出所需要的直通车费用！

这是一个大概的预估，后期的转化率和自然流量的所占比例会提高。

3．选词

通常，在前期测试点击率的时候会加一些中词和长尾词，在点击率稳定之后再逐步加热词（小类目可以忽略）。

有些人可能会有疑问，为什么热词开始的时候不加？

我们都知道任何一个关键词，刚上的时候得到的数据都是行业平均数据，在累计一定的点击反馈数据后，才会更新成自己真正的数据。前期的点击率测试，就是为了避免在点击率比较低的情况下，热词点击反馈数据较差获得一个比较差的质量分。

这样，如果想获得一个好的排名，那么成本就会比后期CTR稳定后加进去的成本要大得多！

4．烧车

点击率稳定之后，逐步加热词，然后开始烧车，烧车原理如下。

第一步打开量子，找到直通车基础数据，打开地域报表，尽量选取最近的时间段，参考价值会比较高。

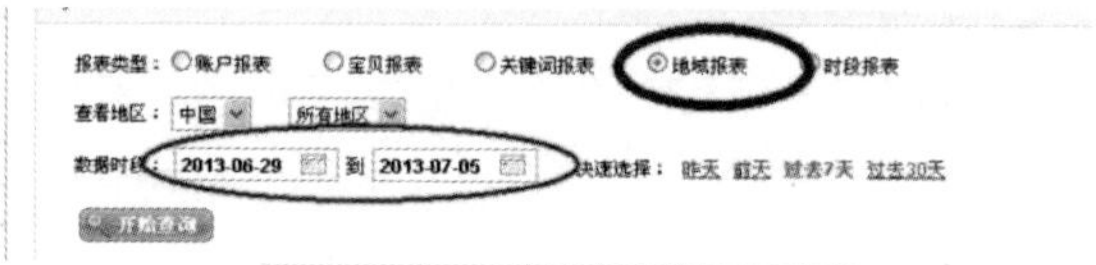

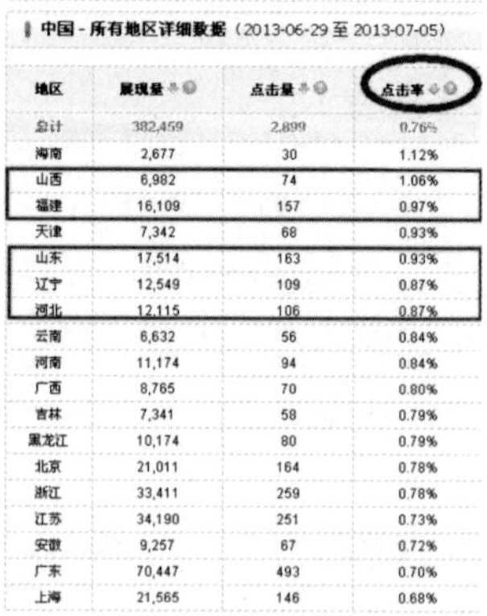

中国 - 所有地区详细数据（2013-06-29 至 2013-07-05）

地区	展现量	点击量	点击率
总计	382,459	2,899	0.76%
海南	2,677	30	1.12%
山西	6,982	74	1.06%
福建	16,109	157	0.97%
天津	7,342	68	0.93%
山东	17,514	163	0.93%
辽宁	12,549	109	0.87%
河北	12,115	106	0.87%
云南	6,632	56	0.84%
河南	11,174	94	0.84%
广西	8,765	70	0.80%
吉林	7,341	58	0.79%
黑龙江	10,174	80	0.79%
北京	21,011	164	0.78%
浙江	33,411	259	0.78%
江苏	34,190	251	0.73%
安徽	9,257	67	0.72%
广东	70,447	493	0.70%
上海	21,565	146	0.68%

查看直通车基础数据

把点击率从高到低排，找出近期展现量相对较大，而点击率又相对较高的几个地域，如上图标注的 5 个地域：山西、福建、山东、辽宁、河北，平均点击率在 0.8%以上。

然后登录直通车，找到产品所属的推广计划，点击设置地域，设置成只投放挑选出的这几个地域（记得还要把自己所在的省份图打开，要不然自己看不到自己的产品），其他地方全部关闭，设置好之后，重要的一步到了，查看到产品排名之后，立刻将你的出价调高，使宝贝排名越靠前越好。

设置投放地域

当直通车优化到 10 分之后，我不会再继续留恋第一页，而是迅速转移到第二页的热门位置。原因有以下几点。

1. 第一页太贵。

2. 第一页变化太快很容易失守。

3. 第二页的展现量要低于第一页，可以坚持比较长的时间。

4. 第二页价格便宜很多，做生意嘛，不要老做刺头，赚钱才是最重要的。

做到了这里不要以为就高枕无忧了！由于第二页本身点击率会比较低，导致质量得分肯定会下跌，不过由于第二页展现量小，降分的速度会慢很多。所以要经常监控，点击费用渐渐高了以后就要再一次冲击第一页，赚到 10 分后再退回第二页。

如此反复，便能低价收入流量。不过这样的方法尽量只用在热门的词上面，如果精准词或者本身搜索量比较小的词也这么做，那你纯粹是吃饱了撑的。

提价：低展现、高点击率的词；低展现、高转化率（高投入产出）的词；

降价：高展现、低点击率的词；高展现、低转化率（低投入产出）的词；

删除：过去 7 天无展现的关键词；过去 30 天无点击的关键词；

低投入产出的词，先压价观察，若投入产出还是很低，则果断删除；

将量子中搜索量还可以的关键词导出，调高出价，提高关键词的自然排名。

最后，补充两点。

产品为道，推广为术，供应链为核心基石！

其实不必看很多卖家几千几万的销量，具体赚钱不赚钱，冷暖自知吧。就算每天只要 100 元的推广费，也照样能玩出花样。只要用心学用心做，少量费用也可以成功引流。

做淘宝就是卖图片，因此美工摄影很重要。一流的美工摄影，做出有思想的图片，会大大提供转化率。

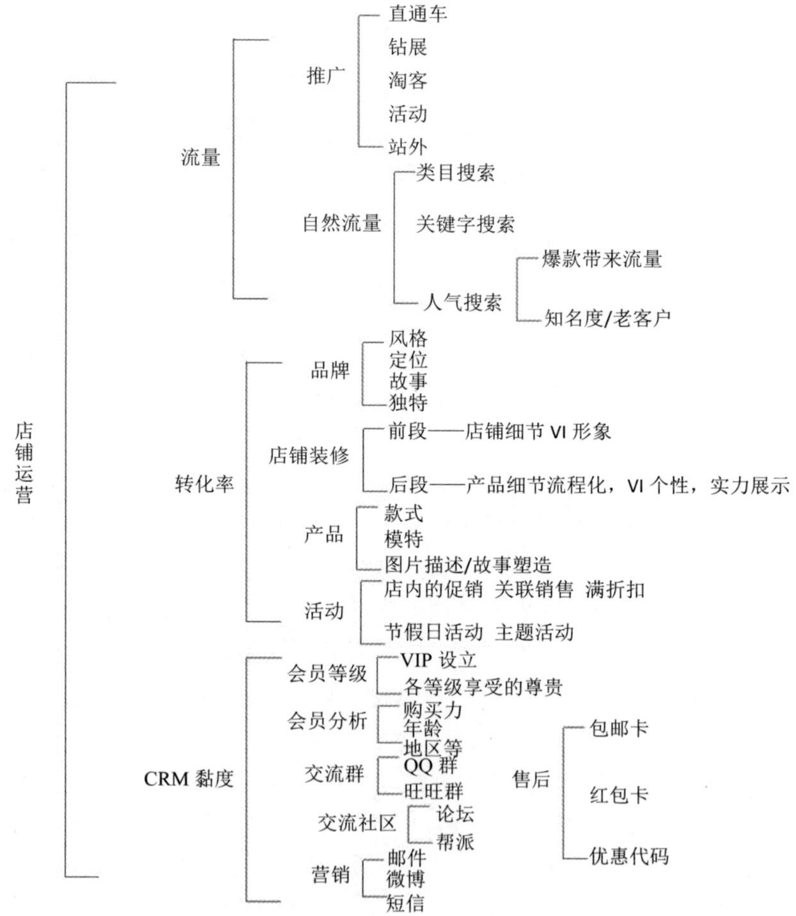

店铺运营分析

从上图中可以看出，引流进来的流量，一定要成为自己店铺的老客户，要二次入店，成为老客户。要珍惜每位客户的咨询，让她成为你的忠实客户。这才是免费的高品质流量。

增加客户，提高单次购买，增加回头客。

采访后记：正因为源雀小郭的直通车推广做得比较精准，让他在短时间内冲到了皇冠。被众多中心卖家困惑的直通车技巧在他手里，如行云流水般运用自如。所谓推广中暗藏奥妙，只要用心挖掘，烧钱的营销也会成为挣钱的妙招。

鞋老外：不是只有蜘蛛才可以在网上生存

本篇导读：老外上淘宝开店，他们把国外最新的流行趋势带到中国。让国外的时尚风向标在国内扎根，从此淘宝无国界。鞋老外坚信，不是只有蜘蛛才可以在网上生存，他们一样可以！

嘉 宾 ID：鞋老外
店铺名称：恩雅努琪职业女鞋店
店铺主营：白领职业女鞋
店铺链接：http://xlwai.taobao.com
记　　者：左丽英

嘉宾简介

Julie，鞋老外掌柜，2001 年在家族自有鞋业公司的基础上毅然来到中国投资。在企业蒸蒸日上的同时加大对产品的投放，2006 年入住淘宝，开始第一个国外的电子购物平台。可是天有不测风云，在全球 2008 年～2009 年出现极度金融危机之时，鞋老外也遇到了前所未有的困惑，不得不停业两年。由于都是与国际上的大品牌合作，接了很多外贸订单，导致有了库存积压，所以不得不重击战鼓卷土重来，在竞争白热化的电子商务大潮中，以路在脚下、德在手中的永恒信条，用近两个月的简短时间演绎常人平凡中的精彩！

创业自述

淘宝是全亚洲最大的电子商务平台，也是我最先要考虑的市场，而且我本人也经常网购。你看，我坐的这把椅子就是我助理在网上淘来的！我是 2001 年来到中国的，算起来有 10 年的时间了。我的家族在法国是做鞋子方面的贸易，中国整体的投资环境非常好，当地的政府给我们提供了很多政策上的扶持。我最开始来中国觉得确实有很多差异，不太适应，在此我举两个简单的例子。第一是我经常与我的员工交流，可是我的中文当时并没有现在这么流利。在交流的过程中，我要边说边做手势，用中国的一句话形容就是手舞足蹈，一次交流会议下来，我经常是满头大汗。但是，每次交流会过后我的中文都会有进步。我要感谢我的每个同事兼老师给予我的帮助，真的很谢谢他们，他们不仅在事业上给了我帮助，还在生活中给了我更多的帮助。第二是吃饭的问题，我很喜欢中国菜，但不会用筷子。我第一次使用筷子吃饭大部分是用手解决的，不然我得饿肚子。此时，我要再次感谢我的同事兼朋友，是他们的热情与细心教会了我使用筷子，让我在短短的一周时间里，可以用筷子吃到中国美味的食物，谢谢我的朋友们！

访谈实录

淘宝网作为最大的电子商务购物平台，已满足不了国内电子商务用户的需求，国外平台进驻淘宝的趋势已日益显现，在左左没有找到可以挖掘的看点之时，网友的介绍和推举使左左突发灵感，决定带领广大淘友走进来自浪漫之都——法国 Julie 的世界，去感受和聆听一个传奇的异国淘宝朋友的创业情缘。（本期访谈由嘉宾 Julie 口述，店铺负责人 Marry 翻译。）

第一部分：抓住时机、站稳脚跟，做淘宝第一国外店。

左丽英： Hello！ Nice to meet you.我是经验畅谈居的记者，经淘友介绍得知你是第一个在中国开店的外国朋友，惊讶的同时也感到好奇，决定对你做个专访，可以吗？

鞋老外： Nice to meet you,too.Hello Everyone.我叫 Julie，来自浪漫的法国——France！很高兴接受经验居记者的采访，我刚刚从法国回来，让你久等了！

Julie 办公室

左丽英： 你是 2006 年注册的，店铺是一直在运作，还是重新整合过？你是如何从国外组织货源的，连带国内的销售会有一定的冲突吗？

鞋老外：对的。这个店在 2006 年开始运营，鞋老外成立之初就是为了处理库存订单，因为我们主要是做国际贸易。2006 年～2007 年，鞋老外做得比较好，每天平均都会有 500 双鞋子的销量，但由于 2008 年～2009 年，我们加大在中国市场的投资，主要是投资厂房建设与设备，同时又受到金融危机的影响，所以鞋老外这个店铺在这两年中一直没有做。直到 2010 年接了很多外贸订单，导致库存积压。所以，在 2010 年我们又重新启动鞋老外，组建新的团队来支持这个店铺的成长，相信大家一定可以在鞋老外淘到很多实惠的东西！

左丽英：卷土重来的风暴我们领略过，坚信自信的力量。那么你认为你的产品最大的优势在哪里？是怎样宣传的呢？淘宝平台免费使用的说法你作为一个法国人是怎样看待的呢？

鞋老外：鞋老外隶属于我们在中国新公司旗下的一个项目——广州恩雅努琪信息科技有限公司。刚刚我也在前面提到鞋老外所有的商品来自我们的订单积压，这些货都是原单的尾货，而且本身是我们自己生产的鞋子，所以性价比也优于其他的同类产品！说到宣传，早期的时候几乎没有宣传，我想：淘宝有这么多中国人关注，有这么多的客流量，我不用宣传，也会有人来，我的任务就是把产品品质做好，把服务做好。中国有句话说，越单纯的人越容易成功，其实我就是一个很单纯的人，二十年来，我在经商过程中，只想到做好这六个字——服务、诚信、品质。结果告诉我，我是对的。一直以来，我的生意都十分顺利。当然也离不开中国政府的支持与中国朋友的帮助，谢谢大家！

近期我们会有一个新项目要跟大家见面，那就是恩雅努琪品牌职业女鞋在中国上市，恩雅努琪这个品牌在法国运营 10 年，取得了巨大的成绩。从中国这两年的电子商务发展速度来看，我相信我们会在中国做得更好。淘宝的免费使用，我最初的时候，可以用四个字来形容，那就是“无法理解”，因为在法国没有这么好的事情，在中国待久了，慢慢就明白也正是因为马先生服务于大众的理念，让淘宝成为亚洲最大的电子商务交易平台。衷心祝福淘宝的发展越来越好！

第二部分：解读中国的经济，找出国度差，让自己更加绚丽。

左丽英：你怎样看待中国的经济？觉得淘宝销售会给你带来收益吗？能给我们简单介绍一下法国的网购情况吗？给我们分析一下网购与实体的实质差异好吗？

鞋老外：随着全球化市场的发展，中国在全球贸易中扮演的角色越来越重要，作为外商，我在中国投资的这些年，也见证了这个国家中发展的一部分。在公开透明的政策引导下，外商来华投资的环境更加宽松、成本低、障碍少。我们企业 6 成的业务都在中国开展，就我们在淘宝的投资项目来说，任何项目的投入都是有风险的，但是风险与机遇共存，我们有信心做好这个项目。我们也在法国筹建自己的 B2C 平台，也在很多其他的网站上销售。在法国，我们一天网上的销售可以达到 8000 双，整个法国目前有超过 2500 万的网购用户，与中国近 1 个亿的网购用户相比，差距明显。现在越来越多的法国年轻人选择在网上购物，16 岁至 44 岁女性以及 35 岁之下的男性占据了网购的主体，方便、省时和价格是推动网购的主要因素！

在法国我们的一个专卖店大约要投入 15 万欧元，而网店投入和实体投入相比差距甚大，作为品牌来说实体专门店是必然要投入的部分，这是实业的一个重要组成部分。

法国的专卖店

左丽英：我感受到了其中的温馨与浪漫。说到品牌，也许是一种无形的力量在推动经济进步。任何大品牌，必有它发展的趋势，口碑靠品牌的发展。大品牌的入驻必定会站稳网购的市场，你最初是怎么做的呢？

鞋老外：大品牌为什么可以得到大家的认可？是因为产品质量，产品质量的好坏决定企业的生命线，所以我们所有的商品都是经过严格的检查，一切质量问题引起的销售纠纷，在我们内部都会有严厉的处罚措施，责任规划到个人。以我们现在恩雅努琪职业女鞋的开发为例，原计划我们是在 5 月上市，但是当一部分样品出来后，经过检测我们的皮料在欧盟的检测标准下低了 2 个百分点，1000 双样品，我们全部销毁重做，我们宁可亏损，也绝不会让这 1000 双鞋在市场上销售，这是对企业负责，更是对消费者负责！

左丽英：是的，诚信来自良心。鞋类商品在网购上其实也有一定的劣势，比如尺码、角度、材质等问题，你是怎样调节这其中的差异？

鞋老外：你说的这些总结起来就是服务的问题，只要我们把客户的利益放在第一位，所有的问题都可以解决。我们现在是提供 7 天无理由退换，我们也会明确说明，哪些商品是有瑕疵所以才低价处理，哪些商品是原单尾货，哪些鞋子尺码偏大或偏小，让客户明明白白的消费购物。

第三部分：营销人心、换位思考，享丰厚好评。

左丽英：你的主营业务是英伦风格、时尚款的鞋，可以说这是售后最麻烦、最容易有纠纷的行业，却有如此高的好评率，一定有一套完善的售后体系，愿意和我们分享吗？因为国度的不同，如何解决语言差异而造成的沟通障碍呢？

鞋老外：在法国，一个售后解决不了问题是会吃官司的，客户是我们的上帝，很幸运的是在中国我直到今天都没有吃过官司，中国人太友善了。关于售后体系，我只想说：只要是从心灵上理解“服务”二字，理解客户是上帝，就不会出现或是极少出现中差评。中国有句话叫换位思考，其实就讲明了做好售后的方法，知道了不等于做到了，我经常这样告诫我们的客服，她们很棒，今天他们都能做到：知道了就能做到。

说到语言沟通，这个就比较有意思了。这个店最开始是我的同事 Marry 注册的，有一天公司部门经理组织所有人在会议室开会，我刚好进办公室，电脑一直在叮咚 、叮咚的响，我点开后看到一排排的旺旺留言，当时我的中文还不是很好，只能看懂，偶尔能打出来几个字。到现在为止我们也经常会有顾客用英语和客服对话，这种感觉很好。我在这里想给朋友们说说，我是个老外，但是我的员工、客服是中国人，你们也可以用中文和我们交谈的！

Marry

左丽英：优秀和谐的团队有助于企业的快速发展，你如何看待未来电子商务的发展呢？你觉得淘宝网店最大的意义是什么？

鞋老外：电子商务是中国当前经济的发展趋势，未来电子商务竞争将会更加激烈，会有越来越多的中小企业加入电子商务的行列。随着电子商务的发展，其周边服务行业也会随之发展，如快递、广告、印刷等行业。其一，我个人认为 C2C 会越来越艰难，B2C 会快速地兴起，很多专业的垂直类 B2C 平台会不断涌现。其二，随着快递业的发展与服务水平的提升，物流社区化将会慢慢形成。其三，做得好的电子商务公司会慢慢向线下发展，从单纯的线上销售，走向实体，给客户一个线下体验的过程，从而更好地服务于客户。在中国多年的经历使我明白了淘宝免费的用意，那就是中国人口众多，很多人难于找到工作，淘宝帮助解决中国上百万人的就业问题。对于个人来说淘宝网店的意义在于给他们提供就业之路，解决他们的温饱。对于公司来说，淘宝店铺给中小企业进入电子商务领域铺了一条平坦大道。其四，便于中小企业打造自有品牌，节省大量品牌打造成本，从而加快企业发展速度，作为我本人，还是会选择更好地发展自己的品牌。这就是我们为什么会成立广州恩雅努琪这个公司，为什么进驻淘宝商城的原因。我希望可以通过鞋老外这个窗口让大家淘到既便宜又实惠的宝贝！

左丽英：你觉得淘宝网的资源是否完善，有什么建议吗？

鞋老外：作为我们企业来说这是一个互利共赢的机会，马云先生开创中国电子商务的先河。我知道在中国他是很多年轻人的偶像，淘宝现在也在大力扶持这群年轻人创业，中国政府也成立了专项扶持资金，淘宝网的资源很多，但大多是付费的，且资费比较高，希望淘宝能分出一点儿资源或免费或低价支持那些创业的年轻人。对于公司，希望淘宝能支持一下新品牌。只要是入驻淘宝商城的公司，其品牌都可能列入品牌店铺中，知名品牌与不知名的品牌，对于淘宝来说，应该是平等的。

左丽英：在中国创业这么久，你觉得最大的收获是什么？

鞋老外：我一直在中国的南方城市生活，这里的环境对于我已经很熟悉，我很喜欢这里。可以说这里是我的第二故乡，我的家人也经常来这边。现在我们家一年都会过两个年，一个是春节，一个是圣诞节！我现在可以说一口还算是流利的中国话，我要感谢 jelly，她担任我的助理以来，一直在教我学习这里的文化和风土人情。我要感谢恩雅努琪中国项目部的所有同事，没有他们就没有我现在的发展，还要感谢我的合作伙伴。

第四部分：用尽有利资源，让自己在淘宝的舞台绚放。

左丽英：要想让你的品牌家喻户晓，你用过哪些收费的宣传推广？又是怎样利用免费的资源呢？

鞋老外：在收费的宣传推广中，我们做过淘宝首页的轮播广告、秒杀广告、旺旺广告和直通车广告。关于免费的资源我们在 2011 年 3 月实现了资源重新组合，组建了新的团队来优化与推广这个店铺，希望可以取得好的成绩。在这个团队中，有负责活动策划与淘宝活动报名的，有做社区论坛发帖的，有专写博客的。另外，我的同事还开玩笑地告诉我说："你就是我们店铺的活招牌。"我是一个老外，一个在中国做外贸鞋的老外，所以我将库存鞋店取名为鞋老外！

左丽英：你很幽默，是的，这样一张活广告相信很快会印在大家的脑海里。进入你店铺之后的视觉冲击足以留住每个顾客，宝贝描述给人一种感觉，仿佛置身于一个自由奔放的国度，相信你有一支专业的设计队伍，能给我们展示一下吗？

鞋老外：我有两个办公室，一个在设计部，另一个是专门会客用的，但是我平时几乎都是在设计部办公，因为我很喜欢设计鞋子，经常会自己画一些方案！下面这张照片是我和各个部门负责人的合照，戴墨镜的就是我的助理。

部门负责人合影

左丽英：领略过团队的风采，相信这样一支庞大的队伍在不久的将来一定会成为一个有规模的上市公司。感谢你带来的经验和给我们展示的异国情缘，在这里我代表经验居全体同人向你表示感谢，你可是我们第一个外国嘉宾哦！希望有机会跟踪报道你的业绩，相信大家也是极其期待的。

鞋老外：我要好好感谢淘宝，是淘宝给我提供了一个强大的平台，我才能顺利进驻中国电子商务的市场，虽然中间停了两年，但我大概算了一下，淘宝帮我卖出了 2 万多双鞋。目前虽然我是第一个做淘宝的外国人，但我相信，以后会有更多像我这样的外国人关注淘宝，进驻淘宝。我会告诉身边所有的朋友，中国的淘宝真好！

采访后记：中国的淘宝让外国人信服并为之拼搏，法国网商证明，不是只有蜘蛛才可以在网上生存！鞋老外对中国的热爱，对淘宝的关注，相信未来的淘宝定会架起各国之间友谊的桥梁！

丁丁旅游：门外汉到门内精，清华学习日销 10 万元

本篇导读：创业成功的硕果让人惊羡，而其背后的付出让人难以想象。清华学子毅然放弃所学专业，在淘宝上干起了旅游、酒店行业，门外汉怎样蜕变成门内精，并创下销售奇迹？淘宝这块孕育奇迹的创业圣地，述说着一个又一个传奇！

嘉　宾 ID：dingdinghouse
店铺名称：丁丁港澳宾馆酒店预订专家
店铺主营：旅游门票、中国香港酒店宾馆预定
店铺链接：http://hkzhan.taobao.com
记　　者：神奇波波特

嘉宾简介

谢天，2002 年毕业于清华大学，获得香港特别行政区政府的全额奖学金资助赴港攻读硕士学位。2004 年毕业之后在香港地区从事 IT 工作，他有着体面的工作、不菲的收入，但他依然选择了自己做淘宝，并且做到了现在的日销售额 10 万元的佳绩。

创业自述

我从清华毕业之后，因为一直对旅游有着浓厚的兴趣，在港大读研究生的时候，就成立了港大研究生的旅游俱乐部，组织大家去各地旅行。所以我对旅游一直情有独钟，希望可以投入其中。2005 年，感觉创业激情异常强烈，恰好那个时候注意到淘宝，觉得这是一个相当好的创业平台，投入小，见效快，所以就做了起来。

我刚创店的时候还是兼职，在内地请一些客服。所以像淘宝这种平台，非常适合像我们这些刚刚走出校门踏上社会的稚子，淘宝创业机遇的优势在于可以兼

职参与，投入多少完全在自己的控制之中。现在回想起来对淘宝心存感恩，因为它为我们建立了一个很好的起点。后来业务逐渐扩大，渐渐有更多的同事加入进来，在淘宝上的投入和产出也越来越大。创业几年后觉得时机差不多了，于是辞职全力投入自己的事业，所以感谢淘宝不是一个套话，真的是一路走来，淘宝帮了很大忙，让创业更容易。

谢天

访谈实录

神奇波波特：我知道没有淘宝这个平台，也不能成就我们今天这么多皇冠。可以想象你之前的工作肯定是不错的，薪水也不菲，当时全职做淘宝有过顾虑吗？

dingdinghouse：顾虑还是有的，毕竟一个是稳定的工资，一个是有风险的事业。不过我想人生总要有挑战，才会更有意义。我一直都向往可以做自己喜欢的事，然后从中赚钱，这样每天都会很开心。所以当差不多有了基本的生活保障时，觉得是时候全身心投入了。而且确实也相信在淘宝这个平台下，只要认真做事，一定会有回报。

神奇波波特：做自己喜欢的事情，才能更全身心地投入。你做淘宝的初期，有没有遇到什么困难？

dingdinghouse：刚开始的几年，困难确实很大。不管是经济上还是业务上，毕竟我不是这个行业出身，因为不懂，都得从零开始，包括客源不足，交易被骗

（不是通过支付宝的）等。

神奇波波特：那你是如何一一解决的呢？

dingdinghouse：我觉得主要是三个方面，理想、坚持、学习。在创业初期，客流量不是很多，一度工资都有压力，那个时候也想过放弃。不过还是因为这是自己的选择，所以咬牙也要挺过来。问题不是那么难解决，很多时候咬咬牙就过去了，问题就解决了。没咬牙，问题就大了，可能就放弃了。还有一个就是学习，我想每个淘宝卖家都有很好的学习能力，很多东西也是边做边学，碰了钉子，就琢磨一下为什么，下次避免再碰，慢慢的经验就多了。举个例子，我们刚开始好评率不是很高，可能在 95%左右。后来专门设了个售后，凡是出了问题都由售后人员跟顾客联系沟通，后来好评率就慢慢上去了。我们发现沟通是非常重要的，很多时候出了中差评，可能售后人员一个电话，耐心沟通、解释，打消了客人的顾虑，客人就改回好评了。所以跟客人沟通，一定要耐心，一定要投入足够的精力和努力。

神奇波波特：每个人的创业背后都有不为人知的艰辛，成功者都需要坚持和不断学习。其实一个网店能否生存，服务是至关重要的，尤其像你是做酒店和旅游门票行业的。

dingdinghouse：是的，我们通过售后这个岗位，加强与客人的沟通，发现了不少操作上的问题，然后优化我们的操作流程，这样问题就越来越少，好评率就逐渐提高了。

神奇波波特：发现自己的问题，然后有针对性地去解决。现在很多新手对于"推广"都很犯难，你也说到开始时客源不足，对于推广你有什么妙招传授给大家吗？

dingdinghouse：推广有很多方面，比如关键词、直通车、参与淘宝活动等，不过我们想重点强调的是"积累"，就是通过服务，让一个客人成为你的回头客，然后让客人愿意推荐他的朋友来你的店铺。我们的内部会议经常会强调"积累"这个词，1 天积累 1 个客人，3 个月积累 100 个，通过 100 个再辐射他们的朋友，这样长期下去就很可观了。主要是通过产品和服务。我们每天都在思考如何完善我们的产品，让客人可以得到更方便、快捷、便宜的旅游服务。我们也要求客服把客人当朋友，要真心帮客人解决问题。如果服务由心出发，那么客人会感受到的，所以外面花哨的东西也要做，不过更重要的，是真正把产品和服务放在最高的位置，想一下，如何来更好满足客人的需求。

神奇波波特：产品和服务是基础，首先要打好基础，店铺才有长久的生命力。

dingdinghouse：新卖家一开始客人少，不奇怪，也不要老想着一步登天，基础要打好，坚持自己的良好服务，这样迟早会获得客人的认同。

神奇波波特：你说到售后，是否碰到过无理的客人？又是如何解决的呢？

dingdinghouse：也遇到过你说的这种情况。不过其中相当一部分，站在客人的立场来看也不是完全无理。比如酒店预订有个不退不改的行规，但有时客人真的是家里有事来不了，虽然按合约，也确实要扣掉房费，而且我们也无法跟酒店追回房费，不过很多时候，我们在力所能及的情况下，也会适当补偿客人的损失。这个是我们甘愿承担的损失，就当是将心比心，尽量帮助吧。真的有少数蛮不讲理的，那我们就在评价那里据理力争，我想只要我们有理，并说出来，群众的眼睛是雪亮的，会认清是非。

神奇波波特：听说你店铺的员工是"零辞职"，我觉得，一个团队能做到这一点是相当难的，不仅需要足够的福利待遇，还需要员工强烈的认同感和归属感，你是怎么做到这一点的呢？

dingdinghouse：我们认为，服务是由内而外延伸的，先服务好同事，然后才能服务好顾客。服务顾客的第一线是客服同事，只有她们获得尊重，心情舒畅，无后顾之忧，才能更好地服务客人。这个是我们管理者的理念。所以我们首先努力建立的是员工内部的家文化，同事之间互相尊重、沟通，互相帮助，营造一个良好的工作气氛，员工的问题无小事，都要第一时间解决，把员工当作特别的客人。另外公司从创业期开始，就逐步实践员工持股，让更多同事能跟公司一起成长，一起分享成功。

神奇波波特：员工持股？那么这个公司就是大家的了，想走都走不了，有钱大家一起赚。

dingdinghouse：我们用心对待同事，同事就会真正用心去帮助顾客。我们希望同事对待顾客像对待朋友一样，真心帮顾客解决问题。所以我们服务始终如一，大家以获得客人的赞誉为荣。我们提出友天下，也是希望我们的朋友能遍天下，也希望我们服务的客人、爱好旅游的朋友，能走遍天下。还是讲个心，我们用心对同事，同事用心对客人，公司就会和谐发展。

神奇波波特：你的经营理念是"家文化，友天下"，"家文化"主要针对的是内部同事关系，"友天下"是希望客人都成为自己的朋友，是吗？

dingdinghouse：是的。

神奇波波特：你的团队现在有多少人？

dingdinghouse：接近 30 个，团队的力量还在逐步壮大。事业成功依赖于一个团结的队伍，旅游业是典型的人员流动性很高的行业，我们能做到没有人因为公司原因而主动离职，是我到现在为止最自豪的一点。

丁丁全家福

神奇波波特：我看到你们的团队是“淘宝首家香港地区持牌旅行社”，除了这个，团队还获得过哪些荣誉呢？

dingdinghouse：我解释一下有关“持牌旅行社”的说法。我是属于在港就读、留港就业的内地学生，之前相当长一段时间，香港特别行政区政府对内地在港学生，一直是只能就业，不能创业。据我所知，在港就读然后就业的内地学生，极少数可以留港创业。我们也是经过艰难的争取，才拿到这个旅行社牌照的。至于其他荣誉，2010年国庆时丁丁被列为淘宝推荐TOP榜首，我想最主要的是产品能获得客人的赞誉，宁愿把更多时间花在研究提高产品和服务上，客人的赞誉才是最大的荣誉。

神奇波波特：你是如何努力让香港特别行政区政府破例颁发这个旅行社牌照的呢？

dingdinghouse：一个是中港两地融合的大趋势，政策逐渐放宽。另一个也是坚持，对于内地学生留港创业、申领牌照、所需提交的材料等，比香港地区本地人做得更多，我们没做之前也觉得很困难。不过一步步走过来，要求什么材料，就认真准备什么。无非是时间长一些，最后还是能成功的。最主要是证明做这个事情，对香港地区的发展有好处。我们的确是在一个小方面帮香港地区树立一个国际旅游城市的形象，所以以这个为起点，就批准了。

神奇波波特：你刚刚说到初期创业的困难，现在也可以说有一定成就了，你有没有遇到过事业的瓶颈呢？

丁丁位列淘宝推荐 TOP 榜首

dingdinghouse：现在应该说主要的挑战在于公司管理规范化上，在部门设置和管理分工上，会更精细。不再是之前一个人通吃所有岗位的时代，所以这也需要我们不断学习，不断提高。我想淘宝的卖家朋友们，很多都是有雄心壮志的，我们希望把自己的事业做大做强，我想另类解释“眼高手低”，就是要有雄心壮志，想把公司做大，但是具体解决问题，要从低处着手，不怕苦不怕累，认真仔细地去解决问题。

神奇波波特：你每个月的交易量都很大，那么你的月成交额和日成交额大概是多少呢？

dingdinghouse：如果是资金流量的话，那么日交易额大概在 10 万元左右，全年平均月交易额大概在 300 万元左右。不过 5 月份是旅游淡季，相对低一些。

神奇波波特：即使是旅游淡季，你的日营业额最高的也达到 13 万元，真的令人咋舌。另外，对于刚刚进入淘宝的新手卖家，你这位前辈有什么忠告吗？

dingdinghouse：不敢说前辈，大家互相学习。我觉得还是我刚才说的三个经验，第一，理想，来淘宝都是为了理想；第二，坚持，新手困难一定多，不过坚持做好自己的店铺，坚持做好产品和服务，相信会得到客人的认同，千万不要放弃；第三，学习，要从困难挫折中学习，不要让相同的挫折来第二次。坚持下去，每个淘宝的兄弟姐妹都能成功，也希望更多的人来淘宝追逐自己的梦想！

采访后记：丁丁的一番畅谈让人明白只要心中有梦想，并为之奋力拼搏，成功定会有所眷顾。从“门外汉”到“门内精”，各方面都得付出，才会有希望。

第 3 章　木兰篇

——谁说女子不如男

◎ 牛妈 Coco：淘宝“牛”事业胜过职场摸爬滚打

◎ 春姿蝶舞：现代木兰，做淘宝替父还债

◎ 米奇米妮：美女妈妈“四心”闯淘宝换皇冠

◎ 西西里：巾帼不让须眉，不做推广月销三千单

◎ 伊束香：一包面膜成就大梦想

◎ 海蓝蓝：淡季稳居淘宝销售前列

◎ 画画的大象：才艺兼修美术系女子，轻中式慢生活

牛妈 Coco：淘宝“牛”事业胜过职场摸爬滚打

本篇导读：我可否将你比作夏日！一位妈妈这样描述自己的宝贝。孩子的到来，让职场女性最终定位梦想，并为此发奋前行。女人的事业，也能撑起半边天，新时代赋予女性的，远远超过你的想象。

嘉 宾 ID：cocol4737
店铺名称：【牛妈小铺】壮宝 Criss 和牛妈 Coco 的家
店铺主营：外贸童装
店铺链接：http://niuma.taobao.com
记　　者：zgyl_2001

嘉宾简介

Coco，两岁壮宝的妈妈，一位非常细心又有头脑的母亲。自称为牛妈的她，涉足的行业多种多样，影视、汽车、IT、餐饮，这样的她可谓八面玲珑。自从有了壮宝之后选择在网上卖童装，从职业女性到相夫教子，并兼职经营自己的网店。淘宝，给予了牛妈一份事业心，新时代女性找到了自己人生的最终目标。

创业自述

开网店的念头闪过的时候，我正在上史教授的英美文学课。当时，史教授在讲莎士比亚。其中著名的十四行诗中的第一句“Shall I compare thee to a summer’s day?”（我可否将你比作夏日）让我非常有感悟。虽然这是形容恋人之间的感情，但当我看到壮壮那可爱的笑脸，我脑海中浮现的就是这句。我可否将你比作夏日！以前从没有想过，有了你的生命会如此精彩。我真是个没出息的妈妈，有了你，就感觉拥有了一切。有了你，我简直一步都不想离开。为了壮壮，我选择了开网店。这样我就有更多的时间可以跟他在一起，陪伴他成长。我还负责记录他成长的一点一滴，让白天忙于工作的壮宝爸爸也能看到宝宝成长的每一步。牛妈三十岁之前一直过着自由随性的生活，从北京到上海，做过无数工作，从外企白领到甜品店老板娘，再到卧底咖啡小妹和餐饮公司的运营经理、市场经理，从事的行业从影视到汽车，从 IT 到餐饮，还曾在复旦和财大混迹过一段时间。我的前半生过得已经不是精彩二字可以形容了。

开淘宝店的机缘来自壮宝爸爸，从事广告营销的他研究了很长时间网购，他准备开店做创意产业。可能是壮宝爸爸把网店设计得比较好的原因，开店第一天就有生意，然后基本每天都有几单生意。相比那些开了店几个月没有成交的人，我还算是比较幸运的。虽然我跟壮宝爸爸都是搞营销出身，但网络营销这块还是门外汉，我们花了很多时间来研究，也花了一部分资金做推广。

创业容易，守业难！尤其对于我这样一个比较缺乏耐心的人。进货、拍照、处理图片、上架、写描述，每天在旺旺上耗一天，下午还要打包、发货，偶尔还要处理退换货。这些事情很容易就磨灭掉刚创业时的激情和动力。淘宝网店做到三钻时，又遇上一些琐事，店铺上动不动就贴出牛妈有事不发货的公告。搞来搞去，丢失了一部分客户，牛妈除了叹息，也不能做什么。然而，半个意义上的实体店——2 号店的开业给我带来了新的希望。

这个希望并不是指这个 2 号店生意有多好，而是我认识了几个跟我年纪相仿却事业做得很好的优秀女性。也许真的是离开职场太久了，已经找不到当年运筹帷幄、统领百十号人的感觉了。在跟她们的交谈中，我慢慢地找到了做事业的感觉。也许，她们就是我生命中的贵人。在这样的一个时间点等着我，告诉我现在的我该去做什么。不早不晚，就在这一刻。我有点迷惘的心忽然间就烟消云散了。有你们，我创业不再孤单！

还有我一生永远的灵魂伴侣——壮宝爸爸。他从我们认识起，就支持我。因为我的一时冲动，陪我调动工作，从北京到上海。我考研，他工作挣钱养我。我开甜品店，他帮我送外卖。我应酬到深夜，他来接我。我生孩子，他也一直陪在产床边，流着眼泪看着壮宝的出生。我开淘宝店，他负责所有的店铺装修。晚上我哄孩子睡觉的时候，他就在旺旺前回复买家妈妈们。这样任劳任怨的金牛座老公，估计是每个女人心目中的理想吧。他是我生命中永远不熄灭的小火花，我们有相同的价值观和世界观，我们有相同的审美。他做营销策划，我做公关运营。我们的搭配，可以说是很完美的，这样的组合，是应该去开创一番大事业的。于是，就有了现在牛妈小铺 3.0 版本。我们花了一个周末的时间，来规划调整，壮宝爸爸花了几个晚上才做好。白天他还要上班，晚上回家除了陪壮宝玩，就是做网页。现在，牛妈请的客服也已经上班了，牛妈有更多的时间来好好管理店铺。我们会进更多的新货，做更好的推广，做力度更大的促销。虽然我们 1 年冲皇冠的理想被耽误了，但我们并不会就此停住脚步。

路漫漫，其修远兮。我们已经初步规划好接下来一年里努力发展的方向。有朋友的相助、有爱人的支持，牛妈还有什么不能做，又有什么是牛妈做不到的呢？用我们今天多一点点的辛苦来换壮宝明天多一点点的幸福，为了这个，我愿意！

访谈实录

创业容易守业难。在淘宝开一家小店轻轻松松，动动手指发布 10 件宝贝、实名认证通过，小店赫然在你眼前。开店伊始，朋友们却一直在苦苦寻觅守店良方，如何装修吸引买家眼球，如何让宝贝成为热卖，如何推广达到最佳效果……当一系列的问号盘旋在脑海之中的时候，我们就会对网店经营茫然失措。今天为大家介绍的这位女士，虽说经营网店时间不是很长，但在与她的一番交谈中，我发现她的思维非常敏锐，小小网店经营得有声有色。你瞧“牛妈”其人，一副女强人的架势。

牛妈

zgyl_2001：你好，Coco，看了你的店铺，感觉你是一位非常细心的妈妈。我们都知道，电子商务发展的明天将是辉煌灿烂的！那么，对于淘宝上商家之间如此大的竞争，你觉得怎样去提高自身的竞争力呢？

cocol4737：你好，小炫。能参加这次访谈我很高兴。其实我也是一个新人，但是我愿意把我的见解和大家分享。面临淘宝白热化的竞争如何提升自我，我的看法是：第一，要选对好的产品。刚开始我们犯了一些错误就是贪大贪强，什么都想做，结果进的货良莠不齐，给我们带来了不好的影响。慢慢的，我们就找到了感觉，知道哪些产品是值得去做的，会带来流量和利润。小而美，这是做大做强前每个卖家都必须要先达到的一个目标。第二，是要有很好的服务，我们推出的无条件退换货服务，让很多买家对我们的信任度有了极大提高。我们在每个包裹中都放入我们的回邮快递单和快递袋。如果买家不满意我们的产品，则直接打包退回来就行了。这个举措就是让买家打消了最后一点疑虑，放心购买我们的产品，另外，如果他不满意，那么退回来虽然我们损失了一点邮费，但减少了收到差评的几率。第三，要有不断推陈出新的促销活动。我们同时在进行的活动至少有四五项，打出了营销组合拳。以前买家最多买 2～3 件，现在基本上都在 6 件左右，一下子把交易量提高了很多。第四，就是打造专业店铺。我的合作伙伴就是我的爱人，他在知名的日本广告公司做中层管理，主要负责一些著名日本品牌的品牌策划，他为我们的店铺做定位、做设计，使整个网店的包装给人感觉比较精致，让买家妈妈们一进来就喝一声彩，这样，她们才有兴趣继续逛下去。有后台数据显示，我们的客户平均停留时间都在 5～10 分钟以上。第五，用心推广，让别人知道你的店铺。刚开业的店铺必须注意多做推广，淘宝网提供的一些营销工具都是非常有用的，好好研究会有很大的收获。第六，摆正心态，欲速则不达。起步的时候不要太计较得失。我经常送客户的小礼物超过了挣的钱，刚开始是建立信任的时候，花点小钱能换来一个忠诚的顾客，是非常值得的。有朋友觉得能挣钱的行业才是好行业。刚开始虽然我每个月的收入和利润都在增长而且从没有过负数，但我们前期计划的时候，的确是打算前半年不挣钱的。刚开始创业的时候就抱着第 1 个月收支平衡，第 2 个月开始挣钱的目的，这样的心态会导致你在做经营决策的时候，一切都以赢利为目。这样的开始，不一定会有很好的收获。而我在开店的时候抱着不挣钱的轻松心态，遇到明明是买家的错误判断，却需要我承担损失的时候，我也能轻松面对。

zgyl_2001：了解到你做淘宝之前的职业是运营总监和市场总监，你觉得网店的运营和你以前从事的职业有相关的地方吗？

cocol4737：网店的运营对于我来说，是一个比较新的内容，不过，大致都是相通的。运营离不开两点：一个是财，一个是人。管好这两个，大致都差不多。关于财，网店要想做得好，一定要保持一个很好的现金流量。只有让货卖得多，卖得动，资金回笼才会快，而资金回笼快了，才能进新品，才能吸引老顾客不断来光顾。而怎样让货卖得动，一定要站在消费者的角度去思考，这个跟以前公司运营的思考角度都是相通的。关于人，这一点，网店跟以前我所在的公司运作最大的不同是：网店可以让客服员工在家工作。只要熟悉好产品，就可以在任何一个地方为买家服务。而且，对于工作人员的容貌、身高、体重都没有要求，这点挺让我开心的。因为以前在招聘的时候，明明一个人的条件非常优秀，但就是因为上面的几点条件不是很好，出于形象方面的考虑没有录取。现在网店给了这样的人一个非常好的平台。我非常希望以后能有这样优秀的人来加入我们的团队。以前我的市场总监的工作就是跟不同的媒体打交道，包括公司形象推广，品牌运营方面的工作。现在开网店，跟以前的媒体朋友还保持着联系，虽然主要的精力还是花在网络营销方面，但以前的关系还在为我带来新的机会，比如一个在中国从事日本母婴杂志工作的编辑朋友，就在一篇关于宝妈开网店的报道中介绍了我，给我带来了不小的惊喜。当然，网络营销的水很深，我们也在不断学习。

zgyl_2001：网络营销深潭之中，要想出类拔萃就要加大宣传，也就是我们所说的推广，关于淘宝网店推广你有哪些好的方法呢？

cocol4737：直通车是一定要做的，关于直通车的一系列培训课程一定要上，学习心态不能松懈，而且最好每个品种都选一个上直通车。我在 2010 年冬天使用直通车推广的宝宝连裤袜效果就非常好！直通车可以做到实时优化，时刻留意后台数据分析，看哪个效果好就加大投入哪个。

还有就是在相关论坛发帖子。比如我是做童装的。我把自己孩子的搞笑照片放在妈咪亲子论坛上，被加了精华还上了封面，给我带来了比较大的流量。另外，会员管理也很重要。我的老顾客回头率还是很高的，有新产品上架以及新的促销活动的时候，都会通知他们。另外，线下的推广也比较重要，我和老公随身都带着名片，遇到潜在的顾客都会给一张。从这些小事做起，一点点的量变总有一天会带来质变的。

zgyl_2001：你全职做淘宝也有一年时间了，虽然时间并不是很长，但期间一定有你体会最深的事情，和我们说说吧？

cocol4737：一分耕耘一分收获，没有白来的午餐，所有的事情都要认真努力去做才可以。不可以将网店作为一个兼职来做，那样会越来越差，一定要将尽可能多的精力放在上面。有很多跟我同时开店的朋友已经放弃了。就像马云说的，他们只看到了昨天晚上的黑夜，虽然我现在还在今天晚上的黑夜中摸索，但我已经看到了一点明天早上的朝霞。天道酬勤，仅此而已！

zgyl_2001：天道酬勤，没有耕耘就没有收获，说得非常好！和妈妈们打交道，你通常是怎样做的呢？有遇到过不愉快的事情吗？

cocol4737：因为我自己也是妈妈，所以我跟妈妈们很容易沟通，加上我自己以前也是做市场的，沟通能力比较强。我建立了自己的个性语言，风趣幽默，说话比较直截了当，而且一直保持着一种轻松愉快的气氛。买家妈妈们跟我聊天都很愉快，很多人都成了我非常好的朋友。说到不愉快的事情，就是遇到讨价还价的妈妈。为了几毛钱还价半天，对方的口气和语言还不是很尊重，有时候真的很想骂人，但最后都忍住了，和气生财，只能这样了。

zgyl_2001：沟通需要技巧，相信你用百分之百的真心来对待客户，赢得好口碑是必然的。销售服装有个季节性的问题，款式更新很快，你是如何处理过季的衣服呢，会压库存吗？

cocol4737：以前没有经验，压了一些库存。做服装的一定要做够一年才能真正了解其中的奥秘和经验。现在我们都在做各种促销活动处理库存。不过有些产品是必须要压库存的，有些产品随着时间的推移一直在涨价，而且销路一直很好，不受款式季节限制，还有最重要的就是补货周期长、生产很慢的产品，就必须压一些库存。这些都是在自己做过一年之后慢慢摸索出来的经验。

zgyl_2001：目前淘宝网推出的分销平台，成为创业者关注的一大热门。你对这个平台是怎么看的呢？

cocol4737：对于刚起步的小卖家来说是一个很好的平台。新手刚开业最怕的就是压货，分销平台可以说是帮他们解决了这样的问题，降低了创业的风险，让新手卖家们可以集中精力在淘宝店铺的经营上。

zgyl_2001：确实分销对于新人来说是低门槛创业，能否抓住这一机遇为自己在淘宝谋得一席之地，就看你对这一平台研究有多深。你考虑过让人来分销你的产品吗？

cocol4737：我还在摸索中前行，分销是个好主意，你提了个醒，以后我会注意的。尤其是我们的目标是创立自己的品牌，那个时候更要花大力气在分销上了。

zgyl_2001：对于淘宝未来发展的趋势，多少人知道淘宝却未涉足，已经加入进来的下一步该怎么走，谈谈你的见解吧？

cocol4737：电子商务未来的发展势不可挡！我身边很多的白领金领对于淘宝还不是很了解。他们只知道可以从淘宝买东西，但好的淘宝卖家做的有多成功，他们都不知道。他们总以为那些是低层次的小老板开的店。我就是想让他们知道，其实淘宝里很多卖家都是非常有素质和有能力的人，当然我不是在夸自己。做得好的卖家一样可以得到大家的尊重和关注，淘宝带给我们太多的奇迹和惊喜，希望越来越多素质更高、能力更强的人加入淘宝，将淘宝打造得更加完美。

采访后记：如 Coco 所言："天道酬勤，天底下没有免费的午餐。"既然选择开店，那么就要懂得如何去守、如何去卖。请记住，淘宝没有卖不出去的宝贝，只有不会卖的掌柜！如果流量转化率低，店铺无人问津，那么请更多思考自身原因。

春姿蝶舞：现代木兰，做淘宝替父还债

本篇导读：淘宝小店的价值在哪里？有人把它当成梦想，有人拿它当作生命的全部，有人将它化为爱的延续，更有人因为有了它，无债一身轻，从此笑开了颜！原来淘宝给予我们的竟然有这么多道不完、说不尽的“好”。

嘉　宾 ID：春姿蝶舞
店铺名称：阳光下 THE BODY SHOP/NYR 代购店
店铺主营：美容护肤
店铺链接：http://chunjia.taobao.com
记　　者：lilipinglilipin

嘉宾简介

80 后女子，看似柔弱的家中长女，骨子里透露的那股韧劲是你所不能想象的，替父亲还债，供弟弟上学，拒绝让自己的儿子戴上留守儿童的帽子。于是一个现代木兰诞生了。

自述创业

那一年，我爸爸做生意失败了，欠下很多债。我是家里的长女，刚中专毕业从学校出来工作没几年，因为觉得自己是长女，责无旁贷地为父亲承担了一些债务。过年的时候，那么多的债主到我家来要债，看着爸爸妈妈走投无路的样子，我就打电话给所有的朋友去借钱，我借不到，老公就去跟他的朋友和家人借，反正所有能借的人都求遍了，前后差不多借到 20 万元。那时是 2002 年，20 万元是个什么概念呢？那时候房价还没有现在这么高，我当时工资才 1800 元，当时懵头懵脑的也没想到怎么样才能赚到钱来还债，只想着先把眼下的难关挺过去，因为我不能眼看着爸妈听人家说难听的话。到现在我都记得那个除夕，估计是

今生难忘了：一堆人堵在家里要债，等我把借来的钱给了债主后，天都要黑了，那年除夕家里连一根菜都没买。年三十的晚上，一家人吃的盒饭，吃完倒头就睡，别人都在家热热闹闹地过春节庆团圆，我们家就是这幅凄凄惨惨的样子，对我来说这真是一段刻骨铭心的记忆。年后，我跟老公去上海打工，没多久发现我怀孕了。当时的情况是：有早产的症状，医生说我身体不好要保胎，如果这一胎保不住，那以后要孩子就很难了。试想一下，如果一个女人失去了生育的能力，那是一件多么惨的事情。没办法，我只好放下工作，保胎。孩子出生之后，没有经济来源的我选择在淘宝创业，这就可以一边照顾孩子一边挣些小钱……

80 后的现代木兰

访谈实录

古有花木兰代父从军，今有辛酸女替父还债，她们都是女中豪杰，用自己柔弱的肩膀扛起重任，她们都是伟大的，是我们女人的楷模。

在采访的过程中，我被她的经历感动，她为了替父亲还十几万元的债，为了供弟弟上学，为了让她的孩子不做留守儿童，义无反顾地选择了淘宝，而且是背水一战，只许成功不许失败。两年下来，把一个小小的店铺经营成皇冠店，把父亲欠的十几万元债全部还清，然后还有 15 万元的存货。她说是责任让她扛起了重担，现在终于可以轻松地生活了，不负债的日子真好！

lilipinglilipin：很高兴你能接受我的采访，从零信用到皇冠，从欠债到赚 10 多万元，知道你经历了很多，几番波折之后你是怎么想起开网店的呢？

春姿蝶舞：那个时候我就想什么工作能让我一边照顾孩子一边赚钱（因为我

们双方父母都不在身边，又不想让孩子成为留守儿童），所以就想到了开网店。所以说做就做，就这样开起了网店。开网店的钱全是借来的，准确地说全是老公借的。我是 2008 年 3 月开始做这个店的，两年之后，开店借的钱还了，当初为父亲借的钱也还了。

Lilipinglilipin：现在的淘宝生意都比较难做，都是走薄利多销的路，你卖化妆品的利润有这么高吗？

春姿蝶舞：我走的路不是薄利多销，事实上，我店里宝贝的价格比一般店铺的还要高点。

Lilipinglilipin：那为什么生意会好呢？这其中有什么秘诀吗？

春姿蝶舞：因为我没有人手，走量的话会忙不过来。买家最大的疑虑是：是否是正品，因为买家被假货弄怕了。我们做的是国外化妆品，开店至今所有的订货单据、国际物流，每个月都可以拿出来。顾客有疑问，我可以给出一堆的证明，每月的物流，都是伦敦——中国，物流是骗不了人的。还有订货单据，像我们不是一张两张单据，都是一叠一堆的单据，因为你卖那么多产品，怎么可能只有几张呢？所以单据一拿出来，顾客就相信了。而且还做批发，可以直接叫英国那边发货给批发客户，零售+批发这样做下来，慢慢就把债还清了。其实还是没钱啊，如果我有足够的流动资金，则可以更早还债，实在没办法，因为赚到的钱都拿去还债了。

Lilipinglilipin：当时为什么选择卖化妆品呢？开店初期是如何推广的？

春姿蝶舞：因为我是女孩子，对化妆品懂一点，这个应该是每个女孩子的本能。我做网店后，买了很多化妆品的书来看，恶补相关知识。当时运气比较好，直通车刚刚开通，我抱着试一试的态度去做。参加了直通车的活动，就是首页最下方的单品热卖，当时才 1 颗心，上了首页后也不知道怎么做宝贝描述，后来就想把所有的单据、订货证明、物流信息都贴在描述里面吧，结果活动一上去后，单品就卖空了，就这样打开了销路。没想到接着问题出现了——没货，我们足有一年的时间都是这样，等到货就卖空，卖空了就等货。因为国外到国内，运输周期至少要 2 周。还有就是跟顾客说实话，很多 MM 对化妆品抱有非常美好的向往，经常会问产品的效果怎么样，我们都是说实话。我们可以保证正品，但不保证效果，因为每个人的皮肤都是不一样的，产品的使用效果肯定也是不一样的。听了这样的回答，有的顾客也走掉了，但是更多的顾客却留下了。有个 MM 这么说：经常买东西，都是听卖家说这个产品效果多么多么好，你这样的卖家倒是很少见，不错，说的是实话，我相信你。而且，这样的顾客，好评率比较高，除非是有了什么特殊的情况，极少给出中差评。而且这样的顾客，忠诚度也比较高。因为网络是虚拟的，如何让电脑另一边的人相信你，非常重要，我很心安理得的是：卖正品、讲真话，这也许就是我们能走到今天的原因吧。另外，就是我们比较注重售后服务，只要有聊天记录的，我们必定在结束的时候互留手机号码，无论发货、收货遇到任何问题，都可以第一时间联系到我们，我们也必定第一时间来处理，这样顾客买东西，无论售前还是售后，都高枕无忧。

做网店久了，肯定知道物流不出问题是不可能的，但是出现问题的时候，要清楚地知道什么时候解决、怎么解决。一旦在物流方面出现问题，我们会第一时间不惜一切代价先处理售后，这样一来顾客也比较放心。我们曾经为了一个广东的顾客，前后打了十几个电话来疏通物流，当时快递是信誓旦旦绝不送货的，顾客是怒气冲冲要投诉，最后我们两边协调解决了。开网店到现在，基本上被磨得没什么脾气了，作为卖家要懂得换位思考，要站在买家的立场想问题。我在店铺一颗心的时候就开通了直通车，那个时候直通车刚开始有，用的人很少，所以效果挺显著的。然后我们参加了直通车的活动，就是淘宝首页最下方的热卖单品活动，一炮打响就这么开张了。值得一提的是当时我那 1 颗心，也全是顾客买东西的真实记录，直到现在我还记得第一个购物的顾客。

淘宝首页的流量绝对给力，店铺就这么慢慢走上了正轨。其实我认为价格不是绝对因素，正品、真实才是关键。因为化妆品不比别的产品，是用在脸上的，每个女孩子都很小心，就怕买到假货，真实才是最重要的，价格是次要因素，买得放心、用得安心才是最关键的。淘宝现在已经是个大舞台了，每个行业、每个产品竞争都很激烈，所以产品、服务、价格每一项都要做好。推广不是我的强项，我就是用直通车，还有就是靠顾客口口相传，值得一提的是我们在冲皇冠前连赠品都没有。

Lilipinglilipin：你店里的图片是用官网的还是实拍的？

春姿蝶舞：实拍。开网店前我对拍照一窍不通，到现在也还是用很古老的第一代数码相机。连说明书都给儿子当玩具撕了，还是那句话，勤能补拙。每个产品都会拍上百张照片，不停地换角度，找光源，我就是这样拍出来的。你要问经验，就是摸索。拍摄的背景就是我从新华书店买来的一张白纸，光源就是阳光，这个就是我的经验。一张白纸、一个老相机就是我所有的摄影器材，因为资金限制，这也是没办法的办法，所以每种都拍几百张，找最贴近实物的照片放上去。

lilipinglilipin：你能给其他的淘宝卖家提提建议吗？你认为大家都应该注意什么？

春姿蝶舞：自觉维护淘宝这个平台，为自己卖的产品负责，慎重自己的言行，大家好才是真的好。当买家们觉得淘宝上卖正品的很多，才会蜂拥而来，才是我们真正的春天。

Lilipinglilipin：你觉得自己做得最成功的是什么，最失败的是什么，有没有什么经验教训要告诉大家的？

春姿蝶舞：最成功的是得到很多顾客的信任，我问心无愧，对得起每个来我们家买东西的顾客，因为我卖的都是绝对的原装正品。最失败的是资金不足，淘宝现在需要很多的资本流动，我的资金不足，不过目前的现状还是让自己满足的，人不能苛求更多，特别是在环境有限制的时候。经验就是：产品+服务+推广，现在是淘宝的三驾马车缺一不可，这三点时刻要留心。

lilipinglilipin：接下来你的淘宝店目标是什么，你将要去做的事情是什么，你觉得自己的店还有哪个方面需要提高？

春姿蝶舞：接下来我的目标是引进更多的品牌，争取更多的顾客。我将要做的事情是学习更多的推广方式，这也是我需要提高的地方。

Lilipinglilipin：能给广大的新手卖家说几句发自肺腑的话吗？

春姿蝶舞：新手们，我也是从新手过来的，而且我相信，比我更惨的淘宝店主没有几个，既然我都能走到今天，那你们有什么不可以呢？任何事情，不问你能不能，只问你愿意不愿意，只要你愿意，铁杵也能磨成针，只要你下定决心，总能走出自己的路来，而且会走得很精彩！

采访后记：只要认真去做，我想没有一件事是做不好的，所以我们也要学习店主那种不屈不挠、不为外因制约而退缩的精神，不断努力，把网店往深层次发展。

米奇米妮：美女妈妈“四心”闯淘宝换皇冠

本篇导读：在淘宝创业的母亲们，到底有多少人能真正做出一番成绩？如今，秉承“四心”的美女妈妈，用自己的决心、专心、诚心、雄心，期待自己的小店能成为淘宝闪亮的星星。她正在努力的路上，虽然已是双皇冠，但依然奋力前行……

嘉 宾 ID：米奇米妮_2008
店铺名称：【妈咪宝贝商盟】早早的童年
店铺主营：童装、儿童用品、妈妈服装等
店铺链接：http://zaozaodetongnian.taobao.com
记 者：ajie811022

嘉宾简介

她是一位幸福的妈妈，跟全天下的母亲一样，这位新妈妈对宝宝倾注了所有的爱与关怀，从怀孕到宝宝的诞生，每时每刻都关注着与宝宝有关的东西。于是，一个想与全天下新妈妈分享优质宝贝用品的念头油然而生。就这样，“早早的童年”淘宝店在 2008 年成立了。她兼职开店，努力经营，丈夫不忍她太辛苦也做起了兼职客服，孩子做起了兼职模特。他们全家总动员，用最好最棒的货源，用真诚热情的服务，用款式新颖和百里挑一的品质，为全天下的宝宝提供最贴心的可爱童装。

创业自述

有决心，梦想能触手可及

我接触淘宝的时间比较晚。在很多人已经是网购达人的时候，我还是一个对电脑一知半解的人。2008 年 7 月，我早产生下了宝宝，因为是早产，宝宝的体质比较差，所以宝宝一生下来，我就得暂时和她分离，她留在医院里接受医生护士的照顾，我则先回到家里坐月子。别人生完宝宝后母子不离，与家人分享着初为人母的喜悦，我却要忍受着母女分别的煎熬。我只能在电脑上反复地看宝宝刚出生时给她拍的相片，以此来解思念之苦。再后来就想着，我是不是应该为宝宝准备好漂亮的衣服，精美的用品，来迎接宝宝回家？因为坐月子不方便出门，之前也听说过网购这回事，自己就试着在网上摸索。之前对“淘宝”是略知一二，所以就上了淘宝网，开始了我的网购经历。半个月的时间里，我淘到了很多宝贝，都挺满意的，而且有了“上瘾”的感觉。看着这些宝宝的东西，之前那种整天以泪洗面，煎熬的心情转化成一种美好的期盼，期待着宝宝能早日健康的回到家，穿上妈妈为她精心准备的漂亮衣服，变成一个健康快乐的小公主。

宝宝兼职做模特

网购多了，我就想如果自己也开店，那以后宝宝就有更多漂亮的衣服穿了，到时想怎么打扮都可以。于是就试着在淘宝上了解开店的流程，当时真是靠自己摸索，没有任何人教，因为身边的朋友也没有人接触过这方面的内容。不懂的就在网上查找，或者直接打电话到淘宝客服咨询，需要的材料就积极准备，终于我的淘宝小店开业了。

访谈实录

有决心，梦想触手可及；有专心，事业一马平川；有诚心，服务无微不至；有雄心，成功永无止境。让我们来共同见证双冠妈妈——“四有心人”，如何以“四心”做到皇冠店。

ajie811022：你好，开店伊始你是如何选择最好最棒的货源呢，其中肯定有很多故事，来和我们分享一下吧。

米奇米妮_2008：因为给自己宝宝准备了很多东西，所以自己很清楚哪些东西质量好，哪些最适合宝宝，所以就萌生了向更多的人推荐，让更多妈妈们分享到这些好东西的想法。找货源是比较困难的，由于之前没接触过，所以一开始不知道如何下手。后来，我看到宝宝衣服的吊牌标签，就在网上查找这个厂家，找到电话后就打过去咨询，一步一步地了解到如何才能取得货源（由于有些小小的商业秘密，只能简写）。我们这里是省会城市，市场比较成熟，我就自己跑到市场里一家一家对比，日后这些东西自己的宝宝也会用，所以在挑选货源的时候就比较严格。现在回头想想，悟出了一些道理：只要敢想，就大胆去做，真的没有什么事可以难倒我们。

专心让事业一马平川

ajie811022：前面得知，你开始是兼职开店，除了正常工作外，跑货源、做店铺的整体规划、设计店铺、做活动，你是如何做到身兼多职将网店做到现在的呢？

米奇米妮_2008：我自己还有工作，而且也是比较稳定的。因为开淘宝母婴店的初衷是为了宝宝，所以也是动力十足，信心满满。自从做了母亲，开了网店后，我每天早上都是 7 点起床，开始喂宝宝，梳洗干净就交由老人照顾，自己去上班。下了班就回去照顾宝宝和网店。因为刚开店，顾客少，货品也少，需要打理的不是太多。虽然宝宝有老人帮着带，但我是亲力亲为的人，我在的时候，宝宝全是自己带。宝宝小的时候睡觉时间比较多，所以在她睡着的时候，就轮到照顾网店了，我就是这样见缝插针多者兼顾，几年来我没有睡过一个午觉，晚上都是两三点才睡的。

早早的童年实体店

由于刚开始货品少，货都是放在家里。网店渐渐做起来后，货品也越来越多，每隔几天就开摩托车跑一趟市场，拉货回来自己扛回 5 楼的家里，其实很重很累，但我想应该有很多刚开始创业的人都会这样，有强大的动力支撑着，什么苦都不怕。老公白天都在单位，这个时候也帮不了我。每次扛完货，我的两个手臂都是酸痛的，但是我一点儿也不在意，继续又在电脑前敲敲打打。在吃苦这点上，我是很肯定自己的，这么多年下来，大包小包的货我都是自己扛，不管路多远，楼多高。现在很多货是厂家发物流过来，我就开着车子跑几公里、十几公里到货场去提货，每次提到货，都是一身灰。老公看到我这么拼命，也开始关注起我的网店，看到我做得有模有样，他也慢慢提起了兴趣，也帮着分担一点，做起了兼职客服。

宝宝渐渐长大了，也慢慢地不用我太费精力去照顾，网店也在辛勤努力下慢慢做了起来，这样在照顾宝宝和网店之间又有了平衡。我的本职工作是时紧时松的，有时忙起来其他事也顾不上，好在老公能帮着我分担些网店的事情。我在单位里也是骨干分子，工作从不耽误，领导和同事都看好我。曾经有过提拔我的机会，但考虑到自己的宝宝还小，还兼顾着网店，就没有争取。不是我不思进取，只是我想有更多的时间和家人、孩子在一起，毕竟网店已经占据了很多精力，我更应该把时间留给家人和孩子。

宝宝

宝宝 1 岁多会走路后就由老人带了，我就把更多的精力放在网店上。从小星星到一颗钻、两颗钻……让我看到更多的希望，看到更广阔的前景，信心更足了。这时，实体店也开了起来。有一段时间，我每天都是早出晚归的，家里老人不太理解。老人的观念可能就是，为人父母的，应该多点时间照顾孩子。所以他们给我发短信，内容就是有点责怪的意思。有一句话非常刺痛我："有这样做母亲的吗？"于是我给他们写了一封长达 3 页纸的信，把我做网店的初衷和今后的打算，把家庭、工作、网店如何平衡，把压力和愿望等都告诉他们，老人看了信以后终于理解了我，现在也很支持我。

诚信、真诚让服务无微不至

ajie811022：我相信你和你的团队一定在服务上下了不少工夫，能否和我们分享一下宝贵的经验？

米奇米妮_2008：网店发展到五钻的时候，自己一个人加上老公也不足以应付，因此我们考虑增加人手。先找了一名兼职的客服 MM 负责接待，这样我可以把更多的时间放在网店宣传促销和增加货源上，渐渐发展成现在有四个客服和两个仓库人员。因为我们不是纯粹的商人，我们对"诚"字看得很重，不管是以前自己接待，还是现在成立的团队，都给他们灌输一种理念：诚信、真诚，这才是取得更多肯定的基础。我们的货品回来后，第一件事就是检查质量，我们考虑到年轻人不够细心，担心责任心不强，于是专门请了一位年纪稍大的阿姨负责质检。有一定年纪的人对事情更负责任，因此可以帮我们把好质量关。有微小瑕疵的货品我们都会挑出来，不会让这些货品流到顾客手中。对于出现特殊情况的问题、纠纷，我们会主动和顾客联系，该承担的责任不会推卸。宁可亏本也要把问题处理好。所以很多顾客一直都选择和我们在一起，很多宝宝也是穿着我们家衣服长大的。

工作团队

我们对发货管理也是很严格的，相信很多卖家都会做到包裹严实紧密。有一次我们给顾客发一双宝宝鞋，鞋子本身有鞋盒包装，我们包在快递袋里就发了过去。顾客收到货后反馈给我们：鞋盒都给压扁了，鞋子也有些小变形，没原装的好看了，觉得挺遗憾的。我们听后感同身受，换位思考：我们满心欢喜给自己的宝宝买双漂亮的鞋子，可收到后很失望，这种心情真的会很郁闷。于是，我们让她把鞋子退回来再重新发双新的给她。吸取教训后，我们用废弃的纸箱做个鞋盒，把原装的鞋盒再包上一层，有了双重保护就不怕在运输途中压坏了。果然，这次发到顾客手中的鞋子，原包装没有一点问题，顾客很满意。于是她就成了我们店的常客。从此，我们专门收集那些废旧纸箱，把那些硬纸皮裁成鞋盒的大小，每次发鞋子的时候都会在原包装上再装一个盒子，从此再没有过类似的投诉。有的顾客在评价里还专门肯定我们这点，夸我们细心，看到这些，我们感到很欣慰。

雄心让成功永无止境

ajie811022：你未来的目标是什么？

米奇米妮_2008：在淘宝网上有几个做得非常成功的母婴店，他们有更大更强的团队，我非常钦佩，也非常羡慕。我希望在和自己团队的一起努力下，成立一间公司，让我们有个正式的家。然后需要一间大仓库，看着每天出货入货，把更多的好产品带给天下爱宝宝的母亲们。

我的淘宝店从建立到现在已经有两年了，而我现在不再是孤军奋战，他们为我分忧，也给了我很多很好的建议，他们能把网店当作是自己的一样，全心全意地去经营它，我很感谢他们。我上班的时间比较多，我不在的时候都是他们在帮我打理，他们都是 80 后的小姑娘，他们和我也不是什么亲戚关系，都是在社会上招聘来的，但是他们都很自觉，为网店出谋献策，为网店的发展壮大而喜，为偶尔的销售低迷而忧。我真的非常感谢他们，我可以放心地把网店交给他们，安心上班，所以我更用心地去经营网店，让它更快地发展起来，为这群小姑娘创造更好的发展空间，同时也希望“早早的童年”有朝一日能成为淘宝网上耀眼的星星。

采访后记：人生的意义在于快乐，虽然开店辛苦，但只要摆正心态，与买家们进行良好的沟通，构筑起情感的桥梁，那么在经营之余，你就会收获比金钱更重要的东西——快乐。“路漫漫其修远兮，吾将上下而求索”，“四有心人”用最诚挚的心灵、最优质的商品赢得更多赞许！

西西里：巾帼不让须眉，不做推广月销三千单

本篇导读：每一个成功的卖家都有自己独特的经营方式，她对于淘宝很熟悉。不花钱、不开车、不参加活动，用自己的努力博取自己的成功。现在淘宝的竞争越来越激烈，但是我们千万不能灰心。现在电子商务正处于极速发展的阶段，淘宝道路虽然艰辛，但是只要坚持不懈地学习，不断实践，成功其实也并不遥远。

嘉 宾 ID：antoniadeng
店铺名称：西西里韩国女装代购
店铺主营：女装
店铺链接：http://igudor.taobao.com/
记　　者：malei685369

嘉宾简介

小女子小名亲舞非扬，朋友爱简称或直接喊我“亲舞”，名字的来源是因为甚是喜欢读安妮宝贝、张悦然、郭敬明、痞子蔡的小说。所以，在多年前看完痞子蔡的《第一次亲密接触》以后，就一直用着这个名字，看过这本书的朋友们应该知道，里面有个“轻舞飞扬”，我尤其爱那样的女子。

我，巨蟹座，典型的 80 后小女子，湖北人士，现暂居上海。3 年前就读于湖南长沙一所普通大学。期间，于《湖南长沙晚报》上发表文章，在学校开始有点小名气，比同班同学提前半年毕业（因我读的是自考，一般自考科目全部通过后，自己爱干什么干什么）。毕业后曾在广东工作过一段时间，于 2007 年底来到上海，换了很多份工作，人称“跳蚤王”。最后一份工作，是在一家五百强企业做 Senior Secretary，本人简称此职务为打杂，税后工资月薪 5000 元，平时也兼职做点外单，赚个两三千元的，于是，就这样跑遍了珠三角和长三角地区。

没办法，谁叫我骨子里大多散落的是一些随心所欲，恣然随性，天生不喜束手束脚，畏首畏尾，这些都决定了我在哪家公司都做不长，公司里那种尔虞我诈，勾心斗角，让我最为吃不消。

亲舞飞扬

创业自述

2009 年的时候其实就开始做淘宝了，因为想在淘宝自己做点事情，就辞职了，那时候是做服装。用了几个月做得不错，不过后来年底跟男友闹矛盾就离开上海回老家去了。之后过年耽搁了两三个月，就一直没有更新也没有管淘宝。第二年继续做淘宝，感觉很难，后来也尝试过多种方法 ，一直没见起色。于是重新随便找了个差事上班，直到 2010 年 5 月份前， 一直都在南京东路和平饭店对面的一个澳资企业，上班日子偶尔还算清闲，就自己倒腾了一批饰品，周末拍照，有人买，就晚上回家打包，第二天让朋友帮我发出去。后来生意越来越好，4 月份的时候，每天晚上 6 点下班 ，七点多到家，随便吃点饭，打包也要打到晚上十二点，甚至半夜一二点。那个时候因为还没用打印机，所以要手写快递单。那一年，五一节假之前辞职，公司老板还以为我要生孩子才辞职，苦苦挽留。不过个人习惯了无拘无束的日子，在公司里摸爬滚打总不是我的长期打算。

访谈实录

malei685369：你从 2010 年 5 月至今，一直在从事饰品行业吗？

antoniaden：记得那年四五月份的时候信誉也就两三千吧。饰品有优势，没有像服装那样换季快，而且具有容易储存的特点。虽然利润远远不如服装，不过也算做了自己喜欢的事。饰品做到 2013 年底，2014 年开始尝试做韩国女装代购。

malei685369： 对，做自己不喜欢干的事情，还不如上班！既然辞职了，就得做自己喜欢的事情！一开始，你的家里人支持吗？

antoniaden： 恩，其实回头想想，以前做淘宝都是误打误撞，现在淘宝上这样的人起码有百分之三十。看到别人做什么就赶紧跟风，做个几天发现不行就没底气了，我也就是不断经过试验和摸索才进步的，还有一个就是没有放弃。其实我男朋友是不支持我辞职做淘宝的，他说对身体不好，整天对着电脑每天都到凌晨。缺乏运动，作息时间不规律对身体伤害很大。我向他保证，做淘宝每天晚上十一点钟准时睡觉。会经常陪他一起出去走走透透气，他才答应的。不过我现在睡觉的承诺好像没有兑现，手上太多事情要做，每天还是要到很晚。

malei685369： 从 5 月 1 日开始，你能在两个月内做到拥有 6000 个好评，在没有直通车或者其他活动的帮助下，你是怎么做到的呢？谈谈那时候的操作吧，因为那时如果信用不高，则销量对于中小卖家真的是一个头疼的问题！

antoniaden： 其实没觉得信誉是多大的问题，主要还是产品、款式、定价。特别是款式，那时候上班也没做什么推广，每天也都很忙，现在基本上花钱的推广做过一次，在一个购物平台上做过一个硬性广告。一个月几千块，一个单没有。后来，我问他们：怎么几千元投进去，响都没响一声，你知道人家怎么答？

他说：水太深了。我是哭笑不得。所以，广告我基本上没做，刷钻我也从来不考虑，我对信誉这个东西看得不是很重。那时的推广无非就是自己在论坛上写写精华帖。

现在还有一些买家专业聚集地的分享网站，比如蘑菇街、美丽说，我都建了账号。平时没事分享一些自己喜欢的宝贝，然后也分享一些我店里销量比较好得宝贝。总之，你所拥有的推广方式来源于你对这个信息化时代所掌柜的潮流信息。因为我卖的饰品也都是十几岁到三十几岁这个年龄段的，就专门找一些这个年龄段层的女孩子喜欢看的网站和 BBS，在这些网站和论坛上进行有效推广。而不是一味的推广，一味的推广会招人反感。

malei685369： 你觉得这些站外的流量带给你的订单起到的作用有多大呢？

antoniaden： 不要小看站外的流量，重要的是，这些流量你没花钱。现在花钱能弄来的流量，要么是假的，要么就是你得花重金。我两者都不想要，只能从站外流量入手。其实刚刚说的那两个平台，我自己也喜欢。里面会有很多女孩分享的宝贝，都是实拍店铺，比较有特色。在淘宝进行搜索就很苦恼， 一搜索大多卖家图片产品都一个样，买件衣服难得不得了。但是，在那个平台上，我只要搜索我自己想要的东西的关键字，每样基本上都很符合自己的需求，很节省时间，所以大多数像我这个年龄段的女孩都会在里面逛，人气非常高。

另外一种方式，其实大家都知道就是做爆款。销量上来了，淘宝搜索进来的流量真的会提高很多。还有就是淘宝软件订购里的一些功能，去优化自己的宝贝名称，每日销售额和量子统计是我必看的数据，经过分析，然后去下对策。

malei685369：那你对于打造自己店里的爆款有什么好的方法呢？

antoniaden：首先是选款。款式选收藏人气最高，平日里顾客咨询量最大的，如果有成交记录和评价的，则找成交记录和评价多的。当然，这款宝贝质量一定要过关，不然就做了反广告。

其次，就是定价。爆款只是用来做引子的，引来流量和销售，它是带动其他宝贝销售的引子，所以无所谓赚多少钱，这个定价看自己。在爆款款式选择的时候，注意以上规则后，我还会选择宝贝颜色多、分类多的。这样的宝贝，有的人不会只买一个，会买多个。很多顾客都会这么做，然后销量自然就上来了。

malei685369：那你店里的促销方式又有哪些呢？

antoniaden：店里的促销，首先就是包邮，针对自己店铺的特点，分析平时成交顾客的金额和种类。去订一个合适的，能提升买家购买量的额度来包邮。综合分析，不能定太低，也不能定太高。

malei685369：你是不是对于量子统计也很了解呀？跟我们讲讲你使用量子统计的经验吧！

antoniaden：量子统计，我喜欢看实时跟踪。现在有客服接待咨询，如果没有客服，那就自己接待咨询。还能掌握顾客的动态，顾客喜欢的款式，看了多久，这简直就是一个监控器。其他的一些款式点击排名，顾客浏览量时间段排名，这个我看得不多。实时跟踪还可以直接看到顾客是从哪个页面进来的，这个也可以分析到一些数据，包括一些新鲜的信息。

如下图，入店来源里面的未知来源，你可以从中查到来自哪里。然后可以想对策，看是否可以再这些地方进行推广。

再看图“顾客跟踪 | 回头客”，哪些顾客在看宝贝，在搜索宝贝，点击这个顾客编号进去就能看到。有个顾客看了 9 分钟，可以说是一个百分百有意向的顾客，如果有旺旺号来咨询，那么就可以有针对性地抓住这个顾客。

入店来源
店内浏览
店内浏览
未知来源
未知来源
店内浏览
未知来源
店内浏览
店内浏览
直接访问
店内浏览
直接访问
店内浏览
店内浏览
淘客
阿里旺旺非广告
淘客
未知来源
未知来源
店内浏览
未知来源
店内浏览
店内浏览
店内浏览
店内浏览
店内浏览

顾客跟踪|回头客
顾客437
顾客429
顾客425
顾客429
顾客420
顾客425
顾客435 |
顾客436
顾客435 |
顾客425
顾客433
顾客434 |
顾客430
顾客412
顾客429
顾客432
顾客429
顾客431
顾客429
顾客430
顾客429
顾客428
顾客212
顾客368 |
顾客427

入店来源　　顾客跟踪丨四头客

malei685369：那你又是如何维护新老顾客的呢？

antoniaden：加分类，因为每个好友分类只能加 200 人。上新后直接发上新通知，回头客会大涨。我让客服也这样做，所以她旺旺号上得老顾客资源和我旺旺上得老顾客资源都非常多，上新品后统一发一次，当天就能有不少回头客。第二个就是很多人都做的，比如旺旺群，还有就是老顾客加新浪微博，包括有一些清仓的款式可以做超低特价回馈给老顾客，这些促销手段都是比较随机的。

malei685369:对于新顾客你是怎么对待的呢？现在好多买家都希望得到一些打折、降价。遇这类买家，你是怎么处理的呢？

antoniaden：一般是不议价的，有过教训，议价索要礼物的买家，我觉得都比较喜欢给中差评。这类顾客宁可不要，这类顾客就是所谓的下下等顾客，本身店里定价就是批发价，批发顾客 500 元以上也就 9 折。但是，我有个习惯就是发货时，一般买得比较多的都会塞小礼物。小礼物都是我精心挑选的。你向客服索取反而没有，但你不求礼物，也许我会给你惊喜，放在包裹里一起塞给你。这就是苛刻对待下下等顾客，精致对待优等顾客。人都是将心比心的，你能理解我，我便会对你十分好。当然也有时候会给顾客便宜的，有的时候遇到学生顾客，我会适当打折。我能理解这类人群，所以能够给予他们的我都会给予。

malei685369：好方法！我觉得你非常有想法！最后能说说你是怎么看待未来电子商务的发展的吗？

antoniaden：其实我现在已经准备开始筹备去注册公司，进商城了。商城加上品牌，是现在淘宝的方向和希望。集市较为混乱，电子商务这个趋势自然不用我说，国外的成功案例摆在我们眼前。我们只需珍惜这个机会，好好把握，加上自己的努力，去奋斗！集市卖家太混乱，恶意竞争的不少，我现在每个月都会收到恶意匿名举报，一个月一次，想必只有同行才会做这种事。同行所谓的这种疯狂行为，我表示大大的同情，有这个时间还不如好好琢磨怎么把生意做好，何必想尽心思去捉弄他人。这样的人一门邪门心思，永远不会做大。

采访后记：每个人有每个人的精彩，淘宝是这样一个另类的舞台，只要肯努力，你的人生必定会平凡而不平庸。除此之外，让我感叹的是，只要肯努力，我们总会得到皇冠经验、创下月销几万元的佳绩！

伊束香：一包面膜成就大梦想

本篇导读：自主创业，自制的中药护肤品要站稳脚跟，并且能让庞大的客户群接受并充分肯定。她花六年的时间把“爷爷配的中药面膜”烙上自己的标签——“伊束香”，把五千年悠久历史的中草药美容奇效，传播，传播，再传播。二十几岁的三皇冠美女掌柜扎根淘宝，从此美名传四方！

嘉 宾 ID：神秘饰界

店铺名称：伊束香中药护肤旗舰店

店铺主营：爷爷配的中药面膜 纯露花水 护肤品

店铺链接：http://yishuxiang.taobao.com

记　　者：ajie811022

嘉宾简介

她，28 岁，淘宝网三皇冠掌柜。2005 年进入淘宝，开始了自己艰难而幸福的网络创业。店内主要经营自有品牌“伊束香”天然中药面膜粉及天然植物类护肤品，目前信用是三皇冠，为淘宝网专职卖家。做淘宝六年来，有过困难艰辛、失落彷徨，但更多的是感动和欣喜。

创业故事

沐浴晨露，采汲日月，一株株自然天成的植物向阳而生。五千年来，有神农尝百草的千古流芳，有本草纲目的华彩篇章。更有那数不清的悬壶济世、美名远扬。一抹药香，俯身嗅之，亲切、朴实、自然、 宁静、祥和，在药香氤氲中，仿佛泥土的清新湿润丝缕飘过；人参、白术、茯苓、甘草，药中四君子，诠释了完美在配伍中的合作。如黄钟大吕，如大象无形。

我一直迷恋这样一个场景：一个鹤发童颜、仙风道骨的老人，一个眉目清秀、总角垂髫的学童，一个月上柳梢、月凉如水的夜晚，一只用了褐色、纹理，上边写满了中药名称，散发着淡淡药香的木匣，一柄已经用了很久、有药物沉淀、磨出油润光泽的天平，精心配伍，用线绳捆绑好伴着袅袅升起的熏香，在中药铜杵的细细撵磨下，那种场景，直抵内心，无比温暖。四年前，因为对草药植物的迷恋，我在淘宝上开了店，只因相信它浑然天成、纯净无暇。

六年来，从办公室到中草药批发集散市场，无数次的星辰往返，从每一次精心挑选、仔细甄别、优中选优，到现在大型专业化设备的烘干、配伍、制作。从凛冽冬日里独自骑着自行车送货，在湿滑的冰面上摔了无数跟头，到现在独立系统的仓储配送；从独自一人迎着黎明和朝阳打完最后一个包裹，到现在各负其责的团队协作；从“爷爷配的中药面膜”到具有法律效力独立产权的“伊東香”品牌注册；更是从第 1 包中药面膜的卖出，到现在十几万包的销量，每一点进步，都为之欣喜！

六年里，回忆过往，艰辛困苦已然不在，留下的只有那些不同的药香回味以及买家的认同、赞许带给自己的感动和美好。从默默无闻，到诸多媒体、网站的采访和推荐，从南国到北疆，从行销国内到漂洋过海，每一次都收获着欣喜、感动和温暖。我曾为之欣喜、自豪而彻夜不眠，欣喜的是自己的辛劳有所收获，自豪的是传统国粹重新焕发光彩。

伊東香掌柜

访谈实录

嘉宾原创的一篇散文，讲述了创业之路承受的风风雨雨。一位外表柔弱内心坚韧的女子，很早就承担起家庭的重担，为了供两个弟弟上学，她白天在医院兢兢业业上班，晚上不辞辛劳的摆地摊挣钱。为了摆脱困境和更好的供弟弟上学，她选择了辞职，并在淘宝创业。她痛定思痛，发挥学中医的特长，本家二爷爷是当地有名的皮科老中医，传授她治疗面部肌肤问题的经典配方。她拿自己做实验，反复验证，终于打造出 12 款中药面膜。功夫不负有心人，如今五个春秋过去了，她已是三皇冠掌柜。让我们共同走近这位勇担责任、坚强而睿智的女掌柜吧！

“坚持，这也就是我开淘宝小店五年来最深刻的体会。”

ajie811022：你在淘宝创业已有五个年头，又是三皇冠掌柜，坚持下来已属不易，能做出这么好的成绩更是难上加难。你能给我们讲一下最深的体会是什么吗？

神秘饰界：我很感谢网络，是它给了我命运中最大的转折点，让我找到了发挥自己价值的舞台。马云曾说过：“今天很残酷，明天更残酷，后天很美好，但大部分人死在明天晚上，所以一定要珍惜今天。”我一直把马云这句话当作自己的座右铭。坚持，这就是我开淘宝小店五年多来最深刻的体会。

“我要想出一个发家致富的办法，走出自己生活的困境和供弟弟读书。”

ajie811022：马总的语录总能让我们警醒！坚持两个字说起来很容易，但你一坚持就是六年多，是什么成就了你坚强的意志和不懈的努力呢？你又是如何选择在淘宝创业的呢？

神秘饰界：我是医学专业毕业，是家里的长女，家中还有在上学的两个弟弟，家里经济状况不是很好。2004 年，我每月的工资是 450 元，除了自己的开销，我每个月必须给家里寄去 200 元。工作之余，几乎所有的脑筋都用在怎么赚更多的钱上了，我去夜市摆了个地摊，每天下午 5 点半从医院下班，咬几口馒头就抢时间出摊，一直要做到深更半夜。医院白天的工作需要非常专心，因为面对的是病人，马虎不得，下班之后也没有充分的时间休息，我难免扛不住，这时候医院的领导找我谈话，希望我能够专注工作。我的理想就是能在医院工作，但是面对自己的理想和家里的重担，我决定放弃自己的理想，承担起家里的重担。我做了一个决定——辞职。我要想一个发家致富的办法，走出自己的生活困境，供弟弟读书。当我决定辞职，首先遭到了家人的反对，家里都感觉医院的工作比较稳定。幸好老公了解我，坚决站在我这边。他说，哪怕我赚不到钱，他也会一直养着我。有了他的支持，我心里踏实很多。

其实辞职前，我并没有给自己找好后路，当时心里确实没有底。做什么呢？开始我觉得不用投资很多钱的手工活是最适合自己的，我开始照着手工制作的书学手工挂件，找来合适的材料做了许多漂亮的挂件。可是自己很满意的东西，挂在朋友开的精品店里好几天才卖出一个，我耗时 2 个小时的手工挂件竟然只卖了

2.5 元，显然和我的付出不成比例。我连续好几个晚上躺在床上辗转反侧，思考自己的出路在哪里？

“痛定思痛，明白人应该充分发挥自己的长处。”

ajie811022：很感动也深有同感，因为我也有两个弟弟，那份感动，那份责任，那份义不容辞，都是我们做哥哥和姐姐必须担当的，但同时我真的为采访到你而自豪！言归正传，经过这些，你是如何想到中药面膜美容的呢？

神秘饰界：我痛定思痛，明白了人应该充分发挥自己的长处。我是学中医出身的，应该从我的强项入手，正好本家二爷爷是当地有名的老中医，经常给周围亲戚朋友配一些内服外敷的中药粉，治疗一些面部肌肤问题，我突然来了灵感，不如就做这个吧。他给了我一些经典的治疗面部肌肤问题的配方，我们周边也有全国知名的中药材集散市场，因为中药的质量决定了面膜的效果，所以我每周都要坐几个小时的火车到药材批发中心精心选货，记得每次回来都大包小包的，跟春运回家的民工一样，有时候火车拥挤没有座位就坐在包裹上蜷缩着。我根据配方一共配了 12 款中药面膜。面膜越细皮肤吸收的效果也就越好，所以药材需要反复研磨，达到最细的效果，便于肌肤吸收。面膜调配好，我就把自己当成“小白鼠”，各种面膜都在脸上抹一点，一段时间之后，很久没见面的同学说我皮肤好很多、很有光泽，我便把自家的中药面膜推荐给大家，慢慢地，周围人的肯定让我对自己越来越有信心，我想着应该让更多的人了解中药面膜。

2005 年 9 月 16 号，我的淘宝店开业了……

“用防震膜一层层包裹好，发完货都会给买家一个短信。”

ajie811022：开店之初，生意如何呢？

神秘饰界：开店伊始，客户和流量并不多，突然有一天，来我小店的人多了起来，询问的人也多了起来。原来，一个买家买了我的中药面膜，写了一篇感受帖发到了网易花窝论坛上。于是不少人慕名来到了我的小店。我至今仍旧要感谢这位不知名的 MM，她的无意之举让我的小店开始出现转机。

随着生意的蒸蒸日上，我一个人天天忙得人仰马翻，已经超过了自己的极限。老公提出，要不他也辞职，跟我一起打理小店。当时，他是公司的部门经理，待遇不低。最终，他还是选择跟我同一战线。忙的时候，为了第二天能把买家的包裹顺利发出，我们经常一干就是一夜。那时候物流在我们这里也是刚刚起步，邮局离我这里很远，需要自己骑着自行车去邮局发货。冬天是最辛苦的，清楚地记得有一年的冬天，我骑自行车去邮局发货，那天的风雪很大，北风刺得脸疼疼的，下完雪的路上很滑，一路上几乎是推着车子缓慢地前行，路上又摔了好几跤，感觉自己像一个受伤的蜗牛蹒跚前行。

刚开始有很多买家不熟悉网购的流程，直接汇款到我的账户里，感觉自己受到信任。每个订单都细心地给买家备货打包，那时候没有专门的包裹箱子，都是我和老妈一起收集的硬纸盒，从边封剪开，用胶带拼接成一个个小盒子！做一个大概需要10分钟，因为是那种很硬的材质，手被磨得很疼！然后用防震膜一层层包裹好，发完货都会给买家发一个短信。

“深耕细做，一定会有属于自己的丰硕收成。”

ajie811022：细节决定成败，一个短信足以让买家感动，你真是一位细心的人！相信你一定还有很多运营和推广的经验，能和我们分享一下吗？

神秘饰界：在逐步经营的过程中，摸索总结了一些推广经验，下面简单和大家说说。

1．充分利用淘宝论坛

发帖的目的是让买家感受到你对产品的熟悉程度，你对自己所经营产品领域的知识的掌握程度！还有，要参加一些推广，比如直通车、卖霸、聚划算、微博等！例如直通车，推广产品的同时还会有些免费的活动，可以积极报名参加，如被选上将大大提高产品曝光率。提高店铺流量，增加店铺的收藏。广告是不可能短期产生效益的，所以说，有时候不要只担心自己的钱收不回，要考虑长远效益。

2．要和一些平面媒体合作

如果有创业心得，有自己的特色，那么可以和平面媒体联系投稿！这些媒体优势更直观，读者接触到的机会更多、阅读量大、保存时间更长，也更有权威！我们的特色就是把中国最传统的东西通过互联网销售并且广受好评，2010年4月国内顶尖的新闻报纸媒体《上海新闻晨报》给我们做了专访，几乎A4纸的一个版面，晨报的发行量非常大，每天几百万的印刷量。从见报的那天开始，我们的几个旺旺始终没有停息，咨询、回复非常多，远远超出了我们的预计！仓库的中药面膜几次卖到断货，我们连续几个礼拜都是通宵打包。这次见报活动是权威媒体对我们“伊束香”中药面膜的肯定和褒奖！还有《大武汉》、《济南时报》都有相关的报道。

3．要把自己店铺内功做好

从产品图片、商品描述、店内装饰、服务态度、销售技巧和售后等方面做文章。立足本店铺特点，做到小而精，做深做透，做出自己的特色，力求尽善尽美。对于新开店的朋友来说，我感觉比较简单可行的是：如果买家使用你的产品感觉不错，那么可以让买家帮你去论坛发帖，最好带对比照片和文字描述，当然是要在真实的基础上。这对于新手买家来说是个低成本但效果不错的方法。

4．卖家要有对成本清晰的核算

卖家要有对成本清晰的核算，对自己的优势与劣势有明显的认识。选择自己喜欢、熟悉的领域，选择自己当地资源丰富的产品。这样，才能尽可能地把资金和精力用好！做到有的放矢，不能“这山望着那山高”，不能只看别人的店铺挣钱就盲目跟风，别人生意火爆的背后是他们更多的付出，所以一定要考虑自己是否也适合。不要贪大，还是老实去干好自己的一亩三分地，深耕细做，一定会有属于自己的丰硕收成！

5．利用好淘宝软件

利用好淘宝的网店版、阿里软件，可以分析客户群体分布、近期的增长状况，用好这些软件，去研究近期不同地区增长情况和热卖产品。仔细研究这些功能，能很好地帮助自己分析，为做好后期维护提供一些帮助。善于利用数据说话，查缺补漏。毕竟大家都要从独立作战到团队、甚至公司化，所以培养你的领导决策能力是必需的。还有要不定期地做些优惠活动，搞促销、累计消费、VIP等，都是一些很好的营销手段，可以借鉴一些卖场超市的营销策略。

6．要非常有耐心地帮助买家解决一些售后问题

要非常有耐心地帮助买家解决一些售后问题，售后服务是营销策略中的“尚方宝剑”。或者因为商品说明内容不够详尽，或者是买家在实际应用过程中产生的疑问，买家会提出一些我们认为很简单或者烦琐的问题，这个时候，我们要有足够的耐心，心平气和地去和买家交流！不能因为商品已经卖出去了，或者已经评价而对买家不理不睬。如果因为在线咨询买家过多，或者手头有要紧的事情处理时间不允许，那么可以和买家进行交流协商，通情达理的买家一般都会理解。在经营店铺的四年中，个人觉得好买家还是占大多数的，都会理解我们卖家的不易。有些误会经过沟通协调都能解决好！不求尽善尽美，但一定要买家感到亲切和温暖。营销中有句话：“售前受制于售后，营销受制于服务”，优质的售后服务是保持顾客满意度、忠诚度的有效举措，让买家无论在售前、售中、售后过程中都感到来自卖家细致耐心的服务，是赢得买家好感和信任、为自己积累人气的关键。这点，作为掌柜尤其重要，一定要以身作则，因为掌柜的性格、脾气秉性很容易在团队中形成一个特定的氛围！“近朱者赤，近墨者黑”就是这个道理。

7．塑造有凝聚力的战斗团队

耐心、真诚、善良、懂得珍惜是招聘客服的基本要素，一个懂感恩、会珍惜的人也一定会珍惜自己的工作，一定会善待他人！其次要明确个人角色和责任，

基本工作要有明确的分工，各司其职。每个人定位要准确，做精做透才是最好！另外要培养多面手，比如如果销售请假，那么仓库打包的人员要顶一下。在做好本职工作的同时，一定要协同进行岗位互换。让大家换位思考，学会体谅其他岗位的辛苦，而不是在具体工作中相互扯皮，进行不必要的内耗。再者，要有近期计划和远景目标，要让团队成员享受工作的快乐并有激情为之去努力！一定要让伙伴认同我们的淘宝，看到店铺成长的希望，要有培训体制——学习和自我价值的提升，要有激励机制——让工作努力得到回报。

办公场所

“目标就是做最好的纯天然护肤品。”

ajie811022：很丰富的经验，让我们受益颇丰，相信很多女性朋友对你介绍的产品很感兴趣，你在这里简单介绍一下吧？

神秘饰界：“伊束香”秉承的原则就是天然、健康、无添加，目标就是做最好的纯天然护肤品，定位是那些崇尚自然、健康的时尚消费人群，已经通过国家商标局认定注册，最大的卖点就是“天然”，其突出的优势是很多品牌的化学合成品无法比拟的，很多都是老买家口口相传，并且通过自身使用优良的感受传给自己的亲人、朋友和同事，所以很多都是老买家、回头客，甚至卖到了中国香港、加拿大、澳洲等地。数万买家的好评和赞许充分说明我们的产品是适合东方女性肤质特点的，这就是我们一直坚持做下去的原动力！

ajie811022：感谢你接受采访，并祝福你在新的一年生意兴隆，财源广进，事业蒸蒸日上！

采访后记：责任的存在，是上天留给世人的一种考验，许多人通不过这场考验，逃匿了。许多人承受了，自己戴上了金冠。什么是责任，什么是不离不弃，什么是义不容辞，一个对家庭、对长辈、对兄弟姐妹有责任而勇于承担的人，无论做什么，她都将成功，这是我作为记者最感动的一次！

海蓝蓝：淡季稳居淘宝销售前列

本篇导读：网络销售也有淡旺季之分，看着成堆的快递包裹，即使汗流浃背也心甘情愿，旺季挡不住的销量让淘宝掌柜开怀，淡季包裹寥寥的日子又让他们倍感煎熬。我们的海蓝蓝店主——蓝蓝，却把淡季两个字从自己词典中抹去，那么这是一个怎样的过程呢？

嘉 宾 ID：海蓝蓝饰品
店铺名称：玩美小店
店铺主营：围巾披肩，纯银饰品
店铺链接：http://lanlan88.taobao.com
记　　者：纽崔莱维生素

掌柜蓝蓝

嘉宾简介

海蓝蓝饰品店主是记者见过的皇冠卖家中最勤奋、最努力的一位，虽然已经做到四皇冠，也有了自己的员工，但是她只要一有空，还是会自己担任客服，用一颗火热的心去温暖和感动每一位顾客！

创业故事

2006年5月创建的玩美小店，是从掌柜蓝蓝兼职起家的。同年10月，她开始全职淘宝掌柜生涯。店铺主要从事纯银饰品、围巾披肩零售和批发，经营玩美小店的五年里，她们也曾徘徊过，但因为蓝蓝深信淘宝这个行业能给自己一片天，才使玩美小店走到了今天的四皇冠。

访谈实录

访谈期间其实是销售淡季，即便是淡季，这家皇冠店近30天的淘宝网零售额也达到了26万元左右，而到了冬天旺季的时候，她们店铺的所有员工都忙得不可开交，2010年11月，她们的淘宝网零售额超过了50万元！

办公场所一角

纽崔莱维生素： 你是一家四皇冠店铺的店主，店铺销售非常火爆，你在营销推广方面一定有非常独到的地方，能跟我们分享一下吗？

海蓝蓝饰品： 关于营销这方面，以下是我个人的几点心得。

1. 口碑营销

最实惠的营销就是口碑营销，我一直要求我们的团队不要把顾客当成上帝，而是真心的当成朋友对待，上帝离我们太遥远，只有朋友才能经常关心我们。几年做下来，我们有很多老顾客，经常带着亲人、朋友、同事到我们店里来“坐坐”，和他们的沟通能不能成交不是最重要的，重要的是这个聊天的过程能给大家带来愉快温馨的感觉。

2．直通车

大家一定要重视直通车，它是一个快速带来流量的营销工具。现在淘宝的竞争很激烈，你店铺的宝贝再好，如果没有人能进到你的店铺，那就无法带来成交。对于直通车的推广很多新卖家不知道如何开始或者推广的产品不能带来良好的效果，对于这个问题我和大家分享一下我个人的经验。

首先，重点产品的推广，我们称为打造爆款，选款时要把握以下几点。第一，要选择大众认可的款式，而不是掌柜自己喜欢的款式；第二，推广爆款的宝贝价位不能太高，要适中，否则销量上不去，就无法成为爆款了，爆款的图片和描述一定要做到精美，就图片来说至少要包含远影、近影、正面、反面、细节和真人试戴图，图片越多越能增加买家的信心，对于成交起到很大的作用，描述要把产品介绍得更详细，比如产品的尺寸、材质，我们做的是纯银饰品，还可以附上纯银饰品的介绍和保养常识，这样可以节约很多客服后期的介绍时间。只要爆款成功，就可以带动其他产品的成交，同时带动整店人气，人气提高后，就不用发愁生意不好。

3．论坛推广

淘宝论坛是很现成的一个论坛推广，投入少，效果也不错，这里说的论坛推广指淘宝论坛里组织的一些特价活动，社区的疯狂促销里的几个活动：一折不包邮、9.9 元包邮等，都可以对你店里的人气提升起到一定的作用，另外要多发精华帖，顶帖时要注意帖子质量，如果顶的帖子是精华潜力帖的沙发，那么看到精华帖的同时，别人也能看到你的！

4．友情链接

不是指传统的店铺文字链接，现在淘宝是图片的天下，可以找到合适的卖家和自己交换图片链接。我现在在宝贝描述里和其他卖家已经交换了图片链接，这样能做到双赢，做到资源共享，带动大家的销售。

5．营销工具

淘宝推出的很多营销工具是很经济实惠的，比如买就送、搭配套餐、易拉客、推广王，都是一个月只花几块钱，就可以增加关联销售的。

6．站外推广

站外推广指的是在搜索引擎上注册自己的店铺，在一些国内知名的论坛、社区和自己的博客发帖子，QQ 群、旺旺群也要利用起来，总之一句话：把你能想到的地方都写上你的店铺名称、主营项目和店铺地址就行了。

纽崔莱维生素：介绍得非常详细！在众多推广方法中，你感觉最有效的是什么？在推广方面对新卖家有什么建议吗？

海蓝蓝饰品：我近期做了直通车、搭配套餐、满就送、论坛推广以及淘宝客。我感觉最有效的还是直通车，毕竟直通车的转换率很高，建议新手卖家做直通车的时候要坚持，这点很重要。我刚刚忘记说了，给大家看一下近 30 天我的店铺流量来源图吧，能够看出直通车带来的流量在整个店铺里面是占到很高份额的，平均每天要带来超过 1000 的流量，淘宝客也可以带来一些流量但没有直通车多。

最近30天来源构成报表　下载　打E

来源	详细	到达页浏览量	百分比	趋势
淘宝站内		30199	39.68%	
	淘宝站内其他	8829	11.60%	查看
	淘宝搜索	8337	10.96%	查看
	淘宝类目	4288	5.63%	查看
	淘宝管理后台	4217	5.54%	查看
	淘宝收藏	2246	2.95%	查看
	淘宝其他店铺	777	1.02%	查看
	淘宝信用评价	624	0.82%	查看
	阿里旺旺	477	0.63%	查看
	淘宝店铺搜索	293	0.39%	查看
	淘宝帮派	105	0.14%	查看
	淘江湖	6	0.01%	查看
淘宝推广		38829	38.17%	
	直通车	35706	37.07%	查看
	淘客	3123	4.10%	查看

近 30 天的店铺流量来源

纽崔莱维生素：你主营的产品有一定的季节性，蓝蓝是如何做到让淡季不淡的呢？

海蓝蓝饰品：我们对于这个问题主要的解决方法就是增加自己的产品线，我们冬天主营围巾披肩类别的商品，春夏主营纯银首饰，冬天是围巾的旺季，春夏是饰品的旺季，这样两个产品的淡季和旺季刚好互补。

纽崔莱维生素：淡旺季产品互补，很棒的思路！我刚看了你的销售排行，发现围巾竟然是排在第一位，现在不是淡季吗，怎么还会排在销量第一位呢？

海蓝蓝饰品：其实围巾真正的淡季已经过去了，现在夏天天气热，很多办公室 MM 上班，空调吹得太冷会不舒服，现在很多人买来都在空调房里使用。所以我们一定要对自己的产品足够了解，并深入分析市场需求，以此来指导我们的销售。

纽崔莱维生素：是啊，看来深入了解和分析市场需求是多么的重要！假如像我的想法，夏天根本都不会进围巾来卖了，也就错过了这么一个市场机会！你做到这个规模，一定是跟好的团队运作分不开吧，能给我们介绍一下你们的团队吗？你们的团队是如何分工合作的？

海蓝蓝饰品：我们的团队目前有 5 个人，我主要负责店铺的推广和总体的运作，两个客服主要负责接待和售后的问题，我老公主要负责进货渠道，还有仓管主要负责库房的管理和日常的发货。我们初步做到了分工明确，这样哪一个岗位觉得工作量大，我们就会有针对性地增加该岗位的人员，进行有针对性的培训。

纽崔莱维生素：蓝蓝做淘宝也有五年多了，感触最深的是什么呢？

海蓝蓝饰品：总结一下有三点：相信、变通、坚持。相信：电子商务是一个新兴的行业，由于网络的普及，现在网络购买的主力仍然是 80 后和 90 后，大家试想一下，再过几十年，00 后，10 后也会加入到这个购买群体，购买人群只会不断增长，不会减少，所以要相信电子商务是一个朝阳产业，我们的明天会更美好。变通：电子商务行业在发展，发展的行业必定会产生一些新的规则，我们要去了解规则，适应规则，要做一个冲浪的人，站在浪尖上才能更好地发展。坚持：做任何事最怕没有恒心，半途而废，和我们一起起步的很多朋友因为没有坚持，也没有像我们一样走到今天，有时候在聊天的时候他们也很羡慕现在的我们，坚持到最后才能笑傲江湖！

纽崔莱维生素：目前淘宝集市店主非常重视评价，蓝蓝对中差评怎么看？觉得对生意影响大吗？

海蓝蓝饰品：我个人其实对信誉是很重视的，一皇冠以前我一直是 100%的好评率，但是这么多年做下来，我们深刻地认识到，每个人的要求是不同的，不同的人就会有不同的看法，同样的产品不同的人收到了，有的人会很喜欢，但也会有买家觉得不合心意，这时就会产生中差评，得到中差评并不能否定自己，那只是买家个人的看法，作为卖家只要产品质量过硬，保证所有的图片都是实物拍摄，售前和售后的服务做好，99%以上的买家满意，我们就可以无愧于心了。我觉得中差评不会给生意带来明显的影响，买家心里也有一杆秤，一个商品销售 100 件，99 人满意，1 人不满意，买家不会认为是卖家的错，最多只能在咨询的时候详细一些，卖家只要耐心解答，消除买家心里 1%的顾虑，那么我觉得是不会影响生意的。

纽崔莱维生素：现在很多新卖家在开店之初非常迷茫，如果要给新卖家说几句，那你最想说的是什么？

海蓝蓝饰品：新手卖家首先要做好自己的定位，如果要做一个兼职卖家，当作一个副业体验一下当老板的刺激，那么你就做一个开心的卖家，不求赚多少钱，只要卖家和买家都能体会到交易的乐趣，那你就成功了；如果你要做一个职业卖家，当成事业来做，那么你首先要做好打硬仗的准备，我个人认为开店有六大步：商品—图片—推广—服务—物流—售后。商品：挑选适合自己销售的产品，产品有好的进货渠道，才会有更好的价格优势。图片：网络销售图片就是生命，新手卖家不求做到精美，但一定要清晰、实物拍摄。推广：新店人气不高，一定要想办法让顾客进入你的店铺，推广是很重要的。服务：顾客和你沟通的时候一定要亲切、热情、耐心，要对自己的产品有信心。物流：找一个值得信赖的物流公司，价格低、速度快、安全到达是选择物流的标准。售后：新手卖家好评是很重要的，只有做到完美的售后，才能降低中差评的产生几率。

纽崔莱维生素：请问你接下来对淘宝店的目标是什么，你将要去做的事情是什么，你觉得自己的店还有哪些方面需要提高？

海蓝蓝饰品：我接下来的目标是争取围巾类别的每周排名进入前十名，饰品类别排名进入前五十名。我们将提高内部的工作效率，加大推广力度，新款产品更时尚更新颖，推出更多促销，吸引新老顾客。以往的店铺装修都是我们自己设计的，因为不是专业人士，做得不够精美，希望聘请一名专业美工，帮我们设计店铺的总体风格，让每一个进到我们店里的顾客流连忘返。

采访后记：采访中嘉宾毫无保留地分享了她的成功经验，我相信她的成功不仅仅在于推广营销，更在于她的那份真诚和执著，感动着每一位顾客、每一位员工！让淡季两个字在词典中消失，蓝蓝以及她带领的一群人，把这句话变成了现实！

画画的大象：才艺兼修美术系女子，轻中式慢生活

本篇导读：淘宝上的竞争愈演愈烈，因此这里早已经变成了一个血雨腥风的战场，卖家们更是用尽了各种手段来肉搏价格战，出售的商品也采用各种方式最大限度地刺激消费者的神经。然而，一次偶然的机会，让我结缘一家店铺，进入店铺，清新淡雅的手绘风格，让我从此爱上这里。这里不是一个店铺，这里是一个心情的驿站。

嘉 宾 ID：画画的大象
店铺名称：前世今生你的样子
店铺主营：女装
店铺链接：http://shop34746026.taobao.com/
记　　者：lanyi316

嘉宾简介

她，是一个学美术和平面设计的女子，对自己的画笔情有独钟，泼墨于天然的棉麻衣服之上。她，是一个爱生活的人，她爱她的衣服，那也是她的心情。她，在淘宝的战场上，过着属于自己的慢生活，布衣，手绘，棉棉麻麻的生活，便是这小院里的一切了。

她说："满桌手稿随风飘落，恍然间，辗转五载，花开花落一笑过，不舍棉棉麻麻自然的呼吸，无悔淡然坚守原创和手作。黑或白，繁亦简，取与舍，简单的颜色装饰朴素之真我，小众的品味，纯粹的设计，精致的呈现，轻中式，慢生活。"

她说："有一天，无意之间，我悄悄地在自己的心里种下了一颗种子。 刚开始的时候心情是淡淡的，后来逐渐变得浓浓了起来。于是，我的世界也随着这棵'心结种子'的萌芽而成长，到最后的枝繁叶茂而渐渐地变得荒芜起来。这颗心结树在我的心里越是那么的繁花似锦，我的世界就变得越发荒芜。"

她说："青春不是年华，而是心境；真正的美丽，不是青春的容颜，而是绽放的心灵；不是俏丽的服饰，而是内在的自信；不是台前翩然的舞姿，而是幕后执著的坚守；不是巧言令色，而是真诚与人；不是物质的附庸，而是知识的光芒。真正的美丽，夹带着生活的余香，承载着我们的希翼。"

画画的大象

创业自述

上学时代一直是跟画笔打交道，毕业之后开了这家小店，店铺装修得很淡雅。虽说现在都说要用深色、加上大大的促销之类的，刺激购买欲，但我更喜欢做自己喜欢的风格，结合自己店铺的定位做符合自己店铺风格的衣物。

本性朴素的我，对于衣服，独爱棉麻。棉麻面料做成的衣物，穿在身上，贴身舒适，简朴大方。从开店之初至今，慢慢建立起了大象帮派和群，但是都疏于管理，全是买家自主活动的。确实有很多地方要改进，比如要与买家建立更亲密更直接的沟通方式，比如要建立完善的会员关系管理体系，让我们的会员时时感受我们的成长，让他们清晰地看到店里最近的优惠活动或者变化，最重要的是提高会员的体验度。

总之，我想让这些认同我的姐妹在这里感觉更舒服。

访谈实录

lanyi316:我看到你店铺里的宝贝标题，前面总是加些"童谣""桃花若雪"这样的类似诗名的字眼，还有的宝贝描述里写了像诗一样美的描述，这是出于什么考虑呢？

画画的大象：很简单，一个是相当于是货号的作用，我们店里客服库房都是通过我们自己起的衣服的名字来沟通的。不需要去记枯燥的货号。再一个就是，通过创作，我也对它们产生了一些感情，会有一些思绪，我将我的感受也带给买家朋友，也许能心灵相通，或许也能让她们撇开繁重的工作，暂时让心灵小憩。有时候是对衣服，有时候只是单纯的心情描述等。

店铺中的文字

lanyi316：原来还有货号的功能，我的店里都是数字，这也是你淘宝慢生活的一种体现啊！这些配诗也是你对衣服的感情写照吧！你的店铺装修很淡雅，现在都说要用深色、加上大大的促销之类的，刺激购买欲，你们有点反其道而行之啊？

画画的大象：店铺设计都是我自己在做的，不是故意反其道而行的。我工作的时候，是做平面设计的，大学学的也是平面设计。所以自己做起来还比较得心应手，也更喜欢做自己喜欢的风格，结合自己店铺的定位做适合自己店铺的风格。

lanyi316：你的店铺，你的衣服，你想给大家传递一种什么感觉呢？

画画的大象：本性朴素的我，对于衣服，独爱棉麻。棉麻面料做成的衣物，或短衫，或裙，或裤，穿在身上，贴身舒适，简朴大方。布衣，手绘，棉棉麻麻的生活。便是这小院里的一切了。

lanyi316：看你现在店铺经营得有声有色，你有没有遇到过店铺低迷的时期，能跟我们分享一下吗？

画画的大象:有过。第一次明显的感受是，我搬家的前后。因为搬家前只顾着找房子，收拾东西，搬家，又顾着收拾房子，我个人是很注重生活和工作的环境的，就是环境没有达到自己的要求，是无法工作和正常生活的。所以那段时间，前后差不多一个月的时间，我有 10 天都没有上旺旺，没有画衣服，光打扫卫生了，也有一个月没有上新品。接下来开始正常工作后，生意就惨淡的不行，淘宝店只要不用心经营，不经常上新，不进取，就会后退。好在意识到了，在没有生意的时候也坚持出新品，把该做的做到位，之后店里的状况就越来越好了。

另外，就是每年的五一和十一，也是我的瓶颈期。因为马上放假了，我们做卖家的也做好几个月了，很辛苦，就趁机偷懒了，但是节假日的偷懒，会导致接下来有一小段时间的不如意。十一就更严重了，因为是做服装，十一前后正好是换季时候，如果这个时间怠慢了，则会影响秋冬的销售。

lanyi316: 那你们现在针对五一和十一有什么应对措施吗？

画画的大象:我在上个五一的三天小长假里，做了一个全店满百包邮的活动。基本上这三天的交易额和当月平均交易额没有太大差别，还有所增长。因为我店里的衣服，很少有低于一百的，所以满百包邮基本上涵盖全场了

lanyi316: 说到这个衣服的价钱，现在淘宝上价格战很厉害，但你们的价格却不算便宜，为什么呢？

画画的大象: 因为一是创作，二是成本。今年棉麻面料的价格涨得特别厉害，特别是麻的，我这里一部分是自己做的，还有一部分是从供货商处进的，进的这部分我们就属于二次倒手，这个应该也是比厂家直销的贵的一个原因。不过我们已经在逐步加大自己生产的数量和款式了，慢慢地会有越来越多自己生产的，这样便可以让利给买家，创作和手绘这部分也是比较辛苦的一部分，上新品前，拿到成品衣服后，我都是把衣服熨烫好，挂在我一抬头就能看见的地方，然后画草图，想它适合不适合画图，适合的话画什么图最合适，然后安排布局等。我一般画新品多是会半夜画，也许在画的时候我又改变了之前的想法，这个过程是痛并快乐着的。但确实辛苦，包括后面一件件的画衣服。

lanyi316: 恩，原来每件衣服都是独一无二的啊！

画画的大象 **:** 样子看上去是一样的，但是每次笔触确有不同。

画衣服的过程

lanyi316 :那你们店铺现在没有做其他推广吗，有没有做直通车推广之类的？

画画的大象:推广问题，近半年都没有开直通车，会跟随一些女装这边的活动来做。2010 年的上半年是做直通车的，大概是从 2010 年的 12 月份停的直通车。因为竞价越来越高，而且需要不断花时间来优化，我自己最多的时间都用在画衣服上了，所以到现在直通车都没有再开。现在的推广就是跟随女装做一些麦霸的活动。根据活动的力度，和自己打活动的款的价格和款式灵活变化。总的来说是比直通车更好的一种推广方式。

lanyi316: 我们最后再来谈谈客服方面的事情，看到你们有大象帮派、大象群，还有你们的帮派和店铺交流区的客人留言，全是赞美之词，你们是怎样维护客户关系的呢？

画画的大象: 不是的，我觉得我们的客服工作还差很远。大象帮派和群建立起来了，但是都疏于管理，全是买家自主活动的。帮派里发帖子的不少，但是我总没有时间去回复。

要改进的地方很多，比如要与买家建立更亲密更直接的沟通方式，比如大象帮派，应该要维护好，互动得更好。比如要建立完善的会员关系管理，让我们的会员时刻感受到我们的成长，让他们看到店里的最近优惠活动或者变化，最重要的是提高会员的体验度。总之我想让这些认同我的姐妹在这里感觉更舒服。

但是很谢谢这些买家的抬爱，真的我很感动于这些买家。

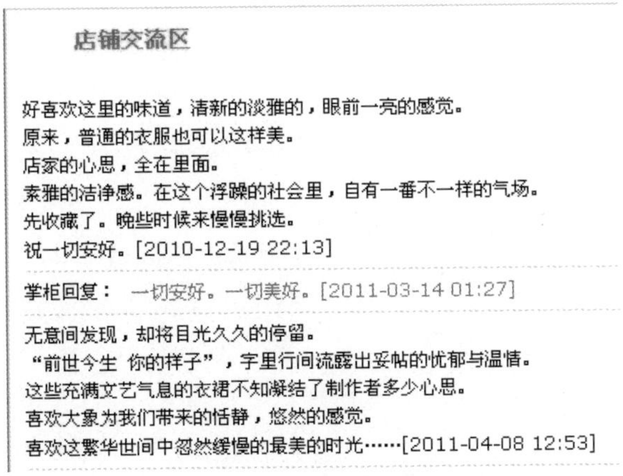
店铺交流区

好喜欢这里的味道，清新的淡雅的，眼前一亮的感觉。
原来，普通的衣服也可以这样美。
店家的心思，全在里面。
素雅的洁净感。在这个浮躁的社会里，自有一番不一样的气场。
先收藏了。晚些时候来慢慢挑选。
祝一切安好。[2010-12-19 22:13]

掌柜回复： 一切安好。一切美好。[2011-03-14 01:27]

无意间发现，却将目光久久的停留。
“前世今生 你的样子”，字里行间流露出妥帖的忧郁与温情。
这些充满文艺气息的衣裙不知凝结了制作者多少心思。
喜欢大象为我们带来的恬静，悠然的感觉。
喜欢这繁华世间中忽然缓慢的最美的时光……[2011-04-08 12:53]

客人的留言

lanyi316: 在我看来，这也是一种以爱换爱的表现吧，你对店铺和买家付出了真心，他们也会真心相待。能跟我们分享一件你和客户之间的小故事吗？

画画的大象：嗯，有过一个买家，是见证我们店成长的一位性情很温和，气质很娴雅的大学老师，她第一次来店里时，是在我开店之初，那时我们会一起讨论什么衣服适合画什么样的图，有时我会做几个小样给她看，她都一直在赞赏我，给我很大的鼓励，她会从店里买衣服，因为我们很谈得来，她会给我很多好的建议，所以我从心底想给她便宜一些，但是她非但不要我便宜，还会多给我钱，有时候还会因为这个争执一下，之后我逢人便说，别人是买家要便宜，卖家不给便宜，我们正好相反。她还给我寄过她自己写的书，我会放在床头，有时睡觉前还看一下，现在我已经看完并且珍藏起来了，她还会寄给我自己串的手链，很感动。店里状况不好时，我自己有些迷茫时，她都会花时间来跟我沟通，鼓励我。真的非常感谢她。

另外，我经常会收到买家寄来的小礼物，有扇子、有绢帕、有头钗等，还有因为知道我有头痛的病，会给我寄来精油。真的非常让我感动。

lanyi316: 其实你们已经不是买家和卖家的关系了而是朋友，相知相惜的老朋友！

采访后记：结束了这次采访，我感受颇多，被画画的大象宁静如水的性格所吸引，还有他们特殊的货号，特殊的宝贝描述，让我再一次深深地体会到一个历时七年，店铺所积累下来的文化，也再一次告诉了我们，店铺经营靠的是用心，用心去关怀客户，而不是疯狂地打价格战。

第 4 章　爱心篇

——每一份爱都值得感动

◎ 阳光四顺：命运洗礼仍乐观

◎ 舞行舞秀：为妻倾注至情至爱

◎ 阿加加菲：生命不止战斗不息

◎ 新梅 99：风雨过后不是彩虹也要前行

◎ 志当千里耀世中华："站"着开店绝不认输

◎ 游林冰：用灵魂站立并行走

阳光四顺：命运洗礼仍乐观

本篇导读："魔豆妈妈"一词，来源于苏州一位身患绝症的小学女教师开的一家"魔豆宝宝"的网店名。因为这个店名，网友称女教师为"魔豆"，这家店铺在众网友自发帮助下，成了"永不打烊的店"，后来慢慢演绎成为"魔豆妈妈"。这粒看似掉进时代都无法看见的"魔豆"，像酵母一样点燃了淘宝平台上许多人的爱心，也像酵母一样，让淘宝自身的企业社会责任（CSR）迅速发酵起来。在知悉"魔豆"故事之后，淘宝网当即与苏州红十字会一起募捐了 18 万元救助女教师。此后，"魔豆宝宝爱心工程"成立。2006 年 6 月，淘宝正式启动了一个爱心账号，用募捐所得资金来帮助像苏州女教师这样的人。阳光四顺，就是魔豆受助母亲。

嘉 宾 ID：阳光四顺
店铺名称：阳光四顺大码女装
店铺主营：大码女装，中老年服装，大码高腰牛仔裤
店铺链接：http://suncharm.taobao.com
记　　者：zgyl_2001

嘉宾简介

阳光四顺，真名王青甫，1965 年出生的她总是一副乐呵呵的样子。从她开朗的外表，你很难把她和重症患者联系起来。婚后的四顺，主内主外样样精通，1988 年女儿的到来更是让她感觉无比幸福。如今，这个命运多劫的 60 后的故事——《阳光四顺》，已搬上央视六套。那样一朵泥沼中的奇葩，会深深触动你的心弦。

创业故事

一段故事几番挣扎，阳光下她依然乐呵

阳光四顺，那个脸上始终洋溢乐观的女性，那个在手术台上勇敢与死神抗争的强者在出手术室的第一句话竟然是："你们吃了吗？"引得当时的主治医生都忍俊不禁。谁会想到在如此大的手术过程中，有变故发生呢？手术进行时，随时添加麻醉的软管脱落了，当时医生和护士都没有发现。她居然在没有麻醉的情况下，完成了长达十个小时的摘除第五腰椎的手术！

命运一次又一次地考验着她。1994 年，她的丈夫在一次上门修理的时候，不幸发生意外身故。因为牵涉责任事故，四顺背下了两万多元的债务，当时女儿还没上小学，婆婆年迈，那年她 30 岁。接下来的 7 年时间里，四顺徘徊在打工、创业的路口，最终选择创业之道。7 年打拼，小小修理店铺重振旗鼓，生活开始好转，债务慢慢还清。2003 年对于四顺来说，又是终生难忘的一年，几经周折的她被确诊为骨巨细胞瘤，所以有了四顺走出手术室的一幕。术后医生曾告知她们四顺只有一年的寿命，可如今四顺术后已经生活了 6 年，生命的奇迹在她身上诞生！在和她聊天中，我丝毫没有感觉到一种颓废的情绪，相反她的豁达与开朗通过电波无声地传递着。她说她不愿意去回首过往，那样给人平添伤感，而她自己只看今天，昨天的那页已经翻过不能沉迷！她说："我希望大家看到的是今天的四顺，昨天让它过去！我希望你们各个开心快乐的生活，痛苦自己一个人承受就好。"

2007 年，四顺又进行了第二次手术，重新换钛合金固定，高额手术费用伴随高风险要自己承担。这年夏天，女儿考上了江汉大学。女儿对自己这位可敬的母亲这样描述："她没有时间陪伴我。她有很多事要做，自己像陀螺一样转，没有喘息的时候，也许在她看来繁忙的工作能让自己忘记不少不想记起的事情，没有时间伤痛和流泪。她常说，不能在人前流泪，会给人带来不好的运气。眼泪不能抹平心中的伤口，微笑却可以给人力量，带来好运。小时候看到别的小朋友有大人带着去公园玩，两双大手牵着一双小手，我会难过，我不会伸出我的手让妈妈牵着我，因为一双手不能让我飞在两双手中间，妈妈也会因为看着别人家三口在一起开开心心，我却没有人陪而感到难过，我就忍住不让妈妈带我去玩，虽然我真的很喜欢公园的滑梯。妈妈是做电器修理的，做事仔细认真，技术扎实，为人厚道，很讲诚信，所以很得街坊邻里的信任，口碑很好。她一旦看准了方向就勇往直前。一直以来她都是为我这个不懂事的丫头活着，其实我知道，没有我这个拖油瓶，妈妈在 29 岁的时候就可以找个条件好的人嫁了，她一直为别人活着，照顾我，照顾奶奶，都不考虑自己，在我眼里妈妈长得很好看，我一直以长得像妈妈

为目标，她从来不化妆，像个男人似的干活，不知道休息，会在大年三十晚上去别人家给别人修电视，就是为了让别人能看到春晚。2009 年在社会的帮助下，妈妈才得以再次去医院接受治疗。”

同年，中国红十字会武汉红十字和淘宝网以及武汉晚报共同举办的贫困妈妈上淘宝的活动，在 1500 位妈妈中她被选中，从此四顺看到了生的希望。在淘宝妈妈群姐妹以及义工的帮助下开始在网上做生意。魔豆妈妈中的一员，阳光四顺在淘宝耕耘着自己的一片小天地。

访谈实录

生命洗礼柳暗花明，云雾后寻得飞翔之由

说到淘宝店铺，四顺表示，这个四钻的小店是她的另一个孩子，自己会一直用心呵护她。四顺坦言：“我现在每天起床就打开电脑，把声音开到最大。然后就开始处理昨天的订单，以及接新的订单。因为代理的关系，每天 12 点之前的订单才可以当天发货，所以早上比较忙，我总是希望买家能够早点收到货。下午就整理店铺，上传宝贝等，以前没有淘宝助理的时候，上传得很慢，需要很多时间。然后要检查库存，还要去看看橱窗推荐位。”

“魔豆妈妈”四顺

了解到四顺因为无法亲自寻找货源，目前店铺专做代理，如何选择优质的代理供应商，四顺告诉我：“我目前有三家合作的代理，都是在旺旺上沟通谈下来的。我找的是自己喜欢的、认为有销量的产品。其实我现在卖的东西都是有来历的，为什么要卖大码的衣服：那个时候女儿刚高考完，她带我去买衣服，可是营业员不让我试，说怕把衣服撑破了。就如你看到的大码女装，虽然现在都崇尚以瘦为美，但是那些胖子们呢？也需要穿衣呀，所以我就想让所有胖妈妈都有漂亮的衣服穿；卖中老年服装：我以前想给妈妈买衣服，可是等到我有能力时，父母却不在了，那个时候想起来是最伤心的。所以我想做子女的，想到要给父母办事的时候，就要去办，就要去实行，不要等到来不及；卖孕妇服装：我怀孕的时候，9月份了，挺冷的，没有合适的衣服穿，我就想让妈妈们在怀孕的时候能够对自己好一点，穿得好一点，漂亮一点，更加自信，也更加健康，多想着自己。所以我不卖年轻人的衣服，他们有足够的东西了，我就卖妈妈们的衣服。"

选择网店定位也是一门很深的学问，在网店推广方面，四顺也有做直通车，其效果她是这样解释的："直通车，淘宝为我充值了500元。我刚开始做的时候，不会用，我就设置了一些词，没想到第一天烧了98元，第二天又烧了97元。于是，我就着急了，接下来我就来回找关键词，设置成一毛，一些高点的就设置高一点，低的就设置低一点。后来淘宝组织讲师给妈妈们讲课，学到了很多，现在已经会用了。我现在的流量主要来自直通车、收藏和社区。"

直通车专业授课确实能让人受益不少。现在的淘宝偌大一个林子，各式各样的人都有，一家店铺难免遇到中差评，四顺也没有例外，这时候她也和你一样为了那个中评而伤心落泪。生命遇到考验时也未曾让她胆怯，而这些黄色的或者黑色的小花却让她忐忑，即便如此，她依旧为大家总结道："无论是做买家还是卖家，都不容易，需要相互理解。有时候一个卖家可能同时和几十个买家沟通，回复的速度和内容可能会让买家不满意。这个时候经常出现抖动窗口，刚刚写的一段就没有了，速度更慢了，亲爱的买家可能会觉得这个卖家不怎么回答，不答理人。而事实上此时卖家都恨不得自己多长些手。饭吃不到口，水忘记喝是常事儿，所以希望买家能够谅解。对于新手买家，卖家需要更多的体谅和帮助，我们尽力做到对方满意。对于卖家而言，我们还需要做好宝贝的描述，觉得自己做得很细致了，但是还是有些内容买家不理解，这时，沟通就变得尤为重要。买家是上帝，尽力让他们享受到好的服务和买到好的宝贝，就是我们该做的。希望每个买家买的开心，每个卖家卖的快乐。很多买家是希望在网上买份心情，那份期待宝贝的心情，那份和卖家交谈的记忆。"

在问及店铺今后发展的时候，四顺说："我想要做一个专门为妈妈们提供货源和服务的好商家。我是这么想的，当然我可能还做不到。我想找到一个好的厂家，给我提供合适的货源，长期合作。然后请一些人来发货，给所有魔豆妈妈提供优质的货源和服务。现在的代理，都是用硬性规定的，而且有时候缺货、退换货问题比较困扰妈妈们。有时候好不容易卖了一件，又没有了。妈妈卖一件宝贝不容易。那些专门的代理商，有很多规则，对妈妈们来说门槛也比较高，压力比较大。彼此之间也没有信任，妈妈们不好做。”

那么，淘宝究竟给了四顺什么？她愉快地告诉我：“因为有了淘宝，我常常庆幸还活着，活着就好！淘宝的支持，买家的信任，买家的评价，淘宝的忙碌，让我的生活有了翻天覆地的变化！我还去了杭州，见到了马总！太多意外惊喜！淘宝的高管关大侠和清岚来我家看望了好多次，还给我买了带遥控的电扇以及好吃的，还给我开了每月 500 元的直通车。我没有翅膀，淘宝让我有了飞翔的理由和生的希望。虽然我并没有做出好的业绩，但加入了淘宝网后，我的生活充实起来。有许多姐妹关心、帮助，又有许多不知名的好心人问候，使我上网大开眼界，我在淘宝上找到了希望。在小店的经营中，有时候不能全天在线，不能很好地和顾客沟通，为了能够方便使用和运作，我设计出能躺在床上操作电脑的装置，网游商界。我深信，只要我生命不息，就会用毕生精力去奋斗，去拼搏，去完成自己的事业和梦想，回报社会。用一颗感恩的心，网上交易，诚信相待，不辜负红十字会及许多好心人的帮助，做一个有益于社会的人，减轻社会的压力和负担。

大家的关心和支持、帮助和鼓励，我很感动，四顺铭记在心。希望我能做一个身残心不残的人，坚持下去来把爱心传递，用这种方式回馈大家的关爱。虽然我很痛苦，但也很幸运，很幸福，我会笑对生活，谢谢‘爱心天使’，谢谢我的买家朋友，虽然我们没有见过面，但我一定要谢谢你们对我的支持和信任！谢谢！”

采访后记：命运接受考验时，困境中谋生存，女人也能撑起一片天；死神眷顾时，绝不放弃生的念头，凤凰浴火才能重生；再创业希望重燃时，原来生命如此美好。折翅的四顺，依然能找到飞的希冀。往事一幕幕上演的是血泪，未来一场场点燃的是希望！

淘宝“魔豆工程”要想真正长久地帮助到更多的“魔豆妈妈”，就必须让受助人最终能靠自己获得生存的能力。妈妈们不需要同情，不需要怜悯，她们需要的是被社会认可，而不是被有色眼光排斥在外！如今，魔豆妈妈的故事在淘宝演绎着……她们身体的残缺并不代表心灵有缺，四顺，这朵坚强的花，在泥沼中，开得那么生动鲜艳，风中雨中还时有欢乐的歌唱。四顺总是给人带来阳光、乐观，她从不愿把阴霾给人，苦难自己承受。在淘宝，躺着开店的掌柜不止四顺一个，她们是个群体，她们的坚韧，给人激励，鼓舞你前行。

躺着工作的四顺也面带微笑

也许开着店铺的你，忽然觉着很孤单，没有家人的支持，没有上帝的青睐，没有好的经验，一切的一切让你滋生了放弃的念头。这时，请你读读魔豆的故事，品品她们的人生，回头想想自己的路该怎么继续！

舞行舞秀：为妻倾注至情至爱

本篇导读：淘宝首家消毒灯专卖，缘起何方？一位可敬可爱的男子为妻子，万般寻觅可用之材自制消毒灯，从此点亮的不仅仅是家人的希冀，更造福他人，把小爱幻化成了大爱！

嘉 宾 ID：舞行舞秀
店铺名称：淘宝首家消毒灯专卖店
店铺主营：消毒灯
店铺链接：http://shop33940553.taobao.com
记　　者：zgyl_2001

舞行舞秀

嘉宾简介

上帝在关上一扇门的那一刻，总会为你再开一扇窗，但请记得找到那扇窗——舞行舞秀。

他，作为淘宝的一员，诚信让他赢得了顾客的心；他，作为一位好丈夫，为了患病的妻子，选择了淘宝创业，爱之切情之深，唯愿感天；他，作为一名好父亲，为了女儿，自学古筝到六级，舔犊之情，唯望动地！40 岁的农村汉子，自学电脑知识，自主设计医用消毒灯具，自学各种乐器，谁说人不能与命运争？

创业自述

四年前，晴天一霹雳！身体不适的妻子原以为是感冒，当晚高烧到 40 度，全身敷满了冰袋，两天后确诊患白血病。当时，我感觉天旋地转，不就是头晕无力有点发烧吗？

深夜，我独自一人呆坐在医院的角落，思绪万千。想到历经磨难痴心不改，最终冲破种种阻力嫁给我的娇妻，没等我让她过上好日子就生病了，我的心要多痛就有多痛，从不流泪的我不知何时已衣襟全湿。想到医生让我先准备的 10 万元钱，我才醒悟，我原来是这么穷，远远没有这个能力，一个农村普通老百姓，变卖全部家产也不够，何况这“万里长征”才刚刚开始，泰山压顶的感觉油然而生。但是当时一个声音在呐喊：无论上天跟我开什么玩笑，无论以后会有多难，我绝不会放弃我的妻子，哪怕需要我献出自己的一切！妻子很有才学，也很坚强，她需要的就是一个信念和依靠。第二天一早，我买来一本精致的日记本送给了妻子，并在扉页郑重地写下了这些话：

“无论遇到多大的困难，无论命运多么不公，我会永远陪伴你左右，成为你坚强的后盾，与你并肩作战。

“祝你勇敢、坚强、乐观、开朗！”

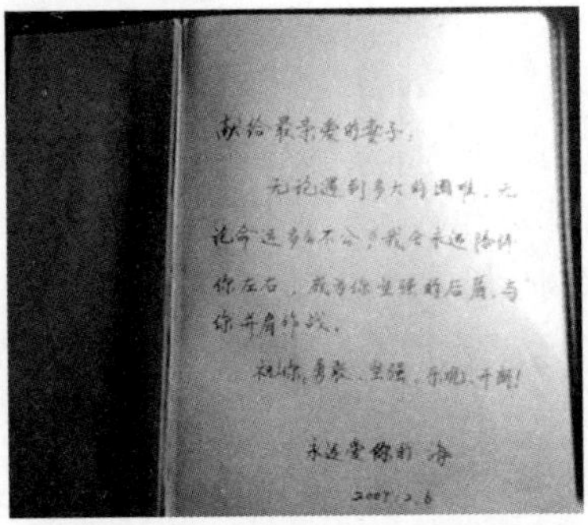

送给妻子的日记本

接下来的日子，在全国有名的血液病专科医院的治疗下，妻子的病情稳定下来，当务之急就是钱。没有钱，我拿什么拯救心爱的妻子？

感谢上苍，让我结识了淘宝！感谢淘宝，让我有了一份额外的工作，而这一切都源于我妻子的病。住在出租房等候再次化疗期间，为了消毒，我跑了苏州许多药店终于买到了消毒灯。想到消毒灯那高昂的价格，想到医生那最少 40 万元的医疗费，想到自己没来得及开的网店，想到许多朋友也许需要消毒灯时，我当即决定展开“生产自救”，利用业余时间在淘宝开个消毒灯店。为救我的妻子，我吃什么苦都可以，能为妻子挣点治病的费用，我无怨无悔。

访谈实录

zgyl_2001：你好！今天有幸在这里采访你，小炫感到无比自豪，你的故事让我震撼，你对生活的态度也让人折服，谁人能当好男人，我想非你莫属了！

舞行舞秀：你好！其实也没什么，我只是做着我认为有意义的事情而已！除了每日不折不扣完成本职工作外，其他所有的时间都奉献给了淘宝。当有一天，我实现了对妻子的承诺时，我便可以放下所有的工作，一家人尽情地享受生活！我一个农村人，40 岁了，喜欢音乐，自学了各种乐器，没老师教，喜欢弹理查德的曲子，吉他、二胡和笛子都学了，包括女儿学的古筝，我都学到了六级，电脑也是十几年前学的，在农村你知道肯定是没人教的，也是自学，效率低，现在用在淘宝上总算没白学！

zgyl_2001：你的这种自学钻研的精神值得我们新人学习！你对你妻子的爱感天动地！残酷的现实并没有让风雨中的你从此飘摇。你在淘宝创业是源于你对妻子那份真挚感人的爱！我也感动于你不向生活低头的顽强心态！你就像一颗顽强的小草，就算被野火烧尽，春风一吹又奇迹般站起来了。就算是晴天霹雳，可风雨过后依然会出现彩虹！你的付出，你的无怨无悔，你爱人看得到，战胜病魔的信心会更强！淘宝创业之路倾注的是浓浓的爱！

舞行舞秀：这样的命运考验降临的时候，我觉得自己为了爱人，什么都不怕了！我人生的第一次创业就是在医院旁简陋的出租屋内开始的。当时，我跑遍苏州灯具批发市场和十几家药店，找到了最初的高鹏消毒灯管和灯架，跟许多动辄三百多元的专业消毒灯比较，设计出了自己的第一代 DIY 消毒灯，并利用自己的电脑专长，很快在自己的网店上了货，也有了激动人心的第一次销售记录。

在精心照顾妻子的同时，工作以外的全部时间都与淘宝为伴。淘宝就是我的希望，我的事业，更是我妻子的生命，我一定要在淘宝上有所发展。我总感觉背后有一种无形的力量在激励着我前行。

zgyl_2001：你不辞辛苦的付出，取得成绩是必然的。你认为经营网店靠什么取得优势呢？还有你是怎么推广的呢？

舞行舞秀：第一信条：诚信！举个例子，最初我的消毒灯，因为比较简陋，使用不方便，质量也不稳定，加上包装有问题，快递损坏多，许多买家有意见。不过不管什么原因，我都能做到无理由退换货。虽有成交，但因退换货的邮费和其他损耗，最终算下来并没赚多少钱。但我牢记“人无信不立”这句话，这也是我的第一信条，是我的开店之本。无论如何，我要对得起出钱买我东西的朋友，就是我再需要钱，“君子爱财”也要“取之有道”，要想长久发展，没有诚信是万万不行的。为了更好地为买家朋友服务，让大家买得放心、用得省心，我选择了最好、最贵的 EMS 发货，自创了消毒灯的独特包装方式，能保证玻璃易碎品的到货安全率达到 99%，并在宝贝下承诺：所有运输风险由我全部承担，买家不用查货，直接收。只要有损坏，可以退货和换货，来回快递费都由我出，不用买家多花一分钱。这虽是对买家负责，实际上是对自己工作提出了极高的要求，不能出一点差错，对每一件货物都要尽心尽责。从那以后，我一直都“一诺千金”。实现承诺来源于我对工作的自信，来源于我的辛勤付出，来源于我心中对买家朋友的无限责任感！因为我相信，没有付出就没有回报。两年多来，所有购买这款灯的朋友都很满意，无一退货，并给了我很高的评价，更有许多热心的朋友还要我申请专利。看到大家热情洋溢的高度评价，心里充满感动，暗暗下定决心，一定要坚持不懈！

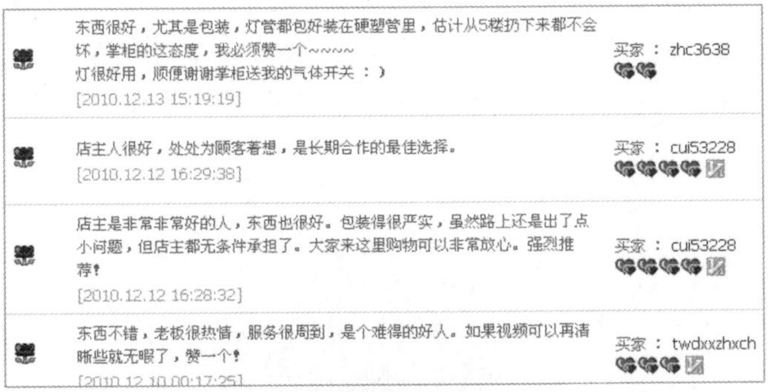

买家的好评

第二信条：质量，一定得精益求精！

为了提高灯的质量，更是挖空心思，日夜琢磨，一有时间就到不同药店的专业消毒灯前观察、询问，想方设法加上那些灯的功能，甚至超过他们。最终，我为自己的灯配上了三脚架，还加上了定时器和遥控器。这些东西虽小，但是绝不容易找到，更不容易想到和做到！我的 DIY 消毒灯升级后，所用的灯管都跟医院里的专业灯一样。在淘宝店消毒灯的销售上努力做到：品种最全、价格最优、质量最棒、发货最快、服务最佳！

第三信条：学习，再学习！学习别人，了解市场，不能停在原有的基础上，不进则退是肯定的！人在任何时候都不能停止学习，钻研！改进你的技术，不断更新！我喜欢在淘宝上购物，为了更好地配合医生治疗，我上淘宝买了有关白血病的书，如饥似渴地学习起来。要买什么东西，第一选择都是找淘宝。开店之后，我在消毒灯原来文字说明书的基础上，又拍摄了消毒灯的详细视频介绍，能让买家在付款后可以仔细看清宝贝的样子和特点，也便于回家安装。点点滴滴的改进，日日夜夜的守候，倾注了我对淘宝朋友的全部诚心，“精诚所至，金石为开！”，买灯的朋友喜欢上了我的东西，销售情况有了很大改善。妻子默默为我高兴，说这是我送给她最好的礼物，我和淘宝就是她生命的坚强后盾！

另外，说到推广我个人的观点是，直通车虽然烧钱，但是用好了，流量就会上去！淘宝生财之道，没有免费的午餐，你想收费跟不收费没区别，还那么多人坐着车干嘛？交钱没用处的肯定是用得不好！

zgyl_2001：谢谢，你分享了这么多好的经验！今后，你网店的发展方向有定位吗？和大家说说吧！

舞行舞秀：在这里，我深知淘宝路任重道远，就像是“逆水行舟，不进则退！”因为很快就有其他的卖家模仿出了我的 DIY 消毒灯，在网上打出低价和我竞争，我必须以更好的质量，更优的服务，更多的产品在淘宝上取得一席之地，不辜负病中的妻子对我的期望。因为只有我的成功，才有她的未来。

全家福

如今，三年多过去了。三年多的风雨，我和妻子携手走过。我已记不得去了多少次医院，妻子被扎了多少针，有多少剧毒化疗药流入妻子身体，有多少痛苦折磨娇小的妻子。等我妻子病好点了，过了五年生死关，我准备再做大些，因为我找到了方向，也知道该如何走这条路！我坚信幸福会眷顾我们一家人的。

记者手记：采访结束，嘉宾的话依然萦绕在耳旁，嘉宾对爱妻那份浓浓化不开的爱意展现在脑海，如此顽强不放弃的执著，能不让人折服吗？当你想要放弃梦想的时候，笔者希望这个故事能给你激励以及动力！

阿加加菲：生命不止战斗不息

本篇导读：因为电子商务的大部分工作都可以在网上完成，不论出身，不论残疾与非残疾，在淘宝上涌现着一批批自强不息的奋斗者，阿加加菲就是其中一位。她总是笑言："阿加加菲，杂草一样的生长着，只要生命不止战斗就不息。"

淘宝创业，残疾与非残疾之谈

嘉 宾 ID：阿加加菲

店铺名称：加加菲设计

店铺主营：网店装修服务

店铺链接：http://loveyue.taobao.com

记　　者：zgyl_2001

嘉宾简介

阿加加菲，一名淘宝四钻卖家，同时也是一名淘宝大学讲师，网店设计师。美丽如她，坚强如她，爱美爱打扮，和平凡的女孩一样梦想自己拥有纤细的身段儿。可命运给她的考验，却远远超出了儿时的她所能承受之重……

那一年的她 6 岁，脊髓里长了一个胶质细胞瘤，切除后造成胸椎损伤，被医生判定为高位截瘫，胸椎 5、6 节受伤，只有胸部以上有知觉。当同龄的伙伴能跑能跳的时候，她躺在病床上，与死神做斗争。6 岁孩子承受的生命之重，在当时的加菲身上还是懵懵懂懂的。术后，因为注射大量的激素，身体变形发胖，家人四处求医，母亲日日为她煎汤药。如今，她最难忘的是母亲那一千多个日夜在炉火旁边煎药的背影。到了上学的年龄，望着从家门前经过的伙伴，加菲眼里有伤、有渴望。后来，经过母亲多次的奔波，终于感动了一名校长，收下了加菲这个特殊的孩子。从此，学校成了加菲的乐园。

加菲读了 14 年的书，在轮椅上度过了 18 个春夏秋冬，她经历过中考、高考，她不是最聪明的，却是最刻苦的。高三那年，她每天都要坐上 16 个小时，早上 6 点起床，晚上 10 点放学，回到家里，稍微整理一下也要 12 点甚至凌晨 1 点。加菲一直努力着，为自己的存在奋斗着。对于一个正常人来说，每天坐 16 个小时，都是高强度，对于她来说，不是疼那么简单。2004 年 9 月到 2005 年 6 月，出现了褥疮，每天流血不止，出血化脓，天天要消毒，还要担心引起别的并发症，但是为了高考，她选择忍着，不能放弃。她的同学们了解她的都知道，他们从没有把她当过“弱者”，加菲可以跟正常人一样拼命，跟身体健康的人一起竞争。也许有些东西别人付出一分努力就可以得到，而她要付出十分、百分，也不一定能得到。可她从未看轻过自己，也许有些是争取了也做不到的，但是不去争取，怕将来会后悔一辈子。

加菲常说：“我存在着，我就不能放弃。我虽然不能行走，没有知觉，不能完全自理，但是我还有头脑，我有双手，我希望能够跟同龄人站在一个战场上，活出属于我自己的精彩。我觉得我是个幸运儿，我考进的学校对我很关爱，我终于实现了我的第一个梦想，考上了大学，我证明了自己，我存在过，奋斗过，争取过。”

阿加加菲

大学时和同学们的学士照

大学四年，加菲受到学校的特殊关注与照顾。不仅学习成绩优秀，而且开始在淘宝上自主创业，建立了网店和设计工作室，且卓有成绩，成就了人生的第二个梦想。

2008 年的大四期间，她创建了自己的网店——予悦家，主营大连特色礼品。这个小店，从实物拍照到修图，再到写描述发布，都是她独立完成的。刚开店的时候常常因为要上架新品而工作到半夜，不仅手肘疼、腰痛，躺下后也浑身酸痛得睡不着。但加菲以顽强的毅力努力克服着这些困难，将无比的创业激情投入到小店经营中。她始终坚持诚信经营，真诚对待每一位顾客，用心做好每一笔交易。在加菲的店铺公告里她对每一位光临小店的顾客说：无论是 2 元还是 200 元的单子，我都是一样用心，因为每一笔交易都包含着我的梦想与希望。她大学期间的创业事迹受到《半岛晨报》《淘宝天下》《校园》等多家媒体报导。

辽宁新闻 www.lnd.com.cn
首页 | 时政 | 社会 | 民生 | 法案 | 科教 | 财经 |
沈阳 - 大连 - 鞍山 - 抚顺 - 本溪 - 丹东 - 锦州 - 营口 - 阜新 - 辽阳 - 盘锦

残疾女生网上开店有一套

2009-02-18 13:39:13

孟晓宇通过电脑靠信誉经营自己的网络商店。摄影记者杜日海

采自中山区青泥洼桥街道

23岁的女大学生孟晓宇（网名阿加加菲）是一位高位截瘫的残疾人，只有胸部以上有知觉，而她顽强求学，走进了大连一所高校。她从2008年开始经营一家网上小店，经历了许多坎坷，她希望实现自己网络创业的梦想。

关于阿加加菲的报道

探索追求事业的脚步总是无止境的，随着对淘宝网的了解和熟悉，她开始不满足于单纯经营实物店铺。因为原本对于店铺装修设计就有着浓厚的兴趣和特殊的灵感，于是在学习大学专业课程的基础上，又开始学习平面设计知识，并顺利获得 Adobe 中国认证设计师一创意设计（ACCD）的资格。2011 年 7 月，创建了“加加菲设计”这个品牌，主要做网店的装修和营销策划，面向淘宝天猫等电子商务平台商家提供服务，以视觉营销的理念打造全新的网店模式。

一个人的力量总是有限的，只有团队合作才能尽快将事业做大做强。在 2011 年至 2013 年这两年间，加菲又在线上组织团队，从事网店设计装修、营销策划、电商代运营等业务为电子商务商家提供服务。

从 2008 年 8 月至 2013 年期间她一直在淘宝论坛上做志愿者，管理人气最旺的版块之一经验畅谈居，受到淘宝小二和广大卖家的支持与赞誉，2011 年受邀远赴杭州参加淘宝大学年会，获得最具贡献奖。

2012 年，加菲由母亲陪同去杭州淘宝总部参加淘宝大学第五期讲师集训营，五天六夜的魔鬼式集训，受着身体和心灵的双重磨砺，终于通过了考核，但鉴于身体的原因，加菲开始在线上积极授课，同时加入了淘宝官方网店运营专才认证专家组，负责美工店铺装修模块的出题与课件录制。

2014 年 4 月她申请注册了公司，大连新美信息科技有限公司，是一家电子商务品牌策划视觉服务商，为企业及个人提供最专业的品牌策划、商品摄影、网店设计服务。同时，建立新美商学院，成为淘宝大学线上合作机构，在线上为商家提供专业的美工培训，至 2014 年 9 月学习人次已达到 30 万。正式实现线上线下一体化的电商团队。

她实现了第二个梦想，实现了自我价值，为家庭创造了价值，完成了很多人觉得不可能完成的事情，她坚信一句话“坚持不一定会成功，但放弃一定会失败”，她坚信通过自己的努力，就算是微弱的梦想火种，也一样可以点亮星空。

孔子曾经说：以德报怨，何以报德？以直报怨，以德报德。意思就是，对待恩怨，要有一个直接坦率的态度去面对。对待别人的善待，也要用自己的善待去回应。加菲在创业的过程中有了第三个梦想，作为一个人，要懂得感恩，因此她也希望能利用自己的微薄之力奉献爱心，回报社会，无私帮助那些需要帮助的残疾人和生活有困难的人。有一份力，发一束光，倾尽自己的绵薄之力帮助他人，积极践行社会责任。目前她线上团队成员 60%都是来自全国各地的残疾人，同时她也跟淘宝公益合作，成为魔豆爱心工程大连合作机构，为贫困母亲提供培训，帮助她们自食其力，获得维持正常生活的稳定收入。

魔豆妈妈

如今，阿加加菲不仅仅是一个人，还是一种信念，就像杂草一样的信念，像杂草一样在困境中坚韧的生存。

访谈实录

淘宝之残疾与非残疾

zgyl_2001：加菲的价值观异于常人，可以说你的故事可以给人激励，催人奋进。是什么样的信念让你走“生命不止，战斗不息”之路的呢？

阿加加菲：我以前思考过一个问题，就是人为什么活在这个世界上？对于残疾人来说，存在感很微弱，我经常会问自己：“我能做什么？我能为我的家庭带来什么？我能为这个社会做什么？”这是很多残疾人每天都在思考的问题，但当他真正发现了自己还可以做事，还可以为他人做很多事情，自身价值就得到升华了，当一个人被周围的人所需要，被家庭所需要，被社会所需要，那么他就会有生命不止，战斗不息的勇气了。

我记得有一个故事里讲，一个外国人来到中国，问他中国的朋友，在中国一个月左右的时间里，只遇到一个坐在轮椅上的残疾人，没见到盲人、聋哑人甚至拄拐杖的人，他们都到哪里去了？中国朋友说：不知道。因为他也很少遇到，因此也不知道他们在哪里了。在法国到处都有残疾人的身影，在大街、餐馆、商店、公交、图书馆，他们可以和正常人一样生活。最重要的是，他们在工作！

这就是“被需要”的感觉，这种实现自我价值的动力，我每天早上 6 点多钟起来，整理好自己吃好早饭，到公司工作，下班后回到家休息，晚上整理一下第二天的工作计划，11 点左右睡觉。可以说，每天过得很累，但是也很充实。能感觉到自己在源源不断地释放能量，在努力改变着自己，改善着周围的环境，这种感觉很好，能够感觉到自己一直在前行，没有退步也没有原地踏步，而是在一步一步地前进。

人都是有惰性的，一旦闲惯了，忙起来又会觉得受不了，所以努力让自己充实起来。现代社会人都很忙，别为自己的惰性找理由！如果给残疾人一个平等的机会，那他们同样可以干得很出色。什么是公平？对于残疾人来说——公平不是钱，也不是有色目光，而是相同的机会。

zgyl_2001：有些人并非如加菲一般坦然，在现实生活中，被有色目光注视的时候，会有什么样的感受呢？

阿加加菲：会觉得心里难受有些受伤吧，毕竟那种目光让人感觉不舒服，有同情、有怜悯、有歧视，可能会让人心里很受伤，很想逃避。但是既然我存在了，就有我的价值，不要想别人怎么看，做好自己就可以了。我经常自己上街，有诧异的、惊奇的、羡慕的目光，各种各样的目光都有。我会到商场超市转一圈，然后到餐厅吃饭，有时也会买张电影票看电影。我在过我自己的生活，仅此而已。幸福的定义是什么？对于我来说，第一，心里有希望，有事情可以做；第二，有想要爱的人和爱你的人。我觉得我很幸福，知足者常乐，这句话永远不过时。

zgyl_2001：非常欣赏加菲的这种心态，加菲某些时候会从心理上和常人划开界限吗？

阿加加菲：还是会的吧，这种界限不是心理上的，而是的的确确客观存在的，并且有些是你努力改善也改善不了的。就像我不能去做一些需要站立的工作，求职的话很多公司也不愿意招收残疾人，很多残疾人找工作都特别困难，特别是像我这样的重残疾人，坐着工作久了又会觉得腰疼得受不了。如果在超市也不能拿到放在很高地方的东西，则只能求助别人，这些都是不可避免的事情。

zgyl_2001：然而在淘宝创业，可以不必面对现实之中找工作的种种尴尬，所以说淘宝无残疾与非残疾之分，虚拟的世界太广袤，对面是何人，不到相见永远是个谜。加菲这几年经营网店感触最深的是什么呢？

阿加加菲：看到了一批批小卖家的消失。很多人因为经营淘宝不善，在淘宝上生存不下去而选择离开。淘宝是一个很好的平台，只是看用这个平台的人怎样去做，有成功就会有失败，我只是希望能做好自己的同时帮到一些人，使他们在淘宝的路上走得更远。

欲创业先调整心态

zgyl_2001:面对现在淘宝创业的现状，加菲认为做淘宝残疾与非残疾的界限在哪？我在论坛转了几个月，反而觉得有些刚入淘宝的新人心态残疾了。

阿加加菲：在淘宝上，彼此面对的都是电脑，看不到对方，没有人知道你长什么样子，也没有人知道你的健康情况，也许电脑这边的是几岁的小孩，也许是七十多岁的老人，在这个虚拟的网络世界里，身体残疾相对来说真的不是很重要。而你说新人的心态残疾了，指的是什么样的心态呢？

zgyl_2001：比如抱怨，不知思考自身问题所在等一些心态上的误区。

阿加加菲：这种状态的人群还是不少的，现在社会比较浮躁，很多人进入淘宝前没有放平心态，做淘宝前拥有一份空杯心态是很重要的，把自己想象成一个杯子，将自己过去的成绩都清空，脚踏实地地去做淘宝，去学习淘宝，情况就会好很多。现在有一些人把淘宝想得太简单了，觉得会打字会聊天就可以在淘宝上做生意了，然后进入淘宝后把宝贝传上去，店铺随便弄一下，就天天坐等着生意，生意不来就会抱怨，这样坐等生意其实无异于等天上掉馅饼。天下没有免费的午餐，不要想着不劳而获，任何丰厚的回报都是有着与之相符的付出，如果能想明白这点，那么很多事情就能想明白了。

zgyl_2001：恩，也就是做淘宝之前，首先心态得摆正。那么你觉得如今形势之下，想要在淘宝立足并扎稳脚跟，我们该怎么做呢？

阿加加菲：从这几年的经历来看，很多人做淘宝有一个误区，就是先把店开了货进了然后发现好多东西不会用，之后再开始学。开店之前首先要考虑的是，你拥有的资源是什么？优势是什么？也就是常说的资源整合。比如说你有朋友是开厂的，那你能拥有什么与他人不一样的资源，对于小卖家来说，首先抓住你的资源，找好合适的货源，立足根本，想好你的店铺的购买人群，做好店铺的定位。

做好店铺定位以后，你要学习的东西绝对不只是一点点，要做好吃苦的准备。比如说，我刚做淘宝的时候，我的设备和能力都有限，比如拍照，我只用白纸作为背景，然后再把商品放在白纸上拍。但在做淘宝这个过程中不断地学习，不断地更新，不断地在想怎么把淘宝做好，于是最开始的图片满足不了我现在的需求，那我就要学习更多的东西，给自己充电，然后拍出更好更专业的照片。也就是说，这是一个不断优化的过程。

可能刚开始你的流量主要来源只有搜索、站内，你会想发展直通车、淘宝联盟，等到这些研究完了，你会想研究 SNS、社会化营销。在所有推广你都研究过了一遍后，你又回到了搜索这个起点，那么你要做的就是优化搜索，优化所有推广渠道，这是在一个循环中不断提升你的店铺，提升中小卖家的店铺运营能力。

总体来说，要在淘宝立足并站稳脚跟靠的是店铺的核心竞争力。但是最基础的，归到个人来讲，是要有肯吃苦的精神和毅力。为什么说是毅力？因为做淘宝坚持很重要！

zgyl_2001：过程中的一步一步，只有自己慢慢摸索才会有经验积累下来，而不是总在这也不会那也不行之中挣扎，这就是我说的心态不健康。其实有很多人知道怎么去做，却从来没有去做过！就像你要锻炼身体，虽然你下定决心，但有很多借口，就像我今天很累，心情非常烦躁，我现在身体状态不好，所以放弃了行动！诸多借口成为自我安慰，看到成功又羡慕连连，就像你所说的目前的淘宝人普遍都有一个烦躁期。

阿加加菲：有个词叫绝处逢生，也有句话叫柳暗花明又一村。马云说过，今天很残酷，明天更残酷，后天很美好，但大多数人死在明天晚上，看不到后天的太阳。所以每个人都不要放弃今天，不然你的明天会更残酷，只有看到后天太阳的人才是真正的强者！也请记得，把握好今天，才有明天！

看成败得失寻自我之途

zgyl_2001：所有成功的人，都是从经历无数失败中走过来的！生命不会因为你知道而报答你，生命是因为你会做而给你回报。加菲对于成功两字的看法是什么呢？

阿加加菲：我觉得，没有绝对的成功，只有相对的成功，不断超越自己，达到自己理想的高度，做想做的那个自己，这就是成功。太在意别人的看法，与别人比较，会让自己活得很累，所以我们只要不断超越自己，每一天都是在进步。成功是属于自信的人，机遇也更偏爱有准备的头脑，在成功前，请先武装好自己的头脑，失败了，请爬起来，自己选择的路就算跪着也要走完，如果不甘心失败，那么就用事实来证明一切。

zgyl_2001：都说创业路上寂寞难耐，加菲有过这种感觉吗？

阿加加菲：有的。不过，我觉得在经验居论坛做志愿者的这段经历很好，对我的人生影响很大，因为我不是一个人，我有同伴，我们是一群人在努力，在奋斗去做好淘宝。我觉得中小卖家更像杂草，需要坚韧的精神，也需要野火烧不尽，春风吹又生的态度。同时也需要自省，审视自己走过的路，无论是对是错，这都是你人生中的一笔财富，都需要珍惜。如果出现问题了，那就对自己说错了，承认自己的错误，也是你认知自己的一部分。

其实很多人是抱着一种逃避现实的态度，我也有过，这是一个怪圈，越逃避越想逃避，而越面对越觉得大无畏。其实这就是为什么成功的人更成功，失败的人更失败，我们缺少的是一种成功的态度。

未来的蓝图，圆梦早计划

zgyl_2001：你的前两个梦想已经圆满，那么第三个梦想，你觉得未来的路该如何去行走？

阿加加菲：第三个梦想是在创业的过程中践行社会责任，在帮助卖家更好地开好店铺的同时，帮助一些残疾人和贫困母亲实现自我价值，创造社会价值，让一些贫困家庭摆脱困境，这是一条很艰辛很漫长的道路，未来可能会很困难，但只要努力去做，相信还是会有所改善的，勿以善小而不为，我会尽我自己的力量去做。尽管以前生命带给了我很多苦难，但是未来我还是非常憧憬的，好好活着，自强、自立、自信，生命不止，战斗不息。

zgyl_2001：淘宝对加菲而言是什么？

阿加加菲：淘宝对我来说，是一个梦想开始的地方，因为淘宝给了我一个舞台，让我证明我存在过，奋斗过，我实现了人生的价值，我成为了一个有用的人。但是淘宝对我来说并不是全部，它只能算做我的事业，这几年的经历让我感悟到，生命中还有其他许多值得我在意的、珍惜的，比如说亲情、友情等。

采访后记：从阿加加菲脸上，你永远读不到命运留给她的阴影，相反，你看到的只有坚韧与乐观，这个名字将会流传多远，还是一个未知数。你或许不相信就是有这样一群人，在电脑的另一边，努力地与疾病抗争，与命运抗争，身体残疾却微笑面对生活。只要生命不停止，对生活的奋斗就不会停息。

阿加加菲的所作所为远远超越了正常人，淘宝创业没有残疾与非残疾，关键看你能否抛开杂念摆正心态，如何为之打拼！

新梅 99：风雨过后不是彩虹也要前行

本篇导读：总在失去时才知道前面拥有的是多么美好，总在不经意间把手中的幸福忽略，灾难过后才明白回忆里全是幸福！那么，如今该怎样正视命运的考验，李新梅彷徨过，放弃过，最终寻找到了生命的价值，重新活了过来！

嘉　宾 ID：新梅 99
店铺名称：【舒馨淘坊】
店铺主营：保暖内衣，居家服
店铺链接：http://shop61367758.taobao.com
记　　者：淘气宝宝 aq

嘉宾简介

70 后的李新梅，19 岁之后的她，感觉拥有健全的四肢是幸福的，因为那样可以随意地活动，快速地奔跑，无忧无虑地活着，多么舒心！一场意外之后的她，是多么怀念昨天的日子，看看今天的自己，活下去的勇气渐渐被消磨，于是一度想放弃生命，但后来还是敢于正视自己的现况，坚韧地“站”了起来！

创业背景

我的路不是你的路

李新梅，19 岁那年，刚刚中专毕业的她像所有人那样，憧憬着自己的美好未来，然而一场不幸的降临，打破了她所有美好的梦想。因为家中的一场意外，她被烧伤了，事后被送到医院，在住院过程中，李新梅做了六次截肢和植皮手术，命虽然保住了，可是她却永远地失去了左手，自己的右手也只剩两个手指。而且整个手臂和手的关节都被烧死，不能弯曲，右腿以及上半身包括脖子和半边脸都是植皮，没有弹性，活动十分不方便，从一个健康人变成残疾人，这是谁都接受不了的。面对如此打击，她选择了自杀，因为以前家住在江边，她好多次要去跳江，都被家人捉回来了，她也自己拿刀割自己的脚，也骗过安眠药吃…… 最后一次，她吃安眠药睡了两天还是醒了过来，终于，她放弃了自杀，因为她相信阎王爷是不要她了，所以她要更坚强地活下去。为了给自己治病，家里欠了很多债。经历过生死之后的李新梅告诉自己，自己已经给家里带来了很多的苦难，她不能再如此不懂事了。于是她开始积极地去面对这一切，她说："其实灾难更能锻炼一个人的意志，现在，即使有人让我死，我也不想死了，因为我不甘心，我曾经受了那么多的苦才活下来，就这样死了太不值得。"

访谈实录

古者富贵而名摩灭，不可胜记，唯倜傥非常之人称焉。盖文王拘而演《周易》，仲尼厄而作《春秋》；屈原放逐，乃赋《离骚》；左丘失明，厥有《国语》；孙子膑脚，兵法修列；不韦迁蜀，世传《吕览》；韩非囚秦，《说难》、《孤愤》、《诗》三百篇，大底圣贤发愤之所为作也——司马迁《报任安书》。

谨以此文展示"魔豆妈妈"自强不息，奋发图强的精神，以此激励大家，希望我们每个人都有她们那样乐观向上，永不言弃的精神。

"魔豆妈妈"来由：原指淘宝网上"魔豆宝宝小屋"店铺的主人，虽身患癌症、家庭破裂，却自强不息地开店养活女儿的伟大母亲周丽红。后泛指接受"魔豆宝宝爱心工程"救助的身处逆境，但积极向上的母亲。

"魔豆妈妈"李新梅

今天我们很荣幸请到了一位嘉宾，她经验不多，其实也还是一位新手。但是，在她身上却有很多值得我们学习的东西，比如说执著、乐观、坚强……

如果说，一个人生命中的每一次感动都是因为某件事物的独特意义与自己精神取向中的某一敏感区域"触电"，那么，我生命中很重要的一次"触电"来自于结识了这位"魔豆妈妈"李新梅。如果不是她坦言相告，那么也许你很难相信，眼前的她只有右手一根手指能够敲键盘、点鼠标，而且非常吃力。

访谈中，因为怕打字太慢，李新梅提出可以使用语音交流。可是因为我这里的电脑问题，最终没有如愿。于是，李新梅毫无怨言，吃力地用自己的右手，慢慢地，艰难地敲打着，向我们大家诉说关于她的故事……

当问及让她转变，对她影响最大的人时，她说，是母亲和武汉的一些残疾朋友。而其中，尤其是自己母亲，自从李新梅出事后，是母亲一直在她身边无微不至地照顾她。她说，若不是母亲的坚持和不放弃，或许就没有了此刻的我。可是现在，母亲也生病了，我心里真的很后悔，日日祈祷，希望母亲可以康复。以前吃饭都是母亲喂，现在母亲病了，我就自己趴在盘子里吃。我现在很乐观，很努力，这很大程度上也是为了我母亲，我希望她跟我一样，不要放弃，不是为了她能照顾我，而是我心里舍不得，哪怕 30 多岁了，妈妈仍然是我心里最重要的人。

交流中，她那饱含人间真情的话深深地打动了我。是的，遥远的梦不再犹豫，而敏感的心也不再逃避，轻轻地，我们要撩去，记忆曾经飘落的尘埃。于是我们聊起了明天的话题……

我的生活我的梦。

所有人的人生都是一样，有圆，有缺，有满，有空，这是没有办法去选择的。但是你可以选择看人生的角度。多看看人生的圆满，带着感恩的心态面对人生的不圆满。

起跑越过 带伤的翅膀
不想飞落 成功擦肩而过
梦想承诺 哪怕赛不过
不曾迷惑 方向心灵掌握
放弃 我不会说
目光 永远闪烁
失败的英雄不多
超越是不朽的选择
眼泪汗水我不会说
目光都在看着我
失败的英雄不多
终点是永恒选择
荣誉是梦的颜色
……

谈起如今的生活，李新梅的话语中多了几分感激。她说，这要感谢淘宝和红十字会，是它们资助我开了这家淘宝店，我现在活的特别充实，每天除了上网就是看书，因为我还有太多的知识需要学习，真觉得时间不够用。说到成为“魔豆妈妈”，李新梅说，其实自己很幸运，她微笑着说，当时是在医院里看到报纸上关于“魔豆宝宝爱心工程”的报道，之后就自己跑去了。当时她也有一些顾虑，因为她怕自己不够资格。因为她并不是妈妈，还没有结婚，所以当时她也没想获得资助，只是想学会网上开店。后来她就把家里的情况实话实说了。也许是她的诚心打动了他们，最后李新梅通过了审核。她说其实每个残疾人都想有尊严的活着，他们不希望被人瞧不起，更不想被人怜悯。而我也希望能够通过自己的努力让自己活的有尊严。所以面对这来之不易的机会，她分外珍惜，培训时，她也付出了比别人更多的努力。那时因为李新梅的妈妈还在医院，所以她白天参加培训，晚上要在医院照顾妈妈，她几乎天天迟到，甚至一个星期都没吃过午饭。那一个星期真是累啊，不过，一切努力都没白费，付出最终得到了回报，最后她以优异的成绩通过了考试。

说到未来的打算，李新梅说，我希望把网店做好，因为我觉得没有其他职业比开网店更适合我了。而且网络还能让我结交更多的朋友，虽然刚刚起步，一切还很难。李新梅说，有压力才有动力，所有大卖家都是从小卖家做起的，所以我有信心，不怕。淘宝的工作人员也经常介绍我们听一些课，也给了我们很多优惠，像我们的货源，一部分是通过自己努力寻找的，还有一部分是通过淘宝的帮助找到的。有那么多人在帮助我们，我们相信一切都会越来越好！

不错，也许她是幸运的，因为她拥有最伟大的母爱、最诚挚的友谊和最温暖的众人之爱。访谈最后，我问新梅最想对大家说些什么，她说，她很感谢，同时她希望可以得到别人的帮助，但不希望得到别人的怜悯！

在李新梅坚毅的目光背后，是她看待世界的独特视角，更是她在自爱的坚守中斩尽荆棘而精神盎然地前进着。她始终在以爱和坚持、微笑和拼搏温暖着自己的人生。我相信，不久以后，她会克服一切困难，一步步慢慢走向她那梦想的殿堂……

采访后记：英国哲学家、逻辑学家汉密尔顿说：“除人类以外，地球上没有伟大的事物；除心灵以外，人身上没有伟大的事物……”在李新梅的身上，我看到了很多人生的闪光点，为自尊而生存，为自我而证明，她早已把人生路上的辛酸和心灵的困境化作她的坚定。最后也衷心地祝愿李新梅可以早日成功，祝福她母亲早日康复，也希望有更多的人来帮助我们这些坚强而伟大的“魔豆妈妈”！

志当千里耀世中华："站"着开店绝不认输

本篇导读："我是一只小小鸟，想要飞却飞不高"，因为命运和他开了一次玩笑，让他只能坐着。尽管如此，80 后的好男儿依然找到了适合自己的生存方式，并为之奋斗着，一如他的 ID——志当千里耀世中华！

嘉 宾 ID：志当千里耀世中华
店铺名称：燕莺阁女装
店铺主营：女装，护肤品
店铺链接：http://yyg168.taobao.com
记　　者：丫丫爱小念

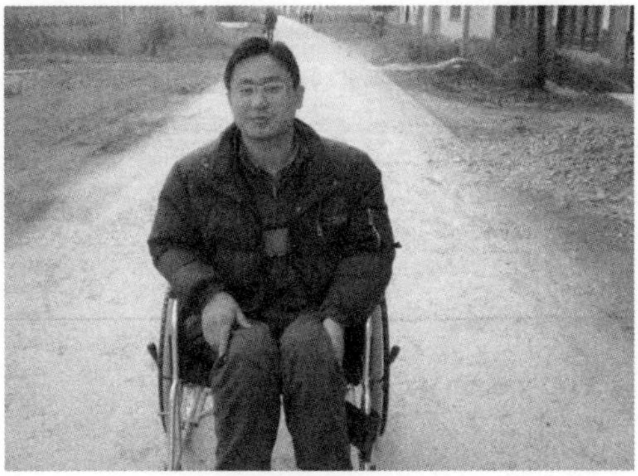

曹志兵

嘉宾简介

本来他是一名老师，二十出头，事业刚起步，然而，一场车祸，令他失去了行走能力，"我是一只小小鸟，想要飞却飞不高……"听着自己曾经最喜欢的歌，曹志兵下定决心，不能低头，我要找回属于自己的壮志雄心。不能再做教师，曹志兵尝试过养鸡，但看不到未来。苦思冥想后，他买了副行走支具，每天对着电脑，开起了网店。

创业自述

我是1982年出生的，从小家里就很贫困，父母省吃俭用供我上大学，大学毕业后，我做了一名中学教师，父母也很欣慰，因为我有了自己的事业，他们也能少操点心了，可是上天总喜欢捉弄人，2006年大年初一，大家都在开开心心过大年的时候，我的命运却改变了，一场车祸让我永远站不起来了，那段时间我非常绝望，甚至有过离开这个世界的想法，可是每次想到年迈的父母，我还是会有些不舍。我想我不能为父母做什么，但是我只要好好活着，或许他们就很满足了，在家锻炼两年，取掉了身体内的钢板后，我就开始设想自己的未来，自己能做什么呢？于是接通了网络，整天除了按时锻炼以增强免疫力和不让肌肉萎缩外，就疯狂在网络上乱窜，搜索种种创业致富的信息。

2008年，我鼓励父母在家里养了几千只鸡，农村散养的土鸡由于不吃饲料，肉味鲜美，备受城里人的喜爱。于是鸡就这样养起来了，然而，销路却不如想象的那样好！"本以为很好的事，到我这却比登天还难，最后想到了自己的学校，于是让父母厚着脸面跑到了学校，一向很好的校长帮了忙，鸡才销售了一半，最后半卖半送地卖完了。"虽说这次是销售了，但我觉得这不是长久之计，开始考虑另一条路。大学时接触的淘宝马上进入了脑海。

2008年、2009年全球爆发了严重的经济危机，但淘宝网2008年的交易量比上年同期增长131%，当时我知道这就是最适合我的平台。于是2010年1月，我进入了淘宝。注册ID为：志当千里耀世中华。

访谈实录

在阴雨蒙蒙中我们不灰心不气馁，
在晴空万里时我们不骄傲也不忘乎所以。
顺境中，记得危机的存在，
逆境中也不要垂头丧气。

丫丫爱小念：你好，我们也很荣幸能在百忙之中采访到你，我们都知道你是一名残疾人，当我第一眼看到你的名字时被震住了，迫不及待地想知道这是一位怎样的店主，一名残疾人能把事业做的如日中天是相当了不起的。其实，适合自己的创业平台算是找到了，但是因为你身体的原因，后期还会有一系列的麻烦等待你去处理，我都难以想象你是怎么挺过来的，我想这些也是广大淘友非常想要知道的。你能说说吗？

志当千里耀世中华：是啊，因为我身体的原因所以进货就有很大的困难，这也是开始的时候我非常纠结的一个问题，我每天都去淘宝社区、百度看看关于货源这方面的问题，后来觉得做代理还蛮适合我的，自己也就没去多想，也不知道去一些正规的批发网站比如阿里巴巴之类的，就去百度随便搜索了一家上海服装企业招网店代理商，也没有仔细斟酌就随便把那些衣服上架了，当时非常高兴，逢人就说，我开淘宝网店了，大家要是买衣服，超级便宜，可能大家觉得我是一个残疾人，就有朋友来我这买了，傻乎乎的我去上家拿货，但是跟淘宝不一样的地方来了，它是先付款，再发货，而且是直接付款的那种（小贴士：网络购物千万不能直接付款，一定要有第三方担保），结果，货就这样发给朋友了，等朋友收到货，一看傻了，衣服图片不对，颜色不对，而且又破了，搞得我没办法，一千个一万个向朋友说对不起，等我再到上家去质问，已经石沉大海……第一家就这样黄了……

考虑很久之后，感觉是我走错了路，代理不行，行不通，那就自己进货，虽然货自己不是很熟悉，但这样至少对顾客能有一个保证，货从我手经过，大概一二我也知道，不像代理那样，货的真实、大小，全然不知。于是，又一轮的百度、校友录，终于发现了一个很久以前的同学，正好在广州做化妆品生意，然后，淘宝店又从服装转行到化妆品，傻傻的我，在没有分析市场的情况下，又一次性进了5000元的货，结果可想而知，货又卖不出去，全是自己在用，原因很简单，这是国货，质量不是很好，而且不知名。再加上现在很多人都很担心在网络上买到假的护肤产品，当时我就是因为欠考虑、分析，就这样，又一次赔了老本。经过这两次，我简单总结了一下。淘宝，代理行不通，因为一不见货，二不见快递。还有就是市场分析，市场的冷热一定要了解，不能像我，拿几千元的货，造成存货积压！当然不排除一些找到好的上家，那样还是比较可靠的，关键是要在前期调查清楚，千万不能盲目。

丫丫爱小念：曹老师，你这是用失败的教训得来的经验给我们上了一课啊，想必有很多新手店主也学到很多，现在的确是有很多新手一上来不知道该去哪里进货，代理应该选择怎样的上家，不过我想现在他们应该能理一理自己的思路了，总之，不管做什么都不能盲目，一定要认真分析、考察，把风险降到最低再做决定。那么曹老师，你开店后3个月的时间已达一钻，这算是很不错的成绩了，你能给我们这些新手说说你都是靠什么推广你的产品吗？

志当千里耀世中华：其实从我进入淘宝以来，每天都去淘宝大学听一些讲师的课程，每期不落，除非有事，因为我觉得那都是前辈们总结的经验，是非常科学的经验，可以让我们学习到很多，有些经验我们完全可以利用到自己的店铺里，所以我建议新手卖家也去听听讲师的课。不要懒，我们新手现在就是学习磨合的阶段，谁都逃不过，也不要有什么侥幸的心理，除非你是来淘宝玩刺激的……

至于推广的方法，我还是建议做直通车，我也是上个月才加入直通车，带来的流量确实不错，成交量也随之提高很多，我还在直通车研究的初期，也在学习中，所以一时不能总结出好的经验，但是我想告诉大家的是直通车并不是烧钱的推广方式，那只是因为你没有利用好，你只要利用好关键词、价格设置差不多，你的宝贝就一定能被买家搜到。还有做我们这一行的，加入消保还是非常有必要的。再一个就是帮派，要学会玩帮派，会玩的人是在玩流量、玩交际。不会玩的人，是在跟风、玩热闹，所以大家一定多去参加帮派的一些活动，多在帮派里露露脸，发帖子，那里其实就是一个小的社区，如果你在社区里混熟了，那我想谁都会关注你，也就不愁店里没流量了。

丫丫爱小念：曹老师，店铺是推广出去了，流量随之上来以后顾客也就多了，那么你是怎样留住你的顾客的？遇到一些肆意砍价和有意刁难的顾客，你是如何处理的呢？

志当千里耀世中华：我认为想要发展好一个店铺，有以下几点：

首先，你的店面装修必须是让人看了觉得很清爽、很利索，特别是做化妆品的，这是顾客的一个视觉影响心理问题。

再有就是你的产品要专一，最好是主卖哪一类，就只卖这个，不要杂七杂八放很多，这样顾客就会觉得你的店不是很专业，我们要记住：因为专业，所以信赖。

还有就是价格，不要想着一夜暴富，切忌，不要做暴利的商人，因为这种商人永远都死得很惨，我们得让顾客接受，不要让顾客觉得有一点点的勉强，一分价钱一分货，顾客认为你这个产品值这个价，那么，你已经成功一半了。

最为关键的就是自己的专业知识要过硬，无论我们做什么产品，都要先从这个产品的专业知识下手，我们首先得了解这个产品的方方面面，顾客遇到一些实际性的问题肯定是要咨询店主的，如果我们都解释不清楚，那谁还敢来买？特别是做化妆品这一行的。

最后就要说一说售后了，比如有些卖家，只要货发出去，钱收到了就不管客户的死活了，像这样的卖家，你是活在今天，死在明天。我们必须知道一个店想要长久的发展离不开我们的回头客，大家可以想想，一次性的顾客能有多少？仅靠一次性的顾客发展，店铺离关门也不远了。所以我们对待每一位顾客都要虔诚，顾客不是花钱来我们这里受罪的，是享受我们服务的。谨记，任何时候都要把顾客的利益放在首位。

关于顾客大肆砍价的问题，我想只要你把价格处理好了，这样的顾客还是很好说话的，是可以理解我们的，如果还是有一些顾客坚持砍价的话，那我们就要很委婉地跟顾客解释，语气要带着温和但也要有足够的坚定，我想最后一切都好商量。

丫丫爱小念：曹老师，我觉得你都可以去淘宝大学做讲师了，你说得太好了，非常切合实际。曹老师，你最后能给我们说说你的职场格言和人生格言以及你对未来的定向是什么吗？

志当千里耀世中华：职场格言就是人生要有目标，要有计划，要有提醒，要有紧迫感。一个又一个小目标串起来，就成了一生的大目标。人生格言是：最好的，不一定是最合适的；最合适的，才是真正最好的。对于未来，我已经非常明确了，就是做得更大、更强。虽然我是一名残疾人，但是我身残志不残，就像我的名字一样：志当千里耀世中华。

丫丫爱小念：说的好。曹老师，我在这里真心祝愿你能一天比一天更好、更强，早日实现自己的梦想。好的，非常感谢曹老师能抽出时间参与小念的这期采访，希望我们在你下一次出现奇迹的时候还能采访到你。

志当千里耀世中华：没问题。我也非常感谢名人访谈能让我与广大淘友一起分享我的创业历程，希望大家以后能多多支持我。希望大家想的不是我是残疾人，而是一名非常坚强有志气的人。谢谢大家了！

采访后记：面对淘宝，曹志兵首要克服的就是自身的困难，由于中枢神经中断，曹志兵腰部以下血液不怎么畅通，时间长了就容易出现腿肿、屁股出现压疮的问题，他说，“一旦出现这种问题，是需要很长时间恢复的，我自身免疫力本来就很低，再加上血液不畅通，经常因为这个事只能是长时间趴在床上上淘宝。而淘宝又需要时时刻刻以防丢失客户，所以造成了很多麻烦。因此自己干脆狠心花一万多元钱买来一副支具，穿着支具站在房间里上淘宝。坐会儿，然后再站会儿，生压疮的问题也解决了。”这是一种怎样的精神，为达目的不惜一切代价？算吗？肯定算，我们如果有了曹老师这种精神，那么在创业路上还有什么困难能难倒我们呢？

游林冰：用灵魂站立并行走

本篇导读：游林冰，在去日本留学的路上，不幸遭遇车祸，从此高位截瘫，从一个年轻有为的日资企业中方厂长，到一个无法自理的人，她很难承受这个反差，但是她凭借自己的生活态度："坚强、坚持"，在家人的关怀下重新站立了起来，重新开始行走，而她不是用双腿在行走，而是用灵魂在站立并行走。

2009年马云颁给她黄马褂，2010年11月，她被邀请为女性论坛嘉宾，同中国餐饮富豪排名第二的俏江南掌门人张兰、优米网创始人王利芬、时尚杂志BAZAAR主编苏芒、音乐家谭盾的夫人黄静洁一起演讲，讨论幸福是什么。

游林冰

马云颁给的黄马褂

与此同时，她还和六个人一起，管理公益网站："站起来"并成功帮助许多残疾人，到底帮助过多少人，她自己也不知道了，在忙于自己网店，打理网站的同时，她不但管理着魔豆店铺，还要每天坚持练习站立，练习行走。她希望自己有一天能够再次站立，再次行走。其实，她不知道，在很多人心中，她早已重新站立并行走，她是用灵魂在站立，在行走，并且走到每个人心里！

嘉　宾 ID：youhome88
店铺名称：以琳小店—大码女装、杭派女装
店铺主营：大码女装
店铺链接：http://10xd.taobao.com
记　　者：树袋熊和桉树

树袋熊和桉树：当时是什么原因让你选择大码服装，选择淘宝的呢？

游林冰：做淘宝是很偶然的机会，因为父亲去世了，我想卖掉父亲留下的呼吸机，呼吸机才用了一个月父亲就去世了，正好我外甥和他女朋友来，我问他有没有认识的人，帮我卖掉呼吸机。他女朋友说她有个淘宝店，可以卖东西的，我才第一次知道了淘宝。后来我自己注册了，一个月后把呼吸机卖了！之后卖的东西也是寻寻觅觅，换了很多，刚开始的时候没有货源，因为在学习丝网花，就卖丝网花和丝网花材料。但是没有生意，半年才有 20 单，一单就赚几毛钱。2005 年注册的，2006 年 11 月我成为魔豆爱心工程第一受助母亲，才真正开始做淘宝。这之后也做过鲜花、蛋糕，利润很高，但是节假日压力大，平时客户少，也代理过很多品牌食品，都没做起来，我是从 2010 年开始做大码女装的，主要是大码裤，生意还不错，生意有些起色可以说是从大码女装开始的。是朋友网上找到的，介绍给我，这家货质量不错，服务也可以，所以就做起来了。

树袋熊和桉树：平常一般你要在电脑前忙碌多长时间呢？

游林冰：我每天 9 点起床，要到晚上 12 点左右才下线。因为不仅要做自己的店，还有很多的事要关注到，比如：魔豆店我在管理，除了有专门的客服外，我要下单，找商品，上架，还有很多货物的咨询都要做。还有魔豆母亲联盟我是盟主，要带领整个商盟的运作。

树袋熊和桉树：魔豆店是怎么一回事呢？

游林冰：魔豆爱心工程的源头店，魔豆爱心工程就是因为魔豆店才有的。魔豆店的地址：http://mdbaobao.taobao.com。

树袋熊和桉树：那么这个店铺的所有资金来源都会捐助给魔豆妈妈对吗？

游林冰：不是。我们 2010 年 2 月接受魔豆店管理，有义工借了 4000 元资金给我们，现在已经还清借款，所有利润全部归小魔豆所有，2010 年给小魔豆提现 2000 多元，2010 年 2 月接手魔豆店管理，还有残疾人的网站，公益事务，所以比较分心，自己的店几乎没有时间打理。因为很多事需要人做，所以要尽量把各项工作安排好，没有时间的时候自己的店就放在最后了，有一次一个星期没有管自己的店，没有看数据，实在没有办法，也是能力有问题吧！我其他事务太多，也耽误了很多时间！有时不能专心打理自己的店。2011 年我们商盟提出了培训计划，要给新的母亲们上课，刚才就在管理群里安排工作，商盟除了给母亲培训外，还要做促销活动，希望能帮到母亲们。我们是一个月一期在帮派里和淘宝的独立页面促销，促销频道、淘宝商盟、放心购频道，很多时候页面都是我自己做。

树袋熊和桉树：这次魔豆妈妈培训，你们的出发点是什么呢？

游林冰：因为我们这些已经受助的魔豆妈妈目前各方面已经比较成熟了，现在有很多是新的受助母亲，我们希望把我们以前摸索的经验告诉她们，这样可以帮助她们缩短摸索的阶段，把店开起来。

树袋熊和桉树：那是很辛苦，其实，你自己的店铺基本都不怎么用心了吧！

游林冰：也不能这么说，中心当然是自己的店，但是有时会影响到自己的店，因为人的精力有限，影响到自己的店，所以自己的店不能做得很仔细！

树袋熊和桉树：那么，你做淘宝以来最难忘的一件事是什么呢？

游林冰：就是 2009 年到广州，马云颁奖给我黄马褂！他们告诉我当公布到我的名字时，大家都说马云比我还激动！因为一个残疾人能做到这一步很不容易，给很多人树立了信心！常有人说，一个残疾人能做到的，难道我们不能吗？开始淘宝小二联系我去广州的时候，因为我出门不方便，不想去，觉得太辛苦了，我也不知道什么是黄马褂，之前也没有听说过，因为我不想去，才透露一点说要给我颁奖，所以就去了，没有想到是淘宝最高荣誉奖——黄马褂。2007 年 12 月马云第一次到我家里来看我时，我就很激动了。这次是第二次见到马云，看见我的成绩，他比我激动。第三次见到马云是 2010 年淘宝年会，邀请我作为淘宝颁奖嘉宾，结束后大家都散会了，马云竟然走到我的位子前，和我交谈，我也很感动！第四次是 2010 年 11 月女性论坛，我被邀请作为嘉宾上台。阿里巴巴举办的第一届女性论坛，邀请了一些著名的时尚界成功的女性来演讲、做嘉宾，我很荣幸地成为一名嘉宾，谈论什么是幸福。

"论坛上，中国餐饮富豪排名第二的俏江南掌门人张兰、优米网创始人王利芬等成功女性上台演讲。时尚杂志 BAZAAR 主编苏芒，音乐家谭盾的夫人黄静洁，以及魔豆妈妈工程第一位受助者、网上开店的杭州瘫痪女子游林冰一起畅谈女性创业的苦乐得失。"在当时的报纸上，如此报道。我的主要特点是：坚持！永不放弃！

树袋熊和桉树：你置身于公益事业的热情，是什么带给你那么大的力量呢？

游林冰：因为一路走过来得到很多人的帮助和关注，所以也要尽一切的力量帮助别人，让爱心得到进一步传递。信仰是我心里力量的依靠。其实我做很多事时会按圣经的教导来做。比如看见别人遇到困难，我知道“施比受更为有福”，我会尽自己的力量帮助别人。

树袋熊和桉树：很多时候，你认为自己最大的幸福是什么呢？

游林冰：儿子是我在世上的牵挂。当儿子有出色成绩的时候，是我最幸福的时候！

树袋熊和桉树：你认为做淘宝，让你觉得最无能为力的事情是什么呢？

游林冰：我觉得进货难，我无法到批发市场去。

树袋熊和桉树：那么现在你进货都是怎么做的呢？

游林冰：大部分是代理。自己进的就是从网上批发，网上批发的常常不如意。

树袋熊和桉树：在你心中最大的愿望是什么呢？

游林冰：组建一个团队，团队作业。

树袋熊和桉树：作为盟主，又作为母亲，还作为自己店铺的店主，你认为你最大的成就是什么呢？

游林冰：残疾人可以自食其力！外人看一个残废的人，可以养活儿子，养活家人，还可以帮助到那么多人，很骄傲！

树袋熊和桉树：你自己最大的痛苦是什么呢？

游林冰：还是不敢面对过去。前一段时间淘宝要根据我的经历写电视剧本，作者有 9 个题目给我，要我提供素材，前面都很快地写了，到了第 7 个题目：写我受到的伤害，怎么也过不去，写不下去，就一直停在第 7 个问题上了，将近 1 个月，过了年实在没办法才写下去。

树袋熊和桉树：淘宝的这个电视剧本是怎么回事呢？

游林冰：淘宝要给受助母亲拍电影、电视剧。

树袋熊和桉树：纪录片的形式吗？

游林冰：故事片、系列剧。

树袋熊和桉树：这个系列片为何写到第 7 个题目时就写不下去了呢？

游林冰：主要是写车祸后，打官司的一段，突然面对这个人生变故，常人都很难面对。我一直不敢回忆过去，不敢面对过去。车祸前我是外资企业的一个中方厂长，年轻有为，车祸后变得生活都不能自理了，落差太大了。信仰告诉我，我是独一无二的，上帝有他的美意，他要在软弱的人身上显出刚强。

树袋熊和桉树：从车祸到恢复，到自己能够自理用了多长时间呢？

游林冰：1997 年车祸，2004 年开始接触其他残疾朋友，做“站起来”公益网站，生活才慢慢开始有改变，而这段时间都是我父母来照顾我的生活。我父亲2005年去世。我们没有了生活来源，2006年开始做淘宝。

树袋熊和桉树：其实你父亲的去世对你应该是很致命的打击吧，当时自己的情绪调整了多长时间呢？

游林冰：这个不会，因为我们是基督徒，我们相信将来会在天上相见的，但是父亲去世后，我们的生活面临了很大的问题，所以必须赚钱了，之前都是做公益的事，都是不赚钱的！

树袋熊和桉树：之前都做过哪些公益事情呢？

游林冰：我们做了“站起来”网站，帮助过山西残疾姑娘，发起了全国的救助，救助成功，送那位女孩到了南京治疗，这个事中央电视台都进行了为期 2 天的专题报道。

我认识很多残疾人，有的连轮椅都不能做，只能躺着，一只手能动，有一位这样的朋友，我教他开了网店。还有一位，现在正在教他开店。

树袋熊和桉树：那么你这么多年总共帮助过多少位残疾人？

游林冰：这个没有记录，有个叫张艳枝的人，当时我们知道她的时候，医生说她只能活半年了，褥疮非常严重，我们帮助她把褥疮治疗好了，后来结婚了，生了个男孩子。她是从出生就是这个病，从来都没有走过路，现在孩子应该有两三岁了。她家在农村，父亲去世了，只有母亲和一个残疾哥哥，所以根本没有钱给她治疗，因为没有钱治疗，所以她的褥疮已经有拳头那么大的洞了，两三天就发烧，已经到生命的最后阶段了，现在因为这个救助，在道德观察播出，她也成名人了，认识了一个轻微残疾的青年，相爱结婚了。

树袋熊和桉树：你每天都练习站着，这是怎么回事呢？

游林冰：支架前，用木板把膝盖顶住，站立，每天要站的，防止关节坏死。我也买了支架，练习走。一次一个小时，每天练习两次。

树袋熊和桉树：像海伦凯勒的假如给我三天光明，如果给你三天的时间让你能走路，那你最想去哪里呢？

游林冰：我的病和桑兰一样，是外伤性的，医学上还没有办法。只有三天，第一天我会去教堂，跪下，感谢上帝的恩典！第二天会去儿子的学校，看儿子生活学习的地方。第三天我要去服装批发市场、食品批发市场转一圈，把货源搞定，问来电话，以后就可以进货了！

树袋熊和桉树：桑兰对你的影响是不是很大呢？

游林冰：她的微笑感染我，笑对人生！

采访后记：我看到一张张灿烂的笑脸，这些笑脸是属于游林冰的。她的无私，她的坚强，她的坚持，影响着我。采访结束后我久久不能平静，她是不幸的，她又是幸福的。虽然她认为她最大的幸福是儿子取得成就，可是在我看来她最大的幸福却是战胜自己，超越自己，她最终用灵魂行走着。

第 5 章 警醒篇

——听警钟在长鸣

◎ 随海漂游：一夜痛失 40 万元，四皇冠的“劫”

◎ 蜂蜜和柚子茶：劝君熟知规则，莫让无知封了店

◎ 拍拍乐：淘宝废寝忘食还不够，有个性才能脱颖而出

◎ 自由魔力：皇冠卖家站在高处也烦忧

随海漂游：一夜痛失40万元，四皇冠的“劫”

本篇导读：淘宝于2010年7月8日发布了新规则，这一规则的颁布对于掌柜来说可谓是一场前所未有的洗礼。一段时期内，众卖家纷纷提出异议，并表示此规则的不公平性。那个七月是黑色的七月。受新规则影响的不止中小卖家，皇冠店铺也未能躲过此“劫”！

嘉 宾 ID：随海漂游
店铺名称：思慕/slime 原创欧美风潮流女装
店铺主营：女装
店铺链接：http://shop33364431.taobao.com
记　　者：柠檬香橙99

嘉宾简介

随海漂游掌柜大学在读的时候，就经营着一家淘宝小店，未曾想就这样一发不可收拾地成功了。可做到四皇冠之后，一场意想不到的灾难降临到他身上……

随海漂游掌柜

创业自述

2006年，我正读大三，有很多业余时间，而我从小又对商业有着强烈的向往，于是一有空就琢磨着如何才能做小买卖。网购那时已经被部分人所熟知，服装又是宁波盛行的产业，在宁波有非常多的服装厂，货源上有很大的优势，所以我也很自然地在网上卖起了服装。开店最初也遇到过不少问题，那时电脑和数码相机还不是非常普遍，我的资金也不够充裕，所以这些设备都是向同学或朋友借的，连进货的钱也都是借的，不过幸好靠一手货源的优势，很快就迎来了第一笔生意。那时候的竞争不像现在这样激烈，也算是赶上了好时候，赢利后的第一件事就是把设备配齐。

几个月后小店已经有了稳定的客源，一看形势不错，马上在外面租了一间房子专心做起淘宝，此时踏上了顺风船，一路顺风顺水。这段时间基本处在超级忙碌状态，除每天 7 小时的睡眠时间之外，其他时间都在马不停蹄地工作，总觉得时间不够用。每隔半年差不多就要换一个更大的地方，这段时间虽然很忙但是从来没有感到疲惫，2008 年中旬迎来了淘宝形势最好的一年，此时团队人员一度达到 15 人，仓库面积达 400 平方米，那时候大好的形势让我忘了任何商业行为都是存在风险的。我一直认为只要我看中的衣服有多少就卖多少，那时候只要看中的衣服基本上全部从工厂拿过来。（在这里我需要对我们所卖的产品进行一个说明，这些产品是出口转内销的，现在我们说的外贸类产品基本都是外贸的尾货，所以价格上很占优势，基本上我们标的价格连做出来的成本都不够，所以遇到特别好卖的款是出不起价格让工厂去生产的。）

形势好的时候感觉不到问题的存在，那时候团队分工也较合理。同年，我们从一皇冠直接冲破三皇冠，2009 年伊始销量比 2008 年略有下滑，于是我开始寻找一种有效的推广方式。一次偶然我进入淘宝客发现我的佣金设置是 15%，我的账户明细里显示支付了相当大的一笔佣金，于是做出了至今后悔又愚蠢的决定——退出了淘宝客。半个月后问题马上反映出来了，销量比上半个月减少了三分之一，店铺为了维持销量开始搞促销活动，销量有所提升，可是一旦不搞活动销量就马上下降，因为频繁的活动就等于没有活动。另一方面货品的不断增加，400 平方米的仓库已经完全容不下我所进的货，于是我决定最后一次搬迁，就找到一个 1200 平方米的厂房。这次搬迁前后总耗时 15 天左右，搬迁途中为避免买家购买商品后货物难找导致延迟发货的问题，我又做了第二个愚蠢的决定——下架所有的商品，这导致我们搬迁以后销量在原基础上又减少了三分之一。因库存结构不合理和此次搬迁所花费的费用，导致资金链脱节，无法再购进有竞争力的新款，于是进入恶性循环。一直坚持到 2009 年的秋天，通过团队几个月的努力，销量终于有所恢复，但与搬迁之前相比，销量明显不足。就这样一直坚持到 2010 年 8 月（属于淡季），没想到遭到淘宝的侵权处罚，彻底摧垮了我们以往所做的一切努力。

随海漂游团队

访谈实录

2010 年的淘宝，注定是不平静的一年，78 新规的阴影还没有过去，8 月的品牌侵权又一下子给众多卖家打了个激灵。君不见，社区里众多帖子纷纷出炉，痛骂的、理解的、抱怨的、伤心的各种情绪弥漫在社区，我们都有些迷惘。淘宝，你是否还是大家的淘宝？是否还是大家信赖的淘宝？中小卖家的生存自然不用说，可是万万没有想到的是皇冠卖家也会躲不过这游戏的规则，一夜痛失 40 万元！

柠檬香橙 99：你原来的货，侵权只是图片上侵权吧，还有哪些地方侵权呢？

随海漂游：是因为对其品牌的侵权。同一个品牌，我侵权了两次，也怪我大意。

柠檬香橙 99：我留意到你那批处理的货，为什么一定要售给广东买家呢？在本地销售不好吗？在本地，应该有些集市、服装店，为什么要选择外地呢？

随海漂游：处理这些货考虑了很多的方式，如果说是按款式卖，一些好的货可以卖一个好的价格，但销量缓慢，大部分还是会积压下来，则最后还需要用更低的价格来处理，还得搭上仓库的场地费和人工管理费。所以还是一刀切快些，这可能跟我的性格也有关系。因为我们这里是第一手货源地，所以吸引了大批异地客商，其中广东那边做得比较大，也差不多只有他们才“吃”得动。

失去了货源，网店还能给我们什么

柠檬香橙 99：店面转型后留给你们的就是信誉和老顾客，那么你们做了哪些工作来维系顾客的忠诚度呢？

随海漂游：现在进入我们店铺的主页就可以看到设置了很多的沟通渠道，让老顾客一起交流会比较人性化，同时也利用群发信息告诉买家我们发生的事情，很多老买家给我们留言说他们感觉我们更真实了，还会一如既往地支持我们。我感觉与客户的交流必须要真诚，只有真诚才能换得客户的信任。

柠檬香橙 99：沟通是买家跟卖家之间最好的桥梁。淘宝上的卖家同时也是买家，所以能体恤顾客的难处，理解他们的心情就如同理解自己的心情一样，将心比心才能得到更多的朋友，少赚钱多赚信誉才能让你的财源细水长流。你觉得你的 ID 重要吗？最重要的地方在哪呢？

随海漂游：我感觉 ID 跟人名差不多，它只是一个代表，重要的不在于它叫什么，而是整体体现的东西，内在的软件才是最重要的。比如说微软今天一夜消失了，明天的微软人另找一地，另取一名，还是能创造出一样的成绩。

柠檬香橙 99：那么请问你如何理解真实信誉与店铺信誉两者之间的关系？

随海漂游：我所了解的不少店铺包括我在内（曾经的我），为了冲等级只会一味拼价格，从而忘记产品的质量和服务，但大都是好景不长。刚开始的时候不会有太大的感觉，低价格会吸引很多新顾客，信用度一下子提高许多，但靠这种方式吸引来的新顾客的忠诚度是不够的，他们基本不会再次消费，老买家因此也会对这样的卖家失去信心，就算你的等级已经到了几个皇冠，也是走不远的。

只有把信誉放在首位，才能赢得更多客户的信任！虽然开始的时候有些缓慢，但积累的买家和口碑绝对是你通往最高目标强而有力的后盾，任何一个优秀的品牌商家都会把品牌信誉和买家放在首位，并且要能抵住诱惑。我认识的一位卖家就非常有原则，无论看到的款有多少利润，也能预计到卖的会有多火（这不是吹，资深的卖家还是有预计能力的），有时候他认为质量不过关，就坚决不会拿货，然后这些货流到其他卖家的手里卖得很火，他会开玩笑地说，真羡慕啊。但我知道他心里清楚什么是最重要的，所以说诚信永远是商家的第一准则！

78 新规下，受到重创的网店应如何生存

柠檬香橙 99：现在还有很多卖家因为新规都走不出困境，请问 78 新规对你的网店有什么重创吗？

随海漂游：重创确实不小，起先我没有注意 78 新规，后来销量忽然大量减少让我感觉不太对劲，经过调查才知道问题正是出在 78 新规上。我在论坛上看到很多帖里的卖家都很消极，也有一些出格的行为。在这一点上，我还是比较理智的。其实淘宝一直把考虑问题的重点放在买家上面，有买家才有卖家的生存，当买家失去信心的时候淘宝也就不复存在了，更别说卖家的利益。淘宝这次的调整主要考虑能为买家提供更好的商品和服务，就把服务也算在里面，这是一个明智的做法。虽然损失不小，但必须要进步才能发展，后面的路还很长呢！

柠檬香橙 99：那你是如何调整和适应 78 规则的呢？

随海漂游：我将重点放在合理的库存结构、售后服务和提高客户的忠诚度上面，弥补以往的不足。

柠檬香橙 99：关于库存管理的问题，能细说一下吗？

随海漂游：库存管理对淘宝店铺起着决定性的作用，我们这次失利很大一部分原因出在库存问题上。在出售的过程中经常会遇到无货的商品依然在架上销售，而有的商品有货却没有上架，或是缺色少码，因为没有专人负责，所以导致零散商品库存积压。还有就是过高地估计了商品的销量，我们到工厂去看货的时候，有时候看到喜欢的货，质量方面也过关，进货以后就是销售情况不理想，所以说还是进行试销后再决定进货量比较妥当。

柠檬香橙 99：请问现在直通车一天大概花费多少？

随海漂游：因为最近货品都已经售空，所以在努力寻找新款、爆款，一旦发现受欢迎的商品，我们就会在直通车购买这个商品的关键词，配合活动，就会有不错的效果（以往就是这么做的）。

其实二八定律也可以用来形容淘宝，20%的热款决定店铺的销量，瞄准好的款、有量的款，配合广告后会获得不错的效果。我有过一次比较惨痛的经历，当时有一款商品的库存量比较大，但是销量一般，所以想用广告把货销出去，结果花了近万元的广告费，却只是卖了非常少的量。我们很多新手卖家都有一个误区，就是以为卖的不好的货，或者销量差的时候才会想到去做广告，这个想法是错误的。

柠檬香橙 99：原来是这样啊，那么你说常用的推广方式你都用过，除了直通车，别的推广方式还用过哪些呢？

随海漂游：钻石展位、超级卖霸、淘宝客这些我都用过，用得最多的还是钻石展位。前前后后，如果把推广费用加起来的话，则保守估计应该超过 10 万元。

柠檬香橙 99：你能把流量跟销量转化的效果具体说一下吗？

随海漂游：其实也就是把有限的流量转变成实实在在的订单，在淘宝上流量为王，这话没错，但如果光有流量还是不够的。如果你店铺的产品做得比较杂，没有一个突出点，那么就很难让买家记住你，所以定位很重要。我打个比方：有一家店花了 1000 元做广告，吸引了 100 个顾客，结果有 10 个人购买了商品，而另外一家店也同样花了 1000 元做广告，吸引了 100 个顾客，结果有 30 个人购买了商品。假设两家卖的都是同类产品，被吸引来的都是相同的顾客，造成成交量的差异应该有两个原因，一个是店铺陈列商品方式的不同，还有一个就是店员服务的区别。所以我们只要抓住消费者的购买心理，切合这个心理，做一些调整应该会有效果。这只是我个人的浅见，只作为参考。

柠檬香橙 99：做网店自然要经常搞活动来吸引客人，打折、促销、赠送这三板斧自然是免不了的，可是这也需要有一定的“技术”含量，你们每次的活动都是如何策划的呢？

随海漂游：如果店铺做活动的话，那么最主要的是让更多的人知道你有这个活动。你的活动折扣再低，如果没有人知道，那一切都等于白费，所以这时候，要适时投入一些广告，再利用技术手段通知以往的老买家，老买家永远是店铺发展一个不可缺少的动力。活动时间最好不要太长，限定一个时间，让买家们感觉到他们来得正是时候。

柠檬香橙 99：现在帮派很火，很多卖家都成立了自己的帮派，你们成立了吗？一般如何管理呢？

随海漂游：我们成立的时间不久，所以还有很多需要学习的地方，但我现在把它当作我们与买家交流的一个平台，让买家感觉到我们是作为他们的一个朋友而存在，而不只是纯商业手段。基本上他们的留言、发帖都是我自己回复，这样才会感到更真实。

痛定思痛，建自主品牌

柠檬香橙 99：你是如何理解品牌这个概念的呢？

随海漂游：我个人认为品牌的定位比较重要，像 J&J 定位在年轻时尚中高档，唐狮定位在年轻一类中低档，柒牌定位于商务人士。有时候品牌卖的不只是产品，更多时候卖的是一种文化和理念，像 LV 卖的是尊贵，像我们的雅戈尔卖的就是品位。当然现在谈还是有些肤浅的，这需要在实践中去体会。

柠檬香橙 99：那你打算如何定位自己要建立的品牌呢？

随海漂游：不知道你有没有留意到我们店的主页有梦想一栏，那里对要做什么样的品牌进行了一个说明，因为我个人对品牌还是比较陌生，这是一条我们没有走过的路，我打算利用网络的优势来集合各方的创意。目前，我们把创意团队取名为“梦想者”，全民参与，在网民中总会有些能人提出更多更好的想法和创意。

柠檬香橙 99：我看到你目前打算进入商城是吗？为什么会选择商城而不做集

市了呢？

随海漂游：是的，很早就有进入商城的打算。选择了商城就是选择了品牌路线，只有品牌路线才能走得远。一味地拼价格，做仿冒，那只能是一时的，绝对走不远。

柠檬香橙 99：最近淘宝大力扶持商城，做商城会有很大的优势，现在淘宝对商城开放了不少好的资源。就流量来说，商城远远胜过集市，输入关键字，第一页出现的就是商城！

随海漂游：感受到了。

柠檬香橙 99：做淘宝你最大的收获是什么呢？

随海漂游：收获太多了，各方面的都有，无论是做人还是做事都成熟了不少。以前做淘宝的时候，进货、接单、发货、售后，都由我一个人包办。在此期间，学习了不少与人沟通的技巧，处理矛盾的方式（特指售后），也增长了不少的阅历，后来人多了，重点放在人员调配上，我摸索到了更多的管理经验。到现在为止我认为最大的收获就是经验。

柠檬香橙 99：一个店做到皇冠，就有了许多的无形资产，经验、员工、客户等，就算店主想要转型做别的行业，也会很成功！寻找货源会更容易，这也是为什么厂家跟中小企业都特别重视皇冠的原因。

采访后记：淘宝在变，规则也在变，作为网商我们会遇到竞争，集市店与集市店之间的竞争，集市店与商城店之间的竞争，商城店与商城店之间的竞争，甚至社区里帖子与帖子之间的竞争，帮派与帮派之间的竞争，淘宝设定了游戏的规则，抱怨也换不到什么，我们只有学会适应，学会“变”，做好我们自己该做的。我们变图片，变产品介绍说明，变产品展示，变我们的服务，变我们的活动方案，根据淘宝新的规则变我们的营销策略。正如马云所说：拥抱变化，在变化中不断提高自己的核心竞争力，不断了解销售的内涵。

蜂蜜和柚子茶：劝君熟知规则，莫让无知封了店

本篇导读：拥有一家网店，不等于老板梦就实现了。淘宝规则不知道，一不小心店铺被查封，这样的悲剧能避则避。因此，开店之前给自己敲下警钟，这是必不可少的环节。

嘉　宾 ID：蜂蜜和柚子茶
店铺名称：大狗家& mdash；美丽 100%正品专家（大狗的天空）
店铺主营：美容护肤
店铺链接：http://youzitea.taobao.com
记　　者：zgyl_2001

嘉宾简介

2002 年，就读于同济大学土木工程系的蒋意进校后，数字、线条和“抠书本”，让他甚感乏味。“一定要找到适合自己的人生路！”他觉得大一了还要伸手向家里讨要生活费是件可耻的事，于是从大二起，他执拗地自我“突围”。偶然了解到网上可以卖手机，怀着好奇心的小蒋“小试牛刀”，没想到一个月赚足一学期的学费，让他找到了创业的乐趣。

创业背景

刚开始创业，他守着一台旧电脑，在宿舍里回复着那一声声令人心跳的“叮咚”。小蒋利用业余时间供货、销货，一个月能卖出二三十部手机，慢慢地扩大经营规模，月销售量增至两三百部。此时的小蒋分身乏术，打算暂停学业，家人得知后极力反对，父母眼看着儿子考上梦寐以求的大学却要丢了学业而在网上“不务正业”，他们无论如何也不理解儿子的这个决定！然而小蒋并不过多争辩，背水一战的他能否取胜？小蒋坦言，自己要走的路很长，没有终点，更没有捷径，如果能获得更多的资金支持和社会理解，那么创业路上也许能更轻松，少些烦恼。

他说，学校里的东西理论性很强，走出课堂，要学的知识和能力只增不减。在社会这个更广阔的大学里，只要扎实肯干、抓住机会，掌握未来又何需那一纸文凭作为求职的“敲门砖”？小蒋最终选择了淘宝创业这条路。他坚持每天连续“蹲网”12 个小时，甚至住在办公室，整理客户资料的同时抓紧时间恶补“课外知识”，并以全新的理念来打理业务，结果创造月销 30 万元、年销一千部手机的佳绩。

访谈实录

大家都知道我们在淘宝开店是免费的，而且上传 10 件宝贝就可以把店开起来。所谓开店容易守店难，相信淘宝掌柜们都深有体会。淘宝数以万计的店铺，心、钻、冠不管哪一信誉的店铺都会经历彷徨和倦怠期，那么如何去克服这一心理呢？一贯延续传统网店的经营方式，不了解网上生意的真谛，那么这条路会走得很艰难。今天，我要给大家介绍的这位网商——蜂蜜和柚子茶，还有一个网名叫斩不死，真实名字叫蒋意，在淘宝上经营着化妆品店和手机店。一段时期内大学生创业成风，而小蒋就在那个时期脱颖而出。

蒋意的手机网店因为受市场不稳定的因素，2008 年开始转行做起了化妆品，现在化妆品店是 3 皇冠。两年的时间组建了销售、策划、仓管三个部门，上半年销售额增幅在 60%以上，虽说 2010 年 PV 和 UV 下降了 50%左右，但是交易量和交易额都没有降，回客率都在 30%以上，二次营销做得非常到位。说到这家化妆品店的时候，他向我提到最近有受邀参加淘宝重塑化妆品消费者信心的会议，受邀参加的 50 家大卖家在会上亮出自己的观点，他们一致认为应该责无旁贷的抵制化妆品假货市场。

蒋意和妻子

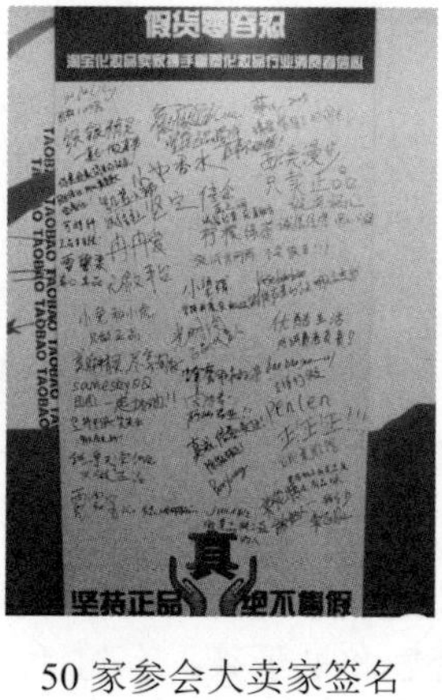

50 家参会大卖家签名

淘宝做出这一举措也是深得卖家和买家双方共赢的局面。淘宝这次对化妆品行业大的整顿，会剔除很大一批卖假货的化妆品商家，在很大层面上维护了消费者的切身利益，同时也提升了淘宝自身的声誉。

淘宝网客户满意中心副总裁——步惊云宣布此次会议的两大主题：惩恶与扬善！参会期间他表态，有两个办法处理假货问题：第一，把假货店铺都关了；第二，若整治不了，就把化妆品类目从淘宝抹掉。倘若真如第二个方法所述，把化妆品类目从淘宝抹杀，会有多少人挥泪？目前淘宝小二正在收集化妆品各个品牌、各个渠道的最低价格，低于这些价格的商品将全部强行下架，一经查出有假货的店铺将直接封杀！淘宝网作为国内最大的化妆品网络零售平台，一直提倡开放、透明、分享、责任为特色的新商业文明，希望为消费者打造一个健康、诚信的购物环境，绝不能容忍少数假货扰乱市场环境、损害消费者利益的现象。对售假行为坚决打击，绝不手软。2010 年年底，淘宝网投入一亿元用于打假行动，并向广大品牌商发起全面打假的倡议。就如小蒋所说："淘宝毕竟不等同于假货！而且作为只卖正品的店铺，我想这个消息对于诚信经营的店铺完全是个重大利好的消息，也感谢淘宝的大力扶持，重塑消费者信心的同时也是重塑优质商家的信心，这是一个双赢或者多赢的局面！我们商家也要做到自律，勤修自身内功，淘宝的博弈唯有做大做强！"

zgyl_2001：很多人说，现在淘宝实行实名制了，是不是意味着要征税了呢？对此，你怎么看？

蜂蜜和柚子茶：税是肯定要收的，看看韩国的例子就知道了，但是别把以前的税一起算就可以了，不然就会像韩国的 E-C 基本 C 店全部死掉，我个人作为商家，虽然知道收税会对销售不利，但是从全局来看还是要支持的！

zgyl_2001：目前，有少数大卖家已经转行，你认为这一现象说明了什么呢？

蜂蜜和柚子茶：转行顺应潮流，不能自寻死路。说明他们是站得高看得远，有危机感。2010 年是商城的天下，我们无非是夹缝中求生存。

zgyl_2001：我从上期嘉宾口中得知，其实进商城的商家并不是最早加入淘宝的一些商家，反而是些新晋卖家，中间也不乏做的优秀的。

蜂蜜和柚子茶：都有，有能力还是做商城，现在可以投资独立 B2C 了，这个才是前景，作为第三方平台，还是一个媒介。

zgyl_2001：是不是说化妆品市场前景非常广阔呢？

蜂蜜和柚子茶：有句话叫，小孩和女人的钱比较好赚，道理应该如此。淘宝严整化妆品行业维护了诚信卖家和买家的利益，重塑的不单是商家信心，也是消费者的信心，这将是双赢的局面。淘宝一天销售额 6 亿元，化妆品占了 5000 万元，前景还是很好的。

zgyl_2001：但是，我了解到我的一些同事都不敢在网上买化妆品，就是怕买到假货，所以淘宝打假也是有道理的。化妆品与食品一类出现假货，对消费者的危害及其严重！

蜂蜜和柚子茶：是的，所以要严整！让人家看到部分商家的标记就知道是个优质卖家，我们也要做好自律和内功修炼嘛。所以淘宝组织了重塑化妆品行业消费者信心研讨会，不能光要求淘宝如何做，我们自己也要有要求。淘宝也知道，这个已经到危害淘宝声誉的层面了，不能不管，不能不治。

zgyl_2001：不错的会议，严整之后会剔除一批不良的商家吧？还广大消费者一个干净整洁的购物环境，相信这一举措将引起一场大的风暴！

蜂蜜和柚子茶：是的，会剔除一大批不良商家。淘宝，毕竟不等同于假货。很多买家谈到化妆品类目，第一反应就是会不会买到假的，而不是买到实惠优质的商品，这让人很无奈，有很多商家兢兢业业的在做事。而且从营销方面我们根本没有办法竞争过假货，直通车点一下 1 元甚至比 3 元多，我们一个商品才赚几元钱。无奈啊，市场也就会恶化，化妆品类目生病了要治！而且要下重手治！

zgyl_2001：假货危害的是广大消费者，化妆品行业出现假货消费者受害极深！

蜂蜜和柚子茶：也危害诚信经营的商家，如果卖真货的做不下去了，那市场如何发展大家都能想到吧。

zgyl_2001：在你说的字字句句之中，一再强调淘宝生存要勤修内功，你觉得这内功该如何修呢？

蜂蜜和柚子茶：主要从两个方面。

（1）自身素养。从售前服务、商品质量、售后服务、店铺装修、宝贝介绍这几个方面，努力提升店铺的服务质量和商品质量，注重维护老客户的黏度，通过老客户的宣传，去赢得更多的新客户。注重修炼“内功”，多关注店铺和商品数据，不断找到更好的方式提升店铺和商品的展示、搜索排名分值。

（2）营销方式。营销方式也算是内功的一种，营销要多参加淘宝的活动，由于硬广成本过高，根本不是我们小商家负担得起的，所以更多的是做自我营销，以及老客户的二次营销！成本会低很多，效果也会好一点！淘客什么的我就不用说了，基本每个商家都会做。推广是营销的一种，分店内和店外，我们更适合做低成本的营销，主要是店内装修、商品的搭配、促销套餐、增加客户的转化率。店外的话，多参加淘宝的活动，多加入一些帮派和淘宝群的活动，增加曝光率。

直通车我基本不做，淘客是店外营销，我们做淘宝经常讲的几个数据是 PV、UV 转化率，客单价，回头率。店外营销是为了提高 UV 和 PV，而店内营销是为了促进转化率、客单价和回头率。所以直通车、淘客都算店外营销。还有一个自我营销，有人也说成软文营销，炒作话题吧！

zgyl_2001：是的，有些店铺有专业写软文的。你觉得现在论坛大热的推广大赛中辩论的流量是否是检验推广成功的重要依据呢？

蜂蜜和柚子茶：有流量肯定是好事，因为用转化率来算的话成交还是有的，更何况这种推广完全是免费的，需要的是卖家花更多心思去完成而已！其实根据行业不同也可以到外部的一些网站和论坛社区发起一些活动，诸如团购之类的对销量也会有提升。

zgyl_2001：人人都知道客户第一，中间也不免会有一些难缠的人出现，你是怎么对待此类情况的呢？

蜂蜜和柚子茶：站在客户的角度去考虑问题，吃亏就是占便宜，但是遇到职业差评师，坚决不妥协！

zgyl_2001：你是如何理解吃亏就是占便宜的呢？

蜂蜜和柚子茶：增加客户的黏性，适当给予买家一些小恩小惠，可能这次少赚点，下次来购物增加 VIP 折扣、送红包之类的，因为一个客户不足惜，但是客户身后的潜在买家是很多的。

zgyl_2001：三年经营化妆品，100%好评有被打破过吗？

蜂蜜和柚子茶：没有是不可能的，偶尔会出现，如果是我们的产品问题，那我们责无旁贷！偶尔有些客户不满意或者购买的时候没选好，只要没拆封，我们也是有 7 天无理由退换。这个可以站在客户角度多考虑一下，人家也有难处，互相体谅吧。

zgyl_2001：出现中评、差评后怎么解决的，期间有花钱去消中评或者差评吗？

蜂蜜和柚子茶：打电话沟通啊，一般客户都是善解人意的。出现情况先问问自己，如果自己是客户那么会怎么想，我们采用互相体谅的原则，以诚待人，客户会被感化的。如果是我们的责任，则我们会赔偿给客户损失！这是天经地义的，如果是客户的责任，那么我们也会互相协调。做过淘宝卖家的人有时候都很无奈，但是痛并快乐着，找茬的还是少数，绝大多数买家都是非常善良、非常可爱的，不能因噎废食嘛。要快乐生活、快乐淘宝，宽恕别人的同时自己也会得到快乐。

zgyl_2001：还有，货源也是困扰众多小卖家的热点问题之一，你们在这方面有什么优势吗？你当初是怎么找到好的货源的呢？

蜂蜜和柚子茶：第一时间为大家提供最新鲜最超值的新品！现在淘宝有分销渠道，很多小卖家可以去寻找一下机会！这个就是市场反应速度的问题，要分析市场，了解客户需求，然后做出调整和营销策略，就是什么热销就卖什么。我有很多同学朋友都在国外，本身也有这么一个圈子，我做手机的圈子和这个化妆品的圈子在渠道上有一点交集，所以很快就融入进去了。

zgyl_2001：你能给新人提一些好的建议吗？

蜂蜜和柚子茶：要坚持自己的信念！如果再加一句话那就是：做人做事脚踏实地！这个就像武术的含义，归根结底还是如何做人的问题。向前看，保持一颗有危机感的心去拼搏！现在淘宝上，有很多人成功，也有很多人不入其门。淘宝也是一个江湖，总有一些人登上高峰，总有一些人没落乡野，路是自己走的，还是要看自己是怎么选择的。练好自己的内功吧， 即使有再大的变化也不用担心。

zgyl_2001：你做化妆品时间也不长，三年三冠是良性的发展，最初接触的时候有过迷茫吗，比如对行业的陌生感？对于目前这个行业的前景，你是怎么看的？

蜂蜜和柚子茶：还可以。做生意的道理是相同的，服务的理念也是不变的，坚持下来就是胜利。淘宝现在要打假，重塑消费者的信心，说明这个市场会向良性发展，淘宝今年的增长率在 80%，那我们的增长率也会如此。而且作为只卖正品的店铺，我想这个消息对于诚信经营的店铺完全是个重大利好消息。也感谢淘宝的大力扶持，重塑消费者信心的同时也是重塑优质商家的信心，这是一个双赢或者多赢的局面！

zgyl_2001：前面我们提到消费者对网上化妆品类产生怀疑的心态，这个毕竟是存在于一贯的思想意识上的，比如我也很少在网上购买化妆品，要想改变观念，卖家要做好打持久战的准备。

蜂蜜和柚子茶：还是那句话，先练好自己的内功，等淘宝是无止境的，机遇是给那些有准备的人，即使淘宝不作为，我们也要坚持下去，因为还是有很多买家信任我们的，支持我们的，我们要相信：真的就是真的！现在很多人还不知道数据分析，淘宝进入了数据为王的时代。关于数据分析，店铺几个关键的东西，如 UV 和 PV 转化率、客单价和回客率，分析好这些前后始末和原因基本就无敌了。换句话说，就是让更多的人来（UV 和 PV），让来的人都买（转化率），让买的人买更多（客单价），让买过的还来买（回客率）。这是一个店铺成败的关键，都是有数据可循可查的，分析客户的心理、行为，对自己内部客服进行培训。

zgyl_2001：这里修的“内功”很深，很多人迷茫，其实有一部分是懒散，对于一些专业的数据或知识走马观花地了解，并非深思和实践。那么你的客服是怎么培训的呢？

蜂蜜和柚子茶：是的，很复杂。基本上两个月才能开始接管账户，了解产品是必需的，还有消费者的心理学和销售技巧都需要培训，让客服形成一套个人的销售方式。宗旨只有一点：把客户当朋友，缩短距离，站在对方的角度来考虑问题。

采访后记：这就是与嘉宾小蒋的一番畅谈，整天泡在电脑前的我们是否有如他的一番想法和见解？清修内功于淘宝之路，我们准备好了吗？知晓自己选择的，就该去为之奋斗，天天沉沦于抱怨毫无意义。收拾好自己的不良情绪，整理好行囊出发，淘宝的精彩等着你来演绎！重塑化妆品行业消费者的信心，从自身做起，提升内功，支持真品，我们相信淘宝会为我们重造一个整洁、干净的购物环境！

拍拍乐：淘宝废寝忘食还不够，有个性才能脱颖而出

本篇导读："晨催九点，夜睡三更。成假寐，复天明。看闺中女子，胭脂不抹，轩窗晓镜，偶尔回凝。或论儿男，闲庭止步，竟付时光淘宝争。小店推门对宾客，能人上货是肴羹。十指从容轻按，开颜浅笑，皆文字，话语传情。玫瑰黑，泪难停。红花小小，势若翔鹰。但有忘食，诸多废寝，悲欢喜怒，寄这荧屏。吾曹有志，笑无贫与贵，功名在眼，贵以持恒。"拍拍乐_2009，我们的采访嘉宾，在自己的第一篇帖子里写了这么一首词，而这首词，他认为是淘宝人的真实写照，而我也是因为他写的几篇帖子，才找到他，并有了今天的访谈。这个满腹经纶的大学生，做了淘宝人，除了这首词的状态之外，还做了什么？而他是怎么做到的呢？又为何说做好淘宝人除了废寝忘食还要精益求精呢？今天我们的访谈就将揭晓这位年轻的小伙子如何成为一名成功的淘宝人。

嘉　宾 ID：拍拍乐_2009
店铺名称：小小林 Little Leon 婴幼精品
店铺主营：婴幼儿用品
店铺链接：http://xxlin.taobao.com
记　　者：树袋熊和桉树

访谈实录

树袋熊和桉树： 你好，我是经验畅谈居的记者，我看到你的这篇帖子《买家购个性 or 购便宜？卖家够个性 or 够便宜》，请问你是怎么想起写这篇帖子的呢？

拍拍乐_2009： 虽然一直以来没有写过帖，但是我在淘宝上看过很多很好的精华帖，感觉对自己也有很多帮助！我之前一直比较忙，也没有时间写帖子，现在

店铺慢慢走上了正轨，也有了帮手，就想把自己积攒的经验分享给大家，一起交流！

树袋熊和桉树： 关键是帖子的内容，促使你写这篇帖子的出发点是什么呢？

拍拍乐_2009： 在论坛里看帖子看多了，大家写帖子大多都是讲具体运营方式和经验手段，但是很少有人写帖子分析淘宝市场，于是有想法写个帖子浅谈一下，以供各位中小掌柜参考。帖子内容只是个人意见，当时审稿的时候就觉得不全面。当然写几个好帖子，也能给店铺带来较好的流量。

树袋熊和桉树： 你有没有想过现在的价格之战，已经不利于淘宝的发展，也不利于卖家的发展了呢？

拍拍乐_2009： 是啊，所以我的想法就是鼓励中小卖家从店铺和商品个性方面来发展，不要一味模仿别人。学习别人的经验可以，但是一味地模仿，是很难取得成功的。毕竟每个人的条件、环境都不一样！要从自身的情况来考虑，发展自己的特色、个性，才能脱颖而出。

树袋熊和桉树： 那么你所认为的个性和特色都包括哪些方面呢？

拍拍乐_2009： 以下说的仅为个人愚见。个性首先是掌柜个人的性格要得到释放，然后引用到店铺内。当然买家购物是看店铺的，所以店铺个性和特色才是直接展现给买家的。店铺个性主要包括店铺装修和宝贝描述，尽量要做得精美细致并能吸引消费者的眼球。浏览大多数店铺，里面的装修都是直接套用淘宝模板，宝贝描述都是相互复制文字、借用图片，而且在版式和文字上都没有经过加工，买家进来看到的都是千篇一律的内容，没有什么吸引力，当然也诱惑不了顾客做出消费的决心。至于店铺特色，就是要经营一些独特的商品，不要看到别人东西卖得好也跟着卖。有些行业已经达到饱和状态，新的卖家很难挤进去，不如从一些新兴的行业入手，说不定你就是该行业第一家成功的大卖家。虽然新开发的行业可能刚开始不好做，但是只要有特色、有个性，早晚会被开发出来。

树袋熊和桉树： 精彩！那么你的意思就是说，在店铺的字里行间中表现出自己的素质和文化，那么是不是说淘宝的门槛将来要提高了呢？如果不加强学习，则早晚会被淘汰呢？

拍拍乐_2009： 其实现在淘宝不再只是一个网上交易的平台，更是一个文化体现的平台，包括我们说的个性。店铺装修的精美；商品文字描述的细致出众直接给人美感；客服和蔼可亲，表达清楚，直接给买家一种温馨、放心的感觉；物流选择得好，送货及时，有问题多与顾客沟通等，都将是淘宝文化的一种体现。只有做得更好，才能吸引更多的消费者。所以我们都要加强自身的素质和文化，不断地提升修养，再把自身加强的东西融入自己的店铺、商品、服务里去，才会有更多的人了解你，愿意与你做生意、交朋友。不思进取，早晚会被淘汰，与其说被别人淘汰，不如说是被自己淘汰了。很多成功的店铺或者有自己的品牌，或者现实生活中的大品牌、大公司都是在做自己的品牌内涵，公司也都在做自己的企业文化，相信淘宝的这个时刻也将要到来了。

树袋熊和桉树：那么你认为除了在外观方面注意文化，商品本身呢？商品本身又要注意什么呢？到底是以价格为主，还是以质量为主呢？

拍拍乐_2009：其实店铺外包装做得再好，若没有实际的内涵，只不过是哗众取宠。店铺是外包装，商品才是内涵。买家首先买的是商品，然后买的才是服务，所以商品本身要注重质量问题。质量的好坏直接影响顾客对店铺的评价，影响顾客的回店率，所以挑选商品时尽量挑选高质量的东西卖。如果质量一般，那么也应该尽量在宝贝描述里面、购物沟通时与客户交流清楚，因为一开始谁也不能一下子就找到高品质的东西，再加上创业之初大多资金紧张，就算再好的商品，价格高必定囤货不起。商品的价格和质量应该是成正比的，就算价格稍微贵点，消费者买回去看到质量也会认可的。其实网上就是一个虚拟的交易平台，买家看不到货品的情况下讲价是不知道商品的质量如何，怕买到一个不如意的商品多花了冤枉钱。我们自己经常遇到这种情况，买家下单之前不停地讲价，但是我们就会坚持原则一分不少，最后买家收到东西时很喜欢，根本就忘了讨价还价时的不愉快，而且评价时都写一长串夸张的好评文字。

树袋熊和桉树：那么你有没有想过，淘宝是否构成一个错误的买家消费理念导向呢？秒杀、一元拍、甚至一元包邮等，这些使得买家期待着既便宜质量又高的东西，而等着卖家便宜或者做活动再购买。

拍拍乐_2009：这是一个困扰我们很久的问题。店铺没生意怎么办？要想办法吸引人家来买，那么就做活动，活动没有吸引力的话根本就招不来顾客，所以就经常出现秒杀、一元拍的促销活动。各种活动都是正常的促销手段，因为淘宝允许，并且是合法的，所以无法多说。买家的消费理念也被这个影响很深，时间久了更不利于我们卖家。像一元拍、秒杀这些活动也可以做，因为买家都清楚，秒杀活动是什么意思，过了秒杀就是原价。但是不要经常做，或者天天做，这样的话其实就跟卖低价没区别。秒杀、一元拍只是昙花一现，其实大多数买家都不会等着你秒杀才来买的，除非你的商品是四五百元以上的。

树袋熊和桉树：那么你认为有什么好的方法可以消除这种不利影响吗？而这些活动又为你带来了哪些不好的影响呢？

拍拍乐_2009：任何事物都有其两面性，这些方法确实在短期内能聚集人气，但是也有可能带来一定的负面影响，比如秒杀数量毕竟是有限的，后面没有秒杀到的顾客心里可能会有些不舒服，从而影响顾客的消费心理，还有相当一部分顾客在秒杀活动结束后，强行要求客服以秒杀价将商品卖给他。另外也有如你提到的，顾客专门等着店内下次做活动才买，从而延缓店内的销售。可能有的卖家秒杀活动做得很成功，但是大部分卖家没有做到预期的效果，如果活动没有带动店铺内其他东西的销售，那仅是赔本赚吆喝。其实我们也在探索中，如果有好的方法，则一定拿出来与大家分享。这是一个很棘手的问题，如果很好解决的话，那么大卖家早就解决了，不用还使用现行的方法：秒杀、一元拍等。淘宝是个藏龙卧虎的地方，也期待有人能提出更好的方法。

树袋熊和桉树：那么对于目前这种买家消费理念倾斜的走势，有什么好的方法能够扭转吗？

拍拍乐_2009：其实无论秒杀，还是一元拍都是好方法，好处显而易见，但是任何事物都要讲究方式、方法，不要被做烂了就行，期待大家能寻找到更好的方法。对于这些方案也没有办法，已经成为一种风气了，而且淘宝官方也是鼓励这样做的。除非所有的掌柜团结起来，不过这是不可能的事；要么就是淘宝官方有方案。其实成功的掌柜都没有一味地做这种活动，只是偶尔促销一下。这些方案在很长一段时间都是流行趋势，并不是马上就能改变过来的，如果有更好的方案，那么不用说，大家又都会去照做的。个人拙见，淘宝卖家和淘宝应该改变一下思路，因为现在的淘宝毕竟已经不像最初的一味淘便宜，更多的是买实用的、质量好的东西，人们的品位也在逐步提升。所以要改变买家的观念，得靠各位掌柜，靠淘宝。

适应规则，客服精心化服务，成功就在不远处

树袋熊和桉树：那么你自己的店铺，对于这些事情有没有在做一些转变呢？

拍拍乐_2009：当然有。我们做过几期秒杀活动，效果都不是很理想，大多数买家就是冲着秒杀商品来的，不少买家就只拍秒杀商品，所以秒杀活动不但没有带来总体销量，反而是在做赔本生意，也考虑过聚划算。其实做活动首先得在淘宝允许的范围内，然后再考虑可行的方案。我们也在尝试努力，但是毫无进展，不然也就不会是现在才五钻的现状了。

树袋熊和桉树：那么目前的五钻是不是遇到了你们的瓶颈呢？有没有想过如何改变这个问题呢？

拍拍乐_2009：是啊，瓶颈。从刚入五钻到现在，一直在想办法，之前好不容易有点起色，但是突遇大家讨论最多的话题（淘宝变法），生意大幅度下滑。不过再熬一下，适应一下新规则就熬过去了，毕竟离冠也不远了。

树袋熊和桉树：能说得具体点吗？打算用什么样的方法熬过去呢？

拍拍乐_2009：没有想到更好的方法，做到四五钻了，其实生意再差，每天还是能成交不少。看现状的话，冲冠也就月余时间，比预期的没有多多少时间。先到一冠再看看后面的情况吧，毕竟现在说这些都还是空话，实践了才知道。

树袋熊和桉树：目前，你对于店铺发展最注意的细节问题，能够和大家分享一下吗？

拍乐_2009：还是如帖子里讲的一样：店铺形象大方、宝贝描述美观、客户服务到位、物流跟踪到位、售后解决及时。我觉得我们店铺现在的特色在于专，我们只做 0～3 岁婴幼儿用品，而且有不少主打品都是比较新奇但又非常实用的东西，这也是小店能坚持到现在的主要原因之一吧。虽然可能市场范围小了一些，但是有足够的精力来打理。行业越大，东西越杂，就需要更多的时间来处理。可能因为做得精，所以已经有不少的回头客，而且“小小林”的店铺形象、商品和服务也逐渐得到顾客们的认可。现在小店有一个有趣的现象，一位顾客在我们家买东西，然后她所在的整个小区的妈妈们都会到店里光顾。其实任何店铺都是这样的，货多也可以，但是一定要精。东西的质量一定要过关，要有市场需求潜力，商品要新奇，吸引人眼球（大家都喜欢淘线下买不到的东西），图片要拍得真实，宝贝描述要写得具体。

亮点标注：掌柜的分享，留住回头客杀手锏

树袋熊和桉树：回头客对一个店铺到底有多重要呢？

拍拍乐_2009：这个用大家知道的市场规则来说吧，20%的回头客带来的是 80%的利润，维护一个老客户的成本是开发一个新客户的五分之一。店铺的成长史没有大量的老顾客是不成功的，老顾客是一个店铺或者一个品牌的坚实基柱，这个在现实生活中的很多成功企业和品牌营销案例足以说明。回头客带来的不仅仅是他们自己的那部分消费，更多的是潜在的消费群体，也就是靠回头客的口碑相传带来效应，因此回头客带来的市场前景是非常可观也非常重要的。至于成本，回头客不需要花更多时间、精力、财力向他们做宣传，更重要的是他们会以直观、形象、活生生的产品展现给身边的亲朋好友，省掉了店铺的各种推广活动经费。

树袋熊和桉树：真的是受益匪浅啊！你是通过什么来留住回头客的呢？

拍拍乐_2009：首先是质量。质量是店铺的第一块金字招牌，没有这个是不可能引来回头客的。第二块招牌是服务，推行现在服务行业的“微笑服务”。最后是一些细节性的问题，比如售后处理、折扣、赠品、经常回访等。如果三者要有个比例的话，那么我们认为是，质量:服务:其他=7:2:1。质量的重要性不言而喻，90%以上的回头客都是因为商品质量好、实用才会再次光顾或者向他人推荐的，质量其实就像我们想在某一方面有很出色的发展，那么你得有一定的功底才会引人注目，质量就是功底。如果没有质量做前提保证，那么哪怕是服务态度再好、快递送货再快、有没有赠品，这些都不能引起顾客再次消费的欲望，所以我们给了极大的比例。服务呢，在质量好的基础上，进行补充作用。如果仅是质量好，顾客来了，你爱理不理，言语神情冷淡，那么还会有人愿意消费吗？即使不得已急需地消费了一次，也不会带来顾客的二次消费。服务相对于质量来说，是一个辅助环节（但是在现实中看是什么行业，可能比例不一样），就相当于是交易中的催化剂，所以给两成比例。其他环节是个零头，虽然说是零头，但是也很重要，无论是在处理售后问题，还是赠品问题，都不过是要更多地博得客户的好感，使卖家和买家的亲密程度加强，让回头客回头、回头、再回头。至于给一成的比例，因为这个就是买卖双方的一个互动、缓冲环节，而不是不予以重视。

树袋熊和桉树：那么在服务这两成的比例中，你是怎么做的呢？怎么让这两成有百分百的保证呢？

拍拍乐_2009：这个永远没有百分之百的保证，不然回头客就是百分之百了。如果有质量做坚实的后盾，那么服务这一块儿就是重中之重，只能说怎样才能挽留住更多的回头客。借鉴他人的经验和个人的体会，网上交易服务，其实就是一个聊天的过程，所以关键就在于聊天时的语气、言辞和技巧。比如以礼待人，用礼貌的语气同客户沟通，虽然客户看不到你的表情，但是从字里行间让客户感觉到你是在笑着对客户说话。言辞要得体，简易地判断出客户的性格，采用合理体话语跟客户沟通，客服要善于变通，对待什么样的客户用什么样的言辞，这样沟通才更加有效。再辅助一些小的技巧，比如在交易沟通结束时，或者让利或者答应送赠品时，热情的请求客户把我们的商品推荐给身边的亲朋好友们，并要表示谢意等。

树袋熊和桉树：那么客服尤其要注重细节，对吗？

拍拍乐_2009：是的，客服这一块儿得特别注重细节。有人说，我们的商品质量没变，性价比也不错，但是以前的回头客为什么流失呢？刚开始创业时，大多数是自己做客服，认真用心，但是随着店铺做大后会请专门的客服，这个时候就特别需要新客服注意了，也不仅仅是培训一下那么简单，因为毕竟不同的人有不同的性格，道理大家都明白，同样的事做起来，会有不同的结果。

树袋熊和桉树：那么对于雇佣客服管理这一块，你有什么好的管理方法呢？

拍拍乐_2009：暂时还没有，现在还没有请专门的客服，都是我和女友换着做。不过大概有一些想法：新请来的客服，首先需要通过基本的技能培训，比如如何判断客户类型，如何使用有效的沟通技巧；然后是最重要的环节，多与客服沟通。这个沟通跟与顾客沟通一样重要，要了解客服的性格，多交流技巧、心得，让客服成为团队中真正的一员，就像我们说的主人翁精神。如果没有这个精神支持，那么客服就同客户一样，买还是不买、卖还是不卖都无所谓。回头客做不成，已有的回头客也会逐渐流失。这个就像教育中的因材施教，也如现实工作中的引导个人擅长的一面——扬长避短，团队才会更加团结，生意才会更好，事业才会成功。

树袋熊和桉树：那么客服对于专业知识的了解，还有对淘宝规则的掌握和运用，你认为重要吗？

拍拍乐_2009：当然重要，如果不了解专业的知识、对行业或商品不了解，那么如何向客户介绍？一问三不知，客户会怎样想呢？比如卖衣服，对衣服的正常码数都不清楚，如果顾客问一下我偏胖或者偏瘦，那么你怎么推荐呢？推荐不好，客户买到不合身的而正好又是客服推荐的，会不会生气？会不会再来？淘宝规则当然也要非常了解，什么话能说，什么事能做，都要按淘宝的规则来处理。如果不清楚这些规则，则不仅是一些违规操作会受到淘宝处罚，严重的话会影响店铺的信誉，比如客户的中差评、投诉等，更严重的甚至是封店处罚等。

树袋熊和桉树：那么你认为一名好客服需要具备哪些条件，并且要注意哪些细节呢？

拍拍乐_2009：（1）了解基本行业知识，熟悉商品特性，清楚淘宝规则。（2）能言会道，善于沟通，有丰富的沟通技巧。（3）观察力敏锐。能凭几句话大致掌握客户的性格，能敏锐察觉客户需要的是什么，有没有更大的交易可能。（4）平常心。在与客户沟通的过程中，会与成千上万形形色色的客户打交道，每一次沟通就是一次挑战，每个客户的性格、社会地位不一样，所以导致在沟通过程中的言语也不一样，经常会遇到难堪或者难忍的情况，这时就需要平常心。什么都要放得开，不要因为有的客户言语过激而大动肝火，也不要因为服务时间长了就觉得精神疲惫，而对客户漫不经心。客服最重要的也最难解决的问题就是控制自己的情绪，所以一定要学会控制自己的情绪。其实沟通中其他细节都好说，最难处理的情况就是遇到难缠的客户。我们用一个形象的比喻来形容一下与客户沟通的工作，那就是谈判。客服的沟通过程其实就是一个谈判过程。谈判高手讲究的是心平气和，能很好地控制自己的情绪，而更高层次的是，不仅能控制好自己的情绪，还能控制好对手的情绪。这就是说我们的客服在实际沟通中，遇到难缠的、性急的或者“发火”的客户时，首先自己要冷静下来，然后让客户平静下来，这样双方才能更有效地沟通。我们应该多看看沟通技巧的书籍，比如客户要求让利，不让利就不买，场面变得很尴尬，这时不如以退为进，先合理让利，但是要求客户加大交易量，或者促成连带销售，采用薄利多销的方法，也能赢得顾客的回心转意。可以多看看沟通技巧方面的书籍，然后运用到实战中来。与客户沟通，其实就是一个和平相处的过程，目的是达到双赢。

精心筹划，入住商城，分销遍布淘宝

树袋熊和桉树：锁定自己的物品范围和文化领域，而你又是做了哪些推广呢？

拍拍乐_2009：推广的对象首先是店里的主打品，这个大家都知道，很多爆款都是这样做出来的。我们自己做了一些推广，比如直通车、淘宝客、参加淘宝活动，在其他相关论坛发帖，让买家口碑宣传（在顾客买完东西时发一段礼貌的让大家推荐的话）等，还有一些小的细节，比如其他掌柜讲到的发放小店名片、通过搜索引擎端口宣传店铺等。

树袋熊和桉树：那么你做直通车和淘宝客推广的效果怎么样？

拍拍乐_2009：直通车效果一直都还不错；淘宝客前几个月也还可以，但是最近不是很好，可能商品推广的回报金额设置不合理，所以还需要在这方面加强，能使淘宝客满意，也会给店铺带来很好的流量和销量，争取达到双赢，这才是成功的推广。

树袋熊和桉树：那么在直通车和淘宝客推广方面要注意哪些细节，能给大家分享一下吗？

拍拍乐_2009：直通车主要是我女友在做，我没有多少经验。直通车要做得精做得细，关键词要到位，出价要合理，哪怕是一点细微的差别，能调整的也要调整，毕竟是花钱的东西。淘宝客其实就是要挑热销的款，设置合理的回报，跟直通车的道理是共通的。这两种方法都需要花大量的时间，如果没有达到效果，那么就要马上查看原因，淘宝客还好说，毕竟是有成交才会有付出，直通车就不一样了，有了大量的付出却不一定会有回报，所以建议使用直通车的掌柜们多花点时间，多花点心思去关注，不要花了钱没办成事。

树袋熊和桉树：那么你对于这次 7.27 淘宝店铺改版有什么看法呢？

拍拍乐_2009：我个人觉得 7.27 变革还不错，如果用心的话，则可以把店铺首页做得更精美，因为这个格局设计是比较合理的。昨天我们浏览了众多淘宝大卖家，都在做店铺首页上面的重新布局和装修，当然我们也不例外。至于大家意见最多的那个搜索条，要是把“搜本店”放在前面那就更好了，可能反对意见也会少很多。我自己也试了一下，好几次搜店内的商品，都点到搜淘宝网上面去了。

树袋熊和桉树：那么你有没有想过将来给自己寻找分销商，入住商城之类的呢？

拍拍乐_2009：凡是做淘宝的人，或者说做得稍有成绩的人都会有这种想法：入住商城，并有自己的分销商，我们也一样。但是局限于目前的经营状况和资金的平衡，还需要一段时间才能实现，目前在筹划中。入住商城的事不能太盲目，要计划周全，找到合适的时间再行动。成功总是属于有计划、有准备的人。

采访后记：从开篇词我们知道，做好淘宝几乎要废寝忘食，而勤奋是每个掌柜必须要具备的品质。开好直通车和做好淘宝客都需要时间，精心部署商品、宝贝描述需要时间，客服沟通需要时间，这些时间从哪里来呢？对于又是掌柜，又是打工者的人而言，那就是牺牲睡眠时间，而试问哪个成功的人不是这样走过来的呢？学习经验然后运用是一个方面，资金投入是另外一个方面，而掌柜们是否做好足够的准备呢？要做淘宝人，不是说随便发十件商品，随便放几张照片就可以做好淘宝人。做好淘宝人，除了废寝忘食之外，还要精益求精！而你作为淘宝人，准备好了吗？精益求精，不要被自己淘汰！

自由魔力：皇冠卖家站在高处也烦忧

本篇导读：淘宝论坛讨论的题目很抢眼，“四皇冠卖家，不拿你当人，你还排队等候吗？”打开讨论后发现形形色色的帖子，指责皇冠卖家的人比比皆是，皇冠卖家怎么了，皇冠卖家招惹谁了呢？为何会这样被指责？而有些皇冠卖家也在讨论中发表了自己的意见。看到这，我想有必要采访一下他们。因为他们也是从一心到一钻，从一钻到一皇冠，一步步走到今天的，他们是否变了呢？他们的无奈是什么？他们做到皇冠付出了什么？而今天他们被指责到底因为什么？我带着这些问题采访了今天的嘉宾自由魔力 anytime，淘宝三皇冠卖家。他 2005 年注册淘宝，2006 年 8 月 17 日开店，而到今天做到三皇冠，他这一路是怎么走来的呢？

嘉 宾 ID：自由魔力 anytime
店铺名称：自由魔力风尚皮带
店铺主营：风尚皮带
店铺链接：http://shop33859123.taobao.com
记　　者：树袋熊和桉树

访谈实录

树袋熊和桉树： 你作为三皇冠卖家最大的无奈是什么呢？

自由魔力 anytime： 做到皇冠，有时候真的很无奈。有时候辛苦得很想放弃，也会问自己坚持的到底有没有道理，现在大街上随便问一下，很多人都做淘宝。我都怀疑自己还能不能坚持下去。要说无奈，那么就是评价的无奈了。除了恶意评价师，现在也有很多恶意评价的买家。有很多货物我们发过去是好的，但是回来的时候明显是人为破坏的，这样的情况我们只能吃哑巴亏。还好这些恶意评价的买家并不多。有很多人指责我们，说我们的服务态度不好等。可能因为客流量大，我们回复慢了些，但我们都是争取最短的时间内答复的。可是很多买家不理解，觉得是我们怠慢了他们。我们要解决这些问题，要多沟通，可能我们在沟通上做得还不够吧。

树袋熊和桉树：你现在不是自己在做客服吧，应该有自己的团队吧？

自由魔力 anytime：是的，我们有自己的客服，有不同的部门。我们的团队有十个人左右，每个部门有每个部门的责任。

树袋熊和桉树：有时候你看到顾客的差评，第一反应认为是自己员工职责的疏忽，还是买家的恶意评价呢？

自由魔力 anytime：我们肯定要先内部沟通的，我还是非常信任我们的同事的，因为我们的团队像个温暖的大家庭，员工都能够全心全意的工作。比如说这次的这个差评，顾客说少发了货，事实上这位顾客的货是我亲自核对的，我记得很清楚，货我发全了，并对了好几次。于是买家说的时候，我第一反应就是不可能。结果，买家觉得我们态度不好。其实我们只是说出客观事实而已。而一般遇到差评或中评，我们也会内部沟通、调整，为做到最好而努力。

树袋熊和桉树：看来现在不光是忙销售的问题，还涉及员工和团队的管理，对吗？

自由魔力 anytime：我认为员工管理方面很容易，就是给他们一个家庭式温暖和谐的环境，并让他们感受到，在这里工作比在家里还舒适，他们愿意留下来，也愿意为你工作。信任他们，爱他们，就能留住他们，并使得他们为我努力的工作。

树袋熊和桉树：从做淘宝开始，从一颗心到一个钻，从一个钻到一皇冠，再到今天的三皇冠，你肯定付出了很多努力吧？

自由魔力 anytime：是的，我们付出的努力真的是只有我们自己才知道。冬天，我们出去拍外景，天气很冷，可是为了显现出我们腰带设计的特色（腰带全部是自己设计、自己制作后再对外销售，我们有实体公司，而网络销售只是其中的一部分），要搭配合适的衣服，再冷也要坚持；夏天酷热的天气里要忍受着暴晒。我们知道，图片的好坏直接影响着我们的销售成绩，我们始终认为销售成绩取决于我们自己，所以我们一直要求自己尽善尽美，争取做到最好。

树袋熊和桉树：可以想象你们的辛苦，那么除了这些，你认为能够成功做到三皇冠的秘诀是什么呢？

自由魔力 anytime：我做到今天也不是特别成功，现在淘宝的皇冠卖家太多了，我们还在进行下一步的计划，希望我们的店铺能够有进一步的提升。做淘宝必须要努力，没有什么捷径可走。如果说秘诀，那我觉得就是勤劳、服务好、物美价廉，这就是我的秘诀吧。做到这些，你也可以做到皇冠，日销售额如此。

树袋熊和桉树：任何商家在任何地方要做销售都是需要这些的，那么你认为推广对销售额的影响大吗？

自由魔力 anytime：那是当然的了。我从五钻到一皇冠，基本上是靠直通车做出来的。当时直通车比现在的效果好很多，那时候一天差不多花 40 元左右，但是比今天得到的利润高很多。今天花 70 多元，但是不如以前的理想，淘宝的卖家太多了，所以越来越难做。有时候我想这么辛苦的坚持有意义吗，到底要不要坚持下去呢？我经常这样想，觉得做淘宝太辛苦，做淘宝皇冠卖家更辛苦。

树袋熊和桉树：那么除了直通车，你还做过其他推广吗？

自由魔力 anytime：周末疯狂购。当时有个周末疯狂购的活动，我们经常参加，所以从五钻到一皇冠觉得还算轻松，并且很有成就感。

树袋熊和桉树：我还真的没有听说过周末疯狂购呢，是不是和现在的秒杀差不多，有什么区别呢？

自由魔力 anytime：两者差不多，但是秒杀的选择性相对少些，当时周末疯狂购的选择更多些吧。而现在我不做秒杀，只做直通车推广和限时购。

树袋熊和桉树：那么除了淘宝的推广，你有没有打算自己做些推广呢？

自由魔力 anytime：这个我们正在计划中，首先要调整我们店铺的首页，其次就是要多在论坛发帖回帖。以前我以为我们是公司的性质，不适合在论坛发帖回帖，这使得我们错过了很大的商机。以后会尽量多写些东西，将我们的想法推广出来，将我们的设计也无形中宣传出来，达到推广的效果，再就是我们会建立一套完善的会员系统，实行会员制度，真正的做起淘宝的店铺会员制度。

树袋熊和桉树：那么我可不可以理解为，你做这些是为了你的下一个台阶——金皇冠呢？

自由魔力 anytime：这个问题提的太棒了，确实有这个打算。现在我们马上到四皇冠了，所以我们下个目标就是金皇冠。目前我们为金皇冠做出了一系列的安排，接下来会有惊天的变化，你可以随时来看看，希望提出宝贵意见。

树袋熊和桉树：你有没有特别好的经验分享给小卖家呢？

自由魔力 anytime：对于小卖家，可以试着准备些卡片，一些温馨的卡片，在顾客买了礼物送人，或者是顾客自己买来用，都可以附赠卡片让顾客感受到你的诚意和用心，很愿意将你的店铺介绍给身边的朋友。人的六次方是个不小的数字，这样下去会达到有效的推广。

树袋熊和桉树：人的六次方？我不太懂，但是卡片这个建议真的很好。我有时候给别人买礼物，但是都没有卡片。

自由魔力 anytime：这就是说你告诉一个人，他会告诉他身边的六个人，而如果他肯定了你的诚意，那他一定会告诉六个人，一个人买了你的东西未必会告诉六个人，但是如果他感受到了你的诚意，并且觉得物有所值，那肯定会变成人的六次方，这样一直六次方下去，你想想会有多少人呢？

树袋熊和桉树：你的意思也就是说口碑推广了，一张合心意的卡片能做到真正的口碑推广？

自由魔力 anytime：对，一张好的卡片，一份真挚的诚意，一份手写的祝福，真的可以让你的顾客为你做六次方的口碑推广。

树袋熊和桉树：那么除此之外，还要注意什么呢？

自由魔力 anytime：保证自己商品的质量，不但保证商品本身的质量，还要保证你图片的质量，服务的质量，售前、售后的质量。并且还要勤劳，增加在线时间，不管什么时候保持在线就对了，要随叫随到。还有价格要低，哪怕你少赚一元钱，物美价廉的东西谁不喜欢。试着低一元钱，去做做看。

树袋熊和桉树：那么你认为，现在皇冠卖家遇到这些被指责的问题是为什么呢，如何改善这些问题呢？

自由魔力 anytime：上面我也说过了，因为顾客多了，所以回复慢了，就显得怠慢了顾客，所以会受到指责，在这个问题上，我们经常各个部门互相交流，提出更好的意见来答复顾客，而同时我们也会经常改善我们回复的语气等，还会经常对我们客服人员进行定期的培训以达到最好的服务。沟通，与顾客多沟通。所有说过“你好”的顾客，当时不能回复，之后也要尽量回复，做到沟通。沟通是解决的最好方式。

树袋熊和桉树：做了那么多年淘宝，你认为最自豪的一件事是什么呢？

自由魔力 anytime：我们的设计上过电视、杂志，并且我们的设计卖到过日本。很大的订单，我们的设计，自己的设计，真的很兴奋。当时他直接下单，大批量的订货，他们有自己的翻译，真的是让我们很兴奋呢，也很辛苦。这两点要是做到了，离皇冠也就不远了。我们下一步的目标是，改变大家的传统观念：认为腰带只是可有可无的，只是为了束裤子用的。我们要打破这种观念，让大家认为腰带是为了时尚，为了装饰自己，如同化妆品一样，是装饰的必备品，让顾客由内到外散发出迷人气质。

采访后记：皇冠卖家也是从小卖家做起，只是他们起步比我们早，只是他们付出了我们所不知的苦楚，我很认同我们嘉宾的观点：做淘宝，没有什么捷径可言，竞争日益激烈的电子商务，只有勤劳的付出、踏实的工作、高质量的商品才能在淘宝有发展，并真的有机会成功，如果无法坚持这份辛苦的付出，只是找借口，原谅自己的失败其实是因为懒惰，那么趁早结束自己的店铺，去看看哪里有掉馅饼的地方好了。或许这些话说的有些苛刻，但是，不管任何人要成功，都要坚持努力，收起自己怨天尤人的心态，要想做得好，找出自己的缺点，并改掉这些缺点，真正去做，才可能有一天步入淘宝皇冠的行列。我们的嘉宾有时候辛苦到真的想要放弃，太累了，值吗？这样的辛苦付出值得吗？在访谈的最后，我要告诉我们的嘉宾，值得。让我们期待着你的金皇冠吧，那时候你会亲口告诉我们，这一切辛苦的付出都是值得的。

淘宝，或许就是这样，让人欢喜，让人忧，却谁也离不开她。

实战卷

第 6 章

货源入门

◎ 千里鹿：淘宝入门心态早明确

◎ 百惠购物吧：一手货源优势谈

◎ 再丰：便宜就是硬道理

◎ 友善地狗：大淘宝时代国际性的货源整合

◎ 偶爱偶家哦：三皇冠谈服装进货诀窍

千里鹿：淘宝入门心态早明确

本篇导读：什么是淘宝入门的关键？这是一个盘旋在电子商务入口稚子们脑海中的问题，资深淘宝专家的建议成了他们的参考。千里鹿，就是这样一位奋斗五年的淘宝人，他将告诉你淘宝入门的关键。

嘉 宾 ID：千里鹿
店铺名称：千里鹿夫妻店【美康生物系列三年专卖店】
店铺主营：化妆品
店铺链接：http://meikang.taobao.com
记　　者：像阿布那样

消费者保障协会掌门人

嘉宾简介

他，是消费者保障协会的掌门人。
他，是商盟新生力量台州商盟的盟主。
他，有人慕名去找他咨询消保问题，有人慕名去找他探讨淘宝经验问题，有人慕名找他合作，最后，有人慕名去找他买东西。

他，就是传说中的千里鹿。走南闯北留下一串英名。千里鹿=千里=鹿头=老千=鹿老大=鹿=小鹿=鹿哥=老鹿。

创业背景

他是一个乐观开朗的大男生，他从开始做淘宝就是坚定的，仿佛没有大部分人的犹豫和苦闷期，他当过志愿者、组织商盟、和广大淘友交流、帮助有困难有疑惑的买家们、通过组织卖家联盟帮助中小卖家经营店铺。所以，他是快乐的，一直快乐地做着淘宝。和大部分卖家自顾自宅家创业的模式有所不同，他是开放地交流、合作，让他少了很多困惑和苦闷，始终快乐地做着淘宝。

开店初期，朋友相帮，顺风顺水

他不是因为有货源优势来闯淘宝的那类人，他有坚定要做淘宝的决心，才开始寻找货源。他刚开始和大部分两手空空闯淘宝的小掌柜们一样，找不到货源。卖设计开起店来，后来，经朋友介绍加入了当地的卖家群体（当时还没有商盟）。在那个卖家小组织中，认识了更多的朋友，他们分享各自的经验，还有货源。于是，千里鹿有了他的第一批货源——鞋子。就这样，在地方卖家群朋友们的帮助下，他正式开始了他的淘宝之路。也正是这个开始，让他意识到一个地方的卖家联盟可以为小卖家带来多大的帮助，奠定了创立商盟的思想基础。

致力建立商盟，为中小卖家造福，弥补线上学习经验的局限性

他来到台州后，因为当地没有商盟，曾任四川商盟泸州分盟主的他决心要建立一个当地的商盟。当时商盟已经开展得如火如荼，各地区商盟以及行业商盟已经有很多成了规模，有着有效性的活动和功用。要在一个地方建立一个新商盟，并且壮大起来，真的不是一件容易的事。

做淘宝，要有快乐的态度

今天我们采访的主题，不是令人咋舌的销售业绩，不是金光闪闪的皇冠，也不是永恒的推广主题。当然不是说我们今天的嘉宾在那些方面不好，相反他都拥有，但是今天我们要说的是态度，快乐的工作态度，还有个人魅力，从营销的角度来说，可以说是情感营销。

淘宝人有一个共同的特点，那就是焦躁，他们总是处于焦急、忙碌、急躁的状态。心心卖家守着新开的、无人问津的店铺着急；钻石卖家开始为店铺的运转忙碌，一刻不曾停止思考如何让店铺的销售更上一层楼；皇冠卖家更是忙碌得没有时间停下来，他们总是很焦急，在这个片刻都可能点石成金的时代，谁都不愿意从容前行，焦急地匆匆赶路，才不会被时代淘汰。

访谈实录

像阿布那样：你为何那么快乐，要管那么多事，要操那么多心，要出席那么多活动，还要管自己的店铺。而我只是一个钻石卖家，就已经忙得焦头烂额。销售额即使有了突破，都来不及停下来高兴一下，就要继续匆匆赶路。

千里鹿：是态度。喜欢不喜欢。

像阿布那样：你为何要在台州建立商盟？

千里鹿：首先我个人的发展和商盟是离不开的，特别是初期的时候。在台州建立商盟，当时不是我一个人的想法，而是很多人的想法，台州需要商盟，商盟可以帮助中小卖家发展，可以为盟员铺路搭桥，可以认识很多朋友，可以学习很多不懂的东西。况且现在的网购和三四年前的网购不一样，以前只要有货源，不需要太多专业知识，就能在网上开店！现在不单单有货源，你还得了解整个网购市场的运作，特别是各个平台的操作！以淘宝为例，一年一个变化，各项功能也在陆续增加。收费的、不收费的都有，这些都需要去研究和学习！在网店设计行业就能非常清楚地了解到这些变化！不了解没有关系，只要肯学习，还是可以的。但是，很多人有这个心，却找不到学习的地方！为什么呢？因为很多都是理论，只有从交流中，才能学习到真正实践中的问题！商盟就起到了这样的作用，给大家一个相互学习交流的环境、弥补线上平台的不足。从我自己来说，我刚来台州的时候，一个人都不认识，更没有人认识我，对于台州本地文化之类的更不懂。如果你想好好发展，那么肯定要了解本地有些什么产业。像我这样的人其实有很多，俗话说：多个朋友多条路。所以我觉得台州商盟的建立是必须的。有了这个平台，大家可以认识，互相帮助和共同探讨一些问题。

像阿布那样：建立一个商盟要花的时间和精力肯定很多吧，如果你把时间投入到店铺，那也许会更有帮助呢？

千里鹿：这个是肯定的。精力和时间，肯定都是需要的。如果我把精力放在店铺上，那么升级是很快。但是这只是暂时的！为什么我要这么说呢？因为有些人只能看到自己的优点，看不到自己的缺点，这叫可怜。更有些人连自己的优点和缺点都看不到，这叫可悲。只有认识这个行业的朋友，互相指导和交流，去发现自己店铺的不足，以后发展才会更好、更快。

像阿布那样：你的重点是在于增进行业的沟通，才能促进长远的发展吗？

千里鹿：是的，我们淘宝卖家的共同行业不就是淘宝吗？

像阿布那样：现在商盟这块取得了哪些成就呢？

千里鹿：首先我们加强和组织盟员定期的交流合作，大家相互学习，并且也相互合作，已经取得不错的效果。我们还和 EMS、地方政府、地区大企业单位达成了合作意向，对于盟友的学习与合作都有很大的帮助。这是一个机会，给中小卖家的机会，很多小卖家可能去不了大型的网交会，我们就组织一个家门口的交流会。也是给中小卖家和大卖家搭建桥梁。

像阿布那样：我问一个中小卖家都比较关心的问题，现在淘宝每天都在出新规则，比如搜索调整方面的，还引起了很大的反响，你觉得中小卖家应该如何去面对？

千里鹿：还是应该让自己慢慢地去适应这个环境，而不是想方设法去改变这个环境！我们可以这样想，是人去适应环境简单，还是人去改变环境简单呢？多从自身出发，找找自己的不足，及时修改策略，这才是做生意的大计。很多成功的企业家，都是随着国家的政策在改变自己的经营之道。我们既然在淘宝这个平台上生存，那么我们也应该随着它的变化而变化。竞争是残酷的，顺其道而生，逆其道而亡！只有先走一步，才能把握先机，否则就落后他人。

像阿布那样：一路走到底，那么你预想到达的地方在哪里？

千里鹿：做淘宝也是需要坚持的！跟做企业一样，一下子就成功的企业不多，他们都是经过了很多时间考察和磨炼出来的！像我们这些店主，都是从不懂到懂，一步步走过来的，要学习的东西很多！况且顾客也是一个一个留的，放弃就等于一点机会都没有了，坚持至少还有希望在，同时也有很多老顾客支持着你！你放弃了自己，就等于放弃了那些支持你的人。经营这么多年，经营的不单单是产品，还是一个关系，一个网络，你诚信，就会有人去帮你宣传。

像阿布那样：做淘宝那么久，最大的收获是什么？

千里鹿：最大的收获是朋友。对新手卖家的建议：多学习淘宝的规则，但请不要投机取巧。找准自己产品和店铺的定位，该投入时不要心疼那些钱。不要把淘宝想得那么复杂，其实很简单，最重要的是看你如何去看待它，如何去掌握它！

采访后记：做淘宝不一定要宅在家里闭关锁国，我们可以走出去，找到属于自己的一个组织，去交流、去学习、去合作。在创业初期我们大多是一个人单打独斗，所以何不大家聚集到一起，群策群力发挥所长，那么我们就相当于一个团体，拥有集体的力量。同时线下的交流可以弥补线上学习的弊端，可以实践，更重要的是可以合作。做淘宝一直是一个摸索的过程，找到你的组织和归属，才能少走弯路，事半功倍。

百惠购物吧：一手货源优势谈

本篇导读：一直位于家纺产品销售前五名，一直在很稳定的增长，我们的店主到底有什么秘诀呢？而他用什么方法让自己在如此多的抱怨声中始终保持着前五名的名次，一直处于鳌头地位，而又硕果累累呢？今天由默默来为你解密。

嘉 宾 ID：百惠购物吧
店铺名称：百惠家纺
店铺主营：时尚床品
店铺链接：http://shuijiaoba.taobao.com
记　　者：树袋熊和桉树

访谈实录

关于货源

靠山吃山说的就是货源的问题，我们是以江苏南通国际家纺城为基础，直接第一手厂家货源保证商品的成本价比其他地方同类卖家的低，我现在的产品就是厂家直销！毕竟网络无国界，我的偶像王小帮都可以把山沟沟里的绿色农产品卖到全国各地。依托当地的特色产品，利用互联网打出风格卖到全国去。

接下来就是如何把东西卖出去。网店刚刚开始，人气不足的情况下需要做一些有偿的推广，比如直通车等，加大店铺的曝光率，商品描述尽可能的详细，让客户看完描述基本上就能了解这个产品的信息了，产生直接的购买欲，促进成交。

关于价格

价格是由商品的价值来决定的。不过一般的中小卖家起步时基本采用保本的价格销售，希望多吸引一些成交客户变成老客户达到口碑相传的效果，但是我个人认为：做生意就是要保证基本的生活开支，赚点钱无可厚非，当然也不要搞暴利，客户的眼睛是雪亮的；其次就是价格不能太低，毕竟网络购物看不到实物，只能凭图片加描述理解之后购买，低于平均价格太多的商品，很多人都会怀疑是不是山寨货，包括我自己也是这样认为的。

关于货物

（1）首先是整个店铺的商品定位，要对应不同消费水平的客户群，这个需要卖家自己掌握。

（2）店里的货物我大致也是分为三类：通销货（同类目卖家基本都有卖的产品），定价要低，这样加大客户比较的力度，最后选择下订单成交，真正的薄利多销。

（3）品牌货（作为店铺的面子形象，不要让客户产生是地摊店铺的感觉）。当然好的产品价格会高一些，利润相对也可以高一些，毕竟相对于实体店铺的售价还是有超高的性价比的。

（4）生僻货（满足一些特殊需求的特定客户群），这样的产品利润可以定得更高些，毕竟成交次数有限，但是总归有客户需要，我们为客户提供他们的特殊需要之后得到更高的回报，我认为是应该的。

关于个人性格

以我个人的性格来说，实惠最重要。一开始我的网店基本没有装修，只是简单的分类。我把大部分的时间和精力都花在寻找有卖点的商品和推广商品上面，当然到现在这个级别也有待进一步提高各方面的形象，我会注意改进的！

关于推广

2009 年 5 月，主要推广一款不锈钢支架的蚊帐，不锈钢支架作为坚固的卖点推广，效果出乎意料的好，所以就一直坚持用直通车。相对来说，现在的推广效果和当时相比的确投入更大，可是对应的成交笔数并没有相应的提高，基于这个现象，我是这样认为的：从我自身的经验来说，当然是用直通车更有心得了，不该花的钱少花，相对大环境来说，使用直通车的卖家越来越多，导致竞争白热化，所以出价越来越高，就是消耗大产出没有相应跟上的一个原因吧！其他的推广我基本没用过，我最近才参加过几次淘宝网家纺频道的秒杀活动，亏本的，但是带动了人气，促进销量，单个商品的销售排名尽量靠前，以后的销售就会好起来，所以有舍有得，活动能参加尽量参加，不要计较一时的得失，我始终相信有付出就会有回报。

关于优化

合并链接。把以前的一些没有销售的链接通通删除，一些正常销售的商品能合并链接的尽量合并，同时加大主销商品的推广力度，以较高的成交量来带动店铺其他商品的曝光率。通俗地说就是以点带面。合并销售可以提高成交笔数的排名顺序，增加商品的曝光率，反过来促进商品销售，对于卖家来说也减少了打理店铺的时间，提高了工作效率。以一款被子为例，有三个规格的：150×200，180×220，200×230，如果单独做三个链接，每一个链接的成交笔数是5笔的话，那么，以一个单品 5 个成交笔数的话，排名在后面；如果合并成一个链接，那么变成单个链接的成交笔数是15笔，相对来说排名就比较靠前面了。淘宝店铺不再以上传多少为主要依据，而是精或不精！链接越多，占用淘宝资源越多，可是却不产生销售，那么就一点意义都没有，所以还是把主要的时间和精力用在店铺管理上。

关于售后服务

对于这个不见面的交易，最重要的就是售后服务，不管客户对我们的售后提出什么样的意见和建议，我都是虚心接受，毕竟每个行业的人对商品的认识都不同，基本上我都是使用电话和客户直接沟通的，用声音把我们的心意向客户表达，让客户感受我们良好的售后服务，这样直接加大了客户的信任度，促成口碑相传的效果。我统计过云南的一个学校的老师帮我做宣传之后，由他带动的直接、间接销售不锈钢支架的蚊帐达到了 110 多床，一直到现在还都在我家买。也许是个人性格的原因，售后服务方面我一直都很少使用旺旺和客户沟通，毕竟文字只能表达一个基本的意思（偶尔还有因为对方的字义理解不同而闹误会），并不能把我们的诚意传达给买家。所以我使用电话售后，当然电话费的开销也相应增加。

关于中差评

我的确吃了太多中差评的亏，但是在淘宝网规则的约束下，我们改变不了这个现实。最典型的一个例子，我以有毒这个字眼致电淘宝客服，投诉买家恶意评价，可是，投诉并没有成立，这期间很多客户都要我解释：你的东西真的有毒吗？那是要贴身用的，谁还敢买啊？以至于这段时间内基本没有销量了。后来我就先用电话和客户联系，但是并没有改变评价，最终是按客户的要挟退钱换了评价，可是我把聊天记录都截图上传给淘宝客服，却不能作为恶意评价的依据，客户是直截了当地说要钱改评价的啊！聊天记录截图都十几页呢，按概率来说还算是少的。最怕的就是失踪的客户，电话不接或者一接通说是商量修改评价的直接挂了以后就永远不接电话，还有的客户收货时电话是通的，可是评价之后电话就停机了，没办法联系，这样的评价只能是作为永远的痛留在评价记录里。退一步海阔天空。当然我不会记恨客户，最后还没有忘记邀请她再次光临。其实很多次都想还是屈服一下吧，毕竟钱可以重新赚，评价却是永远的黑点，每一次看到都是一个痛苦的、伤心的回忆。对于中差评唯一能够自救的就是加入商城，但是商城的运作毕竟需要一定的条件，目前正在筹备加入商城。

放眼店铺未来

坚持学习。首先还是一个学习的过程，向同行业内做得好的卖家们学习，虽然他们不会告诉我们怎样才能做得更好，但是我们可以在他们店铺经营的过程中了解信息为我所用，结合自己店铺的实际情况来提高店铺的发展，当然不是生搬硬套。接下来重点改进的项目就是商品图片。这个是我的弱项，所以没什么心得，但是我知道网购就是看图购买，没有好的图片，如何能吸引买家的眼球，激发客户的购买欲呢？所以我必须改变的有三点：一、自己努力学习 Photoshop，做出更漂亮的图片；二、在淘宝网上请专业的有偿装修高手完成图片的制作；三、扩大团队，聘请专业的平面设计人员独立制作完成，但是费用较大，我会量力而行。

总结一句，淘宝经营的三要素：（在用“心”经营的前提下）精美的展示图片+直观详细的商品描述+精准到位的推广=成功。

采访后记：我不知道大家看完这篇访谈有没有和默默一样的想法，作为“百惠购物吧”，他为何能让自己的店铺销售排名始终排在前五位，是因为他知道自己要怎么做才能得到自己想要的东西，而他也知道自己的缺点在哪里，要走得更远需要改变哪些不足，而你知道吗？默默相信这个年轻的掌柜会用他的智慧逐渐超越自我，战胜自我，一直处于鳌头地位。我们期待他入住商城之后，带领他的团队，发展得更加灿烂辉煌，到时候我们再来采访这位年轻的店主！

再丰：便宜就是硬道理

本篇导读：再丰店里最引人注目的，是他在首页讲述的关于沃尔玛创始人的小故事，这个让自己的商业王国一步步从小镇发展到全球的商业巨头认为，老板就算进价再低，也不应该私留利润，而应该把多出来的好处让给顾客。就是靠这个朴素的理念，沃尔玛终将自己的足迹踏遍全球，将自己的商品送到亿万顾客手中。

再丰网店的店招："便宜就是硬道理，网上平价超市"，我们不难看出这个店的经营理念与特色了：低成本，低价位。一个便宜三个爱，价格战，一直是种直接且见效快的促销方法。刚和再丰开始访谈的时候，他的信誉还只有三钻，最后一次修改时，他竟然已经到了皇冠。如何才让自己有能力打一场能有效拉动自己销售和信誉度的价格战呢？我们一起来听听再丰的经验吧。

嘉 宾 ID：再丰6688
店铺名称：【奥尔玛香薰世界】香薰灯/香薰精油/香薰蜡烛/印度香
店铺主营：香薰灯/香薰精油/香薰蜡烛/印度香
店铺链接：http://shop59180849.taobao.com
记 者：布艺百科全书

访谈实录

布艺百科全书：再丰敢于在店招里写"便宜就是硬道理"，那么商品的价格应该是很低的吧？低价对你的销售来说有多大的优势呢？

再丰6688：我店里商品的价格是淘宝最低的。我平时连推广都不用，直通车也只烧过3天。刚开始我做银饰，生意很一般，后来接触到香薰灯，因为这个是易碎品，在淘宝做的人不多，竞争小，慢慢就有生意了。从两天一单，到一天一单，慢慢增长到一天十几至二十单。那时候我也为促进销售想了很多办法，后来发现最直接的是控制成本，保持最低价，销量就自然起来了。现在一天大概 30 单左右，销量保持 20%的增长。

布艺百科全书：这个成绩对于还没有上冠的卖家来说很不错呀。那么你的货源是从哪里来的呢？

再丰 6688：最开始我也是从批发市场进货，做一段时间之后熟悉了哪些是旺销款，在积累一点资金后，就直接从厂家进货。我比较过厂家和批发市场的价格，很多同行是在批发市场拿货的。大家拼价格，自己根本就没优势。从厂家进货后，当别人因为拼价格利润越来越低，已经赚不到钱的时候，我却有了足够的利润。

再丰 6688

布艺百科全书：可能很多新手卖家都有这样的困惑，在批发市场进回来的货，上网一搜，却发现别人家的售价有时候甚至比自己的进价还低。可是很多卖家刚起步，很难接触到厂家，而且因为量小，会担心遭到厂家的拒绝，怎样才能找到最低价的货源呢？

再丰 6688：因为我从厂家进货，再加上我参加上海普陀区创业大赛，实体店不用交店租和仓库费用，我的价格甚至能低于批发市场的批发商。现在还有很多人从网店找我批发的，所以说能找到厂家是非常有优势的。找厂家要从源头上找，比如产品的包装盒、阿里巴巴等网站，或者去义乌看看。多花点心思在这方面，总能找到的。只有看不到的货，没有进不到的货。厂家拿货其实量也不需要太大，比如我的产品，一般一个品种一箱就可以拿了。

布艺百科全书：一个品种一箱也不算少了，会积压吗？很多人开店开到最后都是赚了一堆货。

再丰 6688：仓库积压肯定是有的，要想办法销售出去。我现在用一招比较有创意的促销方法，叫做“购买垃圾”。这是我在一张报纸上看到的销售方法：网上售“垃圾”，卖惊喜赚机会。不过不要误会，这里的“垃圾”不是指的真正的垃圾，而是自己的积压库存。我们将一些样品、过季产品、滞销产品，甚至是从未销售过的产品放在包裹中销售，对所有购买的顾客随机发货。买家不知道自己会收到什么东西，也许刚好是自己想要的，也许是超出自己预期的惊喜，也许什么都没有。这个办法既让顾客觉得很刺激，又为我们清理了库存。

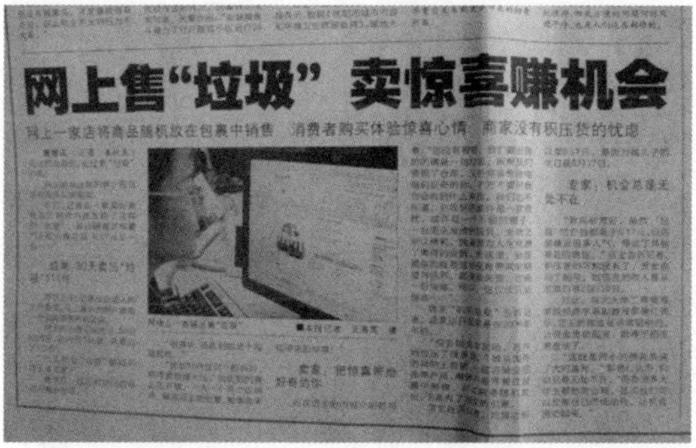

网上售“垃圾”　卖惊喜赚机会

网上一家店将商品随机放在包裹中销售　消费者购买体验惊喜心情　商家没有积压货的忧虑

布艺百科全书：我看了你的“垃圾”商品，真的很有意思，看顾客的评价也是惊喜大于失望。可见再丰还是个很有心的人，能将生活中看到的学以致用。也许正是你花的这份心思，才让你找到厂家的货源，并且顺利地越销越好。你还有什么促销方法吗？

再丰 6688：我现在每周做三次秒杀，用以销售库存商品，还可以吸引、积累人气，一举两得。另外，我们店是淘宝首次提出“无货双倍赔偿”的，这也大大地增加了进店顾客的购买转化率。当然这个举措对我们的商品管理要求也更高了，我们现在店里的滞销产品很少。我们还有一个“吃螃蟹”的活动，店里没有销售记录的商品，只要有顾客首次购买，就可以享受 7 折优惠。大家应该都有这样的体验，销售记录是零的商品比较难卖，有购买记录后，记录越多，就会卖得越火。这个措施一是清理了滞销货的库存，二是减少商品的滞销率，可以带来排名的增长，三是有了购买记录也相应提升了销售转化率。宝贝照片也很重要。我们店里有款商品是厂家当时发错的，本来我是当作滞销产品在处理的，结果没想到因为照片拍得好，反而卖得不错。我是请专业摄影人士拍的，觉得这个钱花得还是比较值的。

布艺百科全书：滞销产品会影响宝贝排名吗？

再丰 6688：我感觉滞销指数是淘宝搜索排序规则的一个指标。我的生意就是从 78 规则调整后开始越来越好的。很多店都有 1000 多种产品，只有几十款销售情况比较好，滞销的比较多，这种店在 78 规则调整后，排名就越来越靠后了。

布艺百科全书：看来大家都要努力消灭滞销产品了。再丰的方法还是很值得借鉴的。

再丰 6688：其实除淘宝外，我们还有很多销售和推广渠道都可以尝试。比如麦包包，准备进入当当、卓越、京东销售，我们也可以同步进入，说不定它们的首页广告费比淘宝低很多。还有凡客诚品，听说也在招商，有了流量开始做第三方平台了，篱笆网上也有很多卖化妆品的。还有加入地方商盟，大家联合在 DM 直投杂志上做广告，还有就是考虑在一些针对性比较强的小网站上做广告。虽然这些渠道也许流量都不是很高，但作为突破口，也可以尝试一下。最关键的就是在有流量的地方能够出现你的店，有流量就有销量，至于卖什么，已经不是很重要了。每个行业都有赚钱和亏钱的企业，关键看你怎么做。

（1）厂家包装：相信大家去批发市场进货一定有包装吧，包装纸盒、包装塑料袋，有些厂家名称直接就印在上面了，大家是否去百度、谷歌搜索过呢。有些包装物上印的是厂家的品牌，去网上搜索可以找到该品牌的厂家。

（2）阿里巴巴网站：现在有很多厂家直接在阿里巴巴上做批发，好多批发市场的店主直接在阿里巴巴搜索货源，他可以做到，你为什么做不到呢？

（3）义乌批发市场：这里很多小店店主问我："怎么找货源，找不到厂家啊！"那我问你，你去过义乌几次？我告诉你：我去过 3 次。义乌批发市场是全国甚至全世界最大的小商品批发市场，有些货甚至比你自己到厂家去拿还要低（具体原因不在这里阐述了），江浙沪很多批发市场的档口都是直接在义乌拿货的。如果实在找不到货源，则建议你先去义乌看看，找到你所需要的分类，比如毛绒玩具、遮阳伞都是在一个地方聚摊的，大家看一下自己属于哪个区域，然后耐心逛逛，和摊主商量，尤其是 4 点半来接的小巴车要回去的时候问一下摊主："小单做不做，不做我回去了。"价格也可以再砍砍。

采访后记：还是那句话"只有看不到的货，没有进不到的货"，仔细观察，多多分析思考，你会越来越顺的。

友善地狗：大淘宝时代国际性的货源整合

本篇导读：这个朋友，本身也是一位血友病患者，当我问及他血友病的一些情况时，他很坦然地告诉我，或许他算是比较命大的吧。而当我问及他怎么想起做淘宝，他告诉我："不做淘宝，又能做什么呢？"这么简单的一句话，却表达了他勇敢接受现实、面对现实的心境。今天的访谈，他告诉我们，他不介意别人提及他的身体，但是作为访谈，他不认为该在他的病情上大做文章。他是个病人，可是却凭借着自己的努力做到了四钻；他是血友病人，可是一直在帮助着淘宝的魔豆妈妈；他是血友病人，可是他也是商盟的监察部部长；他是血友病人，可是他比正常人更加努力，他所做到的，又是很多正常人望而生畏的。今天他在访谈中到底给我们带来了什么惊喜呢？默默今天和大家一起来分享。

嘉 宾 ID：友善地狗
店铺名称：梦生活
店铺主营：床上用品
店铺链接：http://17gogogo.taobao.com
记　　者：树袋熊和桉树

那天，他对我说，他现在正在外面，忙碌一个旅程，等到回来再接受我的采访，到那个时候他说的会更多，我从那一天起就期待着他的归来。他回来了，我问他，你们相当于在大淘宝时代做了一次整合？他说，这就是一次小小的整合。一次国际性的整合，却被说为小小的整合，我们店主的心态，又有几人能及呢？

访谈实录

树袋熊和桉树：我迫不及待地想知道你这次旅程的收获是什么？

友善地狗：我上次外出是和一个马来西亚的公司合作，洽谈大概两个多月，现在终于有点眉目。目前在等他们在中国注册，我们已经开始着手准备，很快就会有来自马来西亚的品牌在淘宝商城登录，我相信能够把顶级品质的服装带进国内，尤其是他们产品的印染及做工都是非常好的，我想这对于淘宝来说也是不错的消息，如果顺利，那么陆续还会有新加坡及泰国的产品。我从2006年做淘宝以来，一直在不断地寻找好的货源，但是这几年下来还真是一无所获。因为身体的原因，我不可能在全国到处去跑，限制很大。当初这个老板找到我的时候，也是很奇特，仅仅是我对他们店铺进行了几句简短的总结。说来有点话长，我是四川商盟监察部部长，我的一个盟友是成都分盟龙泉驿区的区长，我们是通过一次商盟活动认识的。不久后，他组织了一次龙泉区的活动，当天晚上带我去他的公司，这个公司的老板就是马来西亚人（现已加入中国国籍）。他的朋友都是以前生意场上的老朋友，基本清一色的新、马服装界的老板。他自己也是设计师，他们从2007年在淘宝开店，做到现在，竟然还处于亏损中，他们也在想办法改善，所以我们一见面就很谈得来。这个老板的一个马来西亚朋友以前一直在中国做外贸，2007年进淘宝的时候，只是看到淘宝的市场大就进来了，但是他们对淘宝仅处于略懂的状态。最致命的是2007年开店之后生意一直还算可以，所以他们并没有花太多时间去了解淘宝，比如淘宝的营销方式、做活动的方式等。他们没有想到淘宝的变化如此巨大，在生意还算顺利的时候，就只是每天接单、销售，忽略了充电学习，现在的他们就好像被淘宝撇下了很长一段路。他们之前是小团队的模式，总共才几个人，现在他们意识到团队的重要性，所以在逐渐扩大，开始招募各方面的人才，将来也就基本上是我去负责他们的店铺。现在就是在做整合，一次小小的整合，不仅是人力的整合，还包括资源、财力各方面的整合。但是我们不是要做得多大，关键是要做强！集大家所长，旨在做强。

说到做强，他说有一个愿望或目的：物美价廉。而我理解成打价格战，他耐心地给我解释。是啊，这个目的多么简单，要做到又是如何的不容易。但是我从他的描述中看到他们的未来，我也相信，他们在大淘宝时代将会是当之无愧的时尚领跑人！

树袋熊和桉树：那么你所说的做强主要是做到什么呢？

友善地狗：保证产品品质，保证服务品质。所有的顾客都只有一个愿望或者目的：物美价廉！我们要做到的，不是物美价廉，而是物超所值。产品好、价格好、服务好就不担心没有顾客支持！

树袋熊和桉树：这和淘宝要做成网络沃尔玛，不再打价格战，是不是有点相悖呢？

友善地狗：做好这几点之后，再去进行推广，这才是最符合逻辑的方法。物美价廉不是要打价格战，我们的产品是独一无二的，只有我们才有，我们要尽量保持同类产品同等的价位，比如一条牛仔裤，别人卖 100 元左右，那我们也卖这么多，不会说我们去降价卖 40 元、50 元，别人少一块，我少两块。这样是把自己往死路上推。同样，牛仔裤也有卖好几百的，那么我们一直坚持卖这样一个公平的价格，产品品质还非常好，这就达到了物超所值的目的。当然，这仅仅是举例。坦白讲，我现在对服装还不算了解，还在学习。

树袋熊和桉树：那么这次的整合你算是改行了？

友善地狗：我随时做好了改行的准备，只要有好的产品，好的公司，我愿意为他们打工。

树袋熊和桉树：那你的这个店铺还会继续经营吗？

友善地狗：会，还是做床品。但是服装做好了，我就去做服装分销。真正的融入团体，才会受益。

作为四川商盟监察部部长，他告诉我，加入商盟，不是为了一个盟徽的图片，而是真正的融入，只有融入了，才会为商盟真正的付出，也才会让自己真正的受益。而此时此刻，也是加入商盟较好的一个时机。

树袋熊和桉树：你以后还会继续做商盟监察部部长吗？

友善地狗：我已经和盟主说好，过了商盟 7 周年庆，我就退出管理团队。

树袋熊和桉树：自己辛辛苦苦管理团队这么多年，会不会觉得舍不得？你们新成立的商城会不会加入商盟呢？

友善地狗：没有什么舍不得，我自己也惭愧得很，在职两年并没有作出什么贡献，我们的商城到时候肯定也是要加入商盟的。

树袋熊和桉树：很多人都认为加入商盟是一件很难的事情，那么你对于加入商盟有没有好的方法呢？

友善地狗：如果按照我个人的想法，则现在加入商盟不是容易或者艰难，而是很简单。我更希望加入商盟能更严格，因为现在淘宝的会员越来越多，卖家也越来越良莠不齐。加入商盟几乎只需一个月就好了！

树袋熊和桉树：从淘宝目前的发展趋势来看，以后加入商盟的条件会更严格。加入商盟需要注意什么呢？

友善地狗：加入商盟唯一的捷径就是做好自己的生意。很多卖家加入商盟的唯一目的就是混一个商盟的标志，他们并不知道商盟会给他们带来什么，更不可能去想他们愿意为商盟付出什么。做好自己的生意，其实是很多事情的捷径。

树袋熊和桉树：在你看来加入商盟会带来哪些好处呢？ 并且要为商盟付出什么呢？

友善地狗：成为一个优秀的卖家才有可能得到更多的资源，加入商盟得到最直接的好处：首先是有机会认识更多有能力的大卖家，累积自己的经验。其次是认识更多的盟友，大家总结交流，相互学习进步，最后是商盟会提供很多培训、学习的机会，这样对我们自己来说非常有帮助。我们也需要为商盟付出，不是具体的实物，更不是金钱，而是支持、一份支持。我加入商盟也接近 4 年了，我所了解的是很多盟友不愿意参加线下活动，甚至连群里也都是潜水不发言，连这一点最起码的支持都不能做到，那加入进来还有什么意义呢！入盟之前很多人都很积极，但是一旦有了商盟的标志，就再也见不到人。如果这样的话，那么商盟加这么多人做什么呢？

树袋熊和桉树：就是说不管加入一个群还是一个商盟都是要让自己切实的加入，而不只是形式上的加入，对吗？

友善地狗：严格地说应该是这样。既然决定加入一个团体或者团队，就应该意识到自己是其中的一员，不要只想着在这里自己能得到多少好处，首先应该考虑到如何帮助他人。这是一个互利互惠的社会，网上、淘宝上同样是这样。现在加入商盟比以前得到的实际受益更大，因为现在淘宝本身也在宣传商盟，并针对商盟卖家有一些扶持。当大家都认为加入商盟很重要的时候，在管理上就应该更严格。不要让那些不良卖家浑水摸鱼，最后使消费者和淘宝受伤害。

诉一段辛酸，述一份真诚，成就一份坚持。最终，他提起我的访谈会做成什么样，笑着说不会做的面目全非吧？他想起了那段日子，那段艰辛，那最初的坚持。我们相信着，一起相信着淘宝，而我们的坚持最终一定能换回我们最初的梦想。

友善地狗：他们（一些病友）很多人因为从小与社会脱节，心理、心态都不是很好，希望借此机会鼓励他们。如果说已经开了店，那么生意不好不要紧，多花时间去学习，累积自己的经验，机会总是有的，千万不要灰心！曾经我的朋友，对我做淘宝是用鄙视的眼光来看的，他们甚至说我不务正业，认为在淘宝上做生意就像是在当骗子一样，但是我从进入淘宝的第一天起，就非常看好这个平台，所以我坚持，也如同上面我说的生意不好不要紧，不要忘了要想让自己学习、锻炼、积累经验，先要让自己从没有本事变得有本事，那么将来就能抓住机会。

采访后记：采访结束时他说，更多的经验等自己的店铺做得更成功时会和大家一起分享，于是我们约定明年的秋天，期待着他的硕果累累。广大淘友们，和我们一起期待明年吧！等到明年他们国际性整合的成功，将在大淘宝时代成为时尚领跑者！

偶爱偶家哦：三皇冠谈服装进货诀窍

本篇导读：当我们一直在努力尝试做推广的时候，有时候竟然忘了最根本的——货源。货源才是根本，让我们回到本源，来讨论货源的问题。一个好的货源，胜过多少广告。做服装的，特别是外贸服装，什么最重要？自然是货源了。外贸的东西，不是想拿到就有的，而且就淘宝来说，有个致命的缺点就是极容易断货。今天我们的嘉宾偶爱偶家哦，我们来看看她有什么经验秘诀可以和大家一起分享。

嘉 宾 ID：偶爱偶家哦
店铺名称：鸡毛换糖 日韩女装
店铺主营：外贸服饰
店铺链接：http://98-98.taobao.com
记　　者：像阿布那样

偶爱偶家哦

嘉宾自述

我结缘淘宝很偶然，一次在超市闲逛，逛到图书区看到一本书《如何在淘宝网开店》，一下子就吸引了我，当时就兴趣高涨，一天看完了书，三天内完成所有需要的手续，店铺就开起来了。我一开始是有工作的，工作之余打理店铺，并不赚钱。店铺真正开始赢利应该是从 2009 年开始，当时因为厌倦工作，毅然辞去收入还不错的工作，之后便投入到淘宝。

访谈实录

像阿布那样：你觉得自己做网店，成功的主要原因有哪些？

偶爱偶家哦：成功算不上，从 2010 年 9 月开始订阅《卖家》，发现自己需要学习的知识实在是太多了。如果想让店铺向更正规的方向发展，那么自己就要不断充电，可惜我之前没有重视。能做到现在的成绩最主要的一点就是坚持，当初同时开店的朋友有很多，大部分都没坚持下来。另外产品质量很重要，有时候找不到好的货源，宁可晚点上新货，也绝不违背意愿找些质量稍差的货品。我从开店到现在最注重的就是产品质量，我一直觉得只有自己有信心的产品，我才会拿出来卖。我们做的是外贸货，又都是平价，进货全是我自己精挑细选，挑选性价比高的外贸货现在也很不容易。

像阿布那样：你做外贸多少年了？

偶爱偶家哦：经验也就是从接触淘宝开始积累的，之前也没有接触过外贸服装这一块，做到现在已经有 3 年左右的时间。我店里有些尾货是我看到就全部进来，但是数量依然很少，有的只有几十件，所以做外贸会更累些，因为外贸的货源与内销不一样，内销一般都可以批量再生产，外贸的数量有限，卖完就没有了。

像阿布那样：全职之后，你对店铺的发展做了哪些努力？

偶爱偶家哦：主要是找货源吧，刚开始各方面资源都比较少，现在也有了自己的仓库。

像阿布那样：在寻找货源方面有哪些经验可以分享呢？

偶爱偶家哦：我觉得找货源的时候一定要清楚地知道自己的店铺需要什么样的衣服，否则找着找着就跑题了，被漂亮的衣服吸引，会进一堆本来不是自己主营的衣服。还有就是如果是新开发的货源，比如网上的，则不要一次进大量，毕竟看不到实物。对于自己长期的供应商有多次合作基础的，看到好的货品就要果断些。

像阿布那样：你现在的货源主要是自己去市场呢还是来自网络？

偶爱偶家哦：我有一些合作稳定的供应商，有新货会通知我，网络上看一下图片，了解一下衣服的基本情况就可以。这也是前期积累出来的，算是一个比较稳定的供应链了！现在跑市场比较少，因为宝宝才 8 个月大，所以我也不太方便出去。

像阿布那样：那如果有一个你看好的款，则你是如何进行单品推广的呢？

偶爱偶家哦：刚上的款可能大家对质量还没有把握，所以购买的概率不高。刚开始可以用限时折扣，或者包邮等方法吸引大家购买，如果衣服足够好，那么就会有好的评价，这样销量慢慢就会越来越好。如果量比较多，那么也可以选择淘宝客推广。

像阿布那样：你刚才说的那款半个月卖出 400 多件，做了哪些推广呢？

偶爱偶家哦：这款我还没做推广呢，就卖完了。可见一个好货源的重要性。

像阿布那样：哇，那就是这款货足够好啊。是不是老顾客也比较多？

偶爱偶家哦：所以告诫新手们，在进货的时候，不要贪图花哨或者贪图便宜，一个好的款才是你需要的，可以帮你赚到钱。不要把你的衣服当作宝贝，最重要的是你要销出去。千万不要抱着卖不出去还可以自己穿的心态。因为我的店都是平价销售，积累了一些老顾客。有很多都是买一件回去后，马上又来进行二次购物的。

像阿布那样：货源足够好，顾客就会有很强的黏性。那么你觉得货源好，在一个宝贝卖得好的因素中占多少比例？

偶爱偶家哦：虽然说货源很重要，但是卖得好有很多因素，产品、价格、渠道、促销等。不太好讲这个占多少比例，比如说同样的东西，如果是刚开的店那么可能一件都卖不出去，或者同样的东西价格如果定得很高，那么可能销量也不会太好。例如我店里有款销量很好的衣服，其实四个因素都在起作用。首先衣服质量好，这样买过的人有好的评价，促使后来看到的人买；其次合理的价格让人有购买欲望，否则即使有人看到也未必会买；再者我做到现在已经有了部分老顾客，有稳定的客流；再加上一定的促销手段，促使大家多买，现在店里是满 99 元包全国快递。

像阿布那样：请问你现在的客流量主要来自哪些，直通车、搜索、老顾客还是淘客？

偶爱偶家哦：我现在没用数据魔方，没有确切的数据，这些都是现在在考虑的。老顾客占大多数，淘客和直通车量很小。其实我也想参加淘宝的活动，只是还没有具体实施，时间有限。直通车有段时间感觉效果还可以，最近几个月不太好，可能和我没花时间打理也有关系。

像阿布那样： 现在很多新手开店，都在网上进货，你觉得网上进货可靠吗？

偶爱偶家哦： 网上进货比较方便，价格也比较有优势，但是陷阱肯定也是有的。我觉得新手最好先去实体市场拿货，网络上拿货要有一定的识别能力，需要有一定的经验积累才能锻炼出来！

像阿布那样： 那么市场上拿货有哪些优势呢？

偶爱偶家哦： 能直接接触衣服，质量一目了然。一手交钱一手交货，避免网络诈骗。

像阿布那样： 你觉得做淘宝以来，对自己来说有哪些改变呢？

偶爱偶家哦： 时间更加自由，心情更加好！还有就是没有什么不可能的，看了淘宝很多成功的故事，他们的成功案例给了我很大的信心，别人能做到的自己也能做到。

像阿布那样： 你接下来有什么目标？

偶爱偶家哦： 主要就是要让店铺走上正轨，提前做好准备吧。现在不足的地方实在太多，需要赶快完善。

像阿布那样： 你能说说遇到的最难过的事情是什么吗？

偶爱偶家哦： 也没什么特别难过的吧，当时比较难过的事情现在我也忘记了，我这人忘性特别大。

像阿布那样： 你觉得做淘宝要有什么样的心态呢？

偶爱偶家哦： 大度、耐心，有这两个足够了。做淘宝会遇到各种各样的人，遇到坎儿，需要自己用足够的耐心和买家沟通，如果仍然不能让他们满意，那么就不要去计较，随它去。

采访后记： 今天我们的嘉宾不是什么推广高手，也没有很强大的团队，但是为什么她的一个单品能在半个月卖掉 400 件呢？这就是货源的重要性。我做这次采访的目的是，在我们追求各种营销手段的时候千万不要忘了一款好的产品才是根本，在货源、产品本身下工夫，才是核心的竞争力。挖掘故事分享经验，感谢关注名人访谈。

第 7 章

装修心法

◎ 亲爱的三儿：与众不同的拍摄风格

◎ 琪贝儿国际儿童服饰：视觉营销塑五皇冠

◎ 阿多 ad：坚持实拍月销一万单

◎ 洋子：小店街拍也有范

◎ 风：躲避时尚让买家 *N* 次回头

◎ 海信电视集市店：视觉营销抓自然流量，如何上淘宝搜索排名第一页

亲爱的三儿：与众不同的拍摄风格

本篇导读：成功的路上荆棘丛生，每个人都要面对，每个人都要经历，关键在于选择和心态。小民在一次次的采访中感受颇丰，每一位嘉宾都在自己前进的道路上快乐地奔跑着，他们乐观的精神、积极的心态，值得我们学习！今天，小民所邀请到的嘉宾本是一名杂志社的编辑，小民亲切地称她为三儿。最初是在创业先锋认识三儿的，我看到三儿的帖子《不做杂志主编，在淘宝做一个收集快乐的小女巫》不免有些好奇，带着这份疑惑开始了与三儿的攀谈！最初三儿不免有些紧张，细聊下来我才感觉自己挖到了宝，三儿不仅乐观善谈，同样也有不少的经验与大家分享！接下来小民将和大家一起来了解三儿与淘宝的那些事儿！

嘉 宾 ID：亲爱的三儿
店铺名称：【花边 smileflower】天然质地。
艺术服装品牌。原创设计订制。
店铺主营：原创服饰
店铺链接：http://smileflowers.taobao.com
记　　者：xelzhenzhen

访谈实录

xelzhenzhen：你好，首先能简单介绍一下你和你的店铺吗？

亲爱的三儿：平时总是我采访别人，这次换我被采访，乐得我脸部保持这个姿势已经两天了。其实我一碰到“自我介绍”这个词就有些发蒙，应该说是被问住了，三儿目前还在自我了解中。

还是先说说我们的店铺吧。“花边”是一个销售韩国、日本专柜品牌和外贸原单尾单的网店，现在的风格就是没有风格。比如现在大多数的衣服是不特别耀眼的，基本路线是大气、随意和舒服。因为三儿本人就是个体验主义者，穿着的衣服从风格到材质要是有一点儿不随意、不舒服，就感觉出不了门。虽然现在“花边”的衣服很多都是韩国一些顶级大牌，但看起来都比较低调，“低调+简约+微学院”应该是“花边”目前不经意形成的风格吧。

三儿

我特别想把“我的店铺”换一种说法是“我们的店铺”。从开始到现在，很多人在为这个店努力，所以我希望“花边”能变成大家的店铺。就像现在很多经常来“花边”的姑娘一样，和我们的客服姑娘聊天，大家都能在“花边”帮派帖子里用日记的方式记下自己生活的点点滴滴，最后大家都惦记有这么一个地方，来待会儿，不买东西都成。所以说这个店铺不只是我的，是属于喜欢“花边”的每一个人。

我还有另外一个愿望，就是希望“花边”的每一个工作人员都能通过这个平台，随着这个店铺的发展，慢慢获取更多的物质基础，也能获得更多其他的东西，包括责任感、参与感和荣誉感。乍一听感觉有点儿像官方语言，不过我真的希望每个到“花边”购物的姑娘都能买到快乐和满足，最好收到包裹就像收到一件生日礼物那样（打开包裹的心情我理解，因为我也是个狂败买家）。工作人员以后都会有很多钱，这些女孩也具有养家养自己的能力，做个内心和物质都有着强大力量的人。

我们无时无刻不在做着吃饭游戏、工作游戏、调情游戏和友情游戏。包括我现在打字也是一种游戏，其实“花边”是要能给大家的游戏内容再镶上一层花边儿。虽然它没有袁隆平和爱迪生那样为世界作多大贡献，但是三儿的内心也会暗暗欣慰。

xelzhenzhen：看得出你感慨颇多。看到你在创业先锋参加十大特色店铺评选的帖子，了解到你以前是杂志社的编辑，怎么想到转战淘宝的呢？经常参加社区活动吗？

亲爱的三儿：其实那篇《不做杂志主编，在淘宝做一个收集快乐的小女巫》的字数不算多，但是感觉把之前心里没说的话一口气都说了。有些真心话说的次数太多，就会觉得不真实。我做到执行主编的时候，看着每期自己精心琢磨出来的创新大标题混迹于媒体圈的热门人物中间，虽然有成就感，但是幸福感在慢慢减少。媒体圈是个实际和浮躁的圈子，如果你在这里铁石心肠或者热衷于假面游戏，那么你可以在这里继续玩下去。三儿是觉得在这个位置一眼看不到内心想要的阳光，或者觉得那不是我内心能停放的生活。在被精心制作起来的话题和事物中找不到最自然的爱的力量，像是一直飘在高空，没有在地面的踏实感。或者说我这个其实挺草根范儿的主编的性格不太适合这种生活，于是有一天我感觉自己生病了，甚至连饭也不想吃。之后我一直在找自己生病的原因，是因为理想的缺失？还是因为偏离自己太远？每个人的心灵都是一个导师，会随时在你走错路的时候用各种方式来叫你扭转方向。人生其实就是一场修行。在这场修行中，我们首先要告诉自己用什么方式去活，可以让我们的心灵能自由和坦然。现在回头看看，我非常感谢这场病。不知道有没有人和我一样，像突然演了一半儿的电影，重新开演，重新学着吃饭、刷牙、重新理清世界观，这种痛苦和喜悦像重新活过一次一样。本来之前报了传媒大学电视学院的进修，进修的时候请辞了杂志社的工作，为了不让收入负增长，也为了让自己找点儿乐子，于是和朋友去批发市场进了 600 元的 T 恤，拿回来毫无经验的拍照片，挂到网上开卖。只是没想到从那以后，感觉自己的能量在慢慢恢复，同时这个店一不小心就从开始变成了一颗钻、两颗钻，又到了现在即将成为皇冠。

开始觉得自己在做一些脚踏实地的事情，这种脚踏实地的感觉让我有种莫名的安定感。就像现在，黄昏里窗外楼下花园的一株树一样，一边静静地看着太阳，一边享受自己长大的过程。或者这跟哪朝皇帝的心态是一样的，放着好好的工作不做，偏偏想去当木匠。我突然特别了解他的心情。经历过那些无趣之后，我们需要一些有血有肉的东西证明自己不是某种工具，而是“活着的”，然而每个人都要慢慢去寻找适合自己的方式。之前我每天都在进行着琐碎而快乐的淘宝生活，忙到每天凌晨 3 点多才睡觉，忙到一直没时间混社区。前几天看到“特色店铺评选”的活动，本来想写写算半个广告之类的，结果一写就写了一下午。和自己认真上了，然后长舒一口气，有种像给某种心情画下一个逗点的感觉。

xelzhenzhen：真佩服你，一下子就选对了方向。看到你店铺的图片全部是平铺实拍，想必你在拍照做图方面很有经验吧？那么你认为实拍和漂亮的模特哪个更能吸引顾客呢？

亲爱的三儿：大家一直纠结在平铺和实拍哪个好的问题上，其实三儿研究了很久，发现在这两个领域做得好的店铺有很多。模特实拍，让三儿有印象的是“猪猪的店”。记得两年前她们家也是平铺拍摄的，但是后来换了模特实拍，还有传说中的“LUNA”，都是模特实拍。模特实拍可以借模特的长相和气质优势，以及动感的肢体语言和环境氛围，把衣服更有影响力地展现给顾客。这种方式真的很吸引顾客，但是有一个前提：模特的长相和表现力最重要，接下来就是摄影师的功力。说一下缺点：很多顾客看模特穿着好看，高估了自己上身的效果，那就惨了……

三儿现在用的是平铺实拍，因为觉得平铺的商品有着更多的创作空间，你可以把一件衣服轻松地放入不同的配件、姿势、搭配，最重要的是没有模特的身材和气质来影响你对衣服客观的判断。因为之前一直是三儿自己拍，后来请来很好的摄影师，但是因为平铺实拍涉及一个更专业的造型摆放问题，而和摄影本身影响不是最大，所以三儿现在还是来亲自做摄影工作。从我们开店之日，也就是 2008 年 6 月 1 日算起，已经做了快两年的造型，现在给合作杂志的搜店明星提供衣服的时候，搭配起来俨然快成明星造型师了。

xelzhenzhen：把最真实的一面展现给买家，用真诚换取真心，这也是成功的法宝！在拍照的时候应该注意哪些细节问题呢？如何才能真实地反映衣服的颜色，避免色差呢？

亲爱的三儿：每个人都有自己的招儿，我来详细说一下自己平时的拍照细节（主要说平铺的服装）。

（1）一定要有专门的摄影灯。做网店的朋友们睡的都很晚，这样就不用起大早赶阳光。原来没摄影灯的时候都是下午 2 点拍照，直到天黑了也没拍完。网上有卖简易摄影棚的，200～300 元就连摄影伞和灯架一起搞定，再到自己家附近的五金市场都买四个 125 瓦的白光大节能灯泡。有时候那种专业的几千块钱的摄影闪灯也没有这个草根儿武器好使。白天没时间，贪黑拍一夜都没事儿。

（2）最好买一个单反相机。前面这两个说的都是器材问题，不过真的是“工欲善其事，必先利其器”，单反相机可以比普通的卡片机更好地强调细节的质感。现在基本上是4000 元左右就可以买一个带“狗头”的，就是俗称的标配镜头。现在三儿也没配什么太好的镜头，正带着“狗头”在摄影路上狂奔。如果不拍模特，或者就是拍模特的话，若对背景和景深要求不是那么高，那么“狗头”基本上足够用了。

（3）道具。准备好各种风格的生活小道具，比如可以烘托气氛的书籍、杂志、生活小物（现在常用的是 iPod、闹钟、花朵和相框等）。另外一类就是衣服的配饰，比如搭配的基本单品，各种颜色的包包和鞋子，以及围巾帽子之类的。不要偷懒，这些小东西必不可少。针对不同风格的衣服，做不同风格的搭配，所以说摄影师是个累人的活儿。造型迅速的话差不多拍一件商品需要 10 分钟，如果想造型出更好的效果，那三儿也有摆两个小时的时候，跟自己较劲儿嘛。好衣服拍不出来应有的效果，是三儿最难过的事情了。

（4）背景和模特。其实还是在家拍照片的卖家居多，因为这样更方便和快速一些。三儿所有的拍摄方式都试验过。如果在家拍模特实拍的话则有两种方式，一个是拍真人模特，另一个是假模特。如果自己找模特不方便的话，则可以花 200 元买一个手脚能活动的木制模特试试。背景找出一片白墙贴上韩国的贴纸（网上一搜一堆，成本 20 元左右），或者买那种装修用的花花墙贴（可以尝试田园风的），摆在那么个小角落，就可以开拍啦！

（5）软件升级。前面说的是硬件，现在说说拍摄者。同样的东西和器材，拍摄出来的最终效果也取决于摄影师。三儿第一次拍出的衣服照片真的是难看极了，黑糊糊的像一团抹布（虽然那时候已经是黄钻买家，买了那么多别人家拍的漂亮的东西）。后来三儿就到网上去搜和自己想要的拍摄感觉和风格相近的店，把喜欢的图片存起来，不停地学习拍摄角度和物品摆放方法。站在前辈的肩膀上学习是最快的。实在不行的话就把衣服按一模一样的方式去摆放和穿搭，拍一下试试。

（6）三“多”原则。同一种商品多做几种搭配，同一种商品多拍几张照片，然后再多问问自己，拍出的照片和衣服本身的感觉是不是一致？这是三儿在拍片的过程中总结的最笨、最勤奋、最有回报的经验。三儿经常是拍二十件衣服，2GB 的卡就满了。

（7）不满足原则。三儿一贯认为，自己看着好看的东西，别人也会认为好看。自己都看不下去或者很一般的照片，别人怎么会喜欢呢？所以一定要不停地学习。三儿现在随时随地用批判的眼光看自己拍的照片。

关于色差问题。说句负责任的话，色差问题在前期拍摄真的是难以解决的问题，因为蓝色、粉色和红色等真的是敏感色，相机一拍就容易偏色，尤其是现在商品的颜色太多。前期一定会偏色的，所以这时候就靠后期的调色功力了。

xelzhenzhen：是的，很多新手都会遇到类似的问题，很多卖家处理图片的时候也会很头疼。那么你是如何处理自己实拍的照片呢，可否跟我们分享一下？

亲爱的三儿：只要熟悉了软件，熟用了软件，就不头疼处理图片了。现在“花边”的团队有专门的姑娘负责图片调整，熟用两个软件：光影魔术手和 Photoshop。这两个软件用来处理淘宝图片，操作起来还是不难的。

（1）用光影魔术手来调色、修改大小和修改图片存储质量（目前偏色问题都是靠它来解决，强大的调图软件，用它保存能使图片文件数值小一些）。

（2）Photoshop 是最强大、专业的图像处理软件，用它在上面排版、设计和打字。有些照片或者背景不好看的时候，可以用它来修改。有时候图片会有背景缺边，因为我们的背景布不够大，所以要用 Photoshop 把它填满，我们管这叫“贴补丁”。

备注：

（1）熟悉软件之后调图就好做了，关键点是调图的时候请把实物商品放在你的手上，仔细看色。最好是在白天日光下（因为灯管的颜色会使商品颜色显得不同，所以调出来的也是偏色的，有句话叫：灯下不看颜色）。

（2）另外，调细节图之后再把每个细节图看一下，避免每个颜色调不一致。

（3）调完颜色的图片一定要“另存”一下，最好保留原图，以免调坏了拿来备用。

xelzhenzhen：要好好琢磨一下你分享的经验呢。女装作为热门宝贝竞争十分激烈，那么你是怎样让自己的宝贝脱颖而出呢？你认为新手卖家应该怎样提升自己的人气呢？

亲爱的三儿：关于营销，是任何店铺和企业的长期功课。三儿不觉得自己有多专业，但是我们一直在摸索的路上。简单说说我的方式吧。

（1）商品本身。好东西一定是有市场的，三儿不喜欢最便宜的，但货源的质量保证一定是自己看得过去的。然后在质量保证的情况下，再选价格相对来说合适的。因为最后你卖的不是流量，不是你的信用值，而且卖出的每个商品都决定着有多少人会再来或默默走开（那天有一个姑娘在网上和我们客服说，我只要样子，不要质量，只要便宜就行——这种绝对不是我们的同路人）。

（2）风格定位。说实话，专业人士都做定位，但我这个学过营销的专业人士，特别奇怪地不想给自己做定位。这是我的一个小小的任性。我只是觉得，想卖给和我有一样感觉和爱好的姑娘。这个真的是三儿的小小任性，因为正常来说 OL 女装是最赚钱的，为什么？因为职业女性爱上网，爱网购，没时间逛街，有钱，又舍得买。另外的一部分就是大学生，想要便宜又有款式的，可以大大的走量，三儿任性的结果是想要质量好的原单衣服、风格比较休闲随意的、偶尔还扮嫩、价格又不太贵的。这注定会让喜欢它的人有些买不起，买得起的人又觉得太便宜。所以，这个事三儿一直不想检讨，想一直任性下去……

（3）宣传：关于宣传，三儿一直没太关注。曾经做过姑娘们获知店铺的来源途径的调查，才知道天涯和豆瓣在一年前就有关于推荐“花边”的帖子。看了后台的来源记录，目前仍然不断有姑娘从天涯和豆瓣来“花边”，只是三儿也搜不到来源的具体帖子，所以一直在奇怪。

现在宣传广告方面，比较懒的三儿主要就是做直通车。但是做任何广告都要想明白一点：广告是要有持续性、计划性的，往里面投钱，又不一定会立即有效果。但只要你肯花大钱，就一定会有效果。三儿对直通车的使用状态是，从年后开始加大了力度，之前是一个星期 100 元钱。现在是 1 天的限额为 300 元，一个月是 9000 元左右，快一万元了。与其白扔 500 元钱，不如有效的多扔一点儿。只是自己一向对数字不太敏感，所以最近一段时间开始专业去研究这个事情，在量子恒道统计里仔细看数据，做分析，才发现原来一切都可以按科学数据解决的！虽然“花边”现在实在是不好意思和很大的店铺流量相比，但是每天都在进步，三儿就很开心。

我看了一下，直通车在一周内给我带来了 4000 的流量，占了 1/5，但是 1/5 是很有针对性的人群，也许会占我 1/4 的销售量。虽然投放增大会导致利润降低，但前期的投入是必不可少的，尤其正在冲皇冠的道路上。三儿之后还会强化推荐商品，把这个工作做好。目前还是菜鸟，正在摸索中，强烈要求找个善良又帅的小二来帮忙。现在三儿也称不上是“老手卖家”，但是最简单的方法应该就是到论坛多参与一些活动、发发帖子、仔细做好拍照和上架说明等最本职的工作，就有飞跃的机会了吧。说到发帖，三儿不就是第一次在创业先锋写帖子，让更多的姑娘们认识了“花边”吗？现学现卖一个绝招——都到论坛认真发帖！

xelzhenzhen：是的，付出才会有收获！在成交的过程中难免会遇到挑剔的 MM，你是怎么对待的呢？你认为做淘宝应该有怎样的心态呢？

亲爱的三儿：三儿特别想有一个“平常心”，但这个“平常心”是种境界，我们都得继续学习。有意思的是，最简单和最有效的一招竟然是：以心换心。通常出了问题我们的售后姑娘都会给顾客打电话，沟通一下是什么原因，是质量原因还是穿着不合适，然后再做有效的处理。顾客会觉得你真正的在关注她，而不是卖了不管，这样 99%的姑娘都会理解你。现在交易到将近 9000 单，也接触了不少顾客，好姑娘真的不少，所以特别谢谢这些之前挑剔，但之后对“花边”理解和宽容的姑娘们。越是看到这些售后的解决，越是让三儿有种感激，其实在互相包容里面，有更多美好的成分。不过也有个别极少数的火星人，无数次打电话过去沟通，要帮人家解决，但是人家就是不理你，一点儿质量问题没有，就是自己穿着不合适，不给你任何机会，就是要给你差评。面对这种人，三儿真的不禁感慨，他们是靠什么活着的呢？然后自己发誓，一定要做和这种人完全相反的人。

xelzhenzhen： 每个店铺都旨在推广自己，与众不同才会让更多的买家记住你，那么你店铺的特色是什么呢？

亲爱的三儿： 不像个商场，我希望它像个游乐场。

xelzhenzhen： 希望朋友们可以在你的店铺同样感受到快乐。淘宝一路走来肯定经历了很多，感受了很多，你认为做淘宝最大的收获是什么呢？

亲爱的三儿： 有一句说到我骨子里的话就是：谋生，也谋爱。一点儿也不假，这是我们从物质到精神的双重收获。所以在这儿我发现我自己越来越博爱了，然后有一个经验是：在任何一个生命个体中，唯有爱能拯救你认为丢掉的一切。以后谁觉着内心缺少能量的时候，请尽可能地去爱别人，或者爱一下路上流浪的猫猫狗狗。这种感觉真的很美妙，她会让你内心更加丰满起来。其实我正在体验个中味道的路上，希望大家能和我一起。

xelzhenzhen： 爱别人才会让别人同样来爱你！听你分享了这么多，那么你接下来的目标是什么呢？

亲爱的三儿： 说点儿实际的，要在 1～2 个月内冲皇冠，在 3～6 个月内让我们工作室的姑娘们工资涨 1 倍，争取明年把我们的第一家实体店在北京的五道口开起来。

xelzhenzhen： 目标很明确哦，期待你早日实现！最后可以给我们的新手卖家提些建议吗？

亲爱的三儿： 订出你的目标，然后认真做好手头的每一步，接下来就“多行善事，少问前程”。

采访后记： 谋生，亦谋爱，带着博大的胸怀来对待自己身边的每一个人，带着快乐的心情淘宝，正所谓牙好，胃口就好，吃嘛嘛香，身体倍儿棒！我们做淘宝则是心情好，身体就好，财源滚滚，生意倍儿精！

琪贝儿国际儿童服饰：视觉营销塑五皇冠

本篇导读：一张引人入胜的图片，能够强烈地刺激顾客的购买欲。因此，对于网店来说，拍摄技巧是抓住客人的必要条件。

嘉 宾 ID：琪贝儿国际儿童服饰
店铺名称：YOYO 设计原创童装芭本迪布
店铺主营：原创童装
店铺链接：http://yoyo720.taobao.com
记　　者：zgyl_2001

嘉宾简介

YOYO，29 岁，个性时尚的重庆美女。YOYO 25 岁的时候曾在中国十佳儿童摄影之一的某儿童影楼做创意总监，负责开发影楼样照与服装，在当时重庆的影楼行业已小有名气。如今的她，做起了自主设计品牌童装。

创业故事

两年前，YOYO 在中国十佳儿童摄影之一的某儿童影楼做创意总监，负责开发影楼样照与服装。那年，YOYO 25 岁。两年前，YOYO 的老公在某大型外贸工艺品公司担任副总经理，负责产品的生产、销售等一系列工作。那年，他 28 岁。

那时候的他们都拥有让人羡慕的月薪上万的工作，而 2008 年才接触淘宝的 YOYO 为这个虚幻的购物世界而疯狂，找到了能实现自己梦想的方向，并做出了让人觉得疯狂的决定——在淘宝上开自己设计的童装店。2008 年 3 月，率先辞职的 YOYO 老公在淘宝上注册了店铺，接下来就是一个多月的准备时间，YOYO 画出设计图稿，YOYO 妈妈把图稿做成成品（曾经在某童装厂工作），YOYO 老公就负责采购原料、接单和发货。看似几个人很简单的分工，却为以后的大迈进奠定了结实的基础。后来的日子里，YOYO 负责设计，YOYO 妈妈做成品，YOYO 爸爸帮忙做一些琐碎的事情，YOYO 老公负责采购和接单发货，一家人为一个小小的店铺而忙碌，非常辛苦，但他们很开心，因为有梦想在指引方向，越多顾客认可我们就越发有信心！2008 年 9 月，当店铺两钻的时候，YOYO 也辞职了，专心做起淘宝。很难想象两人辞去了拥有无数光环的高薪工作，每天宅在家里，朋友们都觉得他们疯了……

访谈实录

网上开店和实体店有着本质的区别，网上因为看不到实物，顾客只能通过图片来了解产品。好的宝贝图片是吸引顾客眼球的关键！那么怎样才能拍出令人眼前一亮的图片呢？今天我们请来一位摄影界的创意总监，为我们分享拍摄小细节。走进她的店里，你会折服于那些恰到好处的超炫图片。如你所见，为梦想打拼的小两口，是不是很有星范儿？

YOYO 和老公

zgyl_2001： YOYO，你好，刚刚看了你的店铺，里面的图片真不是一般的漂亮呢！你拍照技术非常娴熟，能回忆一下网店迎来第一单的情景吗？

YOYO： 你好，谢谢夸奖！记得那是在 2008 年 4 月 23 日，我们卖出去了第一件小衣服，一件 110 号的蓝纱蝴蝶结公主裙，完全无法用语言来形容当时的激动，YOYO 精心检查了妈妈做的衣服，然后放上了精美的小礼品，还亲手写了一张贺卡。那样用心的表达换来了淘宝店铺的第一个好评，也是我们千千万万好评的里程碑！

zgyl_2001： 是的，人生的第一单对我们来说是非常难忘的。一个好的开始为将来创业建立强有力的信心！你前期是在影楼工作，在拍照做图方面有很好的经验分享，广大淘友们也比较关注摄影方面的知识，你能谈谈吗？

YOYO： 好的，由于我在影楼工作了很多年，所以对摄影方面也有些小小的经验。网络购物，图片的重要性就不用多说了，既是跟顾客交流沟通的渠道，也是吸引顾客的最重要因素，而那些千篇一律的官网图片虽然好看，但对于要求越来越高的顾客来说，远远没有实物图片来的真实。其实并不是要非常专业的拍摄技术才能拍出好的照片，只要用心发现美丽，不是专业摄影师也会拍摄出吸引眼球的照片哦！

1．尽量选择在自然光线下拍摄

由于对灯光布局不了解，所以建议最好选择在自然的光线下拍摄，如果是家里那么就选择有阳光的地方，自然光线下拍摄出来的照片基本不会有色差，而且非常自然，在后期处理上也没有难度。

2．小物件、小配饰搭配拍摄

实物摆拍的时候一定不要单独摆放，因为照片是要讲究构图的，单独一件会让画面看起来非常空洞，如果加一些小物件和小配饰，那么整个画面就会变得饱满，而这些小东西是会为衣服加分的，跟我们穿衣服喜欢戴配饰是一个道理，起到画龙点睛的作用！

3．色彩、款式、背景搭配拍摄

我比较喜欢色彩搭配，顾客第一眼看不清款式就先被色彩吸引了，推荐选择一些漂亮的布料来当拍摄背景，而且要上装下装搭配着拍，还能带来连卖效应哦！所以建议拍摄衣服的时候一定要搭配好一套来拍摄，如果搭配得好，那么顾客会整套购买。

4．真人秀外景拍摄

个人现在比较推荐真人外拍，这是最直观的效果。衣服穿在模特身上，能更直观地给顾客传达信息。外拍最重要的就是根据衣服的款式来选择景点，比如时尚的可以选择步行街、商场之类的，如果是比较甜美乡村风的，则可以选择公园、植物园等。

5．后期简单修图

这里说的修图不是让图片失真哦，因为我们拍摄一般都很简单，没有反光板和三脚架，就是一台普通的单反相机，所以拍摄出来的照片有的会比较暗淡，或者是背景穿帮，需要后期稍微处理一下，简单的修图将照片提亮，还原衣服本来的色彩，将每一张图片都处理到接近真实而且非常完美。所以想要好照片的亲们后期处理一定不能缺哦。

zgyl_2001：YOYO 讲解的拍照做图的经验对我们非常有用，我代表广大新手掌柜们感谢你！YOYO，你是怎样一步步做到公司规模的呢？

YOYO：不用谢，能帮到大家 YOYO 也很欣慰！有了第一单之后，YOYO 负责设计，YOYO 妈妈做成品，YOYO 爸爸帮忙做一些琐碎的事情，YOYO 老公负责采购和接单发货，一家人为一个小小店铺而忙碌，非常的辛苦，但很开心。因为有梦想在指引方向，越多顾客认可我们就越发有信心！

2008 年 9 月，YOYO 全职做起了淘宝。当时朋友们都觉得我们疯了，他们哪里知道这是为梦想迈出的第一步，前途未知，但我们会风雨无阻……YOYO 的设计渐渐得到了很多顾客的认可，单靠妈妈一个人已经没办法满足生产需求，于是我们开始找寻外加工厂代工。这段时间也是店铺最受挫折的一段时间，由于开始生产量小，一般有实力的外加工厂都不愿意接这几十件的小单，而有愿意接的都是些小加工作坊，没办法签合同，质量也得不到保证，有好几次，害得 YOYO 辛辛苦苦设计出来的漂亮衣服，做成成品后面目全非，不堪入目，只有亏本处理给那些收地摊货的货商。为此，要求完美的 YOYO 没少流过眼泪。

zgyl_2001：一路平坦的创业之路，可遇而不可求！我们创业路上的汗水与眼泪，自己心里都清楚！看似辉煌的皇冠其实就是用艰辛换来的，YOYO 亦是如此。在此期间你认为淘宝上获得成功要具备哪些条件呢？

YOYO：在吸取各方经验和教训后，我们得出一个结论：要在淘宝上获得成功，必须要具备两点。第一，具备自己的产品特色，这就是所谓的核心竞争力。第二，优质稳定的货源，这是关键所在。满足和做好这两点硬件，剩下的就是在服务、店铺管理和图片拍摄等软件上下工夫了。毕竟顾客是购物，不管是网上还是现实中，最后到顾客手里是实实在在的东西，是产品。

zgyl_2001：YOYO 总结的两点，看似简单，要做到真的是不容易，你已经成立了自己的公司，那么公司和网店你是怎么把两者联系起来的呢？

小模特伍雯钰

YOYO：2009 年春节过后，我们注册了公司和品牌，决定自己办厂，以保证自己产品的供给和产品的质量。找厂房、装修厂房、招工人、买设备、买原料，我们的厂长对于办厂还是轻车熟路的，虽然当时加上工人住宿的地方只有 300 多平方米，加上煮饭的大叔、工人，是个只有 13 个人的小厂，但是生产起来还是好不红火，质量也基本得到了保证。在淘宝销售这边，由于有了质量的保证，我们在推广上也更大胆一些，加入了直通车，请来专业客服，在重庆市最中心的商业区写字楼租了办公室，为的都是一个企业形象问题。

这时，我们团队中一个超重要的拼图出现了，就是我们的小模特伍雯钰妹妹，淘宝上的产品都是靠图片展示出来的，一个再漂亮的产品要是没有好的照片，一样无人问津，以前我们都是靠石膏模特，静态地摆在那里，完全展示不出衣服的漂亮。后来遇到小雯钰后，我们的这个问题迎刃而解，小雯钰在当时成了各大媒体的网络小红人。目前店铺，亲子系列的图片也很受妈妈们的欢迎。

zgyl_2001：你毫不吝啬的经验分享及井然有序地发展你的网店和公司，给了我们很大的启发，那么 YOYO 对于今后的发展有什么打算呢？

YOYO：2010 年年初，我们投入近 50 万元（几乎投入了我们所有的积蓄），再次扩大工厂的规模，入住了 2000 多平方米的标准厂房，全新的设备，一流的技术工人，增加了各个部门，提高生产效率，严格把关质量，这是我们 2010 年的又一次迈进。天时、地利、人和，我们从四钻、五钻、一皇冠到两皇冠，这时我们开始对到底有几皇冠不像以前那么狂热了，转而在想怎么能在中国童装的大量仿单、跟单的大环境下，做出具有我们自己特色的原创童装品牌！而原创亲子装的横空出世也成了我们另一个转折：让妈妈和宝宝可以用服装来进行心灵沟通。无数穿着 YOYO 家的亲子装的顾客感受到了我们的衣服为她们带来的快乐和满足。我们已经开始在销售一种感受，一种服务，一种理念，而不仅仅是一件衣服！

现在已经不再单纯是 YOYO 和老公的创业和梦想，我们有一支团结而共怀梦想的专业团队，我们约定一起努力，在这个诞生无数奇迹的地方创造属于我们自己的奇迹！

一流的技术工人

共怀梦想的团队

工作中的 YOYO

采访后记：采访结束的时候，小炫看到的是一支团结向上的队伍！YOYO 团队的约定一定会实现，YOYO 努力，我们努力，奇迹等待我们去创造！新人们，不要抱怨前路迷茫，找到方向前行，排除万难，不懈努力，将来的某一天在这里述说奇迹的就是你啦！

阿多 ad：坚持实拍月销一万单

本篇导读：一张优秀的产品图片能够直观地增强顾客的购买欲，这是网络购物的一种必然。那么，如何去塑造专业级的照片呢？有这么一群淘宝掌柜，他们摸索出来的修片技巧绝对可以与专业影楼媲美，不信你瞧！

嘉　宾 ID：阿多 ad
店铺名称：微安卡慕『iaduo 阿多家』小物店-韩国进口饰品
店铺主营：韩国进口饰品
店铺链接：http://iaduo.taobao.com
记　　者：zgyl_2001

嘉宾简介

阿多，女，80 后。在某人眼里是最漂亮的女朋友，在某人眼里是最可爱的妹妹，在某人眼里是最孝顺的外孙女，在某人眼里是最真实、最淳朴、最上镜的死党，在某人眼里是最真心的淘宝卖家……

创业故事

阿多店创始于 2007 年，那个时候的阿多读大四，原始资金是阿多的国家奖学金 8000 元，原始动力是想给姐姐买礼物，持续动力是大家对阿多和阿多店的喜爱。阿多店的成员：店长——阿多，负责两个店铺的进货、摄影、描述和库存进销等一切大事；建男，阿多的男朋友，某科技公司副董事，阿多最得力的助手，阿多做的事情他都可以打下手，阿多不会的电脑和网络程序他全部都会；忙的时候朋友们帮忙一起打包，找货品的时候给建议。

阿多开店是大四那年，那时候代理了一个皇冠店铺的产品，选了几个自己觉得不错的宝贝上架。那家店铺并不是专门代理的店，恰恰相反并不代理给别人，也许是机遇让阿多有了最初的货源。因为定价很低，马上就有生意上门，上家人很好，阿多偶尔也帮他处理图片、上架等琐碎的工作。阿多通过上家学到了很多东西，特别是物流方面。因为阿多是代理，没有发货经验，后来那个店主由于很忙，问阿多是否有兴趣自己发货，于是她选了些物品开始进货到自己这里来打包发货。也许是那个时候淘宝店铺不多，阿多店心心钻钻的慢慢上去了，每上一个钻就感觉到交易量的增加。阿多开始扩展产品，那个时候看中了和风小物这个类目，后来结识了和风厂家，慢慢地发展成他们的主打客户。阿多平时有个特长就是买东西，家里和学校里，她都是采购第一把手。现在主打的韩国饰品，也是因为从小到大对饰品的热爱，阿多表示并没有什么压力，开始到现在都觉得不难。一步一个脚印，忽然某个转角就柳暗花明了……

访谈实录

“淘宝和我的生活是一起的，就像一个人的修炼，慢慢地走向成熟，不断进步，不断完善。到现在，我觉得自己还有很多不足，无论是店铺还是人格魅力上，都需要用心、加倍努力。我很开心，回头看，自己已经比最初进步了不少。向前看，虽然看不到未来，不过，我想我会像现在一样不时地回头看，有进步，我就欣慰！”

——阿多 ad

俗话说“种瓜得瓜，种豆得豆”，我们在淘宝上种下了创业的种子，收获到的是什么呢？朋友们可以借着今天的名人访谈，深思一下：“我在淘宝种下的是什么，收获的又是什么？” 今天的嘉宾三年前在淘宝播下了希望的种子，如今收获的是三个皇冠，那么这是一个怎样的过程呢？

阿多 ad

zgyl_2001：对于最初加入淘宝的新人来说，货源是一大难题。那么，像阿多一样从代理开始也未尝不是一个创业的好方法！关键是慢慢寻找属于自己的树种，然后在淘宝上播下属于自己的那颗独一无二的种子！我们都知道在网上开店，一张好的宝贝图片，对宝贝的销量起着不可忽视的作用，阿多在这方面很有见解，请问你是如何拍出非常有意境的照片的呢？

阿多 ad：第一，选择优质的拍摄工具。我现在用的是佳能 50D，个人认为还是很菜鸟地用着一些基本功能。

第二，注意拍摄时的光线。我喜欢自然光线，光线真的是很奇妙，我更多还是对光的敏感，比如室内拍实物，选择光线好的地方，像窗台边，逆光拍出来的感觉会很美，特别是小物件。

第三，选择适合宝贝的背景及场景。拍摄时，背景也很重要，要清晰地突出整体又不乏单调，要有层次感，就需要在布景上花心思了。

（1）拍摄饰品的时候，因为我比较喜爱田园复古调，最近比较常用的道具是一个木柜子和一些假花、铁塔之类的摆设，产品的布局我一般不用正的、居中的，有些侧的角度反而更显层次和错落美感！

（2）拍摄真人秀的话，我比较喜欢户外和餐厅暖灯两种，公园或者有生活气息的街道，上午和下午的光线都会比较柔和些。阴天拍照一般会带反光板出门，很容易折叠的那种，在光线不够或者背光条件，特别是饰品的人像特写时就相当有用了。如果没有反光板那么就选用白色的衣服，或者白色的桌面，都有反光板的效果，拍出来的肤色和眼神都比较晶亮。

人物照片

zgyl_2001：选择好的拍摄工具、光线、背景场景，大家学习到了吗？下面请阿多来分析一下一张好的照片能给我们店铺带来些什么？

阿多 ad：其实我一直有自己还是小学生的那种心态，有人说我两皇冠了是大店。可我还是觉得自己像最初的几个心几个钻那时候的心态一样，一直很努力很用心的想要进步。拍照片也是，我起初没觉得自己照片如何，当厂家问我是否可以用我的照片和看到满淘宝用我的照片时才觉得自己的照片可能还是不错的，现在看看以前的照片，觉得有进步了，但还不够好！我觉得好的图片是——实物拍照，有一些必须的角度和要交代的细节，光线充足，色差控制到最小，有一定的构图美感，这样就是好照片，这些图片可以给买家带来愉悦的感觉，如实详细地展示宝贝有“种草”功能，刺激顾客的购买欲望，让大家了解拍照人的心情与性格，你的店铺就会被认同。

阿多的小饰品照片

zgyl_2001：宝贝实拍好不好直接影响在买家面前展示宝贝的机会，从阿多谈到的一些拍摄细节我们看出她是一位非常用心的掌柜，值得我们学习。还有一点，大家都在寻找的网店推广，我们来观察一下美女阿多是如何做的？

阿多 ad：我们一直都是在用直通车，没有停止过，而且我们按照目前的情况每天查看展现量和点击量，修改点击价格。目前每月尽量控制金额在 30 元内，平均每天展现量为 12000 左右，点击量达到 50 左右。淘宝现在对于广告效应越来越看重，所以还是继续做直通车推广，一般我们都是拿热卖的、交易量很好的产品来推广，还是可以达到效果的。

还有就是淘宝客。淘宝客的成交量在我们店铺的推广比例还是不错的，一般平均一天能有 15 单左右的交易来自淘宝客，我们最高有 40 多笔。

最后，就是到兴趣爱好相投的论坛交流，例如，怡家论坛、天使之城论坛，那里人气比较高。当初因为败家认识的，后来变成我的顾客，更多像朋友一样。

zgyl_2001：网店推广也是靠慢慢累积的，我们不要把时间都浪费在无谓的抱怨上，有时时思考一下，学习别人的方法，会有收获的！对于新开店的朋友们，阿多有什么建议？

阿多 ad：在拍摄方面，一定要自己拍摄实物图，很多新开店的朋友们可能觉得自己拍的图不好，或者急于上架。不要借用别人的图片，你可以慢慢来，不要过急，可能起初拍的图片很粗糙，生意很一般，只要用心一点点进步，你还是可以成功的。作为买家我会买拍的照片很粗糙，但是真实，信誉虽然不高，但是说明很用心的店铺，那些用的是别家照片或者官网图片的店铺就算图片很漂亮也坚决不考虑购买！

货源方面，稳定心态，一股脑儿看到什么都进货，什么都铺上去，这也是新卖家容易犯的错误。阿多开始的时候只做代理，货源是后来自己慢慢寻找的。找好的货源是漫长的过程，急躁不得。

服务方面，对待客人，就比如我的旺旺签名：每一个顾客都值得被真心对待。有时候，你可能遇见很刁钻、很不讲理的顾客，我觉得只要拿真心换真心，就算最后还是中评或者怎样，至少自己问心无愧！有时候忙起来，或者顾客实在是麻烦，就很容易心情烦躁，这个时候一定要学习郭芙蓉“世界如此美好，我却如此暴躁，这样不好，不好”，多保持心情愉快，什么事情都要先把心静下来！找对产品，适当调整价格。当看到越来越多的老顾客，我的价格反而越来越回馈，在产品上进步，你的顾客就越来越巩固和扩大，一个喜欢和认同你的顾客，会和身边的朋友分享，由此及彼的口碑效应，不停地扩大，一个庞大的客户群就是你的财富！阿多的客源，百分之八十来自老客户，我也很珍惜她们，每次上新品都会一个个地通知，阿多没有请客服，什么都是亲力亲为，要说累吗？不累，因为有你们我可爱的买家们，再累我也觉得开心。

zgyl_2001：淘宝创业路上我们要学习的还有很多，所以努力吧！店铺生存时间久了，时不时会遇上一些中差评，遇到这种情况的时候，阿多是怎么做的呢？

阿多 ad：这个时候我一般都会问一下买家是遇到了什么问题，如果是质量问题，那可以售后退换或者补偿。如果是对中差评不清楚认为中评是好评的买家，那说明一下给中评可能会降低卖家的好评率或者其他一些对卖家的影响，有些买家还是会改的。如果是个人喜好问题或者是蓄意中差评而无法沟通的，那就由他去了。起初阿多也低迷过、彷徨过，为此不开心，曾一度停滞不前。到今天，我开始领悟了，那么以后，接受，一笑而过，从现在开始淡然。将来的日子会更加珍惜给好评的买家，要做得更好，给恶意差评的买家们看。

zgyl_2001：淘宝舞台太宽广了，各式各样的人都有，遇到恶意差评的时候一笑而过，坦然面对，毕竟买家的眼睛也是雪亮的，究竟是恶意还是善意也会分辨。大家也许在疑惑，为什么嘉宾种的两棵树——即两家店，收获不平衡呢？

阿多 ad：阿多的店开到快一个皇冠的时候，也就是即将满一年的时候，被举报用邮费炒作信用度（因为运费一个一个修改很麻烦，就另外设了邮费专拍）。这个其实比较常见，被举报时正好我在毕业旅行，回来店铺就被封店半年，那半年我用男友的账号开了另外一家店，等半年之后又回归到阿多店，所以两个店铺一个两皇冠，另一个五钻。

采访后记：访谈临近尾声，这期的嘉宾——阿多，一路走过淘宝路，她经常回头看看，进步一点，信心增加一些。向前看，未来虽然看不到，但是我们付诸努力，不怕前面的路有多艰难，一起在淘宝上撒下希望之种吧！

洋子：小店街拍也有范

本篇导读：这是一个等级不高的小店，但如果不去注意掌柜档案，那么走进他们的店铺却会感受到一种大店的风范。可爱自然的真人实拍，明星气质的街拍，每件宝贝超多超美的实拍图片，错落有致的店面装修，无一不让人感受到掌柜在摄影方面和作图方面的功底以及对店铺的用心。众所周知在电子商务中，图片质量的好坏，绝对是个重要的竞争因素。但我们这些网店卖家们，大多没有专业学过摄影，也很少人能够有实力去请专业摄影师。我们在身为掌柜的同时，还要兼任摄影师、设计师、客服、打包、售后......对于我们这些没有太多资本的小卖家来说，只能尽力而为地自学各种技能，以求在激烈的淘宝商战中脱颖而出。也许很多人都还记得自己刚开网店时上传的第一张图难免灰扑扑、昏暗模糊、角度别扭，再对比一下那些专业大店的宝贝图片，光线明亮、色彩饱满、细节清晰，所选取的拍摄角度也能全方位地展示宝贝的优点。看看洋子的店，无疑在图片方面是合格且称得上优秀的，那么让我们一起来走进今天的访谈，学习一下拍摄技巧和装修经验吧。

嘉 宾 ID：cora洋子

店铺名称：巴黎公园服饰

店铺主营：欧美/日式森林系/杂志款服饰

店铺链接：http://pari.taobao.com

记　　者：布艺百科全书

访谈实录

第一部分 摄影篇——经验，值得分享

布艺百科全书：洋子店里的图片真的非常漂亮，我们很多人在最开始拍照片时都惨不忍睹。记得我刚开店的时候是在出租房里昏暗的灯光下，在地上铺了几张 A4 纸，把衣服放上去拍照。后来慢慢地才知道光线、背景、设备等概念。你们开始也经历过这样的阶段吗？

cora 洋子：这个店是我和女朋友一起开的，去年刚注册网店我们就在网上订购了一套相对比较专业的灯光设备，还买了进口的拍照纸。因为我们觉得要做，就做专业的，不能马虎地做。在开网店之前我们对淘宝研究了两三个星期，看了很多皇冠店，也看了很多心心店。这些准备，都是因为我们对淘宝卖家开店的研究，以及学别人的经验得出来的，所以我们的准备是比较充分的。虽然我不懂摄影，不过因为我和女洋洋上学时的专业是动画设计，后来上班后我做过关于动画三维、广告拍摄、影视后期等工作，女洋洋在一家网络公司做网页设计和 ICON 设计，我们也算对图像、设计方面有些了解，然后女洋洋本着女性对服装的喜爱和平面设计的意识，我用大学时买的半专业数码相机（有手动功能的属于半专业机）和半懂半不懂的拍照技术拍宝贝照片，出来的图片我们没有加任何修饰，因为我们认为实物拍摄能让买家了解到实物的质量，更放心！当时也了解到淘宝女装行业最流行的是街拍，所以我们也在家里附近找些还能上镜头的地方拍上身照，女洋洋就亲自做模特。

女洋洋

因为我们定价不高，图片也还可以，开店的第一天就有生意了，当时让我们很受鼓舞。我们是2009年6月底注册的网店，7月初宝贝正式上架。正式开业后不到一个月我们就五心了。

布艺百科全书：看来两个洋子真是不打无准备之仗，很多人都说小卖家没信誉、没流量，就没生意，你们用自己的亲身经历证实了：只要肯用心，淘宝起步不再难。

cora 洋子：是的，当时我们为了做好淘宝，也付出了很多。本来我们分别在广州和佛山工作，辞职后我们回到家乡。2009年7月我们卖的货是女洋洋坐五个小时火车从广州批回来的，一来一回的成本很高，而且最重要的是如此远距离的货源，让我们难以掌控上新货的时间。对做女装来说，一个月上一次新货是很慢的更新速度，皇冠们都是几天一次，有的每天都有上新，而我们是不可能如此频繁地每天坐火车去拿货的。于是我们决定重新到广州做淘宝。最开始家人不同意，他们认为广州要租房、要交各种各样的费用、消费又高，后来我们说明我们在家乡拍街拍很难找背景、拿货太慢，还有来回经费也不少，后来他们才同意。然后我先到广州来，女洋洋在家看店，我负责在广州找房子。我在广州批发市场附近找到了一个非常漂亮的地方，拍照方便，拿货也就十几分钟的时间，这是最理想的地方了。等女洋洋过来以后，我们安定下来就经常上新了。我们为了拍照的效果，狠心投资了一部 D80，拍出的照片就更好看了。我们街拍的时候，路过的人会停留看一下，但不会围观，因为这里实在是有太多卖家和婚纱摄影在拍照，他们都见怪不怪了。过年后，我们又遇到拍照危机。那时候，我们这个岛因为亚运的关系，所有房屋都要装修，我们又面临新的困境，就是找不到外景拍照。后来我们到宜家家居去拍照，但是白天宜家有很多人，况且我们白天也没时间，就傍晚过去，一拍就拍到十点关门才走，而且每次上新有十几款，快的一个晚上拍完，慢的要两天才能拍完。这样的拍法，女洋洋很累，换一次衣服要跑一次厕所，而且到夏天，天气非常热，非常辛苦。我们没有助手，还要一边背着一大包衣服一边拍。每次去拍照一来一回都要坐地铁，成本非常高，但也是无奈之计。

关于街拍

布艺百科全书：没想到洋子为了这些美美的照片，付出了这么多。有时候我们只是一味地羡慕别人有各种好的创业条件和机会，殊不知条件是自己创造出来的，机会也要靠自己把握。我非常喜欢洋子的街拍，感觉很有明星味。像我们普通人拍的照片，都有些灰扑扑的，色彩也没有这么明亮饱满。洋子能给我们具体讲讲街拍的经验吗？

cora 洋子：首先，要拍出好的照片，单反相机是必要的。如果没有能力购买单反相机，那就要全面了解手中数码相机的所有设置，要懂得用手上的设备，这是基本的。然后要从构图等方面着手，这样就算是数码相机，也一样能拍出好效果。对于街拍，我也没有系统学习过，都是平时看网上那些拍得好的图片，特别是皇冠们的图片（他们请的都是专业摄影师），研究他们拍摄的角度，取景的方法，还有整个构图。作为摄影师，在这方面的意识是非常重要的，拍照一定要多看多练。在取景构图前，我们看了很多拍得好的皇冠店铺的照片，不同风格的衣服，都是需要不同的背景去衬托的，因为现在很流行街拍，所以我们要找一些比较时尚和有商业性的街道来拍。我们之所以选在这里住，就是因为这里的房屋都是欧式、哥特式等国外风格，在这种背景下拍出来的照片都会比较好。场景的光线一定要足够好，我们街拍都是在白天的时候拍。要拍出明星的感觉，首先模特表现要自然，摄影师拍的时候要找到合适的角度去拍，一般我们都会用平视或仰视。在拍的时候，有两个方法，一是站位法，摄影师找到适合的背景，模特在背景前摆 POSE，摄影师找好角度拍；二是找到合适街道，行人不要太多，没有行人也可以，然后模特从前面走过来，摄影师站在固定位置，用连拍功能把模特走路的过程拍下来。这样出来的效果会非常自然。其实刚做淘宝时，女洋洋也不会摆 POSE，当时我们非常喜欢一家双皇冠店铺的图片风格，他们也是店主做模特，请的是专业摄影师，街拍的味道非常浓，洋洋就一直学这位店主的摆法。我们店里图片中的很多摆法都有这位双皇冠店主的影子。刚开始女洋洋街拍时还会有些不好意思，现在习惯了。如果真的害怕在街上拍，则可以先在家里多拍一些，找到了感觉再到外面去拍。

关于静物图及图片处理

布艺百科全书：原来街拍还有这么多讲究，不像我们平时用自动模式拍那些到此一游的留念照片。我看到洋子在家里拍的很多照片也非常漂亮，还有一些静物，如鞋子的图片，效果可以媲美专业人士了。

cora 洋子：这双鞋子我们拍了很多图片，然后在一大堆图片里找出十张左右，要清晰的、角度好的。然后再进行处理，所以挑图片也挺累的。其实那双鞋子拍出来的原图是偏离了原来实物颜色的，它是用白色桌子当背景拍的。处理的时候，第一时间就调整好光亮，虽然原图很灰，但是根据实物调一下"可选颜色"，就很接近原色了，然后把周围的杂色用画笔涂抹一下，再把图片尽可能地改清晰一点就完成了，这个还是比较简单的，比抠图方便很多。这样做出来的图底色纯白，简洁大方。在图片后期方面，我们刚开始是在家里拍，所以只做亮度调整。后来，有些照片在不同环境中是不同的颜色，比如各种灯光下和白天的早上、中午、下午都是不同的调子，而且图片里面的衣服颜色跟实物颜色的差别有大有小，所以我们需要统一图片的颜色，以实物颜色为依据，在亮度上、颜色上都做了调整。但前提是不脱离实物颜色去修改。女洋洋比较擅长图片处理，一般是用 Photoshop，最常用的几个功能是色阶、可选颜色、曲线、色彩平衡、混合模式，还有滤镜、图片蒙版也很重要！其实 Photoshop 里面大部分功能都是可以用到的，只是在于结合，用得越多就越熟练，会发现更多的技巧。

关于店铺装修

布艺百科全书：其实我们很多人一开始都不知道 Photoshop 为何物，但是为了自己的小店，我们也都尽力地在学习，琢磨得越多，使用次数越多，我们就越熟练，越得心应手。洋子不但宝贝图片做得好，店铺装修也很专业，各个宝贝图搭配得错落有致，这些都是你们自己装修的吗？

cora 洋子：装修都是女洋洋做的。这两天我们策划了一个秒杀活动，秒杀宝贝还上了直通车，为了配合秒杀，在活动开始前我们对店铺做装修定位，我们参考了几家大店装修风格，然后花了一整晚时间来做，也一边参考其他店铺一边结合自己店铺风格收集素材并进行装修。淘宝推出拓展版后，我们随之就从普通旺铺升级到拓展版了。拓展版装修的时候要注意的是大小版块的数量占页面比例要合理，不然容易出现乱的感觉，而且拓展装修一次比普通版工程大很多，特别是页面多的店铺，所以每次装修完一定要备份。我们最近发现装修最重要的是简单、大气和统一，达到这三点，可以提升整个店铺的层次，前提是需要了解你的商品定位和衣服的风格，这方面我们做得不够好。好的装修可以增加店铺的 PV，对成交也会有一定影响。在做装修的时候，风格很重要，所以在装修前一定要做好定位，当然我们不是专业的设计师，装修前需要多看那些做得比我们好的店铺，皇冠的店铺一般都会请专业的设计师来装修，他们装修不仅仅是漂亮而已，对买家的视觉重点、视觉疲劳等习惯都会有相应设置。这就会让买家在浏览我们店铺的时候，不仅仅是看商品，而且是一种视觉享受，在这个过程中大大增加买家的好感。如果你的商品是买家喜欢的，装修又具有视觉美，那么这种店铺，买家对你的记忆是相对深刻的。

布艺百科全书：谢谢洋子为我们分享的这些经验。两个洋子都是善于发现美、创造美的，又非常能吃苦，肯用心，所以才打造了这么美的店铺。

第二部分　营销篇——不足，我们一起改进

布艺百科全书：我们做淘宝的过程就是不断学习、不断进步的过程，我们的访谈也是一种交流、一种探讨，每个人都有自己最擅长的地方，同时也会有自己的弱项和不足，你的经验我们可以分享，你的不足我们也可以一起探讨。相信这对于你或者各位读者都会受益的。我个人非常欣赏你们店铺的外观，我觉得你们的销售情况应该更好一些才对。就像你前面说的一样，照片好，价格也不高，应该是有顾客群的，听说你们曾经做得是不错的，是这样吗？

cora 洋子：曾经我们是很有信心可以把淘宝做得很好的。女洋洋 2005 年就在网上买东西，用的包包、化妆品、护肤品、吃的零食都买过。因为我工作过的单位老板对于以前许诺给我的待遇反悔了，我断然辞职。在我辞职的那个时间，女洋洋看到网店上面的皇冠卖家月评超多，少的一两千，多的上万，特别那时候柠檬绿茶上十万的月评，我们算了算这个最低利润，感觉淘宝有得做。然后女洋洋研究了好几天，还叫我一起研究，我们发现做淘宝也不是那么容易，特别是小心心级别的一个月才卖几件。我们一起仔细研究了两三周，当然也了解了有刷信誉的；但很多被封了，感觉淘宝对网购市场维护买家利益是很努力的。我们的家人都不是做生意的，身边也没有几个人做生意，我们就相当于全新的小白进入商业这个竞争圈子中。那时候我们坚定一个信念就是：做淘宝，一定要坚持，坚持就是胜利！因为我们看到很多皇冠都是几年后才成为皇冠的。因为我们的价格比较便宜，很多款式我们都只在进价上加了几元出售，照片也比较好，不到一个月我们就 5 心了，渐渐地还有了回头客。两个月左右的时间吧，我们就上钻了，三个多月到了两钻，生意也达到顶峰。那时候我们不小心拿了一款杂志上的开衫，因为我们的价格比很多皇冠都便宜一二十元，质量也不错，所以这款成为我们当时的爆款。当时很激动，因为这是我们第一次做生意，但一路走来都挺顺利的，没有什么退货换货，而且天天都有销量，不像论坛里面有人说的新店开张一个月也没有一单。

布艺百科全书：这个成绩对于没有太大资本和专业团队的新手来说真的不错了，你们有一个好的开头，后来这种好的势头没有持续下去吗？

cora 洋子：由于当时我们都不懂女装这一行业，更不懂服装的周期性、旺季淡季等，所以 9 月份秋装要上架了，我们却还在努力地拍夏装。到了 11 月广东才入秋，天气才渐渐变冷，但我们不懂得其他客户的地域性，只是以广州的天气作为标准，秋装做得很晚，压了不少货，冬装也没有钱进了。后来又由于我们运费和礼物分开拍，淘宝说我们违规，限制我们一个月不能发布商品，我们只好休息一个月。当时还不懂人气这个问题，但我们也知道相当于是重新开始了。等限制解除后，我们不敢马虎，立刻在上新之前准备了半个月的新款，我们的努力还是有点效果的，但生意已经没有之前的好。年后，生意越来越差，本来以为像以前一样努力，我们的生意就可以好起来了，但是情况并没有像我们想象的那样好转起来。因为我们后来的成本越来越高，所以我们的商品也相对提升了价格，那时候还有一批老客户支持我们，这是我们最大的动力。从 2009 年 12 月开始，一直到 2010 年 4 月，生意的惨淡令我们有心无力和失望，2010 年 5 月才有了些起色，令我们信心大发，但是很快又跌落谷底。我们知道淘宝是需要坚持的，我们的目标是做一个淘宝里面的女装品牌店铺，现在我们离这个目标还很远，我们还要继续努力。

布艺百科全书：其实 2010 年我们遇到很多卖家反映说生意下滑，你有分析过是什么原因吗？

cora 洋子：我们一直都在埋头做事，没有太多地关注淘宝规则。后来发现淘宝排名规则在 2010 年已经大改了几次，而我们却一直以为淘宝排名还是以前那样。当时我们推广的唯一途径是直通车，可是直通车也不同了。虽然我们一直是实物拍摄的，但因为商品越来越多，我们没有时间去拍很多细节图，导致我们的质量分也在下降。当知道淘宝排名是经常更新的时候，我们才发现：我们真的是太笨了，完全不知道什么是与时俱进。我们一直都没有跟上淘宝更新的步伐，这是我们的致命原因，导致我们的生意越来越差。现在我们的工作还是像以前那样，不同的是我们经常留意淘宝活动和规则的变化。整个过程中，在我们总结出了自己的问题，现在正在一步一步地解决这些问题。你要走在别人的前面，而不是看着别人的背影去走别人走过的路。

布艺百科全书：其实现在淘宝针对中小卖家，也出了很多扶持政策，中小卖家的利益会逐渐得到平衡和保证。当然前提是你要值得扶持。如果你在同一等级的卖家中表现比较好，比如不会作弊违规，服务质量分数也高，那么就会获得淘宝的扶持。淘宝也是希望我们大家能够把更多的心思放在店铺本身，把更多的精力放在优化宝贝和服务上，只要我们能诚信勤恳地经营自己的网店，终会在淘宝中获得立足之地。

cora 洋子：非常赞同淘宝这一方面的政策，正是要求我们把好质量关，做好服务质量！很多人都说淘宝会抛弃中小卖家，我认为不然。只是淘宝针对不同卖家有不同政策，这样才能平衡市场。竞争，在哪里都会有，只有我们做好本身，加上淘宝这一政策，就不怕别人不知道我们的产品好、服务优。出现问题找自己的原因是最直接的，广交会时我问一位三皇冠店铺的前辈：“当做到三皇冠后，现在最大的瓶颈是什么呢？”他说：“人，我自己。”他的意思是说任何时候任何问题，都不要把原因推给别人，先在自己身上找出问题的所在。而且，因为我们客户不多，在服务方面更有一对一或者一对几的售前售后服务，比大卖家的一对二三十人的肯定要好，所以我相信淘宝这一政策一定会让我们的宝贝获得展现的机会，前提就是要把好产品质量关，提供优质的售前售后服务！

布艺百科全书：是的，现在对我们小卖家来说，不要一味追求量，要更加注重质。你们之前的利润实在太薄，而且你们是从批发市场拿货的，所以货源肯定不会很稳定。如果一款衣服，你们没拿到几件，还要辛苦地拍照、处理、上传、发布，然后再进行销售、打包，结果只赚了几元就没货了，那么只能下架。这样人力成本是非常高的。如果你在开店之初，想以低价跑量的形式打开局面是无可厚非的，但当店铺发展到一个阶段后，那么我认为还是要获取合理利润，毕竟你们没有太大的资本来持续投入，没有利润基础就无法良性地发展下去。

cora 洋子：是的，但我们当时都没算过这些，以为衣服的进价就是成本了。那时候我们非常忙，大概是早上七八点起床，然后补货、做饭、看店、管理店铺、打包发货，每天晚上最早也是两三点才能睡觉，如果是上新货那么就更忙了。但当时我们一心想着赶快上钻，为了销量不管利润。

布艺百科全书：其实就你们的拍摄和做图水平来说，我觉得你们完全可以把产品定位在更高端的层次。现在的淘宝已经不是过去淘便宜的时代了，现在是淘好看、淘个性、淘喜欢、淘品质。淘宝的 1～200 元左右的中端服饰市场还是很大的，因为很多人会担心太便宜的东西货不对板，认为便宜没好货。我们有卖家朋友看过你的店也会说，你的图那么美，价格却便宜，让人感觉是偷了杂志图，去进地摊货来卖。我相信你们现在的商品质量也是不错的，应该是这个价位层次中比较好的，但毕竟一百多元的服饰和几十元的服饰成本之类的都不一样，在剪裁、做工方面会更出色一些，所以我觉得你们可以充分发挥你们的优势，图美，实物更美，这样就算价格稍贵，买家也会愿意接受。反而有些人会因你们的定位而更愿意相信你们的品质，久之你们的顾客黏性也会增大，顾客基群也会增多。当然我说的价格销贵，只是与那些低档产品的价格相对比较而言，实际定价肯定还是要根据成本来定的。

cora 洋子：我们有想过要产品转型，就是做高档女装。但是我们的资金非常有限，由于前面没有赚钱，还压了不少库存，现在我们的资金链已经很不稳定了。

布艺百科全书：有一位卖家朋友 noblemien 指出，你的店主观意识太强，基本款很少，那种花哨的款式吸引到一部分人，但流失了大部分人。风格不够明显，既有欧美，又有英伦，还有日韩。另外推广也没有做好，也没有自己的人气宝贝，他认为你应该选准一个长期有货的产品来主推，慢慢地做成人气产品，这样就可以带动整个店的流量和销售了。

cora 洋子：非常感谢 noblemien 前辈给我的意见和建议！在推广方面我们的确做得很差，前辈说的方法很好，先创造人气宝贝，再带动整个店铺的销售。以前在群里交流，听说过人气宝贝，但是一直没有注意这方面，推广也没有特别去研究。所以我们以后需要在这方面下工夫。

布艺百科全书：希望洋子能够找准对策，早日走出低谷，祝你未来的日子生意蒸蒸日上。希望所有的中小卖家朋友们，你们的优势记得保持，不足之处要多学习、多研究。淘宝的路不好走，但只要我们努力，一定可以走下去。

风：躲避时尚让买家 N 次回头

本篇导读：风是名校的硕士女，是时尚杂志的编辑，同时也是淘宝的兼职掌柜，有着三重身份，同许多大大小小的卖家一样，有着自己创业的梦想，执著的追求，与我们一起在创业的路上奔跑！风的本职工作是时尚杂志的编辑，做专题策划——一本厚厚的杂志最前面的大专题。风的家里两代人都是做外贸服装生意的，记得初中的假期，和家人南下广东看厂选货；上大学时，家人为了订单，带着上大二的风连比带划地用不流利的英语谈成了十几万元的订单！这次小小的成功激发了风对服装的浓厚兴趣，大学主修的就是美学，毕业后做了杂志社的编辑。转而有了稳定的货源，最初风想要做漂亮的时尚女装，就是时尚杂志经常推荐的瑞丽服饰。但是亲自考察、花钱买来看了看，大呼上当，根本就是货不对板，特别失望。她坚定了信心，一定要做高端、有品质、质量好的衣服，哪怕一个月就卖三件，也要让这三个人成为回头客。然后就开始做样板，没有一个版能超过两三件，所以特别辛苦，拍一次照片再编辑好了，就只有两件可卖。风一直追求的目标都是宁缺毋滥，即使再少也要坚持原汁原味，别看自己是个时尚编辑，其实特别希望能逃避时尚。风说的时尚指的是那种为了促销商品而编造出来，忽悠大众的“伪时尚”，其实女孩子穿什么衣服好看是注定的事情——比如你天生适合 V 领衫，即使时尚再流行高领你也不能买、不需要买。所以，把自己的店铺定位为：找到内心深处的你自己。找到你最美的形象，选最经典的衣服，适合就行。

人生苦涩，不免爱喝微甜的水，爱穿养眼的衣。借此鼓励，借此自欺。数以万计的浏览，页面打开了又关上，留在这里的，居然渐渐地成为同一类人。你们真的和我很像，从小敏感不安，坚强上进，喜欢商周玉，爱读晚唐诗，头脑中有自己的天鹅湖。愿把生命浪费在一切美好的事情上。

嘉 宾 ID：wufengnk

店铺名称：法意风格/窄众天津淘宝街

店铺主营：服饰

店铺链接：http://tjtbj.taobao.com

记　　者：xelzhenzhen

风

访谈实录

对于营销方面，一般要注意以下几点：

第一，要对自己经营的东西100%熟悉、了解。

很多卖服装的店主可能并不清楚每一件衣服穿起来实际是什么效果，看着觉得漂亮就进货，结果无论在描述还是买家咨询的时候都含含糊糊。我每次都坚持看完版后，把衣服挂在卧室里，早晨第一眼就看到它们，睡觉前也苦思冥想，怎么搭配、怎么描述、适合什么人群。然后每一件都要亲自试穿，仔细了解面料、款式、做工的细节。这样买家来问我的时候，就会胸有成竹不会被问倒。

第二，要做自己行业的专家。这一点对于女装卖家最重要了，特别是当衣服不是靠低价倾销跑量来吸引客户的时候，必须要告诉买家，为什么你的比别人贵。自己网购了很多仿冒的“山寨”衣服拿来和正品对比，然后在论坛发帖子，希望让更多的买家看到，不会上当。我都会花好几天来整理，里面有很多辨别真假品牌衣服的常识，还有很多对衣服感兴趣的买家，也为宣传我的店铺起到了一定作用呢。所以一定要成为本行业的专家，多多积累关于面料的知识，才能成为买家信任的顾问。

第三，爱美的女人一般都比较有眼光，也比较苛刻。对待超级苛刻的买家，要有一定的技巧。我觉得最重要的一条是在咨询中引导她，而不是帮助她拿主意。

比如，店铺有很多外地的顾客，特别是偏远地区的买家，喜欢直接给我打电话咨询店铺里的衣服，这样比较高效快速，首先要让她们把自己的爱好表达清楚，然后根据买家的情况来提供更多的信息！而不是直接告诉她们应该选什么。

第四，如果不满意则应该尽量想办法做好售后，千万不要怕麻烦，也不要贪小便宜只看眼前利益。

我给大家举个例子，我店铺里有个买家是外交部的美女，因为职业比较特殊所以我印象很深，她买衣服很挑剔，但是如果满意，则每次都会写特别详细的好评。有一次她买了一件衣服说是要出国参加会展穿的，结果裙子收到后不满意，说板型不够收腰要求换另一件。我立马就给她换了，结果快递没有按时送到，电话那边也不接，也没有人签收。当天晚上她给我短信说人已经到法国了，还说没拿到合适的裙子特别沮丧，自己参加活动根本没有合适的裙子，也没有时间逛街。我记得那是2010年快到圣诞节前的时候，我从网上找到一个法国的物流代理公司，花了 300 元把裙子发了过去，走的是航空，两天就送到酒店了，她激动地都快哭了，给我打电话都变声了，我也特别激动。后来她说会一辈子都做我店铺的老顾客，现在累计在店铺消费 2 万多元，已经是小店的常客了！

风的顾客基本上都是回头客和顾客介绍来的，靠口碑经营，每一个买家都是风女郎，风不能为销量和利润疯狂仿版、批量复制而失去品味，在利润和买家信任度之间，要选择后者。人若有所追求，必须能耐得住寂寞。

风每个月只有 500～600 个信用，但都是靠口碑和推荐来的。这样的坏处是增长慢，但好处是顾客忠诚度特别高，基本 70%以上的客人都会成为回头客，做起来很顺手。他们已经熟悉店铺的风格，风也熟悉了她们的职业、需求和审美。和大皇冠比起来，风没有那么大的野心，立志做小众、窄众的店铺。提供一对一的审美顾问和细致的服务。在风的店铺永远不会：想买衣服找不到商量的人，或者因为没人给参谋而乱拍了不适合自己的衣服。我想，淘宝未来的发展趋势是人人都要做大做强，而我的目标是做精做巧。我不大批量促销，也不低调倾销，永远都保持高水准和好品质，然后服务好每一个选择了我们的买家。

对于将来的目标，风准备推出真人实拍并且组织一个“美女大变身”的活动。选择气质普通的女孩子，为她们提供化妆和衣服，为的是告诉大家，选择对了衣服，草根女也能变身气质女王！

采访后记：坚定的目标，执著的追求，是每一个淘宝卖家坚守的。野心是可怕的东西，只要把一件小事情做好就行了。我们做的不仅仅是生意，更多的是朋友，让每个买家都是我们的知音！

海信电视集市店：视觉营销抓自然流量，如何上淘宝搜索排名第一页

本篇导读：他长相清瘦帅气，浑身散发着精干务实又有闯劲的90后气质。因为出身农村，他从小就立志要用自己的双手和智慧改变自己的命运。小学开始收垃圾，初中独立卖零食……他将自己挣来的钱骄傲地交给母亲。自己做销售一直是燃烧在他心中的一把火，虽比预想中来得迟了些，却越燃越旺！

在他看来："随着科技信息的不断进步，网民们已经不再排斥网购，而是一步步更精于网络。从逐渐的导向性购买思维已经逐步走向了搜索型购买思维，甚至慢慢地淘宝也给这群消费者培养了搜索直达等。（@店铺名搜索进店、淘字号、爱淘、微淘等）那么我们始终光跟着脚步走对不对呢？对，成功不能复制，但是我们可以模仿，学习别人的精华，用到自己的店铺，你也可以！错，一味地学习别人，如果没有自己的特色，没有自己的方法，那么你肯定也是早晚被甩在后面！"

嘉 宾 ID：海信电视集市店（王智）
店铺名称：电视集市店 TB 品牌特卖
店铺主营：高端家电
店铺链接：http://hisensegf.taobao.com/
记　　者：倚梦开始的地方888

嘉宾简介

我是王智，别人都喜欢叫我王子，我也希望哪天能成为除了我媳妇以外大家心目中的王子！但我现在不是一个王子，而是一位超级"奶爸"，我家宝宝今天正

好满 45 天。通过这 40 多天精心照顾宝宝累且快乐的体会，让我深刻领悟到一个道理：那就是执著与爱心是成就一切事业的前提，我们经营自己的店铺，要像照顾自己的宝宝一样用心、贴心、耐心，还要做到专业、努力、创新。只有真正做到这些，我们的店铺才能真正做好，做出特色，做出效益。因为自己一直很热衷大型家电品牌，半年前，通过各种努力终于拿到了品牌授权销售资格，开始了自主创业生涯。半年里，我先后建起了三个店铺，一个三钻，一个两钻，还有一个五心的，月营业额最高时达 110 万元，淘宝搜索一直排在同行业的前列，前十名的位置。建店以来，没有做过任何付费推广，全靠自然搜索获得如此好的成绩。

王智

创业背景

半年前妻子怀孕期间，他毅然辞去稳定工作，开始创建自己的淘宝店铺。如今宝宝诞生已满 45 天，他成为三个店铺的老板、月收入几万元的奶爸！从来没有做过任何付费推广，他的宝贝在淘宝搜索的家电行业中却始终排在首页位置。谈起淘宝创业成功经验，他说秘诀不是如何开车烧钱，也不是如何铺天盖地地做宣传广告。而是依靠对家电行业的一份执著爱心和一套强有力的奶爸思维创造出的精彩，用不花钱的种种努力创造出的精彩！

访谈实录

倚梦开始的地方 888：嘉宾王智，如今拥有三家网店，虽然还未做到皇冠级别，然而这个 90 后男孩对淘宝的研究绝不亚于大卖家。他认为：

一、专业做店铺，代销也疯狂！

很多淘宝人都有自己的创业梦想，但是真正自己怀着很大梦想去做一个店铺的时候，就会盲目、慌乱，甚至措手不及！那么我们真正要注意什么呢！

1．女怕嫁错郎，男怕入错行！做之前想好自己要做什么，你擅长的是什么，的确，淘宝是很简单，但是也不是想象得那么简单，怎么你也要有点自己的擅长点！如果你什么都没有，那就只有一个办法了，做代销！又一个疑惑产生了，做什么好呢？你熟悉什么，对什么感兴趣，什么行业就更具有潜力！

在我做这个店铺之前，首先是自己已经有了对家电行业的运营经验，所以我选择了做大家电，同时因为自己对行业的了解！

海尔：世界家电第一品牌，但是不好的是肥肉太大，竞争过于激烈，否决！

康佳：产品线太单一，不能满足消费者的实际需求！

长虹：产品线太凌乱，过于多，没有重心，所以消费者盲目了，我们也盲目了！

创维：说实话我对这个不是很了解，同时他们的分销是代运营公司接管的！

国外品牌：夏普、LG、东芝、索尼等！

最后我毅然选择了海信：国产国企大品牌，拥有良好的产品线，总部非常重视分销，同时我对这个有足够的运营经验！

2．专业才是王道：首先我的专业，不光体现在我所具有的运营经验上！主要体现在以下几点：店铺名字是我第一想到的，要做，非要做！产品知识，我对海信产品都是有全面深入了解的，虽然达不到解说员的水平，也达不到讲师的水平，但是首先要做到的是自己对产品知识的丰富了解！

3．代销也疯狂，的确，做品牌商都是目标，但是在我们什么都没有的情况下，我们能做的是什么，那就是代销！只要你选择对了，你也可以事半功倍！大品牌有知名度，广告不用说，有代销授权标志，消费者信赖！售后服务有保障，全程无忧！

二、视觉营销，卖的是产品，更是图片！

做淘宝，天猫已经限制了特定的白底图，那么淘宝肯定也不会例外，所以我们要注意以下四点：

1．产品主图，不管是搜索宝贝，还是类目进入，首先映入眼帘的是关键词、价格、销量、店铺旺旺，信誉及运费等！其他主要的就是宝贝主图，你的主图是否符合规范（牛皮癣和不规则尺寸等），你的宝贝具有吸引力吗？品牌、型号、卖点、价格等！所以你卖的就是你的主图，你的主图具有吸引力，才能吸引买家点击！

2．详情页，这个是你营销的基础，也是你的店铺根本！首先是宝贝的五个主图，是不是放大图，关键词重点是否写到，然后就是你的促销等！往下拉就是页面的黄金展位的展示，另外就是详情页的深入描述，详细内容我就不多讲了，可以参考行业做得好的，代销的都是一起的！包括左侧栏的导航（分类、主推、客服、销售排行、二维导航等）。

3．首页，这个就相当于实体店的门面，店招就是你门面的招牌！往下是广告活动页，不管你最近有没有做大活动，小活动是肯定有展示的，实在没有起码有一个主推的广告图，越往下亮点越少，所以这个是重中之重！再往下就是你的导航，继续导航你的次推、新品等，到底部也是亮点，就相当于顾客进了我们的门面房，当离开前会经过你门口，怎么让别人继续停留，这个底部收尾一定要收好！

4．分类页，类似于活动介绍、品牌故事等，这是互动消费者，提高二次消费者的重点，你把这个做好了也无形提高了新入消费者的好奇心！

三、抓免费流量，不按套路出牌！

小沈阳有句话说得好：走别人的路，让别人无路可走（不要误解，意思就是你的创新要走到行业领头，让别人成为追逐你的对象，而不是你拼命的追逐别人）。什么？还有免费流量，你就忽悠，接着忽悠！别急，事出必有因！先告诉大家一句话：大鱼吃小鱼的时代已经慢慢过去，因为公平了！快鱼吃慢鱼的时代已经成为主流，因为你还在追逐！在 1990 年，你有块手表很了不起；在 1995 年，你有台电视很了不起；在 2000 年，你有部手机很了不起，在 2005 年，你有台电脑很了不起；在 2010 年，你有辆小车很了不起！在现在，你什么都有了，你还没有什么呢？在今天，你有了淘宝店铺，有了自己的事业，有了自己的经验，有了市场，你很了不起！很多人已经习惯了学习大卖家，的确，学习成功的经验，这个是首要，但是学习的同时不能忘记的就是创新——不按套路出牌！我们要做的，第一，是我们自己的店铺特色，学习成功的方式！其次，我们要有自己的创意、活动方式，比如最近流行什么，消费者更关注什么，我们的活动亮点又是什么！另外，就是我们的不同点，别人做了我们跟吗？我们的关键词就是设置成与大卖家一样，我们的主图就跟别人卖得好的一样是吗？我们这次的页面就跟大家一样吗？我们的推广方式就跟大家一样吗？错！错！错！话不多说，事实最重要！

四、你不得不警惕的行业潜规则！

在 2008 年以前，我们只要把产品往淘宝上一挂，一个月随便卖几单，那是常事！在 2012 年以前，你只要轻松上上活动，很随便店铺也能做起来！然而，随着不断地改进变更，更好地适应消费者！你挂了很多宝贝已经无人问津？你做了好多活动已经不能单纯光靠活动去做店铺了？现在已经是一个个性化的，小而美的时代！做的就是个性，走的就是风格，你准备好了吗？

免费流量自然排名相关因素如下。

1．相关性：搜索相关，类目属性相关——我们做品牌这个可是重中之重哦！

2．规则性：消保（不多说），主营率（100%实物优先，主营类目优先），动态评分（评分越高，权重越好），是否降权（单个宝贝降权也会影响全店），投诉或者退款纠纷（比例越高，权重越低），这些可是基础，你注意到了吗？

3．上下架时间：前段时间很多人的质疑已经没有了，这个只是因为有很多方面都忽略不计了，其实很多方面还是很重要的，不要忽略！

4．置信度问题：只要你违规了，不管淘宝是否通知你，你一样会得到相应的惩罚。

5．人气：现在更多的是销量和关注度的问题，集中的是 7 天销量。

6．用户体验度：包括点击率、页面停留时间、访问深度、回头率等，就像现在淘宝主打的会员、客户关怀等。

7．详情页：很多人觉得没什么，其实错了，这个非常重要的，除了你的黄金展位做广告外，更多要注意的是，前三屏如果不展示你的宝贝，或者关联超过 8 个，那么你一样受到影响，当然要说的是你后面可以随便放，前提是不影响排名等。

8．转换率：特别申明下，这里说的是搜索的，很多人说我被站外的流量拉低了转化率，你错了，站外流量是不会影响你的。

倚梦开始的地方 888：淘宝创业，他不仅仅是三家店铺的掌柜，还是一名名副其实的奶爸。在照顾孩子与经营网店之间，他又巧妙地找到了共通点。

奶爸思维一：带孩子要掌握饮食习惯，做店铺要做好基础工作。

嘉宾王智：众所周知，要想带好孩子，我们首先需要掌握宝宝的饮食习惯，比如孩子喜欢吃什么，什么时候想吃，什么时候该吃，喜欢在什么环境下吃及什么样的吃法获取营养的效果最好，这些都是需要我们用心去研究的。

而要想做好店铺则首先要做好基础工作。任何一个店铺，都不能忽视开店的种种细节。比如店铺旺旺名的专业匹配、开店认证后的店铺详细介绍、店铺产品的款式分析、产品上下架时间及店铺装修风格等。了解消费者心理和了解嗷嗷待哺的孩子的心理其实是一样的，我们需要真正知道：消费者喜欢什么样的产品，即如何做好选款；什么时候想要产品，即掌握他们的浏览时间，真正做好宝贝上下架；什么时间该推广什么款式的产品，即如何选好主推产品；什么风格的店铺能被消费者喜欢，即如何做好店铺装修；消费者喜欢怎样的吃法，即如何开展店铺活动。

用心喂好孩子的直接成果就是你的宝宝会健康茁壮地成长，而做好这些店铺细节最直接的受益就是将会给你带来大量的免费流量和令人惊喜的订单。

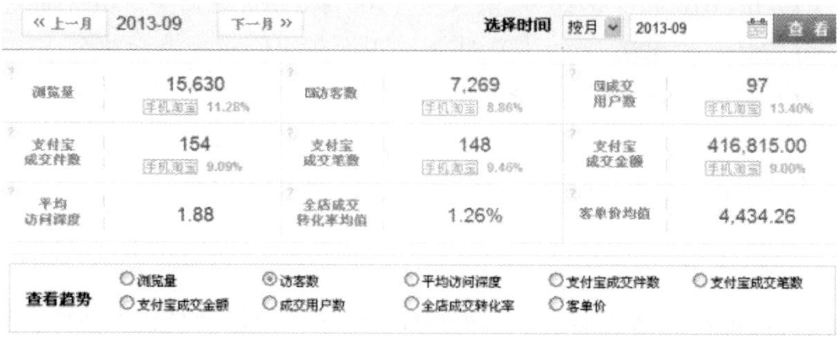

店铺数据查询

奶爸思维二：异曲同工，带孩子和做店铺一样需要细心、贴心、耐心。

嘉宾王智：当一个店铺做好基础工作后，流量已经不是问题了，那么你怎么去接待你的每一位顾客，以最大限度地提高转化率，这个就要求我们真正把买家当作亲人，真正做到用心、贴心、耐心了。

用心：我们首先要用心学习自己产品的有关知识，做到了如指掌，心中有数，切忌不要在向买家介绍产品时出现矛与盾的尴尬问题，同时需要将聊天中常见的相关内容细心整理成一份快捷回复，让买家能一目了然。

贴心：每一个消费者进入你的店铺，首先都会有陌生的感觉，不像实体店可以面对面地交流。怎么才能让顾客感受到你的热情和诚信，这个就要靠你做好贴心服务了！进店时要有及时快捷地欢迎问候，咨询过程中要有让顾客感觉到的贴心地交流，以及购物或者不购物离开时都要给予热情相送。这里不忘提醒亲们注意增加一下自己店铺和宝贝的收藏，这样也会间接地促进你的生意。

耐心：有孩子的父母都有过这样的心理，看到不停哭闹的孩子心里就恨恨地真想丢到一边不管他，然而最终我们还是耐下性子来哄，直到他不哭不闹了为止，这就是因为有着血缘和亲情的关系。同样对于店铺那些啥也不懂来问、不懂装懂来问及提出些刁钻问题来问的消费者，我们也有心烦气躁、不想再理他们的时候。其实这是万万使不得的，因为这些人都是你的潜力客户。他们能有兴趣来咨询你，就说明已经看中了你的产品，接下来需要的就是你的耐心介绍。曾经有个顾客对我说过一句话，让我一直记忆犹新，不能忘怀。他说："跟你聊了两个小时，我对产品其实还是不懂，但是对你的服务和耐心我真的很满意，明天再到实体店了解下产品，需要时就来你这里下单。”结果第二天真的成交了这单生意，让人兴奋的是这还不是一单小生意。

所以诚恳地提醒淘友，千万不要说孩子闹就不管啦。他毕竟是孩子，是个对新生事物不懂的，还不知道站在你的立场想事情的孩子。消费者更是如此，他跟你又不熟，他也不欠你什么，还不是一个糖就可以拉近关系的孩子。所以我们对消费者要有足够的细心、贴心和耐心。

奶爸思维三：努力做偶像奶爸，执著争行业第一。

嘉宾王智：要做就做最好，要做就做行业第一！很多人都和我一样有着这样的人生目标和追求。建起店铺后，我的店铺很快就占据了同行业搜索排名的第一页，而且始终是第一页的位置。当然要做行业第一不是那么容易的事情，首先自己要真正弄明白：为什么要选择这个行业，这个行业目前的情况怎么样，未来发展前途怎么样？其次要做好以下几点。

1．学会正确使用关键词：要掌握你店铺产品类目的相关性，然后选择在淘宝搜索排在第一位的关键词来使用，且要写够 30 个字，这样才能保证买家最大限度地搜索到你的店铺。

2．保证高比例的好评率：我们店铺的各项 DSR 评分一定要高于同行业，在搜索排名过程中才能占有优势。这就需要我们平时用心去经营和服务好自己的买家了。

3．保证客服响应时效性：要做到十秒反应和瞬间响应，一定要记住，尽量做到每次和买家沟通聊天时，最后一句话都是我们卖家来说。

4．保持良好的流量、访客和转化率：这几个问题是淘宝搜索维度的重点，首先要做好引流，其次要留住访客，最重要的一点是要提高转化率，让它一直保持上升状态，而不是下降状态。

5．密切关注行业排名：在正规类目行业里，每天都需要去看看自己昨天的排名怎么样，最近 7 天的排名怎么样，根据排名情况调整优化自己店铺的各项工作。

奶爸思维四：双十一、双十二大活动来临，小卖家也要努力寻找契机。

嘉宾王智：关于双十一很多卖家听了这个词就感觉非常熟悉，的确这个词已经从简单的光棍节脱光的现实社会进入到整个互联网时代，成为空前绝后的购物狂欢节。其实这次活动不只是买家的购物狂欢，更是卖家的一次年尾逆袭的契机。不像有些 C 店卖家朋友们所认为的只是天猫的活动，与我们无关，而与之擦肩而过，失去大好机会。

双十一是一个流量空前绝后的好时机，更是转化率不敢想象的好时机，据不完全统计，比如你平时一千个流量可以成交20单，在双十一当天，只要一百个流量就可以成交40单。因为那天真正的买家一般都不是老买家，而是大家都被氛围覆盖而来的，更多的买家是新手买家，这样你也同样会成为被搜索的一份子。所以流量到了你家里，你却因为感觉跟自己无关去购物了，或者因为店铺没有做任何准备而失去了这次机会，岂不是很遗憾！而且双十一之后，天猫店铺往往会出现断货和因快递不及时而产生退款的情况，这样也将给我们这些C店提供很多拥有订单的机会。所以我们要积极行动起来，抓住这次机会，做好充分准备。利用好这个购物狂欢节，寻找一切可能属于我们的契机，去抢流量、抢销量、抢钱！

关于双十二这正是属于我们的狂欢节，它一步步向我们走来。淘宝今年的玩法又与以往大不相同。我们该怎么玩？我的想法是要紧紧跟进淘宝变化的脚步，真正掌握淘宝的方向，利用好淘宝给我们的扶持和优惠政策，比如最近推出的购物车营销等，用心定出一个总体的活动规划，找到最切合自己实际，让自己收益最大的玩法。抓住流量、订单和转化率，玩出心跳，玩出智慧，玩出惊喜。

采访后记：感谢嘉宾王智无私地把他做淘宝成功的宝贵经验分享给广大淘友，让大家受益匪浅。一直以来，作为资金匮乏的小卖家的我们，都在为各种各样的付费引流望而却步，也一直都在为自己店铺没有生意而沮丧哀叹。看了嘉宾王智的经验，让我们真实地明白了一个道理：那就是不做任何付费推广，只靠自然搜索，我们的宝贝也一样能排到令人艳羡的搜索第一页位置，前十名的位置，也一样能把店铺做大做强、做出效益。关键需要我们有一颗像奶爸对宝宝一样的执著爱心，像奶爸培育优秀宝宝一样的创意思维。任何一个行业，都有成就与失败，就看你是否用心，是否全身心去投入，如果你已经有了充足的准备，那就行动吧！如果你已经出发，但还在徘徊，那你可以好好看看自己的误区！

第 8 章

推广奇招

◎ 韩都衣舍：畅谈推广不吝啬

◎ 久爱珠宝旗舰店：生意和广告是一对孪生姐妹

◎ 海宝先生：魔术般的 SEO 推广

◎ 包容家居：三钻小店月销 20 万元

◎ 凤求凰：用文化凝结顾客

◎ 曾新美：美丽与智慧并存，销量增十倍

◎ 柏卡姿旗舰店：自主创业，舍我其谁

◎ 阿灿来也：8 小时狂销一万件，揭秘小而美精髓

韩都衣舍：畅谈推广不吝啬

本篇导读：我是韩都衣舍的掌柜，我叫赵迎光，1974 年生于山东潍坊。1997 年从山东大学韩国语专业毕业后到韩国工作，主要从事贸易工作。2007 年辞去公职，回到国内，做起全职淘宝网店。我的店铺叫“韩都衣舍”，是专业从事韩国代购的卖家。2006 年注册公司，刚注册的时候注册资金是 10 万元，随着公司规模的扩大，现在已经增资到 520 万元的注册资金。现有员工 240 余人，其中韩语翻译 50 余人，月销售额超过 200 万元，拥有 3000 平方米的仓库，商品品种超过 10 000 种。2009 年 4 月，我们在韩国仁川设立了分公司，派 5 名员工常驻韩国，协调与韩国的有关业务。现在公司包括市场部、运营部、客服部、采购部、制作部、韩国部、品牌部、出口部等细分部门，各部门各司其职，公司良性运转。

嘉 宾 ID：xiaoyan_1127
店铺名称：韩都衣舍品牌淘宝官方店
店铺主营：韩国时尚进口专家（韩国女装）
店铺链接：http://hdys.taobao.com
记　　者：东北小虫

韩都衣舍掌柜赵迎光

采访实录

东北小虫：现在淘宝的发展步伐日益加快，来淘宝创业的人也不计其数，每天淘宝的店铺数量也是快速递增。但大多来淘宝创业的卖家都不是准备得很充分，会遇到一个很关键的问题，那就是推广！推广无论对于新手卖家还是成功的大卖家都是一个永恒不变的话题，上期的采访好多人读了之后都来咨询我，所以带着这个推广的问题，我们又找到了你，给我们介绍一下你的推广都有哪些形式吧？

xiaoyan_1127：我们主要做的是淘宝内部的推广，还有一些SNS社区、博客、微博之类的。淘宝内部的大概就是直通车、淘宝客、淘宝硬广、社区还有钻石展位等。

东北小虫：首先你谈到的是淘宝内部的推广。这个直通车人人都在用，效果和方法也是众说纷纭，那么你有怎样独到的经验呢？

xiaoyan_1127：直通车最重要的就是关键词的设置，寻找关键词的方法有很多，比如淘宝的搜索框、风云榜、直通车定期推出的关键词下载等。切记不要购买超热词，如T恤这个词，竞争的商家多，因此价格高，但是实际上它的精准度却不够大。但是像圆领T恤、卡通T恤、韩国新款T恤等关键词，精准度和转化率就会高一些。有时候，淘宝后台还可以报名直通车的活动，如果入选，那么还有机会在淘宝首页的“热卖单品”中展示，那个流量和销量可是非常大的。再者，直通车的单品选择，还要结合数据。在量子恒道里，能看到优质入口的单品和浏览次数高、跳失率低的商品，这些就可以成为被选择的对象。另外还可以计算单品的转化率（即成交人数/UV），将转化率高的单品作为直通车推广的重点。数据中可以分析出很多，大家也要多研究数据，一切用数据说话。

东北小虫：淘宝客也是主要的推广手段之一，大多数卖家虽然知道怎么设置，但对如何提升这个成交量就不是很了解了，在这方面你有什么经验呢？

xiaoyan_1127：淘宝客更多的是一个积累的过程，要想做得好，就要吸引越来越多的淘宝客关注，并且愿意帮你做推广。所以，我的经验大概有以下几点：第一，最初的时候，佣金要尽量设置得高一些，当然前提是不赔钱。因为，在选择推广店铺时，可以按照佣金比率进行排序，所以淘宝客们必然会选择佣金比率高的店铺进行推广。第二，淘宝客的主推商品要设置销售记录多的，并且评价很好的商品。因为淘宝客很喜欢推广这样的商品。第三，可以搜索一些比较大的淘宝客做的网站，然后找站长去争取资源。第四，现在淘宝官方也会组织一些活动，帮忙推广淘宝客，所以每逢这样的活动，大家也要积极报名参加。第五，在换季的时候提前更换主推商品，让淘宝客可以预先对新一季的商品进行推广。

淘宝客的作用非常大，如果做得好，那么店铺内很大一部分客源都会是淘宝客的贡献。淘宝客中人才辈出，形式相当于我们付钱给他们，他们帮我们做推广。而且是成交才付费，这么好的推广形式，大家一定要利用好！

东北小虫：什么是淘宝硬广呢？都包括哪些？

xiaoyan_1127：我这里所说的硬广，指的是淘宝站内或者阿里旺旺上除钻石展位、直通车外的收费广告，包括淘宝一些重要位置的图片和文字广告。当然，中小卖家现在不可能去尝试，因为成本相对来说太高了。

东北小虫：这些硬广的功能、方法和技巧是怎样的呢？

xiaoyan_1127：硬广最重要是做到有足够的吸引力，包括图片的美观度、时尚感以及明显的利益点。这个利益点诸如全场包邮、满多少包邮、几折秒杀、限量等字眼。我们做硬广的时间也不久，一些方法经验都是在慢慢地探索和积累中。

东北小虫：社区推广是好多小卖家常用的方式，发精华帖和有效回帖。社区推广是一个长期的积累过程，那么你是怎么进行社区推广的统筹和实施的呢？

xiaoyan_1127：我们有专门的市场推广人员做社区推广。可以说，他们都是非常喜欢泡社区的，他们甚至不把这个当成工作，更多的是乐趣。他们喜欢把自己看到听到的新鲜事跟大家分享，喜欢把开店经验拿出来与大家探讨，喜欢把自己遇到的开心、不开心的事发到社区里……我们的帖子好几次上了经验居首页、服饰版块首页、社区首页甚至是淘宝首页。我对他们的发帖频率没有做要求，不限数量，也没有说必须多长时间发多少帖，他们完全是自愿的、出于兴趣的。我认为只有这样，才能发出高质量的帖子，而不是为了应付工作而发的垃圾帖。好的帖子，是能够带来很大流量的，而且转化率也非常高，因为只要是来淘宝社区的，必定对淘宝很了解，也是有购买欲望的，相对于其他社区来说，精准性更高一些。但是，切忌在社区里发广告性质的帖子，现在社区里对广告的监管非常严格，发广告帖会造成封号的危险，得不偿失。但是大家可以有技巧地发“广告”。比如，在经验居发帖的时候，可以发些使用淘宝工具的经验帖，教教大家怎么能把这些工具使用得更好，举例子的时候就可以加上自己店的商品，不过这个也要讲究度。在服饰美容频道，可以教大家如何搭配，介绍当季的流行服饰，都是可以给自己的店铺带来很大流量的。

东北小虫：钻石展位是我们好多卖家梦寐以求的，但都不敢轻易尝试，可能是花钱比较多吧！

xiaoyan_1127：钻石展位对品牌的推广起到了很好的作用，但千万不要急于求成，这是个潜移默化的过程。其花费不是很多，也是中小卖家可以承受的。它可以设置日最高花费，所以，完全可以控制当天的花销。钻石展位是按照千次展示收费的，但是光有展示是远远不够的，要让客户产生真正地点击甚至是成交。所以，最重要的就是图片要有足够的吸引力，因而钻石展位很考验美工。钻石展位可以说是小型的硬广了，所以也要具备前面我说的硬广应该具备的要素。

东北小虫：这些内部推广做好了，流量和成交量都是惊人的。那么外部的推广你的策划是怎样准备，怎样进行的呢？重点在哪里？

xiaoyan_1127：现在我们外部推广的重点在博客、微博，还有一些购物论坛上。现在博客、微博的人气比较高，而且这是口碑营销的绝好途径。微博虽说是个新兴的推广工具，但是现在很多知名的大型企业都开始做微博，都在默默地进行人气积累。国内的微博是国外 Twitter 的变种，在 Zappos，每个员工都有自己的微博账号，都在微博上发表关于 Zappos 的信息，形成巨大的病毒式传播。还有在一些购物论坛上，可以发表一些关于服饰搭配、优惠信息的帖子，如果被站长推荐或者加精的话，那么也会带来不少的流量。还有一些 SNS 网站，我们下一步也要加强推广力度。近期，我们还推出了属于韩都衣舍的杂志，进行线下的推广，同时，也算是回馈给韩都衣舍舍友们的礼物。我们的市场专员每天也都看行业信息，不断发掘新的推广方式。

东北小虫：SNS 社区可能对于我们好多人都是一个新概念，你能介绍一下吗？

xiaoyan_1127：其实，这个并不陌生。SNS，在国内来讲就是 Social Network Site（即社交网站）。以人人网（校内网）、开心网 SNS 平台为代表。当然，还有我们淘宝内部的淘江湖。大家知道，现在年轻群体的购买力也是非常强大的，尤其当朋友们推荐后，购买欲就会提升一大截，买得也更加放心了。再者，常去这些社交网站的朋友们都知道，社区的影响力是非常大的，社区内也可以做转发、分享，所以，这个传播速度和范围也是相当惊人的！

东北小虫：很感谢你，给我们分享了这么多，相信有了这些经验我们广大卖家的梦想就插上了一对翅膀，相信他们会飞得更高，飞得更远！

xiaoyan_1127：不客气！经验这个东西，完全靠实践，即便是学到了一些知识，也要自己亲自实践才能体会得更加深刻！也很高兴，今天能有这个机会跟大家交流探讨，感谢经验居，感谢淘宝！

采访后记：成功卖家无私地分享给我们很多经验，希望读者都能从中得到启发，好好地执行起来！让我们携手，共同打造我们美好的明天！

久爱珠宝旗舰店：生意和广告是一对孪生姐妹

本篇导读：很多时候，我们总是先告诉自己我们做不到，所以放弃努力，这难道不是最大的惰性吗？而我们的久爱是怎么做到的呢？这只是一个部分。你上网吗？你待在网上的时间长吗？你上网的时候在做什么呢？去聊聊天，去种种地，去偷偷菜，去浏览论坛。还是在用心学习，学习淘宝的细节。用心学习，静下心来去学习，在这个炎热浮躁的夏天你做到了吗？淘宝大学，我一直觉得这个名字起得太棒了，因为做淘宝，就必须学习，不学习，就会面临失败。可能你不信，下面的访谈内容中，会告诉你，大小卖家，都是这样——不学习，就会被淘汰。久爱今天关于推广的分享，相信对所有卖家都很实用，和我一起去学习吧！

嘉 宾 ID：久爱珠宝旗舰店
店铺名称：久爱珠宝旗舰店
店铺主营：珠宝首饰
店铺链接：http://9i.taobao.com
记　　者：树袋熊和桉树

访谈实录

久爱推广分享之一：舍得投入，有投入才会有产出

久爱认为推广就像船的帆，有了帆，借助好风力，船可以快速前行。如果没有帆，或者利用得不好，那么就会让小船行驶得很慢，甚至飘摇不定。生意和广告就像一对孪生姐妹，做生意不做广告是不可能的，所谓的推广，说白了就是做广告。

树袋熊和桉树： 皇冠做到一定程度都会经历一段时间的冷清和低迷期，你经

历过吗？

久爱珠宝旗舰店：店铺做到一定程度的时候，会进行反思和调整，总结自己的曾经，再计划一下未来的发展方向，到了皇冠正是粗具规模的时候，必须为将来做一个很好的计划，所以我们一直在调整，希望不断地完善。所谓的低迷期应该是一个调整的阶段吧！我们店铺现在就一直在不断地调整和完善。从整体的装修风格，到宝贝本身的定位等，都在不断地加强和完善。俗话说机会是留给有准备的人。随时准备着，才可能迎来好的机会！

树袋熊和桉树：那么淘宝的广告位有没有购买过呢？

久爱珠宝旗舰店：我们近期花了大概 5 万元买了淘宝的广告。目前正在前期策划中，不知道你是否看了我最新的那个推广帖，写的就是这次的策划。不过这个还没有完全完成，还在不断完善。

树袋熊和桉树：你们整个推广投入的资金和人力成本都很大，这是小卖家做不到的。这样会不会增加你们的运营成本，从而增加你的物品单价呢？

久爱珠宝旗舰店：运营成本肯定是会增加的，但是单价却不会。一个品牌首先要保证价格的基本稳定才可以，忽高忽低会让买家觉得不专业。同时推广虽然成本很大，但是在增加销量的前提下，增加了销售额一样可以赚回成本。我记得在万堂书院曾经听一名老师讲过，无论是在淡季还是旺季，都要不断推广自己的店铺。也许在淡季的时候买家没有买你宝贝的想法，但是在她的心里却已经留下了一个很深的印象，等到她想买的时候很自然地就会想到你的店铺。推广是为了促进销售，销售量大了，利润自然就多了，会有更多的资金去推广。推广是不能间断的，不能只做了一个星期的广告，就期望买家会记住你一个月。现在淘宝的竞争激烈，打折促销已经不能满足买家的需求了。所以卖家必须认真思考找到属于自己的方式。我们的方案是品牌推广和促销推广同时进行，既要有合适的款式进行促销又要有合适的款式做品牌推广，不降价、不打任何折扣，比如我们的那款情侣戒指，一直在淘宝情侣戒指的首位。还有很多卖家只是报名帮派的一些活动，却忽视了淘宝官方组织的那些活动，所以一定要花时间找到活动的报名入口，因为官方的流量才是最大的。

久爱推广分享之二：活动参与，是最好的免费推广

1．社区活动

树袋熊和桉树：整个淘宝推广，其实说起来，参与淘宝活动，免费推广所占的比重很大对吗？

久爱珠宝旗舰店：对啊，特别是中小卖家，参与淘宝活动非常重要，因为既免费，又有很多流量。要不断地参与活动，有的时候不能怕亏本，参与活动会带来意想不到的推广效果，不参与活动，就不会增加曝光率，店铺不曝光就没人知道啦！

2．淘宝主题活动

树袋熊和桉树：但是如果参加活动，所写的东西很一般，或者没有什么亮点，那么会不会有相反的效果呢？

久爱珠宝旗舰店：我说的活动并不是参加社区的各种征文类的活动，最主要还是淘宝的主题促销活动，只要适合我们的我们都会去参加！比如饰品类就有专门的饰品帮派可以报名，其他类目也都有属于自己的官方帮派，找到属于自己的组织就可以报名活动！这里告诉大家一个小秘密：报名活动是一项长期的工作，是需要每天都坚持的，一次不通过，就报名第二次、第三次，甚至更多，相信总有通过的时候，而且经验都是通过实践积累出来的。时间久了，自然会有一套适合自己的方式。这些活动都是免费的，比直接买广告划算多了。或者说平时主要靠参加活动来推广。

3．联合店铺，共同促销

树袋熊和桉树：那么你店铺自己有推广活动吗？

久爱珠宝旗舰店：当然，偶尔自己也会组织一些活动，比如店铺联合的活动。可以联合一些和自己不同类目，但是有相同消费群体的卖家一起搞个活动，流量互通一下，比如节日促销。五一的时候我们联合了几个皇冠店铺搞了一次包邮和买就送的活动，每个类目只有一个店铺，分别为女装、女鞋、饰品、化妆品和围巾几个店铺联合起来，做一个大宣传页，放在每个店铺里面一起销售，每个店铺的流量都增加了很多。

久爱推广分享之三：打造爆款直奔皇冠

1．确定款式

每年七月有中国传统的情人节七夕，我们针对节日的主打产品是情侣饰品，希望能够借助七夕这个美好的节日，买一些硬广资源，打一场大仗。选定的产品是适合做礼品的，既不能太贵，又不能太便宜，确定了一款价值 109 元的红色心形吊坠作为本次的主打产品，做好了充足的备货，就开始做其他的准备工作。

2．整合店铺

其实店铺方面我们一直在改进，无论是整体还是细节都在做全面的整理。店铺整合包括店铺域名、品牌口号、店铺风格、常规活动、店铺装修等几个方面。我觉得每个店铺都应该经常搞一些活动，而且这些活动应该尽量保持一定的连续性，让买家形成经常来关注的习惯，甚至产生期待的心理，一次活动结束，自然会去期待下一次的活动，加强买家的黏性。店铺装修方面既要突破常规，又要使整个店铺浑然一体。

3．创立帮派

淘宝现在很鼓励店铺帮派的发展，所以有很多店铺帮派犹如雨后春笋悄然建立，我们也一样，因为帮派是店铺的后花园，这里很容易搞各种活动，也适合配合店铺的各种活动，方便活动的进行，因为有一些活动在店铺内部是很难完成的，特别是买家秀的活动。目前我们正是在利用店铺帮派，来集结买家秀，通过奖励的办法，增强店铺的口碑效应。

4．整体促销。

这里就是重点了，活动报名成功后，除了做一些基本的准备之外，还要有一些特殊的准备。

（1）备足库存，除参加活动的宝贝要备足库存之外，其他热销产品也要相应增加库存量，保证连带销售的顺利进行。

（2）发放店铺优惠券，店铺优惠券是淘宝新出的一种优惠形式，和会员关系可以同时使用，都是针对老买家的一种营销方式，可以选择不同的买家来发放不同金额的优惠券，我们发了大量的 5 元优惠券给我们的买家，同时利用会员关系以图文的形式把店铺的最新优惠信息发送站内信告知买家，希望能够带动他们的二次购买。

（3）我们一共有 4 天的硬广时间，日期是不连续的，所以我们制定了只针对单日的促销活动，主要活动是当日消费最高金额的买家可以获得 500 元的奖励，为了刺激当日买家的销售，每隔一定时间公布一次当前的最高消费记录，比如每半小时或者一个小时公布一次，让买家明确知道当前的交易状况，用大奖的形式来刺激买家的购买，甚至可能会出现团购的情况。这个活动就很可能会借助店铺帮派来实行了，这样既方便操作，又可以把买家们吸引进我们的帮派。

（4）除了有这些激进式的促销方法外，针对一些一般的买家还有不同的促销政策，比如满就送、包邮、升级高级 VIP 特权等，力求全方位地吸引买家，达到让买家欲罢不能的效果。无论买多少，无论怎么买，为了赢得一些优惠，买家都会有再买一些的冲动。

（5）产品多样。为了适合各种买家的需求，我们准备了各种价位的产品，从几元到百元以上不等，并且主要价位集中在几十元左右。因为在搞活动的时候，自然会有一些买家为了凑足一定的金额而去买可能不是很需要的产品，在这种情况下，如果都是百元以上的产品，或者都集中在七八十元，那么买家再次购买的可能性会很小，特别是和活动要求的差价不大的情况下，也许只差十几元就可以享受到优惠了，这时候恐怕很少有买家会去为了凑足规定金额而去买七八十元的产品，所以准备一些低价位的产品至关重要。买家对低价位的产品很不敏感，或者说即使多买几件也无所谓，这样自然而然就带动了连带销售。低价的产品虽然利润小，但是在大活动中，往往都会有很好的销量。

（6）特殊创意。目前我们还在筹备中，比如做一段带有趣味性的广告作为店铺的背景音乐，让买家一进来就可以直接感受到这种促销的气氛，或者专门定做一些带有品牌特色的小赠品，在买家购买产品后随产品赠送，给买家惊喜等。

（7）宝贝同步。现在商城店铺有一个可以同步一个模块到每一个宝贝描述中的功能，也就是说，如果想让每一个买家都看到你要主推的宝贝或者主推的活动，则可以把宝贝做成一个宣传横幅，同步到每个宝贝的描述中，可以放在最上面，也可以放在最下面，做到最全面的宣传。其实买家搜索最直接到达的是宝贝页面，如果宝贝不吸引人，则很可能直接就关掉了，不会再去看店铺首页或者其他宝贝，所以让每个宝贝都显示促销信息很重要。

采访后记：我很开心通过这次访谈在淘宝结识这个充满才气、聪明、宽容的女子。大家难道没有发现吗？她无私地分享着她的经验，她有一种信心和豁达，她相信每个人的观点都有着一定的亮点。因为她关注买家心理，所以她也关注心理学。因为关注心理学，所以她知道，如果想学到别人的经验，那么就要先分享自己的经验。她喜欢分享经验，喜欢整合经验然后运用到自己的推广中。

做淘宝，不管形式怎么变，不管主观怎么变，永远都离不开学习、推广、坚持、拼搏和付出，并且不断地反复去做，重复去做，甚至每一分钟都在重复。未来之路好走，还是难走，不由别人决定，是自己决定的。你能走多远是你的体力决定的，所以你的事业之路能否成功，由你的智慧和知识决定。

找到一个适合自己的推广方式，行动起来吧！那么下一个成功的肯定就是你！

海宝先生：魔术般的 SEO 推广

本篇导读：推广是淘宝卖家们一个永恒不变的主题。对于 SEO 的推广方式好多卖家还不是很了解，最近小虫也接到了广大淘宝卖家的咨询，特别想了解这一方面的内容。带着这样的问题，我采访了这方面有突出业绩的佼佼者海宝先生，大家来一起揭开 SEO 的神秘面纱，利用好这个超强的推广方式，把我们的推广真正做到全网、做到淘宝站外吧。

嘉 宾 ID：海宝先生
店铺名称：【上海商盟】海宝先生墙纸网
店铺主营：装修、墙纸方面
店铺链接：http://shop35566312.taobao.com
记　　者：东北小虫

海宝先生

访谈实录

东北小虫：你好，海宝先生，首先你能给我们介绍一下你和店铺的情况吗？

海宝先生：其实做什么都不是一下子能做好的！我也是慢慢地起步，慢慢地学习才能有今天这小小的成绩。

东北小虫：你太谦虚了！你现在的成绩已经很值得骄傲了，在百度的一些关键词你都能排在首页第一位，而且网站的流量每天达到了 IP 600，PV2000（流量不是惊人的数字，但对于商业网站来说已经很优秀了）；店铺每天的 IP 3000 和 PV23000 ，能分享一下你创业的经历和你店铺的特色吗？

海宝先生：是这样的，2008 年我也是一个地地道道的打工仔，听朋友介绍做了淘宝卖家。当时就是一个人，现在有一个团队。我们店铺主要经营的是装修、墙纸方面的。其实墙纸是一个很新奇的东西，他可以让你的家居变得更豪华，所以现在很多人都喜欢上了它！我相信在不久的将来，他将是主流的家装材料！

东北小虫：你的独特眼光和出发点，找到了这块蓝海市场，并且通过你们专业的推广取得了可喜的业绩。那么你是如何开拓这个市场的呢？

海宝先生：刚开始没什么经验，也像现在很多新卖家一样，到家装网发帖子和一些软文，到百度贴吧和一些大型更新速度快的网站发帖，最后就是在自己的店铺内做 SEO，就是宝贝的关键字优化。后期有了点成本就开始用直通车，所谓推广就是要免费和收费的一起才能有效果！

东北小虫：你谈到的推广过程也正是一个小卖家成长的演变过程，免费和收费的部分都很关键。了解到你优化得非常好，所以特意请你来给我们新手卖家分享一下经验，那么优化一个店铺要从哪些方面入手呢？

海宝先生：第一，宝贝的名字。一个简单的名字我们会想很多花样，比如“海宝先生墙纸网 美式田园金牌五三苕叶玫瑰　温馨卧室壁纸”，这里的关键词是墙纸、美式、田园、苕叶、玫瑰、温馨卧室、壁纸，一个名字就用了这么多关键词。虽然这是一个很多人都说的话题，但这点很关键，而且我们平时工作中要不断地根据需要进行调整。第二，宝贝详情，有些人光注重外表不在乎内在，如照片的清晰、标题的清爽等。总结：关键词多、照片清晰、描述精确、库存管理有序、服务到位、售后专业。

东北小虫：我了解到你 SEO 优化做得很成功，那么 SEO 是一个什么概念呢？好多新手都不了解。

海宝先生：SEO 就是搜索引擎优化。在自己的网站或宝贝上做关键词调整，能使别人在平台上搜索一种东西时最快最精准地找到你（像百度、谷歌、淘宝搜索框就是这样的）。

东北小虫：我们是不是可以把 SEO 分成站内和站外两个部分呢？宝贝标题之类的优化叫淘宝站内的优化，另外一部分称做淘宝站外的优化。

海宝先生：可以的。

东北小虫：关于站内优化很多人都分享了成功的经验，广大卖家都对站外的 SEO 不是很了解，你能介绍一下情况吗？

海宝先生：淘宝站外搜索优化就是了解各类搜索引擎如何抓取互联网页面、如何进行索引以及如何确定其对某一特定关键词的搜索结果排名等技术，来对网页进行相关的优化，使其提高搜索引擎排名，从而提高网站访问量，最终提升网站的销售能力或宣传能力的技术！

东北小虫：这个是相当专业的知识了，我了解到你是利用站外的 SEO 获得大量的流量引到淘宝店内进行交易，这种方式还是我们大多数卖家所不了解的。而且众所周知，SEO 带来的流量都是高质量的，对于站外的网站有什么样的要求呢，我们平时都要做些什么呢？

海宝先生：我一般都会写些软文发送到论坛和专业的网站，这样做有两个好处：一是论坛加精就会获得很多流量。二是有利于外部的搜索平台抓取页面，提高网站的优先权！我们有自己的独立网站，找更多的友情链接，这样有利于网站的排名和外部人员的进入。

东北小虫：关于 SEO 我也了解一些，这些就是增加反向链接是吧，提高抓取的几率？

海宝先生：是的，非常对！这样的事情说起来简单，但却是一个长期有效的积累过程。要有执行力和坚持做到量化才会有明显的成效，而且带来的成果可以一直被我们享用，会成为长期的一个流量来源。

东北小虫：建这个网站都有哪些标准呢，什么样的网站更适合来做 SEO 的优化？

海宝先生：更适合做 SEO 的就是商业网站，因为商业网站本身更新量不是很大，一般的新闻站和门户站流量大了都有固定的蜘蛛去爬他们，就是企业站需要大量的 SEO 来提升网站的排名！

东北小虫：这个 SEO 的优化对于这个网站自身的优化和更新也是很重要的，这个网站的优化和更新我们都要做哪些工作呢？

海宝先生：首先检查网站的程序是否有无效页面和死链接，然后尽量快速地更新内容（最好是自己写的），原创最好！更新的频率和周期可以根据实际情况来定。

东北小虫：关于 SEO 我们有了一定的了解，也希望想做 SEO 推广的卖家能接受海宝先生的忠告亲自体验一下。那么能给我们分享一下这个网站外的网站如何和淘宝店结合在一起吗？要有很多细节的地方需要注意吧？

海宝先生：统一域名，最好统一自己的域名，比如我的域名是这样的：www.hbsir.com，www.hbsir.cn，hbsir.taobao.com。可以在独立站里加上淘宝店里面的一些内容，也可以在首页加上进入淘宝店铺的按钮，这样都有利于引流量到淘宝店铺来。

东北小虫：你对我们以后推广和行业的发展有什么样的见解呢，未来的主流趋势是什么样的？

海宝先生：就拿我们店铺来说，现在一天的流量是 23 000 左右，我相信今后墙纸会慢慢进入每家每户！我觉得在未来，墙纸产品会成为主流的家装材料，有很大的发展空间，希望大家可以再给我提点意见，只有天天更新才能有发展。

采访后记：嘉宾的精彩分享让我们认识了 SEO 推广方面的一些专业知识和方法。做任何的推广都是要有执行力。整体的思路和方法并不是深不可测！但能不能做好，达到有效的推广效果就要看我们的坚持了。对于推广，我个人理解，简单的事情简单做你就会成功！希望看到这篇文章的卖家能和我一起来做好这个推广，赢得我们淘宝创业的明天！

包容家居：三钻小店月销20万元

本篇导读：随着网购热潮日渐发展，众买家除了对商品的质量有要求保证之外，对服务的质量要求也是越来越高。在网络上交流并不能很好地把握消费者的心情，一不小心，到手的订单就飞了。所以在淘宝网上开网店客服是相当重要的，要引起广大淘宝店主的极大重视。当然，商品卖出去并非万事大吉，售后的服务和商品的质量、信誉同等重要，在某种程度上售后服务的重要性或许会超过信誉，因为有时信誉不见得是真实的，但是适时的售后服务却是无法做假的。

她手中掌握着什么样的利器，能让小小的三钻店铺创下傲人的销售业绩。带着强烈的好奇心，我找到了这家三钻店铺的掌柜——徒步去麦加。

嘉　宾 ID：徒步去麦加
店铺名称：包容家居
店铺主营：家具、沙发
店铺链接：http://both-yound.taobao.com/
记　　者：liujie2681

嘉宾简介

我是80后，一个小孩的妈妈，潮州人，虔诚的佛教徒。2008年我和先生在众人的祝福中结婚了。上天是眷顾我的，结婚半年后我如先生所愿怀上了小孩，老公是个顾家的好丈夫好爸爸，他总说在离婚率很高的现代城市里，要能多点包容，生活就一定会更加和谐。所以我们的店铺起名为包容家居，寓意幸福之家需要多点包容。我的店铺主营高品质的布艺沙发、茶几、电视柜，店铺做到三钻，每月的营业额都在20万元左右。

嘉宾徒步去麦加

创业背景

开网店之初是因为我先生是开实体家私店的，首先货源这方面有了很好的一个提供入口，建议大家开淘宝的话，尽量找自己比较熟悉的产品，这样有利于打理。

记得开淘宝店前的我，是个活在丈夫保护伞下的小女人，就像是温室里的花朵，典型的居家女人，也就像常人所说的："男人负责赚钱养家，女人负责貌美如花"。很高兴我嫁了一个百分百的好男人，不可否认，我是幸福的、是幸运的。我相信这是很多女人所向往的一种生活状态。但是，吃多了山珍海味的人，难免也会腻，也会想换下清淡的口味。我是个不甘于每天都是如此枯燥平淡的人，看到很多身旁的朋友婚后都是跟着老公一起打拼，生活得很充实。而我，却是每天待在家里带小孩，日复一日，就像一杯白开水，无色无味。早已厌倦了这样的生活方式，但也不舍得把小孩给别人带，自己出去外头拼搏。毕竟孩子是妈妈身上掉下的一块肉啊。考虑了很长一段时间，就把目标转向了淘宝，做淘宝既可以待在家里照顾小孩又可以改变一成不变的生活，这是个不错的选择。

有了明确的目标后便迫不及待地想实践起来了，就把这个一举两得的想法跟先生商量了一下，没想到这个想法先生不但不反对，还很赞同，在此真的很感谢我的先生，感谢他对我的包容与理解。一路走来，无论是事业上还是精神上先生都给了我很大的支持。是他给了我前进的动力，同时成就了我的梦想，让我可以随心所欲，做我喜欢做的事情。

访谈实录

liujie2681：很多人在说现在的淘宝竞争异常激烈，特别是新店很难经营，你一个女人、一位兼顾孩子的妈妈又是怎么坚持下来的呢？

徒步去麦加：信念！我想是这两个字让我坚持了下来。是的，在现在这种形势下独自一个人经营淘宝的确是很艰难。从拍照，处理图片，到选择关键词宝贝详情，再到产品上架都是自己一个人完成，而且还要带着一个小孩。很多时候都觉得一天的时间不够用，经常到晚上等孩子睡了再起床处理上架。虽然很辛苦但我快乐！因为我把开淘宝作为我事业重新开始的一个新起点。女人要独立，就要拥有自己的事业！

由于我的努力与坚持，终于守得云开见月明。现在我的沙发店铺已经成立了一个小团队，之前整个网店都是只有我一个人负责，但随着生意越来越好，一个人的力量根本就不够，随着网店逐渐的发展，生意不断扩大，现在的店铺有四个客服，一个专职的美工和一个专职的推广。有了这些人员的加入后，我肩上的担子也减轻不少了，不再像以前那样手忙脚乱了，最重要的是现在我有更多的时间可以照顾孩子。

liujie2681：据我了解在你的带领下，贵店现在达到月入 20 万元的良好业绩，而且在这座城市里你也有了属于自己的房子车子，这是非常令人羡慕和向往的，是什么让你有了今天的成绩？换句话说，你做淘宝成功的最重要因素是什么呢？

徒步去麦加：一个店铺的业绩主要是靠什么？其实，我认为店铺的业绩主要靠两个方面，一个是整个店铺的营销策划和推广，另一个就是客服（当然这里说的客服是广义的，还包括客户的管理与维护）。由此大家可以看出客服工作的重要性。那么如何做好客服工作，就显得至关重要，也是一个值得我们去用心思考的问题。

在我认为服务毫无疑问就是客服这方面要做到位。一个合格的客服往往能带给店铺可观的成交率，也就是说客服在整个店铺里的重要性是很明显的，起到的作用达到 50%～60%，培养出一个有专业知识和技巧的客服人员就等于给店铺增添多一些的业绩与利益，一个店铺只要培养出一部分达标的优秀客服人员，那就意味着这个店铺离成功不远了。所以说客服的影响力是不容小觑的！

liujie2681：你说得非常好，淘宝商城的生意旺旺比一些普通旺铺的生意要好很多，其实很大一部分原因是客服造成的。很多商城的客服都是专业的，或者是经过专业培训的，小编建议大家多学习一些专业知识和技巧，能不能分享一下在客服这方面你是如何做的呢？

徒步去麦加：自从淘宝新规出台后，淘宝提高了店铺的服务水平占比，这是很人性的，我想从另一个方面来谈谈我做好客服的一些体会和感悟。

一、生客卖礼貌。

刚开始来的新客我们更要重视的是咱们的服务，因为顾客不仅是花钱来买产品的，买的也是我们的服务，他们更在意我们的服务是否到位，如果头一次对我们的服务满意了，我们给他们留下了良好的印象，那么就提高了我们交易的几率。就算他当天不买，等到他需要买的时候，就会想起我们来。

二、熟客卖热情。

什么叫熟客？顾名思义当然就是之前与我们交易成功的老顾客啦，现在的社会是供过于求的时代，任何商品都可以找到多个贩卖的商店。其实各位想一下，老顾客来你这里买东西绝不是因为你这里比别的地方便宜！因为他喜欢你，所以才成为你的老顾客，如果讨厌你，那么第一次就不会在你这里买，更不会成为老顾客。一句话，他觉得你们不仅是买卖关系，更多的是朋友关系！老顾客本身是因为和你有感情才来的，而不是为了你比别的地方便宜才来的！只要你不比别的地方高就可以了!就能留住老顾客！20%的老顾客创造 80%效益。千万别宰熟，首先要把面子给老顾客，让老顾客感觉到你的诚意！所以我们要做的是不用熟客开口跟我们讲价，我们就应该主动让利给他们，让他们感觉到我们是非常重视他们的，用我们的热情来软化他们，下次他还是会来你家买东西的。

三、慢客卖耐心。

如果要是遇到一些比较小心谨慎的客人，那么我们也不要太急于求成，要有十足的耐心，有句话不是说心急吃不了热豆腐吗？太急了反而会适得其反，吓跑客人。做什么事都是要经过一个磨合期的，要跟这些买东西比较慢的客人细心地讲解，多拿出一些耐心为顾客详细地介绍产品，排除顾客的疑义，从而促进我们的交易。

四、快客卖反应。

要是遇到些买东西速战速决的顾客，那我们也要跟上他们的脚步行事，所以我们要快刀斩乱麻，要懂得识时务，把客户比较感兴趣的产品每个方面大概讲解一遍，把握时机跟客户进入到成交的最后一道关卡。

五、有钱卖尊贵。

我们做销售的其实都能够从顾客的谈吐中洞悉这个人大概是属于什么性格的人，假如遇到些在价钱方面不拘小节的客人，我们就应该明白这些客人想要的是什么，通常这种顾客都有一个共同的特点，就是很在意产品的质量而不是价格，这些人大部分是属于自我要求比较高的人，追求时髦时尚的事物，所以这时我们就要把店里性价比高点的产品推荐给顾客，重点向他们介绍这些产品的各大优势

（比如质量、功能、款式类型等）。这里可以先不用向他们重点提价钱，因为他们这些人是冲着质量来的，并不在乎价格的高低，你反复跟他们强调价钱，他们会产生厌恶的心理，觉得你看不起他们。这类型的人大多数都是生活水平较高的人群，我们就要以优取胜，卖的是高质量的产品，卖的是尊贵和态度。

六、没钱卖实惠。

我们做客服的，除了向客人销售东西外，还要学会揣摩顾客的心思，解剖顾客的心理。这是门非常重要的课程。比如在接到些买东西预算比较低的客人时，要懂得拿捏分寸，给他们推荐一些与他们的预算相差不多的产品，或者是可以便宜的尽可能给他们优惠，以退为进！

liujie2681：你总结得很精辟。上面你提到一个店铺的营销和推广也是非常重要和关键的，这也是我们今天的第二个重点，在推广方面你是怎么做的呢？

徒步去麦加：如果说客服服务到位是店铺的灵魂，那么店铺的推广就是店铺成长的血液。我认为淘宝客和直通车都是很有用的推广手段。

一、淘宝客。如何才能使得更多的淘宝客钟情你的产品呢？

首先要做好产品图片拍摄，其次产品要做到有一定的销量，尽量使产品出现在推荐页面，同时根据产品利润空间来提高佣金，这样被大的淘宝客挑中的几率会大大提高。

二、直通车。对于直通车就更需要技术水平了，同时要在平时中多做总结，这样就会找到一个更适合自己产品的推广方法。

关于选词：主要是在淘宝网上搜索，根据我的宝贝风格应该需要什么样的词，然后就一个一个在淘宝网里寻找。在众多的关键词中一个一个尝试筛选看哪个词的哪一个价钱比较合适并且能让我接受。在选关键词时的每一个宝贝我都花大量的时间和心血。假如碰到在淘宝上很热的关键词，但它的价钱我又不能接受时，我会换另一种方法或者说法来表达更能接近淘宝网很热的关键词。比如“布艺沙发”这个词在淘宝网是很热价钱很高的，我可能会把它变成“沙发 布艺”或者是“简欧式布艺沙发”等关键词。

关于总结：最后就是总结每一次哪个关键词起到效果最好，下次应该怎样选关键词，一直总结下去……

关键词的价格问题，是要放到首页的第一、第二或者第三位？还是首页第八、九位？每个位置涉及的关键词的价格都是不一样的。当然拿出来做直通车的宝贝它需具备一定的条件，比如宝贝的利润空间，要有一定的销售量和收藏量，宝贝详情页中图片处理都要达到一定的标准。这样可能会更有效果。但在这个过程中是需要我们每一次的用心积累，才能有把握，我的宝贝应该放在哪个位置直通车烧出来的效果才是最佳的。

liujie2681：有了好的服务和营销，何谈不成功呢！感谢你今天给我们分享了很多的亲身经验，最后想请教一下：对于自己到目前的淘宝路有一个什么总结？

徒步去麦加：做淘宝不是一天两天的事，做淘宝就像种树，我们要投入大量的精力与耐心去灌溉，细心栽培，这样我们的店铺才能茁壮成长，它给你回报多少取决于你对它的付出有多少，这两者完全是相通的。不要因为一时的挫败就放弃，这样的话，成功永远也不会属于你。每个成功人士的背后都有一段外人看不到的艰辛历程，不经历风雨怎能见彩虹。万丈高楼平地起，一步一个脚印。能在淘宝大军中崭露头角的确不容易，但只要我们找对方法，向着目标努力前进，总有一天我们会在竞争如此激烈的淘宝行列中脱颖而出！淘宝贵在坚持！没有做不到只有想不到！

嘉宾的配送与仓储图

采访后记：一个有着沙发梦的美妈，用自己的双手和智慧在淘宝中闯出一片自己的小天地，她分享给我们的不仅仅是她的经验，还有她的坚强意志和乐观精神，我们要把她的精神继续发扬出去，正如嘉宾自己说的：女人要独立，就要拥有自己的事业！我相信嘉宾的淘宝之路一定会越走越宽，我们这些中小卖家们也应该像嘉宾所说的那样："找对方法，向着目标努力前进，总有一天我们会在竞争如此激烈的淘宝行列中脱颖而出！淘宝贵在坚持！没有做不到只有想不到！"

凤求凰：用文化凝结顾客

本篇导读：凤求凰心语，“因网购而相识，因相识而相知。每天都告诫自己，做美丽女人的事业，做成就女人美丽自信人生的事业。爱你们的鼓励，也爱你们的鞭策，更感谢你们的宽容。让我们的键盘每一次敲击都变做快乐的音符，传递给屏幕前面的你我，让每一次的敲击都拉近我们的距离，看到彼此的微笑。爱多一点，快乐就多一点。”

生意惨淡的原因在哪里呢？如何解决这些问题，如何走出生意惨淡的困境呢？有很多人埋怨，同时也有很多人积极面对，而这些积极面对的人，或许还没有做到一发不可收拾的销售局面，但是却使得销售日益改善，让我们走进凤求凰的店铺一起去看看吧。这个皇冠卖家，同样在新规之后经历了短时期的生意低迷，营销中遇到了问题，而她是如何找到问题的根源，并改善目前的销售状况的呢？下面为你揭秘！

嘉 宾 ID：凤求凰
店铺名称：【凤求凰】奢华优雅女装——成就活色生香的女人
店铺主营：高端女装
店铺链接：http://lady112233.taobao.com
记　　者：树袋熊和桉树

访谈实录

流量下降，群策群力，挖掘根源，让流量再创新高。

树袋熊和桉树： 现在你的团队有几个人呢？

凤求凰： 最基本的配置，目前包括我在内 7 个人。客服、编辑、售后、美工、配货、验货，加我自己 7 个人。

树袋熊和桉树：其实这个团队也算是不小了，你现在在销售上遇到的最大问题是什么呢？

凤求凰：流量，流量下降了。淘宝的新规则出台后要适应，改变自己。

树袋熊和桉树：那么流量下降的原因在哪里呢？

凤求凰：淘宝新规则的限制吧！最近一直在学习淘宝的新规则，包括类目、关键词等方面。

树袋熊和桉树：现在应对淘宝新规则，有什么发展计划吗？

凤求凰：夜以继日地在学习、调整和改变，不能改变淘宝就去让自己适应淘宝吧！但淘宝现在对卖家的限制确实是越来越多，有点走平衡木的感觉，稍不留意就掉下去了。但没有办法，想继续做下去就只能紧跟淘宝的发展变化，学习和交流。但我还是希望淘宝架起的是一座桥梁，为买家和卖家提供平台，让大家在这个平台上各取所需，各有所得。

树袋熊和桉树：从另外一个角度来看，淘宝对卖家的诸多限制必定会优胜劣汰，只有学习、肯上进的人才能生存下去，那么岂不是竞争力又会变小吗？

凤求凰：这就像逆水行舟，不进则退。

树袋熊和桉树：推广方面，你都做过哪些推广呢？

凤求凰：主要是直通车。

树袋熊和桉树：最近关于关键词做了哪些努力呢？

凤求凰：首先按照淘宝新搜索下的淘宝标题规范，进行排查不规范用语，再有按照淘宝公布的最新关键词排序进行调整。

树袋熊和桉树：现在一天直通车的费用大概有多少呢？

凤求凰：500 元至 1000 元。

树袋熊和桉树：目前，你优化关键词之后，有没有获得一些改善呢？

凤求凰：还好，这几天我们在做一款 LUJO 的羽绒服，销售不错。

树袋熊和桉树：大夏天做羽绒服？

凤求凰：对啊，从六月份就开始了，这周新推出了一款。

树袋熊和桉树：那么当初为何决定销售羽绒服，而这个思路又是怎么推出的呢？

凤求凰：从专业的角度来说，夏季是销售羽绒服的淡季，厂家也是最冷清的时节，留厂的人员多为骨干人员，所以他们在选料、制作的各个环节都更为专业、仔细。有充足的时间把握好质量关。从性价比上，这个季节买是最合适的。

树袋熊和桉树：夏天卖羽绒服的话，大家有没有过多地去询问：是压货吗？

还有就是新品，价格是不是也占有优势呢？

凤求凰：没有这样的顾虑，因为从款式上都是当年的新款，从用料和厂家的选择上都是顶级的。质量是我们进货要优先保证的。

树袋熊和桉树：那么价格有没有受到影响呢？

凤求凰：在一定程度上，我们非常依赖老顾客的口碑效应，价格与去年一样，但在刚开始做的时候，店铺推出了内部返券活动，也有一定的吸引力。因为我们的服装通常是不议价的。

树袋熊和桉树：价格相对专柜便宜许多，但是淘宝的买家大都以便宜为主，那么你的店铺价位那么高的服装，在淘宝销售上占有优势吗？

凤求凰：这和我们的定位有一定关系，我们的定位人群以中高收入为主，她们关注的是质量、款式和大品牌，低端产品我们也做过，现在还同时做高端和低端，但低端产品在我们这就销不出去。

树袋熊和桉树：你认为你销售低端产品不成功的主要原因在哪里呢？

凤求凰：不能说销售低端产品不成功，其一是利润点太低，另外低端产品的质量难以保证，我们开始也是从低端产品做起来的。刚开始做时都面临一个资金短缺的问题，是一个积累的过程。

树袋熊和桉树：你认为你销售高端产品，顾客相信你的店铺和产品的原因何在呢？

凤求凰：在这个过程中发现很多买家对产品还是有着很高的要求和需求的。首先我们保证进货确实是真品，让品质得到保证。顾客有了第一次的购买经验，她肯定会再回来，主要做的是回头客。回头客带来的口牌效应是非常有潜力的。

树袋熊和桉树：那么你们店铺现在回头客的比例是多少呢？

凤求凰：最少 50%，这个比例还在不断扩大，是个滚雪球的效果。我们非常注重与客户的沟通，注意她们在购物过程中的愉快感，这个非常有效。

树袋熊和桉树：那么在整个沟通过程以及他们购物之后，你们都是怎么沟通的呢？

凤求凰：顾客通常会非常乐意把她们的购物感受在评价中体现出来，这个评价对新来的客户会产生很好的导向作用。

树袋熊和桉树：因为很多时候，包括我在内，觉得沟通后，客户评价后，自己评价解释后，就不知道再去如何沟通了，而你有什么特别的沟通方式吗？

凤求凰：你提的是一次交易完成后的沟通，这个不是主要的。要注重在购买过程中的沟通，根据客人的实际需要，她既然来购物，就说明她有需求，这个需求不是我们强加给她的，是她自己需要的。我们只能提供建议，这个建议是她非常乐意接受的。并且在实际收到、见到她所选购的物品时远远高于她的期望值，她心里会相当受用的。我们通常不会在客人评价后主动去联系她，能做到的就是：只要她有新的购物需求，我们会在客人购物过程中提供最专业的指导，适合或是不适合，但绝不误导客人多消费。

树袋熊和桉树：那么你认为售中服务应该注意什么细节呢？

凤求凰：专业、客观。让客人主动掏钱，不是让她觉得你强加给她。当客人对一件衣服犹豫不决时，我们的客服会从多个方面给予建议，包括大小、颜色等。

树袋熊和桉树：能做到客观地看待事物不是一件容易的事吧？那么交易过程中，你有没有闪过这样的想法，就是卖出去再说，别的先不管呢？现在做到皇冠卖家，你用什么方式管理使得自己店里的客服能做到这两点呢？

凤求凰：我们知道哪些风格的衣服适合熟悉的老客户，哪些不适合她，即便是她自己选中的衣服，只要是不适合她的，我们都会建议她换款式，或是不买。这样做的好处就是可以避免退、换货的发生，减少不必要的麻烦。现在退、换货主要发生在一些新客户身上，我们对她还不太熟悉，会有个磨合的过程。有些客人看着模特穿的效果好，就幻想着自己要穿出和模特一样的效果。当自己试过感觉不对时，麻烦就产生了。我的客服都是我亲自带的，所以如何接单、如何处理不同客户的需求，大体她们都能有分寸。原则就是尽量避免售后纠纷，你说的闪念想法，我也经常会有，但是想到最终的目的（避免纠纷，下次再来）就没有这种想法了。客服管理其实很简单，为了一个目的：避免纠纷，下次再来！

树袋熊和桉树：那么是什么使你最终克服了那种闪念呢？

凤求凰：如果对一个人的判断不准确，那么造成的后果就是退、换货，就是我们经常说的折腾衣服折腾人。所以不能存在侥幸心理，那样会得不偿失。老客户还是很依赖我们的建议的，差不多是量身定做的服务吧，效果会好得多。

打造店铺文化，树立牢固的客户群，用文化去凝结买家。

树袋熊和桉树：我再次打开你的店铺看到你帮派的两个活动，“七嘴八舌话职场”和“我的 2010 故事分享”，是什么时候建立的帮派，又是怎么想到这两个活动的呢？

凤求凰：其实在新规则出台前我就在考虑一个问题：我们的店铺品牌文化是什么呢？我们如何树立呢？淘宝新规之后，我就不断地问自己：淘宝上的所有卖家是不是都要去创立自己的品牌？如果不做品牌，那么是不是就没有办法发展呢？从大的方面来说，我们是希望在做服装的同时，做出我们自己的文化，这样可能更多地留住客户，让她们从精神上对这里产生留恋。从小的方面来说，在与客户们的沟通中，知道她们也面临着各种各样的困惑，想建立这样一个平台，让大家有个互相交流的地方。

树袋熊和桉树：那么是什么促使你开始做帮派的呢？

凤求凰：从 2010 年 5 月就开始做帮派了，当时做的题目是：凤求凰家妞儿的幸福与快乐——我们是一群坚韧、智慧且宽容的女人。从题目上应该能看出，我们没有哗众取宠的噱头，只想真心实意地为姐妹们提供一个交流和沟通的平台，在这个平台里你会感受到互帮、互助、分享和友爱的氛围，这也是我们要传递的一个理念，实际上也是我们店的文化：做美丽女人的事业，做成就女人美丽自信人生的事业。

树袋熊和桉树：而自己的活动从论坛做到帮派又是何时呢？是什么原因促使你自己去做的呢？

凤求凰：目前阶段我们只是认识到帮派的作用，但如何管理和扩大帮派这些内容尚在学习过程中，现在基本上也只是一个搭框架的过程，有这个概念，但还没着手去扩建，只是把我们要做的主题想好了。现在这个阶段应该是我们自己理清思路的时候，还不是大规模发展帮派的阶段，维护住现有客户，用文化吸引他们，这也是我们创立帮派的原因。

树袋熊和桉树：你认为在真正建立了帮派之后，自己还需要在哪些方面加强呢？

凤求凰：服务、质量和时尚指数。我们店的文化：做美丽女人的事业，做成就女人美丽自信人生的事业。我们不仅要为她们提供高品质的服饰，在精神上我们也会为她们提供一个交流学习的平台，让来这里的每一个姐妹，由内而外美丽着、智慧着。给姐妹们全方位的支持，不仅仅是卖衣买衣的过程。相对简单的购物，这个可能要花费我们很多时间和精力，但如果能超越简单的买卖关系，那我们就觉得丰富自己的同时让姐妹们通过买衣服增加良好的购物体验，让购入的服饰增加她在职场生活中的自信。我觉得这也是个良性的循环，让购物成为工作、生活中的一个好的激活点，相互促进。

树袋熊和桉树：你现在要将自己的文化灌输下去，最基本的着手点和最主要的方向在哪里呢？

凤求凰：除了帮派和论坛活动之外，最重要的是在购物过程中对顾客表现出的情绪及顾客向我们提出的一些生活和工作中的问题，我们会尽可能地提供帮助和支持。也就是说，在网络中卖家和买家开始一种友谊关系，用这份真情来维系网络销售，使得网络销售更加稳固并良好地持续发展。

树袋熊和桉树：这样把买家当朋友，并且解决买家的问题，岂不是很花时间和精力，你是如何协调这方面问题的呢？

凤求凰：确实很辛苦，并且占用了很多时间。就比如上周有个客户，她公司的老板让她准备一份合作协议，小姑娘在购物的过程中问我有没有适合的合同版本，我自己对这方面比较熟悉，但毕竟离开公司已经有四五年了，可我并没有拒绝给客户提供这样的帮助。就联系自己过去的一位朋友，请她代劳与我的这位买家联系，并帮助这位买家起草了一份合作协议，让这位买家很好地完成了公司的工作。其实这件事完全超出了我的服务范围，但我这样做了，替顾客解决了她的问题，实际上是延伸了我的服务范围。几件事放在一起，我才有了职场这个话题。

树袋熊和桉树：这样来处理，买家以后肯定会以朋友相待，可是这样的营销，你不觉得效果太慢了吗？

凤求凰：单纯从营销的角度来讲是太慢了，甚至可以说不相干。但我能为我的客户提供有效的帮助，也会建立起一种信任和依赖的关系，因为我们为客人提供的服务是立体化的，我们宣扬的美丽是由内而外的。不仅倡导顾客穿漂亮、时尚的衣服，我们更希望她们都能成为职场精英。她们收入提高了，消费能力也会提高，帮着她们多挣银子，再回到这里消费。你看这样做的目的还是为了提高我们的销售！这是个循序渐进的过程，也是个慢慢灌输的过程。

树袋熊和桉树：有没有打算雇佣异地客服呢？为什么呢？

凤求凰：我们的文化、我们的服务很大部分是相互影响的，我们店铺里的每一款衣服都是自己亲自试穿，对衣服的描述也是真实的感受。客服人员也只有在自己看到衣服，并试穿后才会有切身的体验，这在售中非常重要，异地客服如何能有这种亲身感受呢？这也是为了加强在销售过程中的专业性和客观性！

采访后记：逆水行舟不进则退。要在淘宝发展，犹如走平衡木，一不小心，就会从这个平衡木上掉下去。想要在淘宝上顺利发展，除了保持学习的心态，还要保持学习和发展的平衡。做淘宝卖家不容易，做一个成功的卖家更不容易。到底如何在新规下发展？怎么发展？每个卖家的路将如何走下去？是生意惨淡，还是生意兴隆、越做越强？取决于你自己。你还在埋怨吗？还是已经像凤求凰一样开始不断地努力，改善生意惨淡的局面呢？我相信凤求凰的文化和凤求凰的明天，一定会发展得越来越好！

曾新美：美丽与智慧并存，销量增十倍

本篇导读：关注曾新美的店铺，是因为她写的一篇关于拓展版的精华帖，因为我不相信销量增十倍仅仅是因为购买了拓展版，于是仔细研究了她的店铺，发现了很多闪光点。此 MM 绝非一般人，在推广方面绝对有其独到的地方，只是帖子里面没有涉及。因此，我决定采访她，将她的闪光点全部发掘出来呈现给大家！她人非常好，分享得非常彻底，将其不传之秘悉数揭露，而且最让我吃惊的是，她在交谈中一直给我女强人的印象，我脑海中一直浮现的是高大、彪悍的形象，结果到最后收到她的照片，竟然是如此水灵的一个江南大美女，谁说美貌与智慧不能并存呢？

嘉 宾 ID：曾新美

店铺名称：【曾新美】打造淘宝诚信第 1 手表店

店铺主营：手表

店铺链接：http://shop34726962.taobao.com

记　　者：纽崔莱维生素

曾新美

访谈实录

纽崔莱维生素：请先给大家介绍一下你和你的店铺，好吗？

曾新美：大家好！我真名就叫曾新美，2006 年 6 月 12 日开了这家小店，专营手表。5 年来，我兢兢业业、一步一个脚印地经营，我很珍惜好不容易上了一皇冠的小店。

纽崔莱维生素：你之前是兼职，没有很用心地去做，直到 2009 年 6 月才开始用心去经营，我看过你的记录，从那个时候开始你的销售就很不错，当时用了哪些促销推广的手段呢？

曾新美：我就说说自己的推广吧，也给其他卖家一个参考。

第一，使用直通车推广。我是直通车的忠实用户，它推出后我就开始使用直到现在，从未间断，从原来的每天消耗 30 元，到现在限额每天 300 元。坚持用，坚持慢慢搜索出适合自己的关键词，我个人感觉效果还是不错的，主要是它够精准。因为点进来看的，基本都是想找这些类别商品的人，况且进入店铺后，其他商品更吸引他也说不定。即使进来了，今天不买，那么这个人看到我的店铺，也是一个潜在客户。所以，我个人觉得直通车或许不是立竿见影，但是绝对能带来流量和潜在客户。

第二，满就送。设置一些免邮费、送礼之类的活动可以吸引并留住一些客户，而且它所在位置醒目，把当下店铺的优惠活动都表达了，能更好地促成交易。

第三，搭配套餐。很多人说，你搭配的不一定是客户想要的，其实我也觉得是，但是为什么还要用呢？我们可以换个角度思考，搭配套餐里可以展示四个商品，我们不一定非要客户买那个套餐，你可以把它当成展示你店铺其他商品的平台。客户看到这个产品的同时，发现还有四个其他商品，或许这四个里有一个他很喜欢，点进去看，岂不是好事？我个人就是看中它的展示功能，很不错。

第四，和其他卖家做图片链接。这是我店铺人气增加的又一个主要原因。你注意看我店铺中的任何一个商品，后面都跟有（目前是 7 家）其他卖家的图片广告。都是卖衣服、食品、饰品等的大卖家（信誉从五钻到三皇冠）。当然他们的所有商品后面，也跟有我的广告图片，大家人气共享。买了他们东西的，也能顺道过来我店铺转转，即使不买，也是一个潜在客户。

纽崔莱维生素：你说的这个方法非常好，传统的交换链接都是左侧的小小文字链接，像我去逛别人店铺的时候，就几乎从来不去看也不去点那些链接，但是图片链接就不一样了。如果刚好那产品是我需要的，就会点进去看看。设置这些的时候，应该就是用旺铺里面自定义宝贝详情页的自定义模块功能加的吧？

曾新美：是的，就是那里加的，一个步骤搞定，非常简单！我链接的这几家都是我在淘宝上认识的朋友，都是非常要好的朋友。所以，我在这里也建议大家都真诚一点，多交一些朋友，平时多交流，有好方法都一起分享，大家共同进步，这是多赢。多交好朋友，不要吝啬自己的销售技巧，热情帮助对方，对自己“百利而无一害”。

纽崔莱维生素：你在帖子里面说到购买了拓展版之后流量增加了十倍，我想应该不止是这一个原因吧，你应该还做了很多其他方面的工作吧，能给我们详细分享一下吗？是不是主要通过量子恒道统计来指导自己的直通车关键词设置，从而带来了这么大的流量呢？

曾新美：你真聪明。购买一个店铺系统，当然不可能改变你的流量，只能改变你的店铺装修效果。有部分人误解了我的意思，其实订购拓展版后，就如我说的，功能上当然强大了不少，这里不再重复。我个人觉得，一间店铺的流量如何，真的需要你自己把握。首先，我们应该有一间且不说装修如何华丽，但一定要有自己的风格、干净利落、主题鲜明，起码要让进来的客户看起来舒服、感觉良好的店铺，特别是拓展版有销量显示的，一定要用好，用好了事半功倍。把你最热卖的产品展示出来，那么店铺的形象就提升了一个档次，买家购买欲望也上升了一个档次。

其次，如你说，通过量子统计知道直通车关键词的设置，购买拓展版所赠送的量子统计真的帮了我很大的忙，我的流量也是从那个时候开始猛增的。虽然我之前一直在用直通车，但是因为没有数据来做指导，就不能有针对性地去设置我的关键词，而现在量子会告诉我哪个产品热卖，哪几个地方的人进店铺最多，什么时间段人气最高，进店铺的人从哪些平台而来等。那么我可以根据这些数据，有的放矢地去对应推广宝贝设置，投的钱自然能用到点子上，而不是盲目投，导致收效甚微。特别是手表这类时尚的东西，需要经常改变，如果我们的推广一成不变，那么就会被甩得远远的。今天，这个商品可能超级热卖，明天估计就没人要了，这都是可能发生的事情。现在我每天都习惯看一下量子统计，然后检查一下直通车，微调一下。

纽崔莱维生素：你真是个有头脑而且勤快的人！你的直通车是分时段控制的还是全时段投放呢？有分时出价吗？有的人认为全时段投放好，不放过任何一个成交机会，即使自己不在线，顾客能进来也是增加一个流量，有的人则认为要分时控制，你如何看呢？

曾新美：我也赞成全时段和全部地域投放。如他们所说，我们不可能要求进店的顾客都买。但是，进来一位顾客，我就在他面前曝光一次，一毛钱曝光一次我个人觉得非常划算。就算几毛钱、一元钱人家点进来了不买，也正常，我做直通车，做的是流量、是展现，积累到一定时候，那就是成交，不能说我今天投了 100 元进去，好像利润刚刚收回来，感觉不值，可是下次呢？潜在客户回来了呢？我不是用一天的利润来平衡收支，而是一个整体，一个月来平衡。

纽崔莱维生素：你真有远见！你目前总共推广了多少个宝贝啊？没有展现量的词是不是都删除重加？

曾新美：做直通车真的很花精力，我的精力只能做好十个商品的推广。我不求泛，但求精。以一敌十，做好十个宝贝，不同类型的商品引入不同买家进店，促进其他商品的销售。

关键词视不同产品而不同，比如手镯表，我就围绕手镯表做文章，凡跟它有关系的，尽量设置。如果是夏天，那么手镯表是很好的装饰产品又能看时间，一举两得，会很受女性欢迎。关键词尽量精准一点，但是流量就会低一些。所以精准词就要靠量了，不能说一个产品，寥寥几个、几十个词是不行的，一定要做足 200 个。慢慢想，根据功能、颜色、适合谁等搭配添加。

纽崔莱维生素：中差评一直是卖家们最为头疼的事情，但是也有像胡公子这样因为中差评而出名的卖家，看到你也得过一些中评、差评，不知道你对中差评是如何看待的？你认为中差评是否真的会影响生意？

曾新美：对于这个问题，我真的有很多感慨。中差评可以有，马云也说过是必然产物，难以避免。它能让人成长，中差评真的让我们成长太多了。对待中差评，我们店铺有两个认识阶段。第一个阶段：不成熟的气愤、埋怨甚至对顾客发火（在解释里过多地强调自己，忽略买家感受）。第二个阶段：较成熟的理解、反省、改进（在解释里即充分尊重买家的诉求，也更多地反省自己的不足和今后改进的方向）。况且，怎么评是买家的自由，我们无法控制，即使是同行来捣乱，我也无可奈何。只能把自己做大、做强、做好，问心无愧，而且其他买家也会翻看中差评原由，公道自在人心，也不必太耿耿于怀。做好自己才最重要。

纽崔莱维生素：说得太好了，也说出了我们广大卖家的心声！请问你接下来的目标是什么，你觉得自己的店还有哪些方面需要提高？

曾新美：短期目标冲两皇冠，争取进商城开纯粹的正品手表专营店。长远打算，争取生意早日步入正轨，在条件成熟的情况下，希望聘请一名网店营销专业人士与淘宝及其他平台签订广告、营销、美工，成为淘宝知名、专业的手表卖家。每年回馈社会，向慈善机构捐款捐物等，做对社会有贡献的人。

采访后记：她的店铺除了客服之外，其他的推广、店铺装修等工作全部是她自己一个人完成的，包括拍摄很长时间的视频说明放到产品描述中，真的是一个非常勤奋而且有头脑的人！我们能看出她的用心和她的努力，这又让我想起那句话"淘宝是个勤快人做的生意"！而也相信她这份勤快会让她越来越成功！

柏卡姿旗舰店：自主创业，舍我其谁

本篇导读：网购热浪席卷大江南北的今天，大批弄潮儿毅然投身这片浩瀚的商海之中，自主创业。“不成功，就成仁”，破釜沉舟地一搏，男人在网上卖化妆品，发了！

嘉 宾 ID：柏卡姿旗舰店
店铺名称：柏卡姿旗舰店
店铺主营：草本药妆
店铺链接：http://bogazy.taobao.com
记　　者：zgyl_2001

嘉宾简介

徐超强，28 岁，电子科大高材生，曾经年薪 20 万元，2004 年底的时候和妻子蔡丽达成共识，弃高薪工作在网上卖起了柏卡姿的化妆品。妻子偶然的一句话，让他们为之疯狂了四五年，淘宝的回报额让夫妇俩暖了心。

创业背景

放弃 20 万元年薪，徐超强夫妇网上卖化妆品，发了！佳话传诵真的如表面光鲜亮丽吗？当你有着一份稳定高薪的工作时，你有那份勇气和决心放弃它，转而在网购市场上开化妆品店吗？ 2004 年底，一家名为柏卡姿的化妆品网店开业了。“不成功，就成仁”，徐超强这位高薪白领用这样一句话言简意赅地道出了自己的心声。看似简单的一句话，为其付出的绝不轻松。在朋友相约旅游时，夫妇俩婉言谢绝，为了心中那份成就感忙碌在电脑前。自从有了网店，老家也难得回了，累了就躺在沙发上，新品研发，订单追踪，最初的时候两个人身兼数职无所不能。租来的 80 平方米的办公室，又做临时的仓库。在妻子打退堂鼓的时候，徐超强深情地将轻声啜泣的妻子拥入怀中：“你不会这么快就想放弃了吧？坚持，知道吗？”

经过了一年的摸爬滚打，柏卡姿逐渐走上了轨道，并且和柠檬绿茶为首的多家金冠卖家建立了良好的合作关系。

访谈实录

“名人访谈”栏目作为经验居前沿栏目，我们有必要为广大淘友解决实际问题。今天栏目请来的嘉宾是有过经营五年淘宝店历史的掌柜，同时经营着淘宝商城店铺，走宽了的淘宝之路，积累的经验将和我们一起分享！

zgyl_2001：你好，很高兴你能接受这次采访，首先请你介绍一下自己和这个店，C 店四皇冠的经营理念对于经营商城店来说，已经是轻车熟路了吧？

柏卡姿旗舰店：你好，我也很荣幸能接受“名人访谈”的采访。我今年 28 岁，经营淘宝 5 年了，也算是很早就开始专职做淘宝了。柏卡姿，这个品牌是 2007 年创立的，至今已有 3 年的时间，一直以草本药妆、天然萃取的理念赢得了很多客户的认可，主要是打造淘宝网货品牌，争取早日进入淘品牌的行列。

徐超强（右起第三位）

zgyl_2001：你经营淘宝五年了，你的经验对淘友来说是很值得学习的，能谈谈你是如何经营网店的吗？

柏卡姿旗舰店：对于经营网店，我认为风格是很重要的。需要先确定这个店的大体风格，在装修上就能体现出来，现在这一块我们也需要更加努力。我们主要是打造一款国货“草本药妆”天然护肤品，所以我们的经营店可能会和一般的 C 店有很大的差别，那么整个店的风格就显得格外重要。另外，一定要有一个品牌的主打产品，这点是比较重要的，要让人知道你这个品牌是做什么的，比如柏卡姿最出名的就是红酒面膜和 KGF-II 修复原液。除此以外，一个稳定健康的团队也是非常重要的，比如需要营销推广、美工、文案、品牌策划和客服等。

zgyl_2001：是的，风格+店铺主打产品+一个精英团队能够让我们的网店走向正轨，而其中营销和推广密不可分，推广对于任何一个店铺来说都尤为重要，要让别人知道你店铺的存在就得依靠我们去推广。你觉得你的推广有哪些呢？

柏卡姿旗舰店：推广是一门非常深的学问，首先直通车是不可少的，另外我们还会做一些钱庄和团队活动。

1．社区活动推广

柏卡姿在淘宝帮派中组织了多次活动，现在我们的帮派主要是淘宝剩男剩女帮派。

社区推广主要是两个模式：

（1）以冠名的方式参与推广，这种推广方式主要能够提高一个品牌知名度。

（2）以美容护肤心得方式让淘友写出自己的美容护肤品。

2．关键词的优化

大家买东西时，开始都是搜索相关的产品。那么我们在设置产品名称的时候，选用大家比较常用的关键词，可以让买家多次搜索到你的店和产品，或是最低价和特惠等词，对商品的描述尽可能详细。淘宝商城在搜索排名中，权重是非常高的。而且还有两个商城专用位。只要把关键词优化做好了，就可以省掉不少直通车的钱。大家可以在淘宝中搜索红血丝、红酒面膜、药妆等这些关键词，柏卡姿的产品都是排在第一页的第一位。像这类关键词在直通车中点击费用都是在 3 元以上。

3．活动推广

秒杀一直都备受关注。很多卖家一直认为，一元秒杀包邮是件很荒唐的事情，是一个纯亏本的活动，其实做一元秒杀包邮活动，更多的是赚人气，赚流量，赔本赚吆喝，赚的是后期的成交。我们做一元秒杀，旺旺弹出窗口直接弹死机，关注活动网友超过 25 000 人。

4．线下的推广

柏卡姿参加阿里巴巴网货交易会。各种活动报名：大家打开“我的淘宝”，有个活动报名。每周淘宝都会推出许多活动，当然每个活动都有报名要求和限制，可以找到自己符合的去报名。我只能告诉你一个活动带来的流量，可不是你一个月、两个月努力能达到的，淘宝的力量是很强大的。所以，遇到适合自己的活动，一定要积极报名，不要怕麻烦。另外一个是在淘宝帮派里面有各种官方或者非官方的活动。大家都可以多注意一下帮派，里面有各种大大小小的活动，参加后流量也是非常可观的！

在阿里巴巴网货交易会与上海伟雅老师合影

5．论坛、博客、知道的推广

（1）论坛推广。这个推广的方式效果明显，但是要坚持，挑几个你喜欢并且符合自己商品类型的论坛。做推广，许多论坛是不允许直接打广告的，即使允许，别人也不爱看。所以，巧用你的签名。积极留言，在论坛活跃起来，多发好帖、精华帖、质量高的帖子。一个精华帖子的效应要胜过 100 个废话帖子。你露脸的次数越多，你店铺地址露脸的机会也越多，被点击的几率也越大。也可以写些秀宝之类的帖子，放好看的商品图，这样别人知道你是商家，不但不反感，还可能主动联系你询问商品的情况。

（2）博客推广。我现在经常会在自己的新浪博客里写一些相关的博文，在每个博文下面加上自己店铺的链接。记住，还是不要写太多广告文字，不然没人看。每一种宣传方式都不要指望带来太多回报。推广宣传，总是在你多方面努力之后才会看到效果。另外现在有很多博客群发的软件，大家可以使用一下。另外，注意在博客群发中广告信息不要太严重，这样博客会被关掉的，尽量以软文的方式，发出的信息要具有一定的可阅读性。

（3）知道推广。现在大家可以在百度知道、搜搜问问上面多下工夫。

6．直通车

不得不说直通车是目前付费推广中最廉价、转换率最高的一种。做淘宝一定要学会“开车”。心级卖家照样可以做直通车推广，虽然买家普遍喜欢去皇冠卖家的店铺购物，但是越来越多的买家愿意给刚起步的卖家机会，因为新的卖家往往服务更热情，还价也更容易。所以如果心级卖家想加入直通车，则请选择自己店内最有性价比、最有优势的宝贝推广。

关于直通车推广宝贝需要注意以下几点：

（1）价格要低，最好比同行低。

（2）要有销售记录，销售记录越多越好。

（3）最好是有买家的评语。

新手卖家不要抢着排在1～5名，第一页推广展示的机会、被点击的概率是排在第二页的宝贝的两倍以上，若资金不是那么充裕不妨从排在第二页开始。现在直通车有所改变，以前页面右侧与底部的五个推荐宝贝是一样的，现在不一样了，也就是说现在的第一页可以展示直通车排名前10位的宝贝。同理，排在第20名就可以在第二页展示，把一些热门的关键词设置在18～20位看看效果吧。

关键词选择：进入淘宝首页，比如我在淘宝首页输入“柏卡姿”停顿一下，下拉框马上就出来一串柏卡姿相关的关键词，选择跟自己的宝贝相关的，然后去直通车后台购买。

zgyl_2001：你为我们展示的推广非常详尽，相信很多淘友会从中收获很多，在这里也非常感谢你的分享。对于一个网店来说，有一个热销产品出现从而带动其他宝贝的销售额，也就是通常我们说的打造爆款，你在这方面是怎么做的呢？

柏卡姿旗舰店：说到热销，可以通过很多方式，比如直通车的投放、产品在店铺首页出现、产品可以搞一些活动、客服人员进行推广活动、参加帮派活动、一些外网的推广等。

zgyl_2001：贯穿其中的就是推广，所以说这是重中之重，5年经营网店时间很长了，要适应不断变换的淘宝新规则，你觉得创新重要吗？

柏卡姿旗舰店：是的！创新是非常重要的，现在很多新网店做得都非常不错。“以不变应万变”在新形势下的淘宝是行不通的。虽然我们做的早，但并不代表我们就一直做得好，有独特新颖的推广方式对于整个店来说是一个非常好的发展。现在我们也看到很多大卖家，特别是商城的卖家都不是最早一批淘宝卖家，但是他们却做得很好。对于现在而言，我觉得做淘宝商城是一个很好的机会，以后淘宝的重点发展方向也应该是淘宝商城，所以还没有做的朋友们也可以做商城。

zgyl_2001：商城的卖家中有一些新晋卖家脱颖而出，新人之中也不乏佼佼者！还有值得一提的是，淘宝新改了宝贝的排名规则，关于这点你研究过吗？

柏卡姿旗舰店：研究过，现在决定淘宝产品名次的因素太多了，但是我觉得首先需要是爆款，也就是要有很高的销售记录和收藏记录，另外也可以多参加一些活动和直通车的关键词。

zgyl_2001：排名关联的项目还真不少，其中服务也是很重要的一块儿，你觉得100%好评对于卖家来说能做到吗？

柏卡姿旗舰店：服务这一块的话肯定不能做到100%的满意，因为每个顾客的要求不同，但是我们会尽最大努力做到让顾客在购物过程中体验购物的快乐，对产品满意。这个就是我们最大的心愿，一个好的产品能胜过千言万语。

zgyl_2001：品质是销售的生命线，顾客满意是我们的宗旨。人人期望完美，现实往往不尽如人意。在遇到中差评的时候，你会怎么做呢？

柏卡姿旗舰店：遇到中差评，肯定也有我们做得不好的地方，但是诚心沟通肯定是最好的良药。关于中差评的处理，我们一定要做到的是了解其中的原因，诚心处理，只有这样才能鞭策我们更好地进步。

zgyl_2001：你有 5 年的淘宝经营史，对于员工你是怎么管理的呢？平时是怎么培训他们的呢？

柏卡姿旗舰店：对于员工，我们的管理比较人性化，可能这也是我们的缺点，同时也是我们的优点吧。我有很多客服都是一直跟着我工作，有好几年了，我觉得自己很幸福，因为一路上一直有他们的支持。平时我们的培训都是由我在做，有时也会请淘宝大学的老师过来培训。淘宝的环节很多，所以客服的培训其实是非常重要的。在接下来的工作里，我们这边会加强对每个员工的培训。

zgyl_2001：现在淘宝涌现了千千万万的新人掌柜，起步的时候感觉非常迷茫，甚至产生放弃的念头。你对于这些新人们有什么好的建议吗？

柏卡姿旗舰店：淘宝市场这么大，品牌也会越来越多，自然对手也就更多，所以我们必须保持高度清醒，随时迎接挑战，不断地学习，加强自身的能力。非常鼓励新手加入淘宝，也希望他们能在这里找到自己的梦想天空，对于新手来说要注意以下几点。

第一，心态摆好，坚持最重要。当你没有买家来买而选择放弃时，请你三思，天下没有哪件事做起来顺手！也许下一秒就有买家光顾你的店铺了。

第二，明确产品定位。其实，网上开店最重要的是找准网店的定位，明确自己的目标客户群。一般来说，在网上销售一些线下不易买到的东西是最好的，专门的发烧友就会找到你店里，假如你和他合作的好，那生意就细水长流，回头客不断了。其次是产品价格，在网上开店省了很多租金之类的硬件支出，所以网店最重要的是价格的定位，人们上网购物最重要的也是图便宜。所以找到好货源后，对产品进行公道的定价、优惠和积分措施，信任你的顾客不会只买一件就走的。大家要重视造就自己的长期客户。

第三，产品图片、详情的展现。在店面装修上，可以参考大家的装修经验，多在淘宝社区和帮派里看看前辈们的一些建议，或是直接买一个模板，具体的产品阐述、网店定位、产品价格做好之后，你就可以大张旗鼓地上传产品到自己的网店了。丰富的产品不光能吸引人们的眼球，而且还让人有一种这个店很大、很全的感觉。这点很重要！有了丰富的产品，还要附上精巧的产品展现图片和详尽的产品说明，对于需要借助网络平台展现的商品，照片是不可疏忽的一个环节。照片如同网店的橱窗，无论是卖服装、香水还是饰品的网店，都需要通过照片将商品的特点充分展现给买家。由于我们不能和客户面对面主动交换，所以我们应当尽量把产品的特点用文字展现。

第四，宣传推广。宣传就是让不认识你的人认识你，继而认识你的店铺。即使没有人采纳你的建议，别灰心，你还要坚持用心真诚地去回答问题，平时可以多在社区里发帖，也可以适当用用直通车。

第五，快递使用，降低成本。快递费用固然一般都会直接传导给买家，但是假如能有一个比较有优势的物流价格，也能够对产品起到促销的作用，何况现在买家动不动就开口包邮还打折。节俭快递费用可以通过压低快递价格，或是降低快递的材料成本来实现。物流配送中，最重要的支出是快递。如今，大部分的快递公司、物流公司都不会直接和卖家定价格，通常是业务员与个人谈价格。这时，可以先比对几家，之后选定一个信用度好、价格适中的公司，与具体的业务员建立长期的合作关系，来降低价格。或者也可以和业务员比较，有很多快递公司价格比他们低，以各种方法迫使对方降低价格。其实人都是有感情的，跟一家快递公司的业务员关系建立起来了，首先会给出最优惠的运费，其次，能够更好地保证货物的完整。另外新手卖家可以联系当地淘宝商盟，商盟发快递价格特别便宜哦。

采访后记：感谢嘉宾详实地为我们广大新人们提了这么好的建议。在自己没有经验的前提下，借鉴别人的经验也未尝不是一种好的方法，关键看你愿不愿去学习并实践。推广利剑时时把握，展现锋芒之时，开怀展颜的你岂不快哉？不要让时间浪费在无谓的抱怨之中，这样毫无意义。小炫记得伟雅老师的一句话，在这里也送给大家："你可以不会，但你要知道谁会！"大家行动起来，学习，学习，再学习！待到有成效之时，下一期的名人访谈由你来演绎一段精彩！

阿灿来也：8小时狂销一万件，揭秘小而美精髓

本篇导读：阿灿来也分析，“曾经的淘宝不过是传统商业的一个延伸，小卖家从批发市场进货拿到淘宝上卖，其身份不过是一个传统的零售商角色，只是戴了网商的帽子。今日的淘宝即将使传统商业渠道产生一场激烈的变革，曾经的沃尔玛和国美将光辉不再，渠道为王，渠道红利的时代一去不复返了，真正的网货时代即将来临。

如今的淘宝，不再是你随随便便来捞钱的地方，单纯的零售商如今以一对一的灵活的人性化服务还可以存活一段时间，但未来已不属于你了。天下大势，分久必合，合久必分。在个性化消费浪潮来袭，而传统制造业转型尚未完成时，零售商还有生存的空间。但淘宝将改变现在的这一切，淘宝带给我们的不仅是一个最大的零售商圈，他们改造完渠道后，一定会回过头来改造中国的制造业，电子商务一定是中国制造业转型的最大推手。那时，当制造业具备大规模个性化定制生产时，新一轮的兼并又将开始，他们以大规模个性化定制来满足大市场的个性化需求，而不是现在的半手工小作坊。”而正是在今天的淘宝，他——阿灿来也，创下8小时卖光一万件时装腰带的奇迹，究竟他是如何做到的呢?

嘉 宾 ID：阿灿来也（阿灿）
店铺名称：三微腰带艺术家
店铺主营：时装腰带
店铺链接：http://crazybelt.taobao.com/
记　　者：倚梦开始的地方888

嘉宾简介

我是阿灿，我是 2011 年加入淘宝卖家行列的，可谓是无背景、无资本、无经验，相比如今的淘宝各大实力卖家来说，实在不值得一提。回顾淘宝三年半的经历，起起落落，多次濒临关门却又起死回生。也许他人看到的是我超出普通人的成绩，而我自己最深有体会的却是创业的艰辛与不易。

阿灿

创业故事

一、于危机处寻商机，一鸣惊人创奇迹

嘉宾阿灿：成功往往会被包装而失真，教训却因赤裸来得更真实。下面用数据说话。

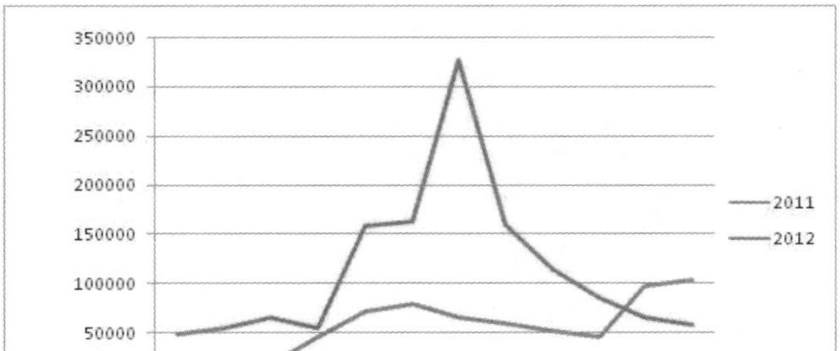

2011 年、2012 年销售额比较

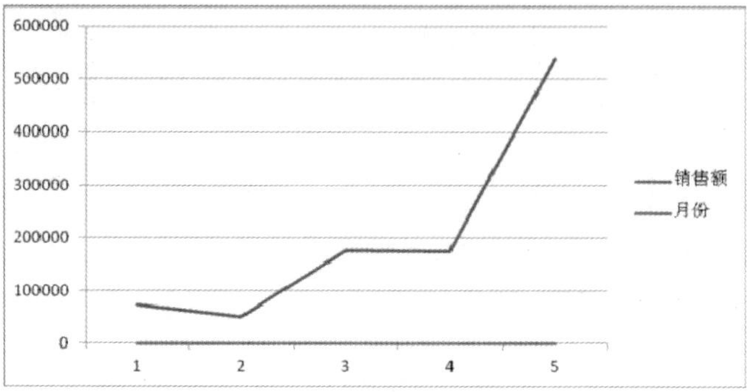

销售额

上面数据大起大落的背后到底发生了什么呢？2012 年中，腰带类目价格战进入白热化，二层牛皮以低成本优势大肆侵食头层牛皮市场，原本良好的业绩开始下滑。当时觉得单纯的价格战没有出路，决定走高端。当时淘宝高端市场基本是大牌的 A 货，我又不想做 A 货，于是找到一家 A 货厂家贴牌生产自己的品牌，以高品质、中等价格切入市场。然而事情的发展远远超过了预想的困难，最终因为多种原因失利。为了统一店铺整体价格线，只能中低端产品下架的下架，提价的提价，结果老客户流失殆尽。方向性失误导致店铺经营状况直线下滑，前路迷茫。

2012 年底冷静下来，深入分析了淘宝腰带类目，发现各个关口都有人占据，唯有漆皮竞争尚有机会。于是将有限的资源投放到漆皮上，开发了一系列漆皮腰带，以大众价格切入市场，通过漆皮细分属性切入市场。商品价格线重回大众定价，店铺又开始出现生机，渐渐红火起来。但 2013 年春节期间应家人的多次催促回家订婚，无奈耽误了店铺营业。过完年回来，看到自己店铺与春节期间与在营业的同行业店铺相比销量量相差了一大节。为了改善现状，开始大力投放广告和冲销量，然而结果并不乐观。

期间我依然在不间断地潜心考察市场和钻研各类数据，通过科学地分析与思考，很快发现一款头层牛皮打结的腰带卖点明晰，从数据来看，是潜力爆款，于是着手重推。甚至不惜花重金请模特拍视频，请专业公司拍摄图片并做详情页设计。经过 3 个月的运作，此款宝贝从 0 销量冲到 1800 条，可以作为聚划算款式了。聚划算是一个规模化平台，是很多商家梦寐以求的大活动。参加聚划算活动能达到四个目的：一是拓展市场、提高销售份额；二是品牌推广，提升商家形象；三是推出新产品，实现快速接触消费者、快速入市；四是通过开展活动，了解目标消费者的生活主张、习惯，为品牌宣传和塑造提供依据。基于以上原因，我觉得好的产品就应该上平台放大。于是呕心沥血、不辞辛苦地准备了一个月，本着精益求精的态度，对每一个细节都处理到位，不敢有丝毫懈怠。

功夫不负有心人！5 月 9 日上线聚划算，10 000 条腰带在 8 小时内提前销售一空，大获成功。值得荣耀的是在聚划算腰带类目，单次销量过万的只有 3 次，我算其中之一。5 月份店铺销售额突破 50 万元，在全网腰带周销量榜进入前三名。通过这次活动，让我对于淘宝电商经营有了更深入地了解和研究，也增强了自信，从此开始我的供应链整合计划。

腰带类目

访谈实录

二、步步为营练真功，用心打造小而美

嘉宾阿灿：通过此次聚划算活动的成功，我提炼出了一套打造明星爆款的思路。淘宝店铺运营，核心是产品，就算品牌也是最终以产品去传播。开发出消费者想要的产品，将利益点充分提炼与表达出来，再通过通路传播到消费者面前，就会大获成功，这也是小产品、大市场的小而美精髓。那么具体的步骤是怎样的呢？

1．选款

选款是最具技术含量的环节，充分体现一个人的行业经验深浅。如果有多年行业经验，则基本在看到好的款式时会出现一种直觉，它会是个爆款。直觉是经验的最直接反映。爆款一定有爆款的特征，是由一系列流行元素组成的。当季流行什么时尚元素，这个产品里融合了多少流行的元素，如果融合很多，那么款式就对头了。另外，爆款有爆款的价格要求，即符合大众客户群里的心理价位。如果有好的款式，再能通过规模化降低成本，再以高折扣在聚划算平台上出现，那么卖爆是顺理成章的事。

如果行业经验不深，那如何选款呢？也有方法可循。淘宝运营进入数字化运营时代，很多决策都有数据可依。我们可以从全网类目爆款寻找爆款元素，再将这些元素融合到自己要开发的产品里。如果网上有类似款，则将他们的客户评价全部看一遍，找出好的点和不好的点。好的借来，不好的在自己开发的产品上改进。这样，一款比现在爆款更好的产品将由你开发出来。

如果你现在还没有实力自己开发产品，那么就只能在现有的产品里挑一个相对更有潜力的产品来重点培养。上篇访谈已说过，就是一次上新 8 款，同等展示在首页 2 排，一排 4 个。一周看数据，浏览量高，收藏率（收藏人数除浏览人数）也高，那么这款就可以作为潜力爆款。

2．测试

有了认为好的款式，接下来就要上线测试了。是驴是马，拉出来遛遛才能最终知道，因为再好的眼光也有看走眼的时候。上线一周，看收藏率，购买率。如果数据都不错，那么款式就不会有问题了。先在店内推广，在首页、详情页给到好的位置展示，卖出初始销量，再看客户评价。客户评价如果有不好的地方，那么下一批货必须改进。爆款是一个持续改进的过程，没有最好，只有更好。所以销售的前一段时间，产品必须根据客户评价来做出改进。这也要求自己有工厂货源，才能方便改进与开发自己的产品。

3．聚划算报名

确定了聚划算款式，就要开始报名准备工作了。如今的聚划算刚刚调整，开始严进宽出，以提高整体聚划算坑位产出，对通过审核的商品标准要求更高，要求款式好，价格低，追求极致性价比。而通过自己精心测试出来的款式一般不会有问题，主要在于价格。价格来自成本，要求通过规模化订单去工厂谈价格。谈价格一定要自己会算成本，材料成本、人工成本都算准，才能谈到满意的价格。如果你不懂，那很有可能给到你的价格偏高，最终导致没钱赚。所以做一行做到一定的量，需要了解供应链上游的知识。在谈价格时一定是先打样板，再谈价格，没有统一的样板参照，等于白谈。有可能报价低的工厂质量和做工差一些，所以一定要以统一的样板去谈价格，再签合同要达到样板的质量标准。如果是档口拿货的，那就算档口本身有自己的工厂，你的大订单下在档口单价就绝对不是出厂价。档口是有销售成本的，档口租金，人员工资，库存压货，都会计算到订单成本。所以，大订单需要去工厂集中地直接去工厂谈，那里才是出厂价。根据我的经验，档口批发价一般是出厂价的两倍，可能各行业有差异，但一定有很大的空间。手上多掌握一些工厂资源，到报价时会更有优势。另外，做事要有计划性，提前越早准备，越有谈判的资本。在谈判上，时间就是钱。你急着赶时间，那么谈价格的能力就会下降。

4. 优化

主要任务是优化详情页。详情页的质量决定了转化率。详情页必须将产品的卖点和利益点清晰生动地展示出来，这块可以借用第三方的资源。如图片外拍，创造条件上模特、上视频，请专业设计排版等。和第三方合作，一定要把自己的想法多和他们沟通，如果只交钱不管，那么出来的东西一定不是你想要的东西。因为他们每个设计师每天都要出几个任务，为了效率，都是流程化模块化操作，出来的东西大同小异。详情页主要是突出卖点，这些卖点只有你自己最清楚，你需要告诉他们，他们再用漂亮的方式表现出来。如果你不告诉，那么出来的东西一定是华丽而空洞的，没有转化效果。

5. 预热

用直通车积累前期销量，用钻展预热款式，报名免费试用增加产品曝光，为聚划算放大做好各项准备。直通车提前投放，还在于养词，以利于聚划算卖爆后直通车大量投放。钻展的转化低，主要作用在于曝光产品，增加知名度。免费试用也是为了产品曝光，相对于钻展，1 万次的展现成本不到 1000 元的试用品，很划算，也许没几个买的，但增加了曝光度。

6. 开卖

聚划算活动前做好活动当天和后续发货的各项工作安排，列出计划表，做好各种备用方案。比如我做好了提前卖光的准备，活动当天卖光后将店招链接到新开的分店继续卖，一天打造出一个销量 600 多的爆款，新店一天升两钻。这也是一种很好的主店带分店的捷径。

7. 持续

很多上了聚划算的款式基本不卖了，因为价格卖太低了，再涨价不好卖。其实这是错误的想法，因为他只是把聚划算当作一次性渠道，那个款式也成了聚划算特供款。这种思路在如今的聚划算已经行不通了。因为曾经的聚划算的成功在于平台，产品选择少，流量多，再差的产品也能卖出不少。如今的聚划算，产品多，流量少，想卖出好销量拼的是产品竞争力。平时卖得好的产品在聚划算才好卖，聚划算好卖的产品在平时一样好卖，关键是价格如何调整。大家都知道聚划算是包邮的。那么一条也是包邮，两条也是包邮，而两条邮费只要一个，那么在店铺日常销售就可以设不同的价格。比如我的这款聚划算款式。平时卖 39.6 元包邮，上聚划算 29.9 元包邮，那么聚划算后就设一条 39.6 元，两条 69 元，三条 99 元，五条 149 元。如果买五条，那是不是和聚划算的价格一样。聚划算是大团购，你在店内可以做小团购。这种价格设置，就可以巧妙地化解聚划算价格低谷。当然，这有一个前提是，这款产品适合一次买多件，比如不同颜色，比如自用也可以送人，比如公司同事可以拼单。另外，可以通过套餐组合设置，这一切都是一个目的，有条件的让客户买到聚划算价，既赚了利润，也让客户心理得到平衡。

三、商业模式巧转换，创新思维多动脑

嘉宾阿灿：做淘宝从来都是有章可循，有技巧需要掌握的。我发现淘宝有一种很适合低单价小商品的商业模式：9.9 包邮。如果你经营的商品是大众化的，成本都是几毛几元的，则可以设置一件 9.9 包邮，买 2 送 1 或者买 3 送 1，当然前提是这种商品人们适合一次买多件。1 元成本的商品一家卖 1.5 元不包邮 ，一家卖 9.9 元包邮，后一家会比第一家卖得好很多。因为 1.5 元的商品人们就觉得值 1.5 元，花 10 元邮费不划算。而 9.9 元包邮的东西人们会觉得值 9.9 元，还包邮，很划算，这是心理差异，从而举一反三，如果你经营的产品没有特别的优势，那么不妨从运营模式上创新，会非常见效。商业竞争胜出只需一点点，这一点点只要是消费者能感知出来的，你就胜出了，而并非你要比对手强很多。淘宝永远有机会，看似红海一片，如果你有创新，那么就能胜出。一个好的想法，往往可以胜过很多资源，对于没有多少资源的我们，就需要多动动脑筋了。

四、原则问题不相让，正义维权讨公道

嘉宾阿灿：在淘宝里说“维权”，这往往是让买家很兴奋的一件事情。对于作为中小卖家的我们来说，总是不容乐观。因为大家都知道买家是上帝，而且固有的观念和一些事实也让我们产生了淘宝网比较偏向于买家的错觉。基于此，我们在经营过程中遇到不公平时，往往都是选择忍气吞声、息事宁人，最终以破财免灾来告终和安慰自己。也正因为此，助长了许多歪风邪气，诞生了以恶意敲诈为职业的差评师。对于这种现状，我一直义愤填膺，一直不想随波逐流。今年春天，关于维权问题，作为一名诚信卖家，我终于扬眉吐气了一把。

事情的经过是这样的。5 月初，一名买家在我这里购买了一条腰带，5 月 5 日收到货后即提出退款，而且退款类型是只退款不退货。退款原因认为是假货。他的退款原因触及了我的底线。他所买的这款腰带是我们自主注册品牌的真皮腰带，2012 年 6 月提交注册，已被国家商标局受理，2013 年 TM 状态，2014 年底即为 R

状态。有商标注册证明材料，而且我全店所有商品都是真皮专卖，已参加淘宝第三方质检达标，承诺假一罚三。他居然说我卖假货，我当然不能妥协，下决心一定要维权到底。几次交涉未果，最终由淘宝小二介入处理。我按照规定详细提供了所有证据。并对买家义正言辞地陈述了我们的观点：淘宝是大家的淘宝，是买家的，也是卖家的，我们是平等的。消费者是上帝，但也不要把卖家当作骗子，随便骂，随便踩。要有证据，不要太自以为是。很多东西我们可以让步，原则问题，我们分毫不让。我们承诺真皮专卖，对亲妥协是砸自己招牌。我们立足淘宝两年多，能活下来做起来是五万多客户认可的，是经得起检验的，更是经得起亲的质疑的。

最终结果是，5 月 27 日，我们接到了淘宝客服的处理意见：退款关闭，全额退款给卖家。处理依据：买家未提供有效凭证，无法证明存在买家提出的问题（见《淘宝争议处理规范》第二十四条）——到此这起维权纠纷以我的胜利而结束。通过这件事情让我更坚定了一个信念：正义终将战胜邪恶！淘宝是公正的，我们只要做好自己，诚信守法经营，优质高效经营，热情用心经营，就什么都不用怕!一味无原则地忍让妥协只能纵容不良买家胡作非为、为所欲为，最终自己将无立足之地，谈何壮大发展？

采访后记：著名作家冰心曾说：“成功的花，人们只惊羡它现实的明艳。然而他当初的芽，却渗透了奋斗的泪泉，洒遍了牺牲的血雨。”的确，谁的成功都不是一帆风顺的，也都不是轻而易举的，在成功的背后往往凝聚了太多的汗水和心血。阿灿在经营淘宝店铺打造明星爆款方面的成就也不例外，那是他从多次沉浮、几番起落中坚定站起、顽强打拼、科学探索、智慧经营的结果。

同时每个成功者追逐梦想的脚步都是没有止境的，阿灿在第一次聚划算活动大获成功的基础之上，最近又备货两万件，准备 7 月 18 日再次参加聚划算活动。我们在衷心感谢阿灿无私分享给广大淘友们宝贵经验的同时，也预祝他第二次聚划算活动能够旗开得胜、马到成功、再创辉煌！

第 9 章

营销阵法

- ◎ 网罗你我：特色与质量成就“小而美”，失败尽头是成功
- ◎ 快来运动吧：掌握营销，买房很容易
- ◎ 颜美纯：12 件单品销路飙升
- ◎ 半价 mm：达人眼里看淘宝营销
- ◎ 汉珍蜜坊：诱导营销，10 个月升两皇冠
- ◎ 贾真：我的成功可以给很多人希望
- ◎ 玉蜜坊：四招引爆店铺流量

网罗你我：特色与质量成就“小而美”，失败尽头是成功

本篇导读：每一个做淘宝的卖家从开店到获得些许成功，都不会是一帆风顺的，都会经历这样那样的挫折，走过这样那样的弯路，回忆起来都会有一段刻骨铭心的辛酸史。其实在淘宝打拼的过程中走过弯路并不可怕，重要的是不能盲目地在弯路上一直走下去，要善于思考，及时总结经验教训，准确地找到自己的定位，尽快转到正确的路上来，从而做出特色，做出成绩。他，三皇冠掌柜宇宇做淘宝八载，他是如何越过那山穷水尽十八弯，又怎样奔向了柳暗花明又一村的呢？

嘉　宾 ID：网罗你我（宇宇）
店铺名称：宇宇 TB 干果
店铺主营：无色素果干
店铺链接：http://yygg.taobao.com/
记　　者：倚梦开始的地方 888

嘉宾简介

淘宝 ID：网罗你我，我只是个平凡的八零后，创业的故事也称不上传奇。全职做淘宝已经整整三年，才做到一皇冠，说起来有点惭愧。皇冠对于现在的淘宝来说已经不是什么令人羡慕的事了。但真正做到皇冠后才感觉到比以前钻石的压力更大，困难更多，你会发现其实并不像之前想的那样简单。这几年来的一点一滴，真的让我感受颇深，也让我学到了非常非常多的东西。当然，我也从中赚得了人生的第一桶金，也因此在 2009 年打算把自己给“卖”出去——全身心投入淘宝创业。

网罗你我（宇宇）

创业故事

我是从 2006 年开始开店的，属于比较早的一批淘宝卖家。因为还在上学的时候，我就听过这样的成功学说：选择行业要选择当时从事的人很少，而未来会很多的行业。所以我坚定地选择了当时还很冷门的电子商务，而且每天很用心地经营着淘宝店铺，一直坚持了八年。现在回想起来，我真的很为自己当时明智的选择而感到欣慰和骄傲。

然而我最初的淘宝路走得并不顺利，真正是一路坎坷。因为中专学的是计算机网络专业，所以在选择店铺货源时，很自然地选择了销售电脑相关配件。又由于没有资金，我每次只能到电子城一家家收集资料和报价表先发布到淘宝店铺上。有客户下单后，再马上到电子城去进货。同时在店铺里顺带销售家人自己加工的漳州桂圆肉。就这样做了半年。虽然我通过送货上门、免费技术解答甚至是上门免费更换等特殊服务做到了快一钻，但最终算账，还是处于亏本状态。

我寻找到原因，发现是我所销售的这些产品的价格跟广东那边相比完全没优势，基本上是同城买家居多，地域局限性太大。于是我慢慢退出了电脑配件销售市场。在那段时间里，唯一值得安慰的是兼卖的漳州桂圆肉很畅销，在春节前一个月出现断货。但是因为自家加工桂圆肉的数量总是很有限，当时也就没在意这块生意。

第二次选择货源时，我正好听到了《淘金与卖水》故事。受这个故事的启发，又因为半年来对淘宝的熟悉和了解，知道许多淘宝卖家邮寄东西都需要用到纸箱和胶带等相关材料，于是我也决定学习亚默尔改行“卖水”。当时信心满满地觉得这次肯定能成功。为了让淘宝卖家能享受一站式购物便利，除了包装纸箱外，其他能用到想到的办公用品我也都进一些一起卖。就这样满怀希望地卖了一年，但是生意不温不火，最终一算账还是持续亏本，让我的热情一落千丈，大受打击。再次查找原因，我发现和第一次失败的原因很雷同。

访谈实录

一、无心插柳柳成荫

嘉宾宇宇：两次创业的失败，让我在无比沮丧的同时，也渐渐冷静下来。开始认真地、彻底地重新思考产品的选择与定位问题。当时为家人代卖的桂圆肉，销售形势一直良好，终于引起我的注意。因为做得质量好，原料又是我精心筛选的，大家反应一直很好，经常断货，很多客户甚至宁愿等一两个月时间也要跟我们购买。让我非常感动的同时，也悟出了一个很深刻的道理：选择货源不能盲目跟风，别人卖什么你卖什么，也不能想当然地以为什么挣钱就去卖什么。而是要针对自己的实际情况，选择具有自己特色和优势的产品。于是我将货源的目光锁定在了漳州本地特产上。

经销漳州本地特产我占有天时、地利、人和诸多优势：一是家人对这方面产品是内行，我自己也比较熟悉。二是之前的销售反馈非常好，产品供不应求。三是卖本地产品，货源充足，价格可以随自己心愿浮动。四是当时网上卖这种产品的人很少，竞争很小。

果不其然，自从销售漳州本地特产后生意很快红火起来，销售额一天比一天好，客户越来越多。很自然地形成口碑推广，许多老客户主动帮忙介绍新客户。虽然这次我做了相应的货源准备，但还是出现了断货现象。有亲友建议我拿普通等级的来充数，被我一口拒绝了。因为我知道，这么做虽然暂时能多获点利，但是从长远来说将会失去客户对自己的信任，良好的信誉是多少钱都买不回来的。后来我如实告诉买家已经断货，并公开做了通知。

二、坚持“质量为本”，走品牌效应之路

嘉宾宇宇：品牌一直以来都是对商业领域产品、服务等价值的一种综合评定，为了把店铺做大做强做得更加正规，我决定走品牌效应之路。为此做了多方准备工作，注册了属于自己的商标，创立了自己的品牌“宇宇干果”，并定制专用包装袋。“宇宇”是我的真实名字，之所以用真实名字注册商标，一个原因是为了感谢买家对我本人的信赖和认可，另一个含义就是：要以最真的名字来代表最真实的品质及最真诚的服务！

“宇宇干果”在销售量越来越大的同时，许多问题也相应地浮出水面。我针对出现的各种问题及买家们提出的种种建议，制定出相应的方案进行改进，不断完善。同时对店铺进行更为明确的定位，把全部精力都集中到经销优质果干上面。

我一向认为质量是品牌生存的第一要素，所以一直坚持质量为本的原则。对于原料的选择特别苛刻，不符合标准的全部淘汰掉，符合的再继续进行细分和改进。为了给买家提供最优质的果干，我们与厂家沟通签订生产协议，按照我们的质量要求来加工，我们自己负责销售。因为这种生产成本确实比普通产品要高出很多，刚开始我们也先试着做了一小批销售，结果反响很好。于是慢慢地我们的产品很多都跟厂家签协议按自己的质量要求来生产。

再后来我们了解到许多客户希望能吃到添加剂尽可能少的产品，于是我们又与厂家沟通探讨，决定把没必要添加的添加剂全部取消。虽然使用色素后漂亮不少，但如果大家对产品外观要求不是特别严格的话，那么是完全可以不添加的，所以当时我们又立即做了个对消费者来说无比兴奋的决定：全店产品一律不添加色素，这成为我们产品最得人心、最值得信赖的一大特色。没过多久，“染色馒头”事件就闹得沸沸扬扬，当时许多人对色素也很敏感。我们不添加色素的决定在这机缘巧合的时期赢得了更多客户的认可。

无色素干果

三、参加农博会的经历成为一生的鞭策

嘉宾宇宇： 因为我们对产品的定位越来越精细，质量要求也越来越高，导致很多产品的数量一直受到限制，偶尔会出现的断货情况，这也是为何我们一直不敢参加大型活动的原因。只偶尔会参加一些小型活动，以提升下知名度。因此销量一直很平稳，没有大起大落的现象。

虽然我们自己很低调，但是因为果干质量取胜吧，依然受到了广大消费者的欢迎和上级部门的认可。2009 年 11 月 18 日，我有幸参加了由国台办、农业部、商务部、国家质检总局、国家林业局和福建省政府共同主办的首届海峡两岸现代农业博览会暨第 11 届海峡两岸花卉博览会。

漳州花博会

这次花博会拓展为海峡两岸现代农业博览会，首次吸引了台湾中华农学会、台湾省农会、台湾省渔会、中华全国台湾同胞联谊会、全国台资企业联谊会等机构参与。主会场设在东南花都花博园，福建漳州东南花都是国家 4A 级旅游区，省级农业旅游示范点。分会场设在龙海市花卉交易中心（龙海百花村交易会广场），分会场还新设立了“龙海市名优特农产品展示展销”专区，共有 18 家企业参展，并邀请了海新、厨师、泰山、同发等一批国内知名农产品加工企业参展。宇宇有幸入选如此盛大的展示展销活动，不仅是一生的荣幸，更是对自己的一种鞭策和鼓励，促使我下定决心今后一定要把宇宇干果品牌做得更好、更完美。

宇宇最后想对中小卖家们说：如果你觉得一件事情值得去做，那就一定要坚持做下去，坚定走向成功的信心。在拼搏的过程中努力克服所有困难，走过失败，就会真正见到成功。

采访后记：感谢嘉宾宇宇把他的宝贵经验分享给广大淘友们，从他的经验中我们得到的最大启示是，虽然我们做任何事情都不会是一帆风顺的，都可能会遇到这样那样的问题，承受一次又一次意想不到的失败，但是无论在何种境遇下，我们都不能忘记自己的目标，都要像嘉宾宇宇一样始终相信自己的选择，并为之不懈地去思考，去努力，去争取最大的成功。

快来运动吧：掌握营销，买房很容易

本篇导读：我的百分之8掌柜说："请不要嘲笑我，因为我正在追求的路上。近观眼前，或许你比我做得好，那只是因为我还在奋斗的途中。展望未来，而你一直想要超越的将会只是我。"

初识小周是在某个论坛里看到他的帖子，当时我被他这段话吸引了，语气中带着点狂妄却又很坚定，便迫不及待地想认识一下，不曾想有这么巧的事，他竟然也是一位全职的淘宝人，于是，小念就对这位狂妄的年轻人进行了一个深层次的挖掘。至于有没有挖到宝，还得请你跟着小念一起探个究竟。

嘉 宾 ID：快来运动吧
店铺名称：我的百分之8女装店
店铺主营：韩版女装，美国童装，尚朋堂电器
店铺链接：http://shop34087800.taobao.com
记　　者：丫丫爱小念

我的百分之8掌柜

丫丫爱小念： 你能给我们简单介绍一下你是怎样一个人，又怎么会与淘宝结缘的吗？

快来运动吧： 因为家庭条件的限制，我没读过大学，想去好的单位上班自己的学历不够，想自己创业又没有足够的资金。当时特别压抑和无奈，做过小工，但是我一直都不甘心，那时候很多同学都去大企业上班，还有的自己开了公司，每次同学聚会我都会以各种理由搪塞，真正的原因只有我自己知道，因为经济条件的原因不允许我去大手地花销。另外一个就是在自己一无所成的时候，我是不会出入那些高级场所的，我觉得那样的花费是对自己的一种不负责，我不会让自己的一辈子就这么下去，不能向命运妥协，我必须要自强，只有让自己变得足够强大，在面对一切的时候才有勇气扬起我高傲的头。

2006 年，我表哥开了一家台资公司，我就去表哥的公司上班，因为驻外工作，上班比较闲，时间是可以自己控制的。2008 年的 5 月，我注册了一个淘宝账号，利用闲暇时间做起兼职。当时我没有自己的电脑，在网吧把产品上架，上架过了一天就有生意，开张不到一周就赚到 3000 多元，我就用赚的钱买了一台电脑。现在想来都觉得自己那时候真的很幸运，于是我坚定了淘宝路，不过当时还是兼职的，直到 2008 年 8 月一钻的时候，因为生意太多忙不过来，才辞掉工作正式做起全职淘宝。

丫丫爱小念： 厉害啊！起初做淘宝对每一个卖家都是一个难以跨越的坎，你为什么能在起初做得那么好呢？

快来运动吧： 因为我公司就是做这些电器的，我有一手货源，再加上那时候做这个品牌的卖家不是太多。当时我们这个品牌在苏宁和国美等大型卖场都有销售，且价格非常贵，而我们拿的价格相对便宜。所以销售量还是非常大的，自然利润也不菲。

那时候我们的一个产品在淘宝上卖了 1000 多台，很多同行的产品图片和描述全部抄我的，很多买家有时会问“他们是不是抄你的图片和描述啊？”也有人问“你们的产品描述谁是原创呢？”我也没有去追究那些，因为我明白，相信客户也明白谁才是做得最强的。所以说，我们在选择货源的时候最好能在周边的一些厂家直接拿货，一手货源可以省去中间环节的很多利益商，这样也有利于我们销售，因为在淘宝上发展，价格毕竟也是竞争的手段之一。

丫丫爱小念： 确实，做淘宝要么你的产品价格低，要么就是你的产品特殊，而一手货源将直接影响我们的销售价格，否则竞争起来非常困难，而你却恰恰得到了价格的优势。好的货源有了，接下来就该注意营销细节方面了。你能给我们说说都有哪些方面需要注意吗？

快来运动吧：这就像盖房子一样，产品是房子的地基，而想要房子盖得结实、牢固还需要工人的技术。一个店铺的根本货源有了，我们也就有了核心竞争力，但是没有好的营销手段辅助，还是不能做到最终的赢利。

第一，拒绝暴利。我从来不认为生意很难做，至于现在很多人认为生意难做只是因为他们都把单方面的利益看得太重，从来都是以自己的最大利益为目的，我卖他买，我们在保持赢利的前提下能让客户以最低的价格买到我们的产品，会让客户觉得自己在我们这买东西是赚到了便宜。这是每一个买家都有的心理，而我们要做的就是满足他们的这种心理。这样一来，你不想让他下次来买你的东西恐怕都很难了。不要想着一次就把钱挣饱，客户也不是白痴，同样进价为 30 元的东西，你第一次以 50 元卖给客户，而别人卖 40 元，或许你还在沾沾自喜他比你笨，你一次赚的比他多，可是你却没有想到，因为你这一次的暴利让你永远失去了这位客户，最终的市场都是别人的了！所以说暴利的商人永远都是活在今天，死在明天的。

第二，专业化。但是这一切的前提是必须让我们变得足够专业，包括把店铺装修得专业化，同样是卖阿迪达斯正品货的，一个商场、一个地摊。即便你的地摊摆的是正货，谁又敢信呢？再一个就是我们对产品专业知识的掌握，比如你是销售化妆品的，客户咨询你并讲述她的皮肤情况，你能给客户在最短的时间用最专业的知识介绍你的产品吗？如果能，那么就等着发货结账吧。

第三，客户推销法。有个客户在我们这里购买一个 3000 多元的电磁炉，但是快递在颠簸的途中造成内部机芯的小零件损坏。客户接到快递的时候没有验货，直接就签字了。一般来说，收到货、签字后就证明客户拿到货是无误的，非质量问题都是不予以退换货的，后来客户第一次用的时候无法启动，他打来电话要求换货，在证实确实是因为快递途中造成的损坏后，我也没有与客户争辩，就把邮费打入客户的支付宝让他把货退回来换了。后来客户非常感激我们，把身边的朋友都介绍到我们这来。我记得这个客户身边的朋友一个月就在店里消费了 10 万多元。这就充分证明了售后服务周到的重要性，只要客户的要求不是无理的，我们都要尽量满足。不要想着自己损失了，这也属于投资，而且是能给我们带来非常大利益的投资。

一个企业做到很大、很强的时候，重要的不是价位，不是推广，而是服务，让每一个客户都成为自己的回头客。

丫丫爱小念：你说得非常详细，让我们营销过程中能及时弥补自己的不足，你说的这几点确实非常重要。可是我们在淘宝经营周期性很长的产品，比如家具、电器之类的，使用时间都比较长，这样是不是回头客就少了呢？我们该怎么赢利呢？

快来运动吧：这时候就需要推广了，让更多的人知道我们的产品，其实我们都知道周期性比较长的产品利润一般都是很大的。再就是口碑效应，只要你把营销细节做好，一个客户满意后，不用你宣传，他也会替你宣传的，而且这种宣传都是有针对性的。因为一般人买了东西要给别人说起你的东西好，多半都是对方也是这类产品的爱好者，或者有购买的意向。这样的免费推广其实很简单也很容易，还是上面所说的，先做好营销细节。真正做好了，别人给你宣传是非常简单的。

丫丫爱小念：现在做到这个地步，你认为自己算是成功吗？

快来运动吧：可以说是成功了，也可以说不是，成功只是我完成了初期的目标而已，在我进入淘宝的第一天起我就给自己定了一个小的目标，那就是利用淘宝给我买一座房子，我实现了。就在去年我在我们老家买了一套四室两厅的商品房，可以说是我在淘宝一年以来赚的一座房子吧！我下一阶段的目标就是组建自己的团队，做自己的专有品牌向商场进攻。

丫丫爱小念：的确，我们在做任何事开始时都必须给自己定一个目标，一步一步来完成，最后我们会有无比的成就感，也是我们前进的动力。

快来运动吧：大家一定要记住，做淘宝最大的赢利就是回头客，只要拥有自己的客户群，就拥有一切了，包括替你推广、宣传。所以我们首要做的就是留住自己的每一位客户，一个客户的潜力可能是几个也可能是几十个客户。

采访后记：小周老师给我们的一番讲解，大家是否有所收获呢？在电子商务急剧发展的今日，我们必须要不断学习、不断摸索，跟着成功经验走，发掘自己独到的经营能力。坚持也不是盲目的坚持，用心坚持才是王道！否则下一个被淘汰的就是你。

颜美纯：12件单品销路飙升

本篇导读：世间万物，用进废退是永恒的真理。生于忧患、死于安乐，没有过逆境的磨砺就不会有惊艳绝伦的生活！新经济时代流程的再造，注定了每个人不同的创业之路。今天和大家见面的是一个让我们刮目相看的美女掌柜，也是颜美纯天然丝瓜水的创始人，首先目睹我们的美女掌柜，她的身后是创业基地哦！就是这一片土地让她有了自己的业绩。接下来欣赏她的精英团队，一个自信而又有朝气的团队。是大家的团结合作才使得颜美纯天然丝瓜水有了今天的飞速发展。

嘉　宾 ID：ymsgs2009
店铺名称：颜美纯天然丝瓜水专卖店
店铺主营：瑞思颜美丝瓜水
店铺链接：http://shop58294653.taobao.com
记　　者：左丽英

颜美纯美女掌柜

颜美纯美精英团队

访谈实录

左丽英：你能简单介绍一下你自己及你的店铺吗？

ymsgs2009：跟每一个选择电子商务的朋友来分享我们的创业经验，是我觉得最高兴的事情之一。“颜美丝瓜水”淘宝旗舰店，是我们河南驻马店颜美生物科技有限公司在电子商务模式下做的C2C主要平台之一。淘宝店成立至今，一直受到很多爱美的女性朋友的关注，我们一直秉承着“颜美让每个女人看起来更美”的精神，在本着用最优质的、纯天然的产品给每个消费者，让每个女人真实感受到“颜美”给她们带来的变化。

左丽英：之前了解到你自己创业的艰辛，那么是什么让你有着原动力来填充之前的历史呢？

ymsgs2009：坦白讲，我一直认为创业是每个人最后一条无法躲避的路。试想，如果我们生下来就是一个富家公子，富家千金，衣食无忧，那还能有多少创业的理想和激情呢？承载家里传下的事业就完全足够了。“创业”这个词在我的心目中一直有着特殊的定义，它的出现往往是与“成功”和“艰辛”联系在一起的。由于家里的贫穷，我不得不放弃学业去北京打工，做过很多的工作，也认识了很多人，明白许多道理。我想北京是决定我人生最关键的一个地方，我在那里终于知道成功意味着什么。

左丽英：你是怎样想到以丝瓜原材料作为自己的主打品牌呢？

ymsgs2009：2007年的时候，花店让我忙得不可开交，但是我觉得很充实，我能真正的为自己的事业去创造，所以累点、忙点都无所谓。是在一次回农村的时候，接触到了丝瓜水。那里的人皮肤很好，而且神奇的地方在于他们生病了也可以用丝瓜水来治。有需求才会有市场，当我试着在我的脸上用丝瓜水之后，渐渐感觉到效果，痘痘明显减少，皮肤变得不再像以前那么粗糙。对我来说这是惊喜地发现，很多市面上的化妆品做不到的，原来这小小的丝瓜水能做到，这不是商机又是什么呢？

左丽英：见到你店铺的时候，我被独具匠心的装修风格所吸引，清新自然、环保健康，是你自己设计的吗？对于旺铺装修你又有怎样的见解呢？

ymsgs2009：你说得很对。我们的店铺就是想诠释这样一种“清新自然，环保健康”的风格，绿色是我们采用的主题元素。从你的表述来看我们的装修还是成功的。我们从开始做公司的时候就已经坚定“绿色”路线，在代表自己的产品是“纯天然”的同时，更是对希望和未来的一种期盼。旺铺每个人都能用，真正用起来其实也不是很难。这里我跟大家分享以下几点。

第一，自己店铺的定位要找准。我们的颜美就是采用一直喜欢的绿色，所以选择色系的时候，我们会偏向于用绿色来装饰自己的店。

第二，店铺里面的图片不能过于花哨。作为消费者，我个人就不喜欢那些花哨的店铺，而且看起来有点累，难免有点喧宾夺主。

第三，找准自己的主打。利用好“推荐”功能，很多卖家的店铺其实并不缺乏好东西，可是就是没有很好地把旺铺利用起来，大家就不知道你的好东西了。“酒香不怕巷子深”，对吧？

左丽英：想必你创业的路程，也是从懵懂中走过来的，那么在没有资金、货源、经验的同时，你是如何做好网店前期的推广工作的呢？

ymsgs2009：是的，早期我和很多朋友一样，资金和经验特别紧张。但是一个店铺再好也需要推广。我们在初期的时候也没有重视过这个道理，结果商品总是无人问津，后来我咨询了一个成功的皇冠卖家，她告诉我他们店铺每天花在推广上的费用就要过百。于是我们就在准备好足够的货源之后，采取了淘宝社区里普通卖家常用的一些方法，策划推广项目和主打产品的广告发布等。同时，我们还在阿里博客上，进行一些活动的发布，同时我们参与了一些社区的活动。在这些过程中，大大增加了店铺的曝光率，相对应的销量也就上来了。

左丽英：那么对于淘宝现在给出的有利资源你是怎样利用的呢？现在提到直通车可谓有欢喜有烦忧。你是怎样看的呢？

ymsgs2009：任何工具都是“双刃剑”，淘宝推出来的很多服务都是经过专业的研究和测试的，能在很大程度上帮助我们销售产品。当然话说回来，如果你的产品没有竞争力，你的推广不是很适当，你的服务不是很优秀，淘宝的规则没有学习透，那只能等着“烧钱”了。我们“颜美”淘宝旗舰店刚开始做直通车的时候也很不适应，眼睁睁地看着钱没了，但是销量上不去，后来我们找出自己的症结所在，主打了很多款产品，同时采用搭配销售的方式，后来效果就好很多。这里跟大家说的是，一定要有自己的产品核心竞争力。没有找到适合自己的核心竞争力之前，就不要用直通车。

左丽英：有效地推广给店铺带来了收益，除此之外你用了什么方式让你仅有的 12 件宝贝的店铺在简短的时间内做出这样的成果呢？

ymsgs2009：你说得很对，有效的推广才能带来收益，我们也一直在寻求最完美的推广方式。但是从目前的效果和其他的因素综合起来看，很多中小卖家都忘记了自己身上拥有的资源。在我们的成交量中，有 40%的客人是通过关注我们的博客才关注到我们产品，然后才来买的。此外，店铺的帖子也应该利用起来，要抓住每个推销自己的机会，让更多的人了解到、认识到、关注到、购买到你的产品，这就是推广的最大成功。

左丽英：做到让买家交钱也就是营销的胜利了，还想请问你是如何让来到你店中的顾客留下并且成交的呢？

ymsgs2009：其实是这样，我觉得作为新手要关心的事情很多，但是能抓住每个浏览你店铺的客人，这是最主要的。我们当时在做淘宝店的时候，所有的客服在上班时间必须时刻待命，每个过来询问的客人，哪怕只是问问并不买，也要第一时间给予最好的解释。一句话，来的就是客。第二，就是要充分了解自己产品的特性，也要在最短的时间内了解到客人需要什么，给客人最好的建议。第三，要充分的相信客人，真诚地对待客人，我们客服在认真分析过客人情况之后，会做出客人基本情况的分析。我们有一次在客人还没有付钱的情况下就给她发货了。这是我们对自己产品的信任也是对客人信任的表现。凭着这颗真诚的心、真实的产品，留住客人就变得简单易行了。

左丽英：现在你已经拥有一个精英团队了，你是如何管理它的呢？

ymsgs2009：只有一个人是做不成大事的，淘宝的蚂蚁精神让我们知道团队的力量是无限的。我从来没有觉得客服和经理有什么区别，相对于自己的岗位，他们是一样重要的。就似乎是脑和手的区别，从某种程度上来说，手要比脑更加重要。因为你脑子决定的所有事情，都要手去执行。是的，我更愿意相信“没有好老板，只有好员工。”老板的价值是体现在员工身上的。如果每个员工回家都很开心，上班也很尽心，那么说明你这个老板至少成功了一半。我们团队的每个人，我都把他们当自己的家人，用心对待，所以得到的也是别人用心地为这个事业工作。

左丽英：在阿里巴巴见到你的店，那么你是怎样有效结合的呢？你接下来的目标又是什么呢？

ymsgs2009：说起自己的品牌——瑞思颜美，我很欣慰，提到创业也是很偶然的机会，一次跟男友去亲戚家串门，亲戚是个老中医，他经常用丝瓜做药材给人们看病，有的小孩子咳嗽了，他开上几服丝瓜水，几天就好了。当时，亲戚的孩子们皮肤都很透亮，很光洁。我脸上总是长痘，所以不是很光洁，我就很好奇，亲戚给我弄了些丝瓜水让我回去试用。用了一段时间，效果真的出现了，脸上光洁了很多，也开始感觉湿润了很多，于是我下定决心就是它——丝瓜水。

说到品牌问题，化妆品的品牌建立是非常重要的。因为它是对你的产品价值最好的浓缩，别人也会更加信任有知名度的品牌。现在化妆品的品牌很多，所以这条路走起来一定会很艰辛。我们在阿里巴巴也有店。准确地说，是这样的。基于电子商务模式下的 B2B、B2C、C2C 我们都很关注，结合起来更是有很大的帮助。我刚刚已经提及到，我们的淘宝很多消费者是看到我们的阿里故事才来关注颜美的。香港地区的代理商就是通过阿里的博客最后成为合作伙伴的。“颜美”未来的目标其实有很多，比如现有客户的维护、潜在客户的开发、品牌价值的建立、推广的扩大、产品的升级等，但是我们会脚踏实地地去实现每一个目标，而且我们非常有信心做好。

左丽英：大家都在为信誉而盲目去做，甚至不惜血亏而低价销售。对此你怎样看待呢？信誉真的那么重要吗？

ymsgs2009：信誉当然很重要，在网络时代信誉是决定一个店铺生存与否的重要因素之一。正是这个原因，让很多人想起了歪点子，比如炒作。但是我个人并不排斥低价，如果在可以操作的范围内，最大限度地给消费者实惠，那么自己也能得到信用和好评，这样“双赢”的政策也未尝不可，同时也是对自己产品最好的推荐。但是不能盲目炒作，那样得不偿失。还有比信誉更重要的东西，就是我们对客户的那份真诚，那份发自内心的真诚，也就是我们的诚信。

左丽英：对于广大新手卖家，你还有什么建议吗？新手卖家在没有投入大量资金的情况下，应该如何给自己的店铺拉来顾客呢？

ymsgs2009：作为新手的瑞思颜美也是在摸索中前进的，我觉得拉客户不是唯一的办法，主要看怎样去维系我们的准客户，把她们锁定在我们的长期客户范围里，用她的嘴去为我们做宣传推广不是更好吗？这叫用别人的嘴为我们做不花钱的宣传推广。定期为老客户做优惠活动、新品推荐等应该不错，接下来我们也准备去进一步实施，我的建议如下。

第一，要认清互联网的特性，要认清自己产品的核心竞争力。

第二，这是一个知识互享的时代，一定要充分地走出去，多学习。

第三，用心做，不要担心失败。成功不是那么容易实现的，一定要做好失败的心理预期。

第四，永不放弃。

左丽英：赞同你的意见，成功不是一夜的暴富，天道酬勤，用心而已。淘宝创业的艰辛不言而喻，你是否想过放弃呢？

ymsgs2009：说实话，创业的艰辛只有我自己知道，家里人也只有看着心疼的份。创业的动力跟我的天性息息相关，本身家里经济条件并不富裕，高中读了一年就辍学，我不想父母因为我而操劳，我想用自己的力量去做事，我想让父母过上富裕的生活，不让二老再为生活所累。

我从没想过放弃，这是真的，这可能和我年幼时的家庭经历有关。对成功的渴望一直是强烈的。在这里跟大家分享一个我创业时期的小故事：当年为了找到合适的“颜美”灌装瓶，我一个人独闯徐州，在火车上我想了很多，甚至想到这次徐州之行是否失败，以后的颜美怎么走下去，我的人生怎么走下去。想着想着，我的眼泪就流了下来。真的，没有人能体会到那种艰辛和孤独。后来，所有的困难并不是我所想象的那样。我忽然明白很多道理，人最大的敌人不是别的，是自己，只有超越自己，才能超越一切。

我只是一个创业者，这条路很长。我愿意和颜美一起陪着每个有梦想的人走到底。

采访后记：在最后的一个标点输入完的时候，我的心也随之起伏，感动于颜美的创业精神，感悟颜美带给我们的反思。在当今新信息时代的飞速发展中，淘宝给我们提供了一个崭新的创业平台，那么如何利用好这一有利资源、如何让自己的品牌在众多的竞争对手中脱颖而出呢？被认可，才是我们首先要解决的问题。

半价 mm：达人眼里看淘宝营销

本篇导读：她，一个普通的女孩子，有那么一点诗情画意，有那么一点骄傲任性，有一种雷厉风行的气魄，有一股现代人的冲劲。她，没有什么雄心壮志，没有三头六臂，却拥有 10 万粉丝。试问，有多少卖家可以做到如此呢？试问如果卖家拥有如此多的粉丝，那生意又怎么会不景气呢？而拥有 10 万买家粉丝的她，对于买家的心态又了解多少呢？她不为名利，当初踏上淘宝之旅，并开始周转于买卖双方，只因为朋友在淘宝的购买受到了不公平的待遇，她想为朋友打抱不平。可是谁知道一发不可收拾地爱上了这个领域，并走到了今天。她是谁呢？她是我们今天的采访嘉宾，淘宝达人——半价 mm。她在淘宝的六年时间究竟做了什么呢？大家跟我一起看下去……

嘉　宾 ID：半价 mm
嘉宾简介：淘宝达人
记　　者：树袋熊和桉树

访谈实录

为朋友打抱不平，却换来自己的 10 万粉丝

本想为朋友打抱不平，却走入了半价砍价之旅，从开始到现在，或许是好人总有好报，加上半价 mm 自己的能力，半价 mm 这条砍价之路，为自己带来了 10 万粉丝。

树袋熊和桉树：能够简单介绍一下淘宝达人是什么吗？为何能达到那么高的人气关注呢？

半价 mm：淘宝达人也就是最近才提出的概念，可以说是在某方面比较擅长或是比较突出的具有代表性的淘宝人物。达人可以拥有粉丝，并在自己的江湖主页通过发表日志、叽歪、视频和照片等与粉丝分享自己的生活、购物心得等。达人拥有的粉丝数量能从一个侧面证明该达人的能力，我早在淘宝官方推出达人概念之前就已经在做这一系列的活动了。那时候淘宝有很多政策，再加上半价 mm 这个名字可能对买家太有吸引力了吧。我常常在日志里更新我淘到的好东西，可能大家抬爱我，粉丝量现在有 10 万左右，看来大家是比较喜欢这样的方式，以后我还是会在现在的方式上延续下去，会找更多的商家做一些比如团购、秒杀这样的活动，把平台搭建好，目标就是带粉丝们找到淘宝上的好宝贝！

树袋熊和桉树：那么你当初做这件事情的起因是什么呢？

半价 mm：我从 2004 年开始接触淘宝，一开始也是不会买，那时候的淘宝还不是很成熟。淘宝在慢慢地成长，我也在成长，有了很多淘宝的经验，然后经常看到有淘友发帖子说买错东西了，买到的东西质量很差之类的。我这人就是有点爱管闲事，每次都看得心里痒痒，希望能帮他们一把。于是重新注册了半价 mm 的账号，没想到这个名字成了品牌，并帮助粉丝们买到了不少好东西。

树袋熊和桉树：你是通过什么方式来帮助她们的呢？

半价 mm：最初的时候只是帮助自己周围的朋友、同学或者亲戚在网上买他们想要的东西，后来淘宝上开始有秒杀、1 元秒杀，然后我就想，1 元的数量太少，秒杀起来难度大，打个对折应该能好一点，也能组织团购，如果卖家不是亏本很多，则在竞争这么激烈的环境中应该会很乐意接受我的砍价。别的不说，先不看是否能卖掉，光是人气就能提高很多。只要是性价比高的产品，大家都会争相购买，服务质量好、品质有保证，评价就会很快提高了！然后我就开始了半价砍价之旅。一开始我也是跟商家砍价，然后告诉他们我会帮他们在我的江湖里面写文章推荐，就是跟平常的买卖讨价还价一样。

卖家，你该卖价格，还是卖质量和服务？

到底是因为买家贪图小便宜，还是淘宝众多的促销造成了购物理念错误的引导？今天半价 mm 担忧的是，如何在众多买家中引导正确的消费理念。买家到底买的是质量还是价格呢？而卖家，你到底该卖价格还是卖质量和服务？淘宝的路，要坚持走下去，要走到繁荣，到底应该将重点放在哪方面呢？通过下面的访谈会告诉大家想知道的答案，跟我来吧！

树袋熊和桉树：买家的心理你掌握的最多了，目前你认为淘宝买家的心态是什么呢？

半价 mm：这个说到了我最惆怅的问题。我现在有 5 个粉丝群，每天她们都会在群里聊一些优惠、促销之类的信息，很多人都只关注价格，并不注重品质。

每天关注最多的话题是 1 元包邮、2 元包邮的东西。一条裙子三十几元，觉得好贵，希望能半价最好还包邮。

树袋熊和桉树：那么你认为造成这种现象的原因是什么呢？

半价 mm：淘宝官方的很多促销活动让他们形成了一种很不好的购物观念。年前开始的 1 元秒杀，后来聚划算 1 元不包邮，再后来 1 元包邮都出来了。有的大卖家可能真的不在乎这几个钱，先亏后赚，通过这种活动提升自己的人气和好评率。

树袋熊和桉树：那么从另外一个角度来看，这样带动了很多买家，也带来了流量，确实促成了交易啊！那么你所担心的地方在哪里呢？

半价 mm：一旦这样的购物方式形成习惯，后果会是什么呢？看看之前聚划算团购的评论，便宜的东西，很多都说质量很差。

树袋熊和桉树：但是为什么喊着质量差，还要抢破头购买呢？

半价 mm：价格便宜啊！大家都在抢，一种貌似潮流的东西在推动他们，聚划算现在也有一些价格比较高、折扣比较小的产品上线。但是就被淘友质疑了，一点都不便宜，一点都不划算。不符合聚划算的宗旨，毕竟一分价钱一分货，羊毛出在羊身上。从另外一个角度来说，作为卖家又有几个能这样亏呢？

树袋熊和桉树：那么将来有一天他们发现最便宜的已经是这样，他们会继续买，还是走人呢？

半价 mm：二八定律，绝大多数的卖家是中小卖家，薄利但是并没有给他们带来多销，那些违反市场规律的价格战扼杀了很多人在淘宝开创一片天地的梦想。砍头的生意有人干，亏本的买卖没人做。

树袋熊和桉树：那么根源就是中小卖家不愿意付费推广，想通过这样的方式来达到效果，最终结果却造成恶性循环，是吗？

半价 mm：中小卖家并不是不愿意付费推广，他们根本没有那个实力啊！价格战的最终结果就是恶性循环。

树袋熊和桉树：那么这样一个局势，你认为该如何改变，有没有好的方式呢？

半价 mm：我个人的能力很微薄，如果卖家都能意识到这点，则从长远的角度来考虑问题，大家都不要一直持续价格战，应该还能慢慢扭转买家的购物理念。卖家做好产品的品质和服务，将性价比最高的产品以最实惠的价格带给买家。同时希望买家们也能实际一点，如果你想花 10 元去买到 1000 元品质的东西，那么就好比是买彩票，这个概率是很低的。

树袋熊和桉树：扭转淘宝消费理念，现在是当务之急了，对吧！

半价 mm：对于这个时间点，也许淘宝会有更专业的看法和安排。我仅仅是看到很多的中小卖家来跟我说，mm 帮我做做推广吧！做网店是长期的战斗，这是一个典型的先难后易的过程。要内外结合，于内一定要诚信在先，要有好的商品和服务才可以抓住买家。于外就是开了店不要守株待兔，要主动出击去找买家。如果你真的是好卖家，那么可以来找 mm，我会把你们的好商品带给我的粉丝们。

就拿化妆品来举例子。化妆品假货多已经是公开的秘密，怎么判断是不是正品呢？光看图是分辨不出来的，只有到了手上才能知道。但是到了手上如果才看到是假的，那就晚了，所以我的办法是去淘宝商城买，或者去买过的比较放心的店购买，再就是买代购，有小票的那种，会放心很多。不要贪便宜，比如说市价是几百元，淘宝上只卖几十元的肯定不会是真的。我原来看到很多大牌的商品，淘宝只卖几十元，也非常动心，比如说雅诗兰黛 ANR 精华。我爸爸给我在专柜买的是 880 元，香港地区代购只要 680 元，如果你在淘宝上看，那么会有大概 580 元的。这个时候很多人也许会选 580 元的，但是我会选 680 元代购的。与其买 580 元的担心是不是假的，还不如买 680 元的会放心得多。反正相比专柜来说已经便宜了 200 元。我有几家固定的店，买了好几年了。如果买家都能理解这个道理，那么也就会杜绝假货泛滥，导致自己花冤枉钱，买到一堆垃圾。

树袋熊和桉树：这个道理的推广或者灌输，需要强调哪方面的问题呢？

半价 mm：我觉得最主要的还是从卖家的身上找问题，不要急功近利。现在促销活动很多，让人看得眼花，但是自己一定要冷静思考，到底哪一种活动才是最适合自己的。比如说秒杀，如果你只是做一期秒杀，那肯定是亏的，而且会亏很多，应你适当在店里做一下宣传，在秒杀的巨大流量进来以后，抓住这些流量，把他们转变为销量。比如说现在我每周二、周四中午组织秒杀活动，如果秒杀不到，则可以以 *XX* 价团购，还是会有很多秒杀不到的买家会接受的。主要还是要靠店主自己，要考虑好小店的路子，不要盲目跟风。而且，很多小卖家参加活动的时候拿滞留在手上卖不出去的产品参加，其实大错。我建议卖家们应该选择性价比高的产品参加活动，也就是自己店里的镇店之宝，不然连自己都说服不了的产品如何去打动买家的芳心呢？只有有了买家群，有买家第一次尝试了你的商品，才会有以后第二次、第三次的光顾，自己要在做完活动后做好售后，这样才会有长期的效果。

树袋熊和桉树：买家的消费理念，需要卖家来引导，而这种低价战争的最终结果是对所有卖家不利，那么所有卖家联合起来抵制打价格战，又会如何呢？

半价 mm：我希望“半价 mm”能成为一个品牌、一个平台，而不是局限于半价。我知道很多中小卖家的利润本身是很薄的，只要东西好，是实实在在的好宝贝，就算不是半价。买家在经过自己的对比和考虑以后，还是会选择的。我的目的只是去淘好宝贝，然后在我的平台上把好宝贝推荐给买家，也把买家带给没有什么实力做硬广告的中小卖家，这样也可以起到一个桥梁的作用吧。但是如果说要让所有卖家联合起来抵制的话，那也是不太现实的。毕竟这是一个曝光自己、提高流量和人气最直接的方法。所以我前面说了，你说到了我最惆怅的问题。这需要一个大环境的配合。

热心公益事业，在贫困地区建立图书馆

树袋熊和桉树：你下一步的计划又是什么呢？

半价 mm：坚持我自己的路线，为卖家提供一个免费的推广平台，提供真正高性价比的产品给买家。我还会做一些公益的事情，来连接卖家和买家之间的关系，让他们更像朋友一样交流。比如现在正在做一个自己非常自豪的事，就是号召大家给乡村的小朋友们捐书，修建一个爱心图书馆。这个号召一发出去，得到了很多卖家和买家的支持和响应，让我心里很感动。很多卖家打出了“你购物我捐书”的口号！买卖双方为了同一个目标在努力！

树袋熊和桉树：类似的公益活动想过哪些，以后还会做些什么呢？

半价 mm：我们会将这个“图书馆”的活动持续下去的，并不是建了一所就完了。我觉得做公益就是要把资源利用到它真正需要的地方，而不光是号召大家捐款、捐物这么简单。

树袋熊和桉树：那么你们这个图书馆的建立，是要在全国做下去了？

半价 mm：有这个想法，这就跟做网店一样，先难后易。

树袋熊和桉树：那么有没有区域图呢？就是先从哪里开始呢？

半价 mm：暂时我们考虑在中西部地区，比如现在的地点在四川。那边受灾后的山区建设还不能很快跟进，再穷不能穷教育嘛！

树袋熊和桉树：现在这个项目吸引了多少人进来呢？

半价 mm：这个真不好计算，很多人都是直接就将图书发到了指定的地点，有的还捐了文具，上百家肯定是有了。买家、卖家都是慈善家，爱心天使，真的很感谢他们！

树袋熊和桉树：勿以善小而不为，这就是精华所在，也可以说是塑造一种形象！

半价 mm：是的，有的人会很害羞地问我，我只有一两本书，可以捐吗？其实爱心没有大小之分，一本、两本体现的那种爱跟一百本、两百本是没有区别的。

树袋熊和桉树：这个事情，有没有人质疑过你，并且误解过你呢？

半价 mm：好像没有吧，我仅仅是号召大家捐书，好像没有什么可以质疑的吧？难道我去卖旧书？

树袋熊和桉树：捐书的这个公益活动是你自己想起来要去做的吗？

半价 mm：我是看到了淘宝另一个达人——百淘乡村图书馆的号召，响应他的号召，并在我的江湖中组织发布了相关的活动。 他之前已经建立过一所图书馆了，很了不起的一个男孩子。

树袋熊和桉树：只要有信念，并去执行就一定能成功，没有什么不可能，坚持这一路走来，你遇到的最大困难是什么呢？有没有刻骨铭心的委屈和刻骨铭心的兴奋来和大家分享一下呢？

半价 mm：我也没有什么特别刻意去记住的东西，能克服的都不是困难了。委屈天天都有，去和粉丝指定的商家谈价格，很多都是客服接待，根本无法谈。还有的人直接拉黑。做的都是一些平淡的事情，没什么兴奋的。如果能按照计划行事，将于十月建成图书馆，举行开馆仪式，那应该能算是我最刻骨铭心的了吧！

树袋熊和桉树：如果让你形容自己，那你会怎么形容呢？

半价 mm：我是一座桥，桥的一边连接喜欢我、和我有共同爱好的粉丝，桥的那一边连接酒香却在深巷子里的卖家。愿他们通过我可以找到彼此，并因此快乐，这是我最开心的事。

采访后记：半价 mm 多么有责任心、有爱心呀！她的忙碌，并没有给自己带来什么利润或者好处，可是她积极地忙碌着，为什么？为的是网络中的那份和谐，为的是大家手里的辛苦钱能够花得值，花得称心。而同时，她热衷于公益事业，作为记者的我，作为卖家的大家，谁又曾想过，贫困的山区的孩子或许需要一个图书馆，有了图书馆，就有了文化，有了文化，就有了进步呢？这些我反思很久。包括很多卖家是否看到淘宝正在努力结束价格之战？卖家是不是该反思一下，如果价格战结束后，则在淘宝上发展到底要靠什么，怎么发展？半价 mm 的这篇访谈有没有为大家敲起警钟呢？价格战结束了，那么商品的质量和服务是不是就成了竞争之重？而这即将到来的竞争热潮中的实质要件，你准备好了吗？

汉珍蜜坊：诱导营销，10 个月升两皇冠

本篇导读：在当今淘宝，人才层出不穷的巅峰时刻，谁都想给自己一个准确的定位，在创新中求发展。今天有幸采访到一对夫妻，他们以自己的品牌打开销路、利用自己独特的营销模式，仅用不到一年的时间跻身双皇冠的行列。那么是什么让他们做到“平步青云”的呢？下面还是听听我们嘉宾的介绍吧。在访谈开始之前简单地介绍一下，我们的嘉宾很诚信，采访之前再三让我要低调，今天的访谈只是希望给广大淘友一个借鉴，真的感谢这样有诚信有品质的商家，分享他们的经验，并传递着他们的诚信精神！

嘉 宾 ID：汉珍蜜坊
店铺名称：汉珍蜜坊旗舰店
店铺主营：汉珍蜜坊系列蜂产品
店铺链接：http://shop57543241.taobao.com
记　　者：左丽英

汉珍蜜坊

访谈实录

左丽英： 首先，你能给我们简单介绍一下你的店铺和你自己吗？

汉珍蜜坊： 我们的店是2009年3月开的，主营汉珍蜜坊系列蜂产品，目前汉珍蜜坊商标已经获得国家工商总局的注册核准，正努力把汉珍蜜坊打造成国内首个成熟蜂蜜品牌！

左丽英： 你在淘宝营销蜂蜜仅用不到一年的时间做到两皇冠，你是怎么做到的呢？

汉珍蜜坊： 说到这点，我有一些自己的运作心得和大家分享。

第一，产品要有优势。淘宝的竞争不亚于甚至高于线下的竞争，所以如果你的产品没有优势，那还是先挖掘出更有优势的产品吧，磨刀不误砍柴工。产品或品牌最好能找到一个细分差异点，例如汉珍蜜坊就定位为国内首个成熟蜂蜜品牌，从而与国内其他所有的蜂业品牌区分开。

淘宝是一个大平台，最大的特点就是可以把你的优势迅速放大，反之也一样，可以把你的劣势也放大。

第二，准备好启动资金。网络销售和线下最大的不同在于：如果没有推广，就没有人进你的店，那你的产品再好，也不会产生销售。现在淘宝已经相当成熟，具有各种推广方法，不过实事求是地说，见效快的都是要投入的。所以如果没有启动资金，则也会巧妇难为无米之炊。

第三，用心多学习。淘宝上卧虎藏龙，各个阶段都有很多经验可以学习，边学边试，找到适合自己的方法，而后尽可能快地放大。

左丽英： 换言之市场的定位越细化，营销就越成功？

汉珍蜜坊： 是的。只有推广后有好的转化率，这样才是最重要的。因为淘宝上流量很简单，有投入就有流量，有流量如果没有好的转化率，你投入产生的流量成本收不回，那么就没有意义。

左丽英： 在没有更多的资金和经验的情况下，做代理还是自己进货更适于营销呢？

汉珍蜜坊： 从理论上来说，在没有更多资金和经验的时候，代理是一个不错的练手方法。不过从实际操作来说，投入不大就不会觉得心痛，不会有压力。这样经常会遇到一点困难就退缩放弃了，往往人只有在没有退路的情况下才会爆发出最大的能量。所以如果想要在淘宝创业，那我建议就要把自己“陷”进去。

左丽英： 在没有太多产品的前提下，你是怎样把销路打开，以至于提升到令人羡慕的冠级卖家的呢？

汉珍蜜坊：我们还在不断地学习中，因为运作淘宝才不到 1 年，我们店里图片需要不断提高，产品线也需要不断增加完善。我们采用的方法比较另类，也相对投入比较大。最开始没有店铺信誉，也没有产品信誉，由于我们的真正天然蜂蜜和普通浓缩蜜相比较的确有优势，于是，开始就准备了几千斤蜜进行初体验促销，以类似现在秒杀的价格让客户购买。

左丽英：看来你的胆量铸就了你的销量，推销就是让顾客认可，眼见为实才会令人折服。

汉珍蜜坊：是的。开始客户会怀疑，但如果品质和服务足够好，真心体验过后，那么很多客户就会慢慢成为你的忠实客户，这样操作需要有一个长远规划。开始有很长一段时间都是投入期，是亏本的，但当你获得了客户的认可，获得了信任，就是你收获的时候了。

左丽英：有舍才有得，知己知彼才能百战百胜。那接下来你是怎样做的呢？

汉珍蜜坊：有了好的产品及口碑后，尝试各种淘宝的推广方式，然后找到适合自己的，有合理的投入产出比（这个是最难的部分，只有不断的尝试后才能找到），就可以加大投入，快速做大，就像滚雪球一样越滚越大。现在我们的推广方式主要是直通车和淘宝硬广告，相对而言，软新闻是我们的弱项。

左丽英：其实推广就好比钓鱼，只要有好的鱼饵，总有被接受的时候。我特意留意了一下你店铺的评价，短短的时间内销量这么多而且还有着高质量的好评，你肯定有不为人知的秘籍吧？

汉珍蜜坊：评价的好坏，关键在于宝贝的品质和店铺的服务。由于我们是在打造品牌，所以对品质要求非常苛刻。虽然目前很多客户不认可真正天然的蜂蜜，但我们觉得这是我们的机会，不断地给客户灌输什么是好蜂蜜的理念，当客户认同我们的时候，就可以形成对我们品牌的高信任度。至于销量，关键问题还是在于推广，进店人越多，销售自然越大。做广告很简单，只是砸钱，但砸了钱能有回报才是最难的，也才是整个模式的核心和难点。

左丽英：记得有过这样一句话：定向对了头，一步一层楼。只要你抓住了核心，那难点也就不攻自破了。现在的大多数卖家对于中差评甚是苦恼，无论是冠级还是心级都很在乎，对此你又是怎样看待的呢？

汉珍蜜坊：我们对中差评非常重视，基本上我们会和客户进行贴心的交流，当然也有些客户实在无法改变，我们也没有办法，其实中差评并不那么可怕，只要问心无愧，相信客户也是能接受的。

左丽英：把流量转化成销量是我们最终的目的。对于广大卖家来说，推广就是一种无形的广告，那么请问你是怎样在如此短的时间内把你的产品推广以至于快速提升销量的呢？

汉珍蜜坊：关键问题还是在于内功。进店流量不是问题，只要有投入就可以，但进来后能否转化为销售，就看内功了。这个内功包括产品是否有竞争优势，客户口碑是否足够好，内功还不够好就去投放广告，只能事倍功半，只有当内功修炼得足够好后，推广投放和销售有一个良性比例，那才能加大推广力度，快速提高销量。而这个内功，包括产品优势、口碑和服务等内功的修炼。每个店铺都不尽相同，这也是每个创业者都需要花最大精力去完善的。其实在由流量转换销量的过程中，抓住顾客群体的共性也就抓住了营销的方法。

左丽英：虽然成功没有捷径，但是我们可以选择时机，抓住机遇。对于现在大家所议论的淘宝重新排名，你是怎样看的？

汉珍蜜坊：其实对于真正的大卖家来说，这个排名所带来的销售还是比较有限的，尤其是对于我们这种相对比较偏门的产品，所以对我们而言没有太大的改变。

左丽英：维护老顾客要比培养新顾客的成本低很多，这是公认的，你是怎样留住老顾客的呢？

汉珍蜜坊：怎样留住客户并成交，关键还是看产品的竞争力。客户进来是否购买，我们需要换位思考，主要有这么几个因素：一是店铺的口碑如何。如果口碑不好，则相信客户不敢购买，所以其他客户的评价就很重要。要让其他客户评价好，本身你的品质和服务都要好，没有其他的捷径。二是看产品是否有竞争力。只有这两者都符合客户的预期了，才有可能转化为购买，所以如何留住客户还是看内功，没有捷径。另外，老客户的维护比开发新客户成本要低得多，所以当你的老客户基数比较大时，可以对老客户进行一些有针对性的促销政策和服务。不考虑短期效益，更看重客户的人心。

左丽英：你的策略就是营销人心胜于营销产品，时刻为顾客着想，用心维护每一个上帝，顶级的销售就是把握人心。适逢新年来临之际，目前很多人对网购并不看好，对此你怎样看呢？你将怎样把好这一关呢？

汉珍蜜坊：由于快递公司在新年期间放假，对网购的冲击是非常大的，这个是客观现实，很难改变。不过危机，有危就有机，这个时候也是推广成本最低的时候。从长远来说，别人都不做推广，而你去做，一是成本低，二是你可以积累很多的客户，用心维护可以获得平时得不到的意外效果。

左丽英：最好的防守就是主动出击，千人一面的经营方式势必会让你落入竞争日益激烈的大潮中。那么对于售后，你优秀的团队才使得你在短短的时间内有所作为，能给我们说说你是如何做好团队的协调工作的吗？

汉珍蜜坊：的确，有团队才有一切，没有一个优秀的团队，所有一切设想都很难完美地实现。对于团队，我们就是一家人，大家为了同一个目标而努力，分享各自的喜怒哀乐，这样的状态就是最好的。

左丽英：能够感受到你为你的团队骄傲。得到了你这么多的经验分享，能说一说你接下来的目标是什么吗？

汉珍蜜坊：我们接下来会为把汉珍蜜坊打造成一个百姓品牌而努力，相信经过3～5年的努力，汉珍蜜坊会成为一个真正知名的大众品牌。

左丽英：大家期待你用平凡的人生演绎不平凡的精彩！成功不是偶然的，付出才会有回报！你能否给我们讲一下你开店过程中所遇到的困难呢？

汉珍蜜坊：创业开始肯定是很困难的，不过只要有明确的目标，初期的困难是预料之中的。只要耐下心来，做好自己的内功，流量不是问题，关键还是你的内功是否足够好。

左丽英：你曾在没有流量的寂寞初期想过放弃吗？你又是如何解决的呢？

汉珍蜜坊：由于我们启动之初就有非常明确的目标，所以开始的困难都是可以接受的。同时，创业的一个门槛就是能否在最困难的时候顶过去，顶过去了海阔天空，顶不过去就被淘汰了。

左丽英：对于现在的网购竞争，尤其营养品在没有高信誉的情况下应该不会被顾客认可，你一定有你独特的方法打败更多的商家最终使你短时间内有了这么大的作为吧？

汉珍蜜坊：用最傻的办法把你最真的产品给客户真实的体验，先投入不计成本，换得人心后收益自然就来了。

左丽英：你觉得秒杀会带来怎样的效果呢？

汉珍蜜坊：我们也在做秒杀，不过从实施的效果来看，带来的流量效果很不错，但带动销售的效果比较有限，可能和产品不同有关系，这个我们还有待进一步深入研究。

左丽英：最后对我们更多卖家有什么好的建议吗？

汉珍蜜坊：把重心放在自己的内功上，只有真正练好了内功，流量在推广后自然就来了，这个时候效益是顺理成章的事。在新的一年中，祝愿所有创业者用恒心和智慧努力达成自己的目标。

采访后记：采访结束了，经过这么长时间的经验交流真的使我有感而发，同样是新开店的卖家，我们的嘉宾以惊人的速度使自己破茧重生完成了蜕变，不得不让我们反思：创业路上自己才是真正的对手，机遇都是均等的。让我们以嘉宾为楷模，汲取嘉宾的经验，为自己的终极目标而努力，相信不久的将来定会有我们飒爽的英姿展现！

贾真：我的成功可以给很多人希望

本篇导读："很多80后可能都会有一些相同的经历，比如，大学毕业的迷茫，工作后的失落，一次一次的失败，还有一次一次的重新开始。现在的我，手里握着最后的3000元钱再一次重新开始。很多时候，都会被成名企业家的创业经历所感动，但是这一次，我想要开始一段让自己感动的生命历程。自从写日志以来，有网友给我留言说，如果你能成功，那会给很多人带来希望，祝你成功。我想，这一次性的生命还可以更精彩些。"这是我们主人公在创业日记中的一段话，我不敢相信这是一名80后所说的话，他让我很感动，不亚于那些名人企业家的创业经历所带给我的感动。今天，我就带着大家认识一下这位80后的创业青年——贾真。听听这位80后对淘宝的一些经验之谈。

贾真

嘉 宾 ID：net8nei
店铺名称：锋客官方淘宝店
店铺主营：3C数码
店铺链接：http://jiazhen.taobao.com
记 者：丫丫爱小念

小念先给大家介绍一下贾真的情况：

淘宝起步阶段

- 2008年7月4日，创建淘宝店铺——信誉0，货源无。
- 2008年7月6日，在当地珠江路市场找到笔记本电脑桌的小店，算是最初的货源。

- 2008 年 7 月 8 日，淘宝店第一单，电脑桌发往云南，因为不了解运费，只收了顾客 10 元，亏了 30 元运费。
- 2008 年 8 月 13 日，店铺所有的宝贝都是拿货价格出售，不赚钱，基本每天都有销售。

淘宝发展阶段

- 2008 年 9 月～10 月，店铺销量稳步增加。因为量多，拿货价格降低，有了一定的利润。
- 2008 年 11 月～12 月，每周好评数 150 左右，招聘了专职网店客服，店铺两钻。
- 2009 年 1 月～6 月，因为主要精力放在其他网站上（抢宝网），淘宝一直作为辅助的手段，所以不温不火。

挣扎阶段（插曲）

- 2009 年 6 月～8 月，南京的一个团队邀请贾真作为技术入股参与“中国学生书网站”的日常管理，期间淘宝店铺停止两个月。
- 2009 年 8 月 20 日，正式辞职，在 QQ 签名里写下“飞翔吧，梦想”，开始他自己又一次的创业历程。

为什么选择淘宝创业

1．赚钱太早是坏事

很多人都在怪自己赚不到钱，但我责怪自己的是：“赚钱赚得太早了”。大三的时候拿学费和借的钱在学校门口开了一个饰品加盟店，几乎在懵懂中每天都有纯利润 300 元左右，圣诞节的时候一天的利润有 2000 元。赚钱太早让自己养成大手大脚的习惯，也让自己盲目自信。大四的时候又投资 15 万元在学校正门开了一个宿舍用品店，以失败告终。

2．只要肯做，永远不晚

2006 年，还在大学开店的时候曾经想过做淘宝，因为有货源和库存，但是，很多朋友和自己都有一种观念：“现在做淘宝晚了。”所以放弃了。现在回想起来，2006 年开始做淘宝的，现在一般都是几个皇冠，网店都变成中小型企业了。后来也和朋友聊天说到这个事情，他也说，以前也有很多机遇，总是觉得他做的时候晚了，现在回过头才发现，只要肯做，永远都不会晚。

刺激我重新选择在淘宝创业是一位淘宝创业明星的创业日志——“淘宝创业 100 天拿 100 万元”，想想自己做淘宝的时候也有很多机会能像他一样把淘宝店铺做大，但是由于很多观念和想法上的禁锢（总觉得做淘宝没出息），所以没有更坚持一点，更努力一下。

3．没有基础就不要想未来

还有一点，就是观念上的改变。我的很多朋友在大学里都开始创业、开店或者开公司。大学里做的规模都还可以。但是到目前为止，没有一个人取得真正意义上的成功。最近一直在思考原因，突然发现我们大家都有一个共同的特点："充满了对未来的构想，放弃了眼前的利益。"在没有现金流的情况下，在没有一定经济基础的前提下，展望未来是非常危险的。 所以，这次重新做淘宝店铺，是想做出现金流，给自己一个展望未来的台阶。

4．抓住市场的节奏

最近还看过一篇文章《B2C 的节奏》，受益匪浅。应该是 TCL 老总写的。他说，很多时候想法不重要，机遇不重要，掌握住节奏最重要。我们都相信，网上购物电子商务会成为一种趋势。在 2002 年的时候，快递网点不全，支付手段不健全。这时候你去做网上购物，再好的想法，再多的支持，你也做不起来。2008 年号称是中国电子商务元年，从宏观角度去看，快递越来越完善，支付手段安全有效；微观角度去看，身边的朋友也越来越多地选择在网上购物。我想，这就是我们进入网上购物市场的最佳时机。同样，现在做淘宝，市场是空前的繁荣。此时不进，更待何时？

淘宝创业如何走出第一步

很多人也许能接受淘宝创业的思路，但是真正做的时候又会遇到很多问题。整整两个本子，写满了贾真对淘宝店经营管理的心得和想法，现在和大家分享一下。

1．货源（卖什么）

如果你有朋友、有工厂那是最好的，但是这种机会可遇不可求。对于大部分淘宝新手，可以尝试从本地批发市场开始。刚开始去拿货，不可避免的一个问题就是拿货价格并不是最低的。对于新手，不必过于考虑价格。价格和数量一向是紧密结合在一起的，如果你没有量，那就不可能拿到好的价格。如果你有量，那价格都不用你去谈。我的淘宝店起步阶段零售价格就是我的拿货价格。直到现在，这个价格还是不变。但是我现在已经有可观的利润了。原因是随着拿货数量的增加，拿货价格在不断降低。总结一下解决淘宝货源的核心思路：谈一个适当的价格，然后以"量"来争取"话语权"。

2．库存管理

"库存管理是电子商务的心脏"，这句话是我在学生书网工作期间最大的收获。

一般来讲，这个库存包含两个方面：真实库存和虚拟库存。真实库存的管理很多人都在做，而且做得还不错。这里解释一下虚拟库存，虚拟库存是指你能清楚了解每一件商品，包括即时数量、在哪里拿等所有具体情况。比如，我现在在珠江路市场拿货，如果我能了解珠江路市场的每一个数码产品的供应商库存、数量等情况，那整个珠江路批发市场就是我的虚拟库存。

卓越网号称是“零库存”，目前国内最大B2C京东商城的CEO说，京东的核心竞争力是后台数据和库存管理系统。网店要想健康发展，必须要有完善的库存管理，也必须要朝着建立虚拟库存的方向发展——零库存。原因是白手起家的经不起库存的压力，量大的网店，库存资金会影响公司的现金流运转。说库存管理是心脏，因为不完善的库存管理将影响到销售、客服（你要最快地答复顾客咨询有没有货、有多少的问题）、营销（选择库存充足的产品推广）、物流等网店运转的所有流程。

3．网店营销

很多淘宝店的掌柜每天的工作都是找货源、拍照、上架产品，然后就坐在电脑面前等旺旺响。淘宝几百万的掌柜都在做着同样的事情，凭什么你的店铺能脱颖而出？

如果说完善的库存管理是网店的心脏，那么网店营销就是网店的翅膀。这个翅膀给了你实现梦想的可能。

第一种，有一天我的一个朋友和我说，“我开了个淘宝店，有时间去看看啊”，然后发了个网址给我。如果当时很闲，那我可能会去看看。大部分时间，我会“哦”一声，然后一转身就忘记这句话。

第二种，一个朋友和我说“我淘宝店有一款散热架，只要 12 元”。我当时正好想买散热架，会马上跟他要网址。然后很长一段时间都记得买笔记本的相关产品要找他。

总结一下，淘宝店铺的宣传一定要有针对性和目的性，不管对朋友还是对顾客，只宣传店铺是不可取的。先打造一款明星单品，淘宝官方也会很支持你（了解淘宝的人应该知道这句话的真正含义，以后的文字里会详细说明）。

了解了网店营销的思路，还需要知道淘宝网营销的方法。目前贾真总结的淘宝网常用的营销方法也不过5种。

（1）旺铺。数据说话：有一次我的淘宝旺铺忘记续费，当天的IP（到访人数）从200降到20多点。

（2）消保。是什么让你在几百万的店铺中得到顾客的信任？信誉。你没信誉那就消保吧。

（3）直通车。店铺没流量，所以要加直通车。错，非常错。如果直通车只给你带来 10 个 IP，但是完成了 10 个销售，那么你一个流量都没浪费，一分钱也没白花，这是最完美的。我加直通车要的是最少的 IP 最大的销量。怎么去实现？先记住一句话“广告是给最需要的人看的，而不仅仅为了吸引人”。

（4）淘宝客。你自己推广你的产品，还是让成千上万个淘宝客帮你推广？

（5）同城营销。看看你的顾客里，同城销售占了怎样的比例？想想怎么能做成同城最大的专项淘宝店。

4．客服和售后

没有 100%满意的产品，但是请争取 100%满意的服务。很多淘宝店都在标榜自己的产品多么好，尤其在得到中差评之后。其实作为淘宝店铺，绝大多数都是代销，产品不是自己生产的。首先你要承认，产品可能或多或少存在一些问题，但是我们可以通过服务来弥补。

有一句话这么说，有问题的顾客 80%是对你有期望的，希望你能给他满意的答复。如果你处理得好，那么他就会是你的忠实顾客。

关于售后服务，还是引用 TCL 老总的话：“售后服务是创造利润，而不是增加支出。”

淘宝掌柜的晋级之路

一直觉得自己做事情的逻辑性不够强，不够清晰，没有大局观。很多时候做事情都很随性，想起来什么时候就钻进去出不来了，这个缺点直接导致的后果就是自己做事情的效率不高。想方设法去弥补自己这个缺陷，最后想了一个办法：“把自己所有要做的事情罗列出来，然后按照时间排序。”

关于淘宝店铺的经营发展，暂时给自己定了一个工作计划：

1．淘宝网店的装修

很多时候做一件事情可以从结果导向。我们做这一件事情最终目的是什么？我想淘宝店铺不管做什么，目的只有一个：销售。考虑一下，是什么因素在影响着网店销售？信誉、服务。所以网店装修应该让别人觉得你是一个专业的、有实力的网店，并且要在明显的地方标明服务承诺。这是最需要从网店装修里去传递给顾客的信息。

网店装修应该选择什么样的风格呢？这个是见仁见智的问题。我的想法是，简洁大方。在我网店重新装修的时候，我看了很多时尚的、前卫的装修。自己也非常喜欢，但是我不会去选择。因为我知道，我这个店是给顾客看的，我要争取让大多数的顾客喜欢我的风格。关于时尚，每个人的看法和审美不同，但是简洁大方的风格却容易被大多数人接受。

色调，我选择红色。主要是考虑到红色比较激情。网购很多时候都是在冲动消费，红色应该可以更好地刺激这种冲动。

2．虚拟库存的建立

中国市场目前存在这么一个现状：真正懂得网上销售的人有时间有技术，但是没有货源；有货源的人（厂家，一级批发商）每天被传统渠道的批发业务压得脱不开身，他们对于网上销售有心无力。当然，这是说大多数情况，也不排除少数人既有货源又有技术，就比如京东商场老总刘强东，造就了日销售额3600万元人民币的中国第一网上商城。首先，我重回珠江路批发市场，找到和自己打交道快一年的各个批发商，告诉他们我要在网上给他们薄利多销，帮他们走量。因为基本上他们都会有库存压力。所以他们还是很乐意听到“量”这个字（很多批发商的利润来源于返点，所以量也是利润）。在每个批发商那边用本子记录了他们的库存产品的价格、大体数量、库房联系电话（便于随时查询库存情况）。销售很头疼的就是缺货情况，很多行业因为季节等原因缺货和断货的情况非常严重，这对销售策略、营销等方面的影响非常大。不过数码产品因为其本身的特点，除了散热产品外基本不受季节的影响，这样能最大程度减少库存管理中的问题。

3．笔记本周边产品的品种丰富和上架

（1）完整的品种。对于实体店来说，顾客对于种类完整的要求可能并不高。比如，我想要配齐笔记本的全套配件，我可以多逛几家看看。但是在网店，这种需求就特别凸显。让这个需求凸显的一个主要原因是运费。或许你的单品价格比另外一家稍贵，但是如果我分别在几家买，则加上运费之后的总价比在一家买全了还要贵。完整的品种并不是让你大量的上货，而是建议你每个品种的产品都有一到两款，先“面面俱到”，省去了顾客的运费顾虑。为顾客着想，解决了别人的困难，这就是需求所在。

（2）为完善的描述产品多准备一分钟，销售过程中节省一小时。如果在产品上架的时候把产品的参数、细节照片都加在描述中，那么就会节省客服很多重复回答问题的时间。比如一款索尼原装耳机，因为之前少加一句话“线长 1 米”，2秒钟可以完成的事情，导致每周有10个客人会咨询客服这个问题，假设每个客人的问题花费15秒。那每周就多出150秒，一个月、一年就无形中浪费很多时间。

（3）完美的照片。如果完善的描述能减少销售浪费的时间，那么“完美”的照片就可以最大的促进销量。同样一款小音箱，之前的销量一直不温不火，我在这次更新产品时重新拍摄了一组“完美”的照片，带来的是每天单款销售近10个小音箱的回报。需要注明的是，图片的长宽最佳像素是500px×500px。

4．笔记本周边产品的软文撰写

做销售如果不懂软文那就OUT了。还是举例说明：一个人告诉我，这个笔记本的保护膜你应该买，去哪里买。我多半不会相信他的话，哪怕他真是善意的，我也觉得他是“托”。另外一个人告诉我，新笔记本应该如何保养才能延长使用寿命，怎样DIY，一步一步怎样做。我听他说的挺有道理，把他当成笔记本方面的专家。然后他告诉我，笔记本相关产品应该去哪里买比较正宗。你觉得不值得信任吗？当然，软文的方法就是没有方法。没有任何固定的形式、固定的做法。但是有一个核心：“先让别人相信你，才能让别人相信你的产品。”

5．选定2～3款主推产品打造明星单品（镇店之宝）

在一般情况下，一个皇冠店铺每天发货最多的产品也就3～5种。很多明星店铺，比如“羊皮堂”，他们店铺产品总数也不过几十个，但是一双鞋可以销售30多万双。淘宝网的人气产品排序规则会让顾客喜欢的产品获得更多的展示机会，这就是淘宝店铺必须“以质取胜”，而不是“以量取胜”的原因。一个明星单品每天的IP比几百个店铺的总流量还要高，你上一万个产品有什么用？如果说前几点是淘宝掌柜的基础，那么打造明星单品的能力是区别普通网店和潜力网店的一个根本核心，这才是网店掌柜的晋级必经之路。

店铺推广——淘宝客

1．什么是淘宝客

淘宝客是淘宝网的一个推广平台，通俗地说，就是推荐商品给别人然后拿返点。只要和淘宝相关的事情我都会去接触一下。从3月份开始我尝试着做淘宝客，意外的是第一个月的销售返点就超过1000元，第二个月将近2000元。因为要做的事情特别多，大概只做了两个月淘宝客，但是直到今天还是源源不断地有来自淘宝客推广的返点。作为淘宝掌柜，“淘宝客”是必修课，它是判断掌柜的产品营销能力的一个标尺。通过做淘宝客，可以让自己知道如何去推广产品，到哪里推广，以及什么样的产品具备成为明星产品的可能。

2．如何用淘宝客

开始我小心翼翼地设置淘宝客佣金，总是不甘心自己劳动成果的大部分利润分给别人。我店铺的推广佣金设置在5%，也就是别人帮我推广一个10元的产品提成仅仅是0.5元。这恐怕很难激起淘宝客的推广欲望，这种店铺推广几乎是形同虚设。

3．淘宝网掌柜的淘宝客推广佣金应该设置在多少比较合适

很多掌柜每天都会收到“刷信誉”的广告，信誉暴涨也是每个掌柜的梦想。与其花钱刷信誉，不如让淘宝客来给你“刷信誉”。作为淘宝掌柜，可以把淘宝客平台当成一个免费“刷信誉”的平台，把你所有的利润都让给淘宝客，甚至某些单品可以亏钱去做人气。比如我店铺的一款通用的笔记本键盘膜，售价 0.99 元，已经是低于成本价格在出售了。我在淘宝客推广里又设置了 50%的佣金提成。看似很疯狂的举动，实际上让我用不到一块钱的酬劳去增加曝光、增加推广、增加信誉、增加整店的销量。

据说一些皇冠店铺，总销量的 10%都来自淘宝客推广，你的店铺是否丢失了这 10%的销量呢？

团队梦想

刘备、张飞和关羽三个人中，刘备武力是最差的，整天哭哭啼啼像个女人，但是刘备是老大。

今年生日的时候许的愿望是：有一个共同发展的团队。

毕业之后在外面打拼的这四年，自己一直把自己当成一个“英雄”，想要自己无所不能，现在才发现自己真的错了。“团队能力”是我的短板，也是急需解决的问题。

大学里一起创业出来的同学个个都是响当当的人物，在自己的行业都有很强的个人能力。每个人都像张飞，或者关羽，但是没有一个人取得真正意义上的成功。或许我们的方向有偏颇，个人能力固然重要，但是即使再厉害的人也只能是个“兵王”。有一颗王者的心就不能走一个“兵王”的路。很多人都崇拜马云，我想，如果马云没有一开始就凝聚起来的团队，那也不会有今天的成就。

所以，目前的问题是，如何凝聚起来一个团队？

1．共同的梦想

在淘宝店铺里有个很有名的四皇冠店铺，店主的名字叫安娜。她对每一个团队成员都像家人一样，主动去了解他们的难处，处处替别人着想。她们吃住都在一起，她们有一个共同的梦想，就是让团队里的每个人，不管是普通员工还是领导，都能在上海买得起一套房子。

我一直希望自己一辈子都能以最真实的姿态存在，没有欺骗，没有谎言。很多时候，很多的企业喜欢给自己的员工一张空头支票。譬如等公司做大了会怎样，其实最真实、最实在的梦想往往很简单，给在外漂泊的人一个家。

我能理解“家”这个字包含的全部含义。

2．分享的精神

“同行免进，面斥不雅”，这个条幅挂在店门口几乎已经成为一种“行规”。马云说过，竞争不是让对手变得不好，而是让自己变得更好。之前我的淘宝店铺招聘客服的时候，我鼓励她在工作不忙的时候也拥有一个自己的淘宝店铺，而且我把自己的产品按成本价格提供给她，她有销售了我也一起给她发货。很多人都觉得工作的时候做自己的事情是“兵家大忌”。但是我这样做的实际结果就是客服和我的淘宝店铺“同生共死”，更加主动地去了解每个产品的参数和性能。最后的连锁反应是：她只用了两个多月的时间就拥有了自己的钻石淘宝店铺，而我这边因为出货量和发货量的增加，可以拿到更低的拿货价格和快递费用。同时，更低的拿货价格和快递费用让我们每个人都受益。

现在做淘宝店铺仍然不晚。一直想拥有一个3～5人的核心团队，大家住在一个大房子里，一起在淘宝网奋斗，共享更低的快递费用（目前我发货江浙沪4元，全国7～8元），更低的拿货价格（一起拿货量大，价格便宜），更直接的竞争环境（下面解释）和更多的经验资源共享（总结自己做淘宝的一些经验分享）。

3．良性的竞争环境

淘宝上每个类目都有数量众多的店铺在竞争。但是因为不是经常接触，所以你不会经常了解他今天发了多少货。这会让竞争的意识淡化。但是一旦组成了这个“淘宝大房子”的小集体，大家都会每天直面互相竞争。而且这是一种非常良性的竞争，会互相促进彼此的发展。淘宝的市场足够大，2～3个同类店铺的竞争基本可以忽略不计。但是2～3个店铺捆绑在一起，内部竞争形成凝聚力再和整个同类市场竞争，就会呈现很大的竞争力，会让这个小集团的每个人都得到最快速的发展。

因为直面的是全国市场，电子商务一定要达成“规模经济”的思路。这是和传统开店思路最大的不同。

网店掌柜的万年历

淘宝网店虽然不是个大事情，但是涉及了几乎中小公司运营的所有流程。大多数淘宝掌柜都是从单枪匹马起家的，一个人要做一个小公司所有的事情，产品经理（货源寻找）、库存管理、美工（产品图片和店铺装修）、产品营销、客服、售后、会计，所以他很难专注在一个领域把一件事情做好，最后的结果是每个流程都做得不好不坏，不能深入了解和研究。

几个月的淘宝客生涯给了我关于产品营销方面太多的帮助。最基本的一点，每个网店掌柜桌子上都应该有一本万年历。上面清楚地记录着每个月的中国节日和外国节日，其他所有的纪念日。在每次节日到来前 10 天左右，我就会准备这个节日相关的送礼攻略，然后发布到相关的论坛和博客，并做相关节日关键词的 SEO（搜索优化）。

现在的节日越来越多，名目繁多，有国内和国外的，加上每个人还有各自的纪念日。所以，仅仅节日包含的市场潜力就是无可估量的。很多人都在盲目寻找促销方法、促销手段，其实只要能把节日促销做到 1/3，那你的收入就不用发愁了。

总结一下贾真自己的节日促销方法，最好的节日促销方法。

1．促销文章的标题和定位

还是前面日志提到的关于广告的策略：要让最需要的人看到，而不仅仅是吸引人。首先，你要想到买东西的人会去搜索什么，比如七夕节，“七夕节送什么礼物”，这可能是大多数人搜索最多的关键词。对于关键词的选定，一般会采取两个办法：一个是自己站在顾客的角度去想他会搜什么，第二个更科学一点的，查一下百度搜索的相关关键词，让用户的搜索习惯给我建议。

2．促销文章的内容组织

标题和定位选好了，内容是这样组织的：两种选择，要么是非常专业的导购，组织专业的材料。让别人觉得你很专业，然后相信你；要么是很随意的推荐，就像自己写日记一样告诉别人你买了个什么东西，在哪里买的，还不错之类的。

3．最简单的促销方法

在一般情况下，现在“斑竹”群体还是比较“火眼金睛”的，再含蓄的广告帖也难逃被删的命运。这可能是很多淘宝客和淘宝掌柜的苦恼。很多人发广告帖都会选择在各个论坛里最火的版块，其实“火”并不是我们最需要的，每个城市的地方论坛的团购版大都发展得很好，比较出色的像 19 楼、化龙巷等。每天这些版块都有大量有需求的人在“逛”，你可以把自己的产品以团购或者其他形式发布在这些版块里。根据我的观察，这种推广非常直接、有效，而且帖子只要不违规，就不会被删除。

不忘创业初期的梦想

好长时间没有再写创业日志，因为淘宝日渐增加的销售量让我每天忙得不可开交，总是晚上 9 点多才发完货，吃过晚饭后就 10 点左右了，然后还要拍照、上新货、写描述，当客服……以前一直觉得每天都很忙碌的人就是成功的，现在想起来似乎是错了，连自己的工作和生活都不能统筹安排的人如何去管理更多的人和事情？所以我在想，一个成功的人一定是每天处理很多的事情，但是工作就是工作，休闲就是休闲，这才是我要的人生。

前一段时间看一个同行的签名：心态为王。我慢慢去体会这四个字，有的时候初衷总是慢慢地被违背，尤其眼前放着利益的时候就容易偏离。坚持自己该坚持的，首先要有平和的心态，或者再用一句马云说过的话：永远不要忘记创业初期的梦想。

很多时候，如果一直沿着创业初期的梦想走下去，那么就会成功。但是大部分人都会被利益驱使走了弯路。京东商城一天3600万元的营业额，但是他们始终坚守着自己低利润率的原则。即使稍微抬高一个点的利润率也能使他们生活的轻松一点，但是他们始终没有放松。一颗王者的心态彰显得淋漓尽致。

这里面补充一下，现在我们的淘宝店铺又增加了一个成员，一个本来在批发市场上班的小伙子。每天我们吃住在一起，他每天守着电脑，坐在地上吃饭，赤脚打包，光着膀子搬货，我们两个经常自嘲是两个农民工。虽然日子还是很艰苦，但也很快乐。昨天看海尔集团发展历史的影片，剧中提到一个早期的海尔员工离开海尔，然后再回来时说了几句话，“离开海尔之后，我的生活就只剩下赚钱。但是再回来之后，我真正做了主人，找到了创业的激情”。

我想，每个人都是空手来，空手走。区别是有的人一生经历了波澜壮阔，有的人一生平平淡淡。当然，有的人想要的人生就是平淡。但是我想，和我在一起的人一生永远不会平淡。

采访后记：别人的成功并不是因为走了一条成功之路，而是因为他走了一条适合自己的路。淘宝很好，但是不一定适合所有人。并不希望所有人看了贾真的创业路而进行自己的淘宝创业之路。还是一句话“至尊宝遇到给他脚底三颗痣的人就能幻化成仙”，当你找到那条适合自己走的路之后也能很快成功。

玉蜜坊：四招引爆店铺流量

本篇导读：店铺流量是每一个经营淘宝店铺的人都很关注的问题，因为它是一个店铺能否顺利发展下去的首要条件、重中之重。店铺必须先有了流量，才能提到商品成交量和转化率的问题，才能有最终获得经济效益的可能。那么如何才能快速引流呢？唯一的答案就是要做好店铺推广。又如何才能通过店铺推广快速引爆店铺流量呢？今天的嘉宾玉蜜坊纯天然蜜蜂园掌柜小方以他潜心学习研究MBA课程的心得和经营过多个淘宝店铺的实践经验为你总结了能引爆店铺流量、出奇制胜的“四招”。

嘉 宾 ID：玉蜜坊纯天然蜜蜂园
店铺名称：玉蜜坊
店铺主营：纯天然蜂蜜
店铺链接：http://ymfbee.taobao.com/
记　　者：倚梦开始的地方 888

嘉宾简介

我的家乡在著名“蜜蜂之乡”浙江兰溪。兰溪素有“三江之汇，七省通衢”之美誉，是浙江省南线的重要旅游城市。兰溪养蜂业有几百年历史，是传统的养蜂大市。目前饲养的蜂蜜有 15.6 万群，从业人员 3000 多人，2011 年养蜂业年收入为 2.28 亿元。“采得百花成蜜后，为谁辛苦为谁甜”，兰溪的蜂农如同蜂蜜一样善良勤劳。

玉蜜坊卖家

创业故事

我 2011 年大学毕业，学的是计算机网络技术专业。2012 年受一个养蜂人的邀请帮他创建了第一家淘宝店铺。这个店铺从 4 月份开启，到 9 月份即升为两钻。其间小店所有的运营推广只有我一个人在做，虽然很辛苦，但是看到飙升的信誉，心里还是很受安慰。随着做淘宝经验的丰富和各方面条件的成熟，我开始不甘心于为别人打工，心里原本就一直埋藏着的梦想此时更加按捺不住。于是在 2012 年 9 月份我创建了自己的淘宝店铺玉蜜坊纯天然蜜蜂园，开始了真正的独立创业打拼之旅。

访谈实录

一、打造品牌商品，做完美店铺

我的家乡在浙江兰溪，养蜂业有几百年的历史，是传统的养蜂大市，2011 年养蜂业年收入为 2.28 亿元。我姑姑和姑父养蜂有二十多年的经验，而且他们心地善良，看到现在越来越多掺假的蜂蜜严重影响着人们的身体健康，他们总是很难过。我精通网络知识，又会开淘宝店铺，于是就想到能不能把姑姑家的原始蜂蜜拿到网络上来卖，让大家都能买到纯正的好蜂蜜。这个想法一说出来就得到了姑姑和姑父的一致赞同。于是以销售姑姑家蜂场原始蜂产品为主的玉蜜坊淘宝店就这样诞生了。

我一直觉得淘宝店铺要想在将来真正有所发展，就一定要有自己的实体公司和品牌。于是我通过层层审批，成立了玉蜜坊纯天然蜜蜂园有限公司，并注册了玉蜜坊品牌商标。让我的淘宝店铺真正实现品牌质量、正规管理。而且我对于店铺的内功要求也很严格，虽然自己懂装修，但我依然聘请了专职美工，使店铺装修和宝贝图片拍照等各方面都达到完美。店铺前期因为资金问题耽误了一些生意，但最近两个月开始走向正轨，发展形势良好，信誉迅速升为钻级。月销售额最高时达到 6 万元，UV 持续增长。在进行店铺实践的同时，我还对淘宝大学 MBA 课程有着浓郁的兴趣，购买了许多书籍，一有时间就深入钻研它们，我觉得只有将理论知识与淘宝店铺管理有机结合起来，才能将淘宝店铺真正经营好，管理出水平。

二、努力做好“四招”推广，迅速引爆店铺流量。

在研究淘宝理论知识和进行店铺管理实践过程中，我对店铺推广兴趣浓厚，总结出了“四招”秘籍。

第一招：真正掌握搜索规律，做好自然搜索引流。

搜索是买家精准的营销工具，我认为一个好的店铺自然搜索流量需要占整个店铺流量的 60%以上。具体来说要想做好自然搜索需严格做好六个步骤。

一是做好标题优化。添加关键词时，不要用太多热门搜索词，因为用的人太多，那些大卖家也都在用，像我们这些中小卖家根本竞争不过他们。所以我们不如多选用常用词，常用词利用好了就会成为热门搜索词。同时宝贝标题里面不要出现过多的特殊符号，如“＊”“☆”“◢┤ ├◣”“〓”等，这些会降低搜索权重。

二是安排好商品上下架时间。商品做到每天都更新，上架的黄金时段是上午 9 点～11 点、下午 3 点～5 点和晚上 8 点～10 点半，这个时间段是交易高峰期。在发布宝贝时，产品的类目属性要填写完整，做到类目直达。商品下架前半小时不要去改动商品，否则会搜索不到。

三是主图要有创意。也就是需要有与众不同的地方，才能在成千上万的图片中脱颖而出，吸引买家的眼球。如一般的主图只放一件衣服，我们就可以别出心裁地放两三件，或者放一件衣服的两三个不同角度的图片。主图的尺寸以 300px×300px 为宜。图片上的文字不易过多，否则容易被当作“牛皮癣”处理。

四是宝贝详情页的描述要细致用心。既要详细说出产品的各种优点和特性，又要与事实相符，充分取得买家的信任。关联销售以少于十个产品为宜，因为如果你的关联销售产品过多，则会影响买家的视觉感受。买家一下子看不到自己所需要的商品有关说明时，会很快离开你的宝贝页面。

五是要符合市场规则。店铺一定要加入消保，否则搜索权重会降低。同样的店铺和宝贝，买家一定会选择加入消保的店铺和宝贝。要合理利用橱窗推荐，给快下架的商品加入橱窗推荐，推荐效果最好。

六是对违规行为做好自检自查。每隔2天～3天就应该检查一下自己的店铺宝贝是否有违规现象、被降权行为。类目放错的宝贝不要再重复铺货，否则会受到处罚。产品相关属性要匹配，否则宝贝也会被降权。

七是切实保证卖家服务质量。动态评分不能低于4.7分，否则店铺的各项功能都会受到影响和限制。尽量减少退款率，更要杜绝出现淘宝小二介入的纠纷退款。虽然现在好评率被弱化了，但我们依然要给予高度的重视。（细心做好以上七点后，我们店铺一天的销量可见下图）

店铺一天的销售量

第二招：做好直通车推广成效显著。

直通车是连接消费者和淘宝店铺商品最直接的工具，我当初买过一个数据魔方，从中看到排名第一的宝贝利用的推广工具是钻展，钻展对于中小卖家来说太昂贵了，不适用。而排名第二的宝贝就是利用直通车做推广的，直通车的价格对于中小卖家来说还是可以接受的。而且有准确的数据证明做好直通车推广，能为店铺增加30%～40%的流量。那么如何才能做好直通车推广呢？

一是要解决好价格设置和调整问题，出价要合适。调整价格既不要过高，也不要过低。价格高了会很费钱，如果没有成交那就会白费钱。价格太低，淘宝上的默认排名就会很低。最好每次调整价格在1～2毛钱之间。还要记住一点直通车千万不要等里面没钱了才去续费。

二是要给一个产品设置两个标题。因为一个产品设置两个标题，就会有两个展示图片。系统会自动判断哪个图片访问的人多，于是就展示给买家那张图片。两个图片两个展示也是收一个的费用，而和一个标题一个图片的推广所起到的效果却有着极大的差异，所以建议大家都设置两个标题。

三是要解决好质量得分。很多人都在为质量得分不高而头疼，我有一个方法能够有效提高质量得分。既在设置关键词的时候，按照自己标题的词语设置。因为标题里有的词语，关键词的质量得分肯定高，这样就轻松解决问题了。

第三招：多参加适宜的官方活动。

淘宝的官方活动很多，但并不是所有的活动都能带来流量和订单，更不是所有的活动都适合我们中小卖家参加。我觉得对于我们来说，最适宜的官方活动应该是天天特价。2013年12月21日我参加了天天特价，报名了100个商品，最终卖出去130个，很值得祝贺。上天天特价并不难，只要按照活动要求一步步做好就可以。我只想强调两点：一是报名的时候一定要选择好几号上活动。个人建议设置在周二或者周三的时候上活动为好。因为周一别人刚上班，肯定有很多事情要做。周五别人都急着想下班，根本没心思网购，所以这些时间上架都会影响购买率。二是报商品的时候，一定要把数量压低，不要报太多，因为天天特价的商品上是要显示剩余数量的。如果商品显示的剩余数量过多，则会让人感觉你的东西不好卖，剩的才那么多。

第四招：论坛、Q群、YY及微博广泛推广，丰富流量结构，走向多元化。

我一直认为淘宝论坛是个好地方，不仅让新手学到好多经验，还能发帖子推广自己的店铺。当然不能直接发类似广告那种帖子，我发的都是与自己店铺产品蜂蜜有关系的美容健康知识和实用性知识等。

我们还可以定期给QQ好友、QQ群发特定的商品推广信息，也可以带上自己店铺的链接信息，IP流量就会迅速攀升。

做好微博推广也是一条很有效的推广途径，可以把微博和店铺结合起来宣传。在微博上搞店铺促销活动，比如堆“楼”发奖品，即在微博上发评论，说明白“楼层”是第58“楼”、118“楼”等就有奖品，还承诺有免费试吃，这样来给你转发微博的人就会很多。

采访后记：小方把他用心血和汗水凝练出来的经验无私地分享给大家，店铺推广是个老生常谈的问题，而我们的嘉宾小方却讲出了新意和亮点，不仅全面、详尽，而且一针见血地指出了在平时容易被大家忽视和错误操作的问题。值得我们认真地去思考和反省，去注意和改正，避免在店铺推广过程中浪费过多的时间和精力再走弯路。如果你读懂了小方推广秘籍的精髓，如果你真正悟到了其中的奥妙之处，那就融会贯通到你的店铺推广实践中去试一试吧，相信一定会给你带来意想不到的好效果。

第 10 章

服务制胜

◎ 网逗数码：金皇冠百分百口碑不掺假

◎ 吕可可旗舰店：客服拿来主义生意旺

◎ 山货商贸：自己选择的路，跪着也要走完

◎ 娜雅韩妆：另类留客颠覆不推而广

◎ 海棠 1：高品质服务迎客没商量

◎ 雨荷宝贝：淘宝不是馅饼，最终要靠自己探索

网逗数码：金皇冠百分百口碑不掺假

本篇导读：淘宝集市店铺的百分百好评率一直是掌柜的心头之好，做过店主的都知道维系那份完美是多么的不容易，六年经营未被打破的 100%好评率，你能相信吗？

嘉　宾 ID：netoocn
店铺名称：网逗数码【淘宝最大手机商家】洛克合作商家
店铺主营：手机及手机周边配件
店铺链接：http://netoocn.taobao.com
记　　者：zgyl_2001

嘉宾简介

牛姐，网逗数码创始人，一位新时代的女强人。正因为她敏锐地感知到电子商务发展的巨大前景，于是便有了网逗数码。

创业背景

五皇冠店铺掌柜的她，2003 年孤身一人来到向往已久的深圳。经叔叔介绍，她进了一家电子外贸公司，工作中了解到电子商务发展的巨大潜力。2004 年，牛姐开始兼职做淘宝，开店之初她怀着美好的憧憬和满腔热血来淘宝创业。开店看起来很简单，若要经营好它也不是一件容易的事。一开始没有生意，她也曾一度消沉。在同学的聚会中得知一位同学是做网络推广的，向他请教后得知店铺的运营是需要推广的。网络上那么多同行，不推广别人怎么知道你的存在啊？他告诉牛姐一些推广的途径，随着接触的增多两人开始了合作，并做起了自己的网店。同学负责推广店铺，牛姐负责发货和找客户聊天。

网逗手机网成立于 2004 年，依托淘宝 C2C 平台进行网络营销。目前为淘宝五皇冠大卖家，手机类目最大的商家，日均 PV 流量 120 000，日均出货量 300 多台手机。网店从开始时两个人的努力，经过几年经营，已经进入高速发展的轨道。公司下设市场部、采购部、推广部、财务部、公关部以及后勤部，成为在C2C电子商务企业中拥有丰富经营管理经验的公司。主营诺基亚、三星、摩托罗拉、苹果、索尼爱立信、HTC、夏普等世界品牌手机及手机周边配件。公司把质量和服务作为企业的生存之本，所有机器都经严格测试才入库存。在网络服务方面公司对客服经过严格的岗前培训，以保证服务到位、准确。公司全年无休，方便客户进行购物及售后服务。从2004年入驻淘宝C2C以来，一直保持100%好评，淘宝网目前手机类目仅此一家五皇冠店为100%好评。

访谈实录

纵观淘宝，你会发现如今关于客户服务这块被关注的热度与日俱增。当店铺发展到一定规模，服务这块你不得不面对，那么如何提升服务质量来赢得上帝口碑呢？基于大家在此方面的困惑，今天的名人访谈请来一位五皇冠店主来为你讲解客户服务方面的知识。记者发现作为一名五皇冠店铺的掌柜，她的好评率是100%，那么他们是怎么做到的呢？下面有请我们今天的嘉宾 netoocn 来与大家一同分享。

zgyl_2001：你好，欢迎你来到名人访谈，看到“网逗”这个名字感觉挺有个性的，那么它源于何处呢？

netoocn：你好。它源于创业时期的构想，那时候我很喜欢上网玩，所以取名为网逗。“网出你的活力，逗出你的激情”源自这个主题。

zgyl_2001：100%好评的五皇冠，25万的卖家信誉，经年之后依然能保持百分百的好评率，在淘宝网店来说是罕见的，因为难得，所以独特！那么牛姐你们是怎么做到的呢？

netoocn：商品的质量，服务的态度，站在买家的角度处理问题，一定要和客户保持沟通，让每个客户都能在我们这里享受到购物的愉快心情。有一句话说：“沟通产生财富”，当然，质量和服务才是我们镇店之宝。我们每年都投入大量的资金在售后服务这块，包括新的员工加入都是带薪培训。

zgyl_2001：沟通产生财富，如何与各种类型的顾客沟通，相信牛姐一定有你的法宝，能和我们分享一下吗？

netoocn：这个说到了重中之重，在这里我无私奉献一下这方面的经验，对于各类型的顾客有不相同的沟通方法。首先，我们不会和客户直接谈解决的问题，我们要了解客户生活中的爱好，和顾客谈生活类的话题。其次，解决问题，我来举个例子吧，客户在个人信息里写到自己爱好篮球，那么我们沟通前会和客户聊 NBA、CBA、科比、广东宏远之类的话题。投其所好，让沟通变得亲切！

zgyl_2001：沟通从某种意义上来讲也是攻心术，了解顾客爱好之后是如何沟通的呢？牛姐应该还有补充的吧？

netoocn：我店设有电话专员这个职位，老员工对使用手机技术方面比较了解，每月的电话费用开销也是非常大的，我店的售后人员比售前同事还要多，因为我们的经营是以服务为主，解决问题一定要及时，诚意很关键。做成了朋友之后再解决问题，有共鸣才能结交朋友。像我公司的员工来自全国各地，比如来自河南的客户我用山东的员工与之沟通，因为山东口音和河南口音有些相似，和客户沟通就更加感到亲切了。

zgyl_2001：和顾客做朋友，找到相似的口音使沟通更加亲切，这不失为一种好的沟通技巧。你经营类目的特殊性注定在售后这块与客户的沟通工作量巨大，那么你是怎么做的呢？

netoocn：服务经营一直是我店发展中的重点，为什么强大的企业会设那么多服务点，其实这是有道理的。

zgyl_2001：企业做大做强，服务也占很大比例。你们倡导的服务理念又是什么呢？

netoocn：以人为本、以服务为本、达到双赢，能满足不同的消费者需求。我们卖的不单只是手机，我们还卖服务，2010 年不单是淘宝的服务年，也是网逗手机的服务年。

zgyl_2001：说到服务，相信很多人会说我们卖的不是产品，是服务。就如现在一些心心卖家更加需要在这块下苦功，他们也常说我们的服务不比皇冠差！

netoocn：是的，现在很多皇冠卖家也非常看重这点，我们也是一步一步围绕这个经营理念走到今天的。

zgyl_2001：淘宝目前也非常注重提升服务权重，维护了众多优质卖家的权益。

netoocn：是的。我们也在不断努力提高服务质量，按照淘宝规则做肯定是对的，我们推广部门时刻都在关注淘宝更新的公告，还有社区里的公告。

zgyl_2001：规则时时在变，我们只能因势而动。在公司管理上你是如何做的呢，了解到你目前有 55 名员工，那么是你一手在抓员工的培训工作吗？

netoocn：基本上每天早上部门的主管们会开会讨论最新的变动话题，公司的管理有专业的人员安排，员工的培训也有专业的同事做，每个月我们都会考核员工，考核通过不了会安排下班时间进行培训。

zgyl_2001：你的店铺专设有推广部，那么他们是怎样做一系列推广的呢？

netoocn：店铺的宣传和推广我为大家总结以下几点。

现在淘宝上的推广方式大概分为免费和付费两种模式，先说免费的部分。

1．淘宝社区

社区是必不可少的，此乃卖家必争之地。一个好的精华帖子往往会给店铺带来很多的流量，如果你写的帖子上了首页，那效果可是非常可观的！当然回帖也很重要，看帖子要多回复，多支持别人顺带学习前辈的经验，留言说说自己的看法，自然也会有人顺着来到自己的店铺！经验畅谈居是最为火爆的，也是我每天必逛的，在这里面能挖掘出很多的财富！

2．百度知道

百度一下，你就知道。百度作为国内最大的搜索引擎，离不开百度知道，很多人有什么问题就去百度知道找，这里面的浏览量非常巨大，所以抓住这个，自然也抓住了潜在的财富，我每天逛完社区后也会去百度知道上回答一些关于我的产品方面的问题，如果被采纳为最佳答案，则这个也能带来流量！

3．帮派活动

（1）多参加帮派举行的活动

现在淘宝里面的帮派很多，有的帮派是会不定期举行拍卖和发帖送广告位之类的活动，参加这类活动很容易增加你店里的人气。比如我加入的某帮派每天下午 2 点定时举行一次抢拍活动，当然拍卖前的准备工作也要做好：

要拿出适合大众的、价值高的产品出来才有吸引力；

在首页及要拍卖的宝贝页面做好其他商品促销广告（满就送、限时打折和包邮等，你可以创新去想），毕竟拍卖都是亏本的多。但我们的目的是做广告，吸引顾客进入我们店，同时要引导顾客购买店铺内的其他商品，这才是拍卖的真正目的！

（2）申请帮派广告位

现在有的帮派是可以免费申请广告位的，具体要求是按帮派的要求而定，一般是邀请多少人和发帖子之类的要求，申请成功后你的产品就可以出现在帮派首页了，这样也可以为你的店铺带来很大的流量。

免费的推广方法还有很多，我就不啰嗦了，再说一下付费推广。

1．加入消保

没什么说的，做付费推广首推我选择加入消保。大家要是想问为什么，可以自己去淘宝首页搜索一下，你会发现前几十页都是加了消保的，如果你没加消保，那么你的产品即使到了快要下架的时间也不会被买家搜索到。根据经营产品的种类需要交纳的保证金也不同，不出意外，保证金会退还。加入消保也可以增加买家对店铺的信任度，也是促成成交的好方法！

2．淘宝直通车

淘宝直通车是按展示或者点击收费，一般的淘宝店主不能接受。如果价格不是十分有优势，那么也许有点击也不会产生很大销量，比较适合做特价商品的促销和利润高的商品。

3．淘宝客推广

淘宝客推广是专为淘宝卖家提供淘宝网以外的流量和人力，帮助推广商品，成交后卖家才支付佣金报酬。也是非常有效的推广方法，比较省力，别人帮助推广，自己付佣金就可以了，但是佣金要设置的合理，不能太多，也不能太少，这也是一门学问！

马云有句话：最大的失败是放弃，最大的敌人是自己，最大的对手是时间。有推而广，店铺发展之道。

zgyl_2001：确实，很多人失败源于放弃！既然选择创业就得耐得住寂寞，诚如马总所说放弃是最大的失败！你为我们总结的服务以及推广方面的知识，非常细致到位，在这我也代表广大淘友向你致谢！

netoocn：不客气，我的一点心得，能帮到大家我也甚感欣慰。

zgyl_2001：现在很多店铺也非常关注促销，你能和我们谈谈促销方面的知识吗？

netoocn：关于促销也可以分成下面几类。

1．降价式促销

降价式促销就是将商品低于正常的定价出售。其运用方式最常见的有节庆大优惠、每日特价商品等。

（1）七夕节是折扣售货的大好时机。

（2）每日特价品：由于竞争日益激烈，为争取顾客登门，推出每日一物或每周一物的特价品，让顾客用低价买到既便宜又好的商品。低价促销如能真正做到物美价廉，极易引起消费者的“抢购”热潮。

2．有奖式促销

顾客有时总想试试自己的运气，所以“抽奖”是一种极有效果的促销活动。因为抽奖活动一定会有一大堆奖品，奖项是极易激起消费者参与兴趣的，可在短期内对促销产生明确的效果。通常参加抽奖活动必须具有某一种规定的资格，如购买某特定商品，购买某一商品达到一定的数量，在店内消费达到固定金额，或答对某一特定问题者。另外，需要注意的是举办抽奖活动时，抽奖活动的日期、奖品或奖金、参加资格、如何评选、发奖方式等务必标示清楚，且抽奖过程需公开化，以增强消费者的参与热情和信心。

3．打折式优惠

一般在适当的时机，如节庆日、换季时节等打折以低于商品正常价格的售价出售商品，使消费者获得实惠。

4．免费试用式促销

在促销之时，可以在比较显眼的位置设免费试用，鼓励顾客使用新商品进而产生购买欲望。

采访后记：每个人心中都有“完美”情结，做淘宝亦是如此。本期嘉宾运用服务、推广、促销等一系列手段，为自己营造100%好评的五皇冠店铺。如此信誉，难能可贵！希望本期访谈为你心中那份完美增加一份信心。淘友们加油，只要能想，就有可能实现！

吕可可旗舰店：客服拿来主义生意旺

本篇导读：上海门事件过去有段时间了，不是非要拿着上海门说事，而是类似的事情之所以引起关注，是因为大家关注的是客户服务的问题。挑剔的买家肯定是存在的，挑剔的买家多吗？我个人认为很多。那么挑剔的买家如何对待，大家关注的是这个问题，而不是上海门事件。客服究竟该做什么，面对挑剔的买家应该怎么做，才能达到最终想要的结果呢？今天我们走进可可旗舰店，由其店主为我们分享客服的实战经验。希望广大卖家能在这里找到成功服务挑剔买家的方法，并做到像咱们的店主一样，最终使得挑剔买家成为自己的老客户，并成功做到口碑宣传。

嘉　宾 ID：吕可可旗舰店
店铺名称：吕可可旗舰店
店铺主营：收纳盒　礼品　家具　鞋柜
店铺链接：http://lvkeke.taobao.com
记　　者：树袋熊和桉树

访谈实录

客服经验分享之一：专门的客服标准

树袋熊和桉树：做到两皇冠再到淘宝商城，整个店铺的客服还是你自己来做吗？

吕可可旗舰店：有两个客服，但服务标准还是沿用我们摸索出来的标准。

树袋熊和桉树：那么你具体在哪些方面规定了服务标准呢？

吕可可旗舰店：我们的服务有两种形式，一种是商品本身，一种是客服方面。

树袋熊和桉树：那么你能够具体谈一下这两个方面吗？

吕可可旗舰店：我们发布一个新品的时候会根据产品特性，制定不同的售后服务标准。比如有些产品在发货途中会有配件破损，或者客户在使用过程中因操作失误造成的损坏，我们都会在页面标注本款宝贝配件终身保修，只要坏了拍张照片，我们马上补发。

树袋熊和桉树：真的是很用心啊。产品本身的服务和客服的结合，使得在服务方面有很大的成就。可是相对你的打分，宝贝描述相符程度反而不高，你认为是什么造成这个问题呢？

吕可可旗舰店：这个是网络购物无法避免的，照片和实物存在差异，我们也一直在改进，但现在还没有很好的办法。

树袋熊和桉树：那么在宝贝描述中，你认为自己有没有夸大其词呢？

吕可可旗舰店：我们在宝贝描述中尽量围绕商品本身的特点来描述，用词会夸张些，带点诱惑成分在里面，但功能没夸大。

树袋熊和桉树：你认为宝贝描述和客户服务有没有必然的联系呢？宝贝描述有的时候会不会制约你们的客户服务？

吕可可旗舰店：会的。这也是我们在改进的地方。

树袋熊和桉树：你们整个宝贝描述的分值并不高，只有4.4，可是客户服务却相对比较高，分值4.7，我想这和你们的客户服务比较优秀有直接的联系，请问你店铺客户服务的标准是什么呢？

吕可可旗舰店：客户满意第一，通过客服的努力，来弥补宝贝描述欠缺的部分。

客服分享经验之二：客户服务沟通是法宝

树袋熊和桉树：你说店铺有整套关于客服的标准，相对而言说得比较笼统，除了专门售后之外，能不能详细说明一下客户服务这方面的标准呢？

吕可可旗舰店：我们的核心标准是沟通，在线沟通不够就采用电话沟通。旺旺沟通因为表达不出客服的情绪，有时候会造成理解错误。但电话沟通就很好，我们碰到几个男买家在旺旺上认为我们态度很差，后来通过电话了解到因为我们多用了几个“亲”字让他们很反感。

树袋熊和桉树：对，很多人都很反感这个“亲”字，现在你们在和买家打交道的时候，还会用亲吗？

吕可可旗舰店：看情况用。有些用亲的，我们就用亲，不用的，还是用标准服务用语会比较好。我们特别留意一个小细节，但也是学的，不过很好用。就是发货的时候，我们会根据情况在每个包裹里附赠不同的赠品，但不是千篇一律的。

树袋熊和桉树：这样会很浪费精力和时间，那么你们对于这些客户如何区分，仅仅是因为他们一次性购买的东西达到一定的要求呢？还是他们是老客户，或者他们自己有什么要求呢？你们又如何加以标记呢？

吕可可旗舰店：根据包裹情况，我们会打电话通知买家快递进度，减少买家查件的时间，但这个成本会很高。根据金额，买的东西是哪一个分类，我们每个发货单后面都有备注。在打印快递单的时候，就会专门加以标注。这样包装方面自然会根据特别标注来完成了，并且有些是偏远地区，还会标注及时查件，与买家沟通物流情况。

客服经验分享之三：拿来主义加换位思考，淘宝客服我第一

树袋熊和桉树：淘宝上海门的事情你也听说过吧，你对此有什么看法呢？

吕可可旗舰店：我认为所有卖家都应该换位思考，我们以前也在上海呆过，上海的买家有个共同特点：他们对产品的质量要求很多。同一样东西，一个 10 元，只能用一天，一个 100 元，能用 1 年，他们会花 100 元。可能很多卖家会用“挑剔”这个词。

树袋熊和桉树：那么根据你对上海买家心态的了解，你认为他们的要求过分吗？你认为面对这种挑剔，你的心态可以平和吗？你又会怎么服务呢？

吕可可旗舰店：换个位置，也可以用“品位”来形容他们。我们很愿意接受这种挑剔，这对我们产品质量改进绝对是个很好的帮助。一个上海买家问了我们 1 个礼拜，也要我们保证这个、保证那个，最后买了还是退货，说是无法达到他的要求。后来就有点搞笑了，退回来后，我们根据客户说的问题一个一个检查，结果发现是客户没装电池，然后我们又重新和客户电话沟通，但客户还是没有再次购买。这个算是我们比较失败的一次销售，但也提醒了我们，后来我们在所有的包装里都附赠电池。

树袋熊和桉树：在很多时候，你们东西的价格很低，利润也很低，这样一来一回，有时邮费要比东西还贵，这点如何协调呢？

吕可可旗舰店：基本上是我们亏本赔退货邮费的，可能很多人说我们傻。

树袋熊和桉树：在这点上看到自己的不足，也是成功的一点。有没有这样的情况，就是挑剔的淘宝买家最终成为你的朋友，成为你的回头客呢？

吕可可旗舰店：有的，这个客户也是从第一次购买出现问题，到我们帮她处理完后，家里能在我这买的都买了。

树袋熊和桉树：客服有时候需要欲擒故纵，或者说是，将欲取之，必先与之的道理吧！

吕可可旗舰店：其实这个怎么说呢？亏运费是眼前的，后面的收获是你看不见的。我们还碰到过这样一件事，那时候还在上海办公，一个不到16岁的小女孩刚学会用旺旺，但没有支付宝，一直都电话联系，后来交易的时候，她选择当面交易，地点安排在麦当劳，我们特意派了一个女客服（其实就是我老婆）去“接头”，出门前我老婆还特意穿的年轻一点，为了和小女孩有年龄上差不多的感觉。接头后，我老婆才发现女孩的妈妈也陪着来了。后来他们要在网上买东西时都会电话联系我们，让我们帮忙。大概持续了半年，后来小女孩的妈妈自己会了，就没联系我们。

树袋熊和桉树：有时候网络真的很神奇。你们那么忙，每次都会真诚地帮她们解决问题吗？

吕可可旗舰店：说每次都真诚地帮助那是骗人的，一般80%的都会很真诚，但很忙的时候也顾不过来。等哪天有和大卖家一样多员工的时候，我有把握把这个增加到95%。其实做卖家每天要面对很多事情，也会很烦躁，这个时候需要静下心来做客服。我们都是引导客服要享受这个过程。当你把一个难缠的客户问题解决后，那种成就感是非常棒的。

树袋熊和桉树：在你的印象中，有没有最难忘的客服经历，或者说有没有印象最深刻的客户呢？

吕可可旗舰店：我的评价里应该有她的评语。这个事情怎么说呢，她在国外，然后是她的邻居签收。有个筷子的盒子破了，我们提出换货。但她说她妈妈赶飞机来不及，要我们免费送给她。这件事上我们很坚持原则，退换货都可以，但免费送，我们坚决不送！

树袋熊和桉树：那么她说希望把那盒筷子退了，也就是说她不打算寄回，而自己留着用，但是要把钱退给她是这个意思吗？

吕可可旗舰店：我们宁可承担运费，也不允许免费送的事情发生，因为这有违背商业原则。

树袋熊和桉树：那么也就是在大的前提下你们主张服务第一，不存在上海门所议论的要信誉还是要尊严的问题，对吗？

吕可可旗舰店：所以我觉得上海门事件根本没必要争论，每个人有每个人做事的原则，就看卖家如何去面对。但是上海门事件之所以去争论，还是因为关注的人多，遇到的问题多，而既然是个问题，针对这一问题就必须解决，那么客服经验就是解决上海门问题的根本。做生意，以和为贵。在这个问题上争论，还不如花时间多到经验居看看帖子，改进自己，努力完善自己。其实整个问题的根源在于：大家做客服，没有做到完善，没有使得自己可以让这些挑剔的人成为自己口碑宣传的最好推广。

树袋熊和桉树：如果挑剔的上海人肯为我们做口碑宣传，那么我想淘宝客服老大也就当之无愧了，你说呢？

吕可可旗舰店：那效果会非常好。还是要多学习，多看帖，沉下心来看帖。

采访后记：我发现可可告诉我的道理很简单，却非常有用。他很直白地对我说，很多东西都是从帖子里学来的，再拿出来说，怕别人觉得自己偷师。其实那是很自然的拿来主义。很多道理我们都懂，关键是到底有多少人坚持在用。默默每次都觉得自己的采访啰唆，每次都啰唆的是谁在坚持重复着做一件事情，每天重复，没有人要求，没有人天天盯着，但是自己坚持每天重复一件小事。而这里的拿来主义就是学习的重复，重复学习，直到把别人的东西用到自己身上。客服同时切忌情绪化，我们很多时候心情会浮躁，但是千万不要带到客服中来。无论上海门还是什么门，是买家，我就有自己的服务标准。作为商家有商家的原则，我们可以赔邮费，但是我们不免费送。所以说，商家有原则，服务有标准，两者并不冲突。完善自己，最终你眼中挑剔的客户会成为你的老客户并且创造好的口碑宣传，这就是不同，这就是差距，这也是为什么宝贝描述相符程度分值如此低，可是客户服务态度还能保持那么高。任何一件事，别人背后的努力，分享出来，要学习才能会用。

山货商贸：自己选择的路，跪着也要走完

本篇导读：自学考试的梦破灭了，开始做起生意的梦，生意梦粉碎了，他来到淘宝，淘宝的路，亦不好走，但是他说，“自己选择的路，跪着走也要走完……”

十年前，他听说自考可以帮助人完成未完成的学业，实现自己的大学梦，于是他参加自考，并通过所有的理论课，可是实习却找不到接收单位，最终他放弃了执业医师的梦想，梦想破灭了。他带着满心的伤痕回到家乡，他摆过地摊、做过小买卖，最终也没有获得成功。他迷茫的时候发现淘宝，在妻子既不支持也不反对的情况下开始淘宝之路，凭借着执著的信念走到了今天的五钻卖家。他形容自己，“我没有办法像别人一样几个月就到几钻或者皇冠，我店铺的信用像是蜗牛行走一样的漫长，可我还是很欣慰，因为我看到了希望，我可以与家人一起憧憬明天……”他是今天我们的采访嘉宾，山货商贸特产行的掌柜——山货商贸_2009。

嘉 宾 ID：山货商贸_2009
店铺名称：山货商贸特产行
店铺主营：茅岩莓茶 杜仲茶 葛根粉 土家腊味 绿茶毛尖
店铺链接：http://shop37077848.taobao.com
记　　者：树袋熊和桉树

这里是淘宝卖家生活的地方，这里承载了卖家此时此刻所有的梦想，而我可以通过整个访谈过程看到卖家的真诚和实在，这也是很多人评价他的语言。在卖家店铺留言中也深刻体现着这一点，他用自己的行为感动着卖家和买家，真正地让顾客“恋上”他的店铺并信任他这个人。

百分百的用心，我们或许在最初无法看到回报，但是只有百分百用心地走今天的路，明天我们才不会遗憾。今天的付出是否成功，我们谁都无法预知，但是我们的店主坚持下去最终得到了回报，他的信用评价开始飞速发展。达到质的变化是从 2010 年 3 月开始的，到今天他的信用变成了五钻。

访谈实录

树袋熊和桉树：你说别人一个月几钻或者皇冠的，你不清楚别人是怎么弄的，现在你四钻了，你这四钻的信用用了多少时间呢？

山货商贸_2009：说来惭愧，别人可能两三个月走完的路，我却用了一年多的时间。我是 2009 年 2 月注册的淘宝，真正开始做是在 2009 年 4 月。

树袋熊和桉树：其实没有什么可惭愧的，踏踏实实走路，每一个评价都是自己用心走过来的，这样才会更加值得纪念，并值得讲述。看到你对待每个评价的认真态度，我很感动，这样的话，你的月营业额会受到影响吗？

山货商贸_2009：我们做得慢，也缘于自己对于网络营销的不熟悉。很多营销推广我都不懂，只是在用心的做好每一笔交易，让每一个客人都能在此得到全心全意、至上的服务。这么做的确很慢，对于业绩的快速提升的确有影响，不过我认真对待每一笔交易，也有一个具有深远意义的好处，那就是可以提高顾客的黏度，会让客人真正喜欢上我们的店铺，并不愿离开。从客人对我们的评价即可看出，人与人之间都是相互的，只有真正的站在对方的角度来考虑，对方才会真正的“恋”上你。

树袋熊和桉树：我看到你回复接受采访的帖子是在 2011 年 3 月 10 日，当时你是三钻，现在是 2011 年 5 月 28 日，你升级为四钻。这样的提升速度，在你们的分类下已经算是非常不错了，那么这样的进步是不是预示着，你前期的铺垫促成了现在质的飞跃呢？

山货商贸_2009：这个肯定会有很大的帮助，如果没有前期顾客资源的积累，那么现在也不会因为单纯信誉度的提升就快起来，单纯信誉度的提升只能起到一部分作用，在很大程度上还是得益于老顾客的口碑宣传以及重复购买。

树袋熊和桉树：那么你在店铺中还使用其他推广了吗？

山货商贸_2009：没上钻时曾经使用过直通车，但因为几个原因，效果不太理想就停了。一是没有一定的销售记录，二是由于我们的产品都是一些地方特产，比较偏，所以知道的人少，关键词不好选，从而效果也就不太理想。从那时起到现在就一直没有做过其他推广。推广方面我们做的不太好，现在正在筹备新的推广。

树袋熊和桉树：如果说单凭服务推广，则如此冷门的行业能够在那么短的时间从三钻到四钻已经算是非常好了。看到你店铺中的留言真的是感动了很多人，并且靠的是真正用心的联络，那么你每天花在和顾客沟通方面的时间一定非常多吧！大概一天能睡几个小时呢？

山货商贸_2009：我们早上 7:30 起床，8:00 准时开机上线，晚上一般是 12:00 到凌晨 1:00 休息。对于和客人沟通方面的投入我们是很花工夫的，很多即便是不赚钱的单，当有必要时我都会和客人通过长途电话来沟通，电话沟通有好处，那就是说的会更明白。

树袋熊和桉树：很多新手卖家在起初没有生意的时候，都觉得没有事情可做，比较清闲，但是你几乎 18 个小时都在网上工作，没有生意的时候你都是做些什么呢？

山货商贸_2009：事情简直太多了，比如网页文案设计啊，店里促销活动的筹备啊，还有就是经常去关注做得很好的大店铺，跟他们学习等。

店铺促销，让我开始了钻石之路……

树袋熊和桉树：关于店铺促销，你是联合淘宝的促销活动，还是自己店铺内设计的促销呢？

山货商贸_2009：我也想做联合淘宝的促销，但是因为自己的信誉不够（这个会有些影响小二的审核），以及因为自己产品比较偏，也很难碰上适合的能够联合淘宝的促销活动，所以，我们主要做自己店里的促销。

树袋熊和桉树：那么你们都是如何去做店铺促销的呢？

山货商贸_2009：我这一块做的也并不好，不过有些活动还是起到了一定的作用。比如以前店里的“金额满 10 元，单品满 6 款”的包邮活动，对于我们的信誉提升就很有帮助。这样做虽然有可能会亏本，但亏本的时候还是不多，因为客人一般不会刚刚好买 10 元的东西，话说回来，即便是亏本卖了，因为服务的到位与产品品质的注重，很可能就会因此而多了一个潜在的回头客和宣传窗口。所以这个问题就看你怎么看了。

树袋熊和桉树：现在很多新手都赔钱赚吆喝，你起初赔钱，那么投入的经历和金钱都比较多吧？当时自己心理和经济都能承受吧，而你承受这些付出了怎样的努力呢？

山货商贸_2009：这些投入当然都是适度而行的，每个人的具体情况不一样，适合别人的不一定能适合自己，所以我的一些投入都控制在自己能承受的范围之内，有时候当发现一个方案不适合自己的时候就马上改过来，现在很多发展很快的店铺都是有很多的财力来支撑的，我们做不了那样子，那么就想办法找到适合自己的方案，困难的确很多，但方法总比困难多。

树袋熊和桉树：其实不难看出，你的心态很乐观，那么你现在做到四钻，平均日销售额是多少呢？

山货商贸_2009：这个不好说，因为还不是很稳定。有时多有时少，一个月营业额大概在一万多点吧。我的很多信誉积分都是靠活动做起来的，所以看起来已经到四钻了，但实际营业额还是很低的。

树袋熊和桉树：其实这个销售额算是不错了，因为你店铺的东西相对价格都比较低，你非常谦虚。现在在淘宝当店铺掌柜，再回忆起在大城市的日子，你觉得在家乡的日子更舒服，还是大城市的生活更让你留恋呢？

山货商贸_2009：现在的日子更让我欣慰，因为它能让我看到希望。

树袋熊和桉树：你现在的店铺是你一个人在忙碌吗？还是有其他人在帮忙？

山货商贸_2009：目前只有我和我妻子两个人在弄，想要扩充人手，但目前的经济条件还不允许，再等段时间会考虑的。

树袋熊和桉树：其实两个人一起努力是非常好的。看到你的经历，也觉得现在你的生活开始稳定了，为你及你的家人祝福。当初你投入淘宝的时候，你的爱人就是支持你的吗？

山货商贸_2009：当初她并不怎么支持，不过，我看准的事情她一般也不会反对。

树袋熊和桉树：这样看来你们的希望全部在淘宝上了，那么下一步除了打算使用淘宝直通车推广外，还有什么具体的计划吗？

山货商贸_2009：直通车只是一个方面，其他的我们也不懂，不过也只有摸着石头过河慢慢去摸索吧。以后对于论坛如果时间允许的话，那么也会去考虑，毕竟我的财力不够，只能是从这些投入比较少的、适合自己的方面入手。成本不充足，论坛诉心语却使得店铺最终得到最大推广。

树袋熊和桉树：看来你从淘宝起步到现在都是很困难的，有没有一件让你觉得最难忘的事情呢？

山货商贸_2009：那是 2010 年快到年底的时候（具体时间我不记得了），大概是在 10 月到 11 月吧，那段时间因为两个原因，一是淘宝搜索排名规则的改变（改为人气排名），导致客人很难搜到我的宝贝；二是我店里的一款主打产品的类目属性（指淘宝类目属性）被淘宝系统放错了类目（具体是什么原因，到现在我也没弄清），从而也根本搜索不到。这两个原因导致流量锐减，生意一落千丈，一个月都没做上几单，被逼得没办法的时候，我妻子还去外地打工以维持日常开销。其实每个平台在成长的过程中都会有一些改变，唯独适应改变才能获得更好的成绩。

树袋熊和桉树：在和你交流的众多买家中，你认为最感动你的买家是哪位呢？

山货商贸_2009：这个就不好说了，因为这样的例子实在太多。我们也没有刻意保留这些东西，凡是我的客人，可以说极大部分都让我很感动，感动于他们对我的那份信任。甚至有好几个客人还是因为看到我的几个中差评后而选择我的，这些都让我非常感动。

树袋熊和桉树：看到你的帖子而给你留言的也不少呢。当你在帖子中将自己的经历公开的时候，你当时想过会通过它认识一些人，并感动一些人，带动淘宝的销售吗？

山货商贸_2009：当初的意愿并不完全如此（第一篇帖也并未带来多少流量），当时写第一篇帖子的时候总觉得自己心里面有很多想说的话，但不知道跟谁说，我的性格内向，没几个朋友，觉得写帖倒不失为一个抒发心情的好办法。所以就有了第一篇帖——《在现实中的挣扎与奋起》，后来的一篇《看我农民工》，那篇倒是给我带来了很大的浏览量，那个也是我意料之外的。

店主感言：“人与人之间的距离是遥远的，但也是很近的。我们该如何缩短这段距离，所需要的其实很简单，只要一份真心就足够了。此心换彼心，多一些交流，多一些换位思考，还有什么是不能沟通的呢？在此，我愿所有的淘宝卖家都能以自己的真心与诚信收获到成功的喜悦！同时也愿所有的买家朋友喜欢这里的一切，愿亲们在淘宝购买到的不仅仅是一个个优质的产品，更多的还有一份温馨，一份快乐！”

娜雅韩妆：另类留客颠覆不推而广

本篇导读：我们一直都在讨论如何做推广，想尽办法花大力气一定要做推广。没有推广的淘宝店就如一艘船没有了船桨，只有漂着，没有前进的方向和动力也无法前进。所以我们从星星开始就学习推广，学习营销，如同学习拼音和算术。今天我们遇到的是一个傻妞，为什么说她是傻妞？说到推广一问三不知。但是她凭着一股傻劲不到一年就做到了皇冠。笔者一直不敢相信她做到这个成绩，完全没有做推广这个事实！那么让我们来看看吧，是什么让她没有船桨还能前进并且稳定增长的。

嘉 宾 ID：娜雅韩妆
店铺名称：娜雅韩妆代购 韩国代购 遇见时光遇见你
店铺主营：韩妆
店铺链接：http://shop60425493.taobao.com
记　　者：像阿布一样

娜雅韩妆掌柜

年初开始做淘宝，做韩妆，现在是皇冠店铺。不过她还是兼职的，招了客服，妈妈帮忙打包。我想这也是不少中小网店的模式吧。刚开始由于感情失意，选择把精力投入淘宝。那我们来看看她的皇冠生活吧，到底有什么奥秘呢？

访谈实录

离韩近，进口正品韩妆有优势

刚开始只在淘宝买东西，买到三个黄钻的时候就想开店，一直没弄，直到2010年才开店。我对韩妆牌子比较了解，我也对我的货源有信心，所以开始就是卖韩妆。我姐姐在韩国，一开始就是从专柜拿了货回来卖，不怎么压货，后来慢慢卖得多了，就是她联系批发商发货回来。我在山东烟台，这边离韩国近，又有韩国城，卖衣服的、卖食物的，我那时候天天去逛。现在货不能走航空了，走一次扣一次，改走海运，找的代工（住在船上，专门运送货物进出海关，也叫背包客。）

感情失意，投入淘宝，知足常乐

我是快过年的时候开始开店的，那时候处于失恋，太想转移注意力了，就开了淘宝店并装修店铺、做图。我每天大约夜里 4 点睡觉，早上 7 点起床，当时上架 90 多件商品。前期没什么生意，但是我想起来却很知足。我那时候的东西很便宜，还附带小票，用品质和低价来吸引顾客。高性价比让顾客一般都不会只买一件，生意就这样被带起来了。

描述：要让客户喜欢阅读你的页面，坚持正品的前提下，让客户了解。产品描述可靠，信息丰富，最好让她喜欢阅读你的网站。讨人喜欢的店铺设计风格，先是拍照，再是用户的一些体验的收集（这个一般在韩国论坛找），其次是购买记录、购买的评价等，越丰富越好，同时要真实可靠，这是前提。也许不专业，但是一定要做好每个细节。产品的容量功效，该品牌在韩国的定位和获得过的好评。让顾客最真实地接触到这个产品，把自己当成顾客，想破脑袋寻找顾客需要知道和关心的内容，然后把最真实的放上去。拍照，我在淘宝上买了小板和小花，然后选个光线好的时间去拍，用软件稍微处理一下（都是傻瓜级别的软件，一般人都会的）。只要不偷懒，有实拍图比什么都好。技术差点也没有关系。做图比较累，有时候做图做到想吐，不过还得继续，有些可以批量处理，大部分还是要细细地做。一定要有实物图，让顾客信了才会买。不信任怎么会消费呢？产品页必须下大工夫，每个产品页都必须仔细写。读书时那些好好做笔记的人，往往学习不会差。很重要的一点，店里的所有快递进货的单据都拍出来，做凭证。这样买家就知道我们的东西从哪里来，保证是正宗韩国货，也比较放心。

关于推广

很多人一直问我这个问题，但我确实是没有做过什么推广，也没有什么经验。我的直通车每天才 3 元左右的消费。开店初，每天只有 10 个 IP，后来加入消保，每天有 30～50 个 IP，然后稳定增加到 100 个 IP。现在已经达到 1000 个 IP，PV 是 IP 的 10 倍，淘宝流量非常稳定。

日订单：以零售加批发合计，初期每天发出平均 3～5 个包裹，现在是 50 个左右。 一直是稳定增长的。只是会根据一些情况做一些活动，满就送、包邮之类的。比如女孩贪小便宜，有的是为了省运费，有的是为了满多少让我们包邮送小东西。我简单举一个例子，当 50%以上的顾客都问是否可以包邮的时候，不同商家的做法是完全不一样的，多数是烦恼于很多顾客问，占用她的时间，于是在首页显眼位置说，不包邮！有部分提出，要满 499 元等高额数目才包邮，对顾客震撼力小。而包邮这种做法，很多商家有不同的操作。A 做法：满 149 元，江浙沪包邮，其他地区包 5 元。B 做法：满 199 元，全国包邮。B 做法一定会给我带来更多的订单，而这两种做法我的利润基本不变，甚至 B 做法更多，我们这行是这样的。全国无条件包邮是非常有震撼力的！特别对于女孩子，冲动是她们的购物天性。然后比较注重的就是客户维护了，比如会员管理、VIP 之类的。

对待顾客要像春天般温暖，接待就要像谈恋爱

用专业的知识和绝对的关心进行导购，犹如对待自己的女朋友。那时候的顾客，我都能背得出名字、哪里人、买了什么，有几个现在还在买。

现在有客服了，我还是自己一有时间就和顾客聊。我们让顾客来决定我们在冲钻后要举行什么优惠活动。偶尔遇到孕妇顾客，因为爱美，很想用化妆品，此时，我们会一直劝她别买，而不是购买！偶尔遇到肤质不适合用化妆品的顾客，我们也是如此。我觉得做好服务是第一位的。就想象自己在店里买化妆品，客户说话一定要及时回复。那时候因为没有及时回复，很多客户选择在别处购买。服务不只是发货要快，不只是态度要好，不只是解决售后问题要及时。我认为这不算什么好服务，这是每个淘宝人的本职工作而已。做好本职工作，本身不值得夸耀，但是这已经很难了。

我对好服务的理解还包括让顾客在任何时间用她舒服的方式联系到你。售后有问题，也要绝对的温柔和及时有效地解决，女朋友闹脾气一定要哄的嘛。

发货要及时

每天发 10 单，手工就可以；每天发 50 单，手工+快递单打印就可以，Excel 做账；每天发 100 单，就需要专门的系统了，网店管家和管家婆之类的都可以试试，这些软件都需要很费时间的去磨合，挑选适合自己的使用。每天发货几百单后，我建议还是用 ERP 客户管理系统之类的吧。

采访后记：超高的店铺回头率，这个也是我们一直追求的，而她把老顾客留住了，这些就是她的财富。大家都知道一个新客户的开发成本是一个老顾客的 15 倍。所以看我们的嘉宾没有投入任何的推广，可是她投入的维护是她自己的努力和真心，于是在顾客身上得到体现，她修炼的是内功。当然，我们今天的案例只是表明做好内功一样很重要，不要在推广的同时忘掉网店的根本。同时嘉宾的店铺若插上推广的翅膀，必将走得更远。她已经买好了办公场所，准备辞掉工作大干一场呢。让我们祝福这个可爱善良一股傻劲的女孩子吧，就算还不专业，但她是最真诚、最温柔、最认真的女孩子。相信每个她家的顾客都有这种感受。

每个皇冠店都是慢慢修炼出来的，而她小心呵护的，一直都是你们——顾客。

海棠 1：高品质服务迎客没商量

本篇导读：嘉宾说，“就像工作，我只做自己喜欢的工作，不会因为收入和社会地位选择自己不喜欢的工作，这个可能更多的是我的个人特色。做回自己，走自己的路，过自己的人生，我们的店铺是这样。”

海棠 1，淘宝大学的讲师，可能很多淘友听过她讲的课。如今已经是双皇冠店铺掌柜的她依然坚持做着自己的本职工作：老师。她不但是个老师，并在学校带领一批大学生在淘宝创业。拿到硕士学位后的海棠工作轻松，空闲时间多，所以她尝试着开了家网店，原本为了让自己有更多的实践体会来研究消费心理学，结果一不小心就一直做了下来。2007 年 3 月开始尝试，启动资金大概是 500 元～700 元，有空就打理，没空就搁置。虽然客源不是很广，大部分顾客都是回头客。加上不断有新顾客，慢慢地网店就做了起来。兼职淘宝，时间上比较紧，所以在 2008 年底的时候请了一个客服，并开始在网店上投放更多的精力。2009 年，成功晋升皇冠卖家！店铺目前进入调整期，准备转型，成立了公司，做自有品牌入住淘宝商城。三年来，她一直严把质量关和服务关，店铺规模越做越大。

嘉 宾 ID：海棠 1
店铺名称：海棠居品质护肤
店铺主营：化妆品
店铺链接：http://shop34295205.taobao.com
记　　者：像阿布一样

访谈实录

初期货源，知己知彼谈判技巧

根据自己的经验和知识确定需要的货源，确定之后就去谈，只要对方有我需要的货，就大胆去谈，即便当时谈不成也要保持联系，有些品牌是联系了几个月才拿到的。其实只要胆子大些货源还是好拿的，这些人我原来都不认识。正品很重要，一定要注意渠道，我找的都是正规公司的代理商，供货商一定要正规，只有正规的供货商才能保证提供正品，保证产品质量。

海棠 1

1．没有销量如何去谈货源

没有卖出一件商品，就跟他们谈，到底该怎么谈呢？

（1）了解代理商想要什么，而你又能提供什么。

（2）代理商给你供货最担心什么，而你能提供好的方案来解决，不能说空话。

（3）要让合作伙伴明白跟你合作有哪些好处。

（4）如何有效控制风险。

想好这些后，就要了解产品，必须对产品完全理解，对代理商也必须有相当深的了解，自己才可能在谈货源的时候占有优势，充分了解后才会知道对方关心的重点在哪里，才能谈得拢。我知道产品的优点和缺点，知道怎么搭配，知道目前这个代理商需要出货，也知道他们想要什么，而且前期我会要求价格低些，但不会一次到位，等我达到一定的量后再要求降低，这也要事先说好，就这样谈下货源。我是慢慢发展的，资金没问题，我的资金只投入了几百元，其他都是店里积累的。我发展得不够快，所以风险自然是可以控制的。

2．产品定位：品质第一，好不好卖是其次

产品选择上，品质一定要好，好卖不好卖还在其次。

首先重要的是品质要好、温和、对皮肤没有任何副作用，最简单的就是自己试用。所以我们每个新品牌的引进都需要几个月的试用，周期比较长，只有自己试用后才知道效果，也知道一些注意事项。

其次做好自己的定位，做真正高品质的护肤品。店铺定位在对护肤品要求高的白领阶层，客单价在 150～300 元。所以我们对产品要求很高。一些卖得很火爆、很大众的，我们也不会去做。这样虽然会影响销量，但是我们拥有极高的回头率。我们做淘宝不是看眼前利益，所以热销不是第一考虑要素，当然也不一定非要大牌的东西，只要经过我们试用筛选的最适合、最符合我们客户群的东西。我们没有那么强烈的欲望，这可能跟我个人更多的内在价值取向有关，做真正高品质的护肤品。

售后，好马配好鞍，好品质对应高品质售后

（1）我们非常注意维护老顾客，也准备进一步加强这方面，配备专门的客服来做。老顾客有任何问题，我们都是无条件相信，先解决顾客的问题，真正做好售后。如果顾客买了产品不合适，经过我们调整仍然不合适的话，则我们承担所有费用退回。

（2）站在顾客角度，为顾客考虑。当时有个地区的顾客不能上网，我们打电话过去询问需要的产品，可以有哪些联系方式，这样后来的订单也不少。

（3）我们现在着手要做的是配备专门的客服来整理顾客资料，专门做老顾客维护。

如何处理中差评，遇到激动的客户怎么处理

（1）安抚。告诉顾客，让她放心我们的服务，包括售前、售中和售后。让她慢慢说，我们一直在。

（2）沟通，做出满意的处理。如果经过沟通和方法的调整，仍然不适合，则海棠居负责退货和所有邮费，并负责调整好顾客的皮肤，除非顾客的皮肤是其他原因造成的。

我们也有碰到过顾客自己之前用过激素，停用后再用我们的产品，激素反弹，我们一直在跟进。我们仔细了解情况，发现可能是激素的反弹因素，然后分析顾客使用的产品，指出有一款是有激素的，后来这位顾客去了医院，医生明确告诉她是之前的一个产品有激素。在这样的情况下我们退回了产品，因为顾客目前不能用任何产品，激素的反弹非常严重，我们承担了所有的费用。从短期看我们是亏本的，但我们相信，我们对顾客的负责会带来更多的顾客。有的顾客用了不太合适，退回来重新搭配好，使用感觉好后带来一堆顾客。有时候顾客确实很激动骂得很凶，但是我们依然坚持礼貌售后。因为我们是卖家，我们有利润，但顾客拿一个不能用的产品会浪费，这个时候宁愿我们亏本。不管是遇见高素质顾客的还是其他，我们都要做诚信有礼貌的卖家。

对于中差评，我们做好售后，如果顾客实在不愿意退货也不愿意修改，那么我们也不强求，不会过多去打扰客户。

用心付出，得到回报。有些顾客很认同我们，在我结婚的时候，有个顾客从客服那里知道了，专门给我发来短信，说为了等我结婚，准备两年了，礼物都准备好了。其实有些顾客就像是朋友，确实是很好的。

对新手卖家的建议：踏踏实实做事，抬脚看路走下去

更多的建议是好好学习淘宝的知识，脚踏实地去落实每一件事情，看到好的做法就去做而不是只在口头说，这样会在不经意间成功，或者说这样更容易抓住机会。现在淘宝成功的例子太多，新手更容易看到成功的一面，而没有看到成功背后的付出和机遇，眼高手低。淘宝大学线上课程培训的时候，我感觉很多新手卖家只想着推广，但他们忘了店铺的基础建设、产品质量和自身的沟通技能。

用心，责任心，知识。很多事情都是从简单到复杂再回到简单的，就如返璞归真一样。太多的新手容易把淘宝想得太难，其实只要简单去做，就会有进步。看到太多成功经验的新手又会想得太容易，其实高手是必须经历过困难和复杂才能够简单玩转淘宝的。要做的事情很多，无论如何先做起来，刚开始想拨开迷雾就能看到方向是不可能的，别人的成功不是任何人都可以照抄的。每个人都会有区别，当然也有共通的，这就需要新手卖家更多地去学习，去参考其他人的经验，但也要自己思考和解决问题。很多新手有很远大的目标，但实际行动不到位，就是要踏踏实实把实事做好，做的时候要记得抬头看路就行了。

采访后记：有想法、有智慧、有行动、有原则、有方法、有恒心，这就是我们本次嘉宾——高校教师，她是淘宝大学的老师，同时也带领着一个淘宝创业班，带领一群大学生创业。她的店铺没有横冲直撞、冒冒失失，她知道自己在做什么，精致地坚持着走向自己的目标。我们可以做的还有很多，只有知道自己要做什么才能做到优秀。她们现在开始成立公司，正往公司化、制度化、正规化前进。祝她在这条路上越走越宽，建造出自己更广阔的天地。

雨荷宝贝：淘宝不是馅饼，最终要靠自己探索

本篇导读：由于女儿的原因和淘宝结缘，店铺的名字“雨荷宝贝”也是因女儿的名字而取。从淘宝开店，到现在的三皇冠，已经五年多了，他对待店铺和女儿一样，他用他的爱心呵护着女儿，也用爱心经营着店铺。用诚心对待每一位买家，每一个买家都是雨荷宝贝的朋友！

2007 年，雨荷宝贝荣获淘宝网十佳网商和“最有价值品牌店铺”，同年接受湖南电台和潇湘都市报专题采访。2009 年，创业先锋大赛，雨荷宝贝荣获第三期一等奖。现如今已是三皇冠卖家的店铺，依然保持百分百好评，店铺动态分数高于同行业 13%。雨荷宝贝，是怎么做到如此成功呢？这里面到底有什么秘诀呢？带着这些问题，我们走进雨荷宝贝的店铺，与雨荷大哥一起揭秘！

嘉 宾 ID：雨荷宝贝
店铺名称：雨荷宝贝
店铺主营：保健品
店铺链接：http://shop33006546.taobao.com
记　　者：公主靓鞋坊

雨荷宝贝

访谈实录

公主靓鞋坊：你认为开淘宝店最重要的是什么呢？是推广、服务、网店装修、拍照做图、淘宝直通车，货源还是其他？

雨荷宝贝：无论是推广，还是客服等，我觉得都很重要！它们好像是一张紧密相连的网，织得越好越密，网的鱼才会越来越多！而如果非要分出主次的话，那么首先我觉得货源很重要，货源的重要性在于产品的质量。保证了产品质量就有了稳固的基础，货源的品质是毋庸置疑稳占首位的！好的品质在顾客的心里同样占据最重要的位置，无论你销售多少产品，最后产品的好坏需要亲爱的买家们去评说。我们卖家对评价都十分看重与呵护，好的产品是买家给予评价的最大判断标准，无论我们的推广如何犀利，买家进入店铺会习惯性地点击我们的信誉和评价，留住买家的关键和取得买家的信任，很大程度上要依赖于质量！所以我们开店之初就确立了一条宗旨“凭质量说话，靠价格取胜，用良心经营”，这个是我们开店一贯的信条，脚踏实地的发展，所以得到无数买家朋友的支持和厚爱，以至于雨荷至今还保持 100%的好评率，特别是在保健品行业实在难能可贵！

再次就是推广了，记得有人说过“只有想不到的推广，没有卖不出去的货”。这句话，说出了推广的重要性，于淘宝而言尤为重要。所以店主们天天在想怎么推广，去哪里推广，毕竟“流量为王”啊，多一个流量就意味着有机会多一个买家！

公主靓鞋坊：是啊，货物质量是店铺的根基，发挥着最重要的作用。要做到无一漏洞却要综合各个方面，那么保证了货物的质量后，你又将重点放在哪一方面了呢？你最擅长什么呢？三皇冠依旧是 100%好评，那么你保持 100%好评的秘诀在哪里呢？

雨荷宝贝：说来惭愧，开店 5 年多，我有时候也在问自己，我最擅长的是什么？每天都很忙，我想这个也是淘宝掌柜的共性吧。“累并快乐着”，像个小蜜蜂辛勤忙碌！要说擅长的，我自己也不知道，要说我们比较喜欢的应该是店铺推广。

1．量子统计，知己知彼

所有淘宝掌柜都想把自己的店铺宣传出去，无奈网络太大、店铺太小，能进入你店铺的人究竟有多少呢？要想知道到底有多少人进入自己的店铺，后台的店铺计数器必不可少。我们现在使用的是量子统计，我个人认为还不错，可以从各个方面来了解我们推广的成果、顾客的来源地、他们浏览的页面、停留的时间，通过量子统计，我们都可以掌握得很清楚，这样我们就可以根据掌握的情况进行有的放矢的推广。

2．全员写帖、回帖

除了自己积极参加淘宝社区的活动外，也让客服们多多参加，会写帖的多写帖，不会写帖的专门回帖，这些都是流量！我要求写帖必须是原创帖，按照精华的要求去认真写好每一篇帖子，图文并茂。回帖要求客服要抢到第一页更靠前的位置，适当加入自己店铺的语气，比“雨荷说，雨荷觉得等”这些都让看帖的人在看别人的回帖时能多一点注意，才有机会进入我们的店铺。同时告诉大家，淘宝打听和淘心得都是我们需要好好去挖掘流量的地方，寻找买家关心的问题认真回答，每天几个十几个的回答下去，一定会提高流量。百度提问、天涯问答、新浪、网易和百度空间等大型博客也是我们宣传的阵地，只要人气高的地方，都是值得我们去好好挖掘的。

3．店铺好评

我非常看重店铺好评。本人是一个追求完美的人，开店那么久要说没有中差评威胁那是假的，但是在产品品质保证、优质客服的售前售后服务和保证发货迅速下，可以很大程度上降低评价风险，但是也有些买家收到货不满意，他们在不联系我们的情况下给予中差评。还没有评价生效的时候，我们就会及时和买家联系沟通，解决他们的疑惑和误解，有些误解我们销售假货，怀疑不是正品，或者防伪查询没有按照正确方法来查，都需要我们耐心去解释和帮助他们，设身处地地为买家着想，误解就可以消除，所以在众多的买家好评中，称赞我们服务态度好的非常多。每次翻看这些评价，总能获得开心的慰藉。在评价中，我们特别会小心一些同行或者中差评职业人士的捣乱，通过学习淘宝的评价规则可以很好地维护自己的利益。

公主靓鞋坊：样样都准备得那么充分，才有 100%好评的存在。我们一定要好好学习了。看来简单的推广方式其实隐藏着无限的流量和商机。说到客服管理的问题，你能详细地给我们讲讲如何做到安排得当，让每一位客服都能发挥自己的长处吗？

雨荷宝贝：客服的分配工作，首先要看每个人的长处在哪里，每个人擅长的地方不一样，扬长避短进行分工。我们现在有专门负责订单的客服，专门负责推广的客服，专门处理售后的客服，每个环节都要注意到。我们每周二晚上都会定期在内部群里开个小会，总结上周的经验和不足，比如在和顾客的聊天中，谁回答的不够完善，稍显欠缺，由主管客服提出来，然后大家一起去分析哪里出现问题，各抒己见，这样经过大家的讨论，一个很好的回答方式就出来了，下次避免出现类似的问题。

公主靓鞋坊：你在这方面做得非常好，让每一位员工都能发挥自己的长处，给店铺带来更多的效益！你能够就店铺促销活动构思和大家谈谈吗？

雨荷宝贝：店铺促销是我非常注重的一个方面。一个好的活动能带来很好的销量，首先年初我会下载下一年的节日时间表，针对每个节日做好策划活动的准备，这样不会错过节日促销，大概提前一个月做准备为宜，买家们可以提前购买，不至于临近节日匆忙下单，很有可能耽误到节后才收到货造成遗憾。因为我们是做保健品的，在节日中主要就是送礼，送礼送健康，打的是健康主题，在设计促销页面的时候，我会比较注重营造一个温馨亲切的促销画面，打动人心，买家才会乐意下单购买。然后在设计活动内容中增加包邮、送礼、满就送和满多少可参加换购等，让买家在购买中感觉实惠的同时我们也抓住时机，多赚一些好评信用，活动要的是双赢的结果，无论买家还是卖家，都能获取自己想要的那一份节日开心和精彩！

公主靓鞋坊：讲得实在太精彩了，细节决定成败。你觉得自己做得最成功的是什么，最失败的是什么，有没有什么经验教训要和大家分享呢？

雨荷宝贝：我还没有觉得做得最成功的是什么，经营淘宝就是经营自己的一番事业，把它做好，和我的团队一起分享发展带来的快乐，忙碌的时候一起忙，闲暇的时候一起说笑话，在交易中结交越来越多的各地买家朋友，节日发送一份温馨的祝福，彼此寒暄几句。一起走过的淘宝之路，我想是我觉得最成功的地方吧。我自认为还没有感觉自己哪里最失败，在几年的经营中，当然也遇到很多磕磕碰碰和烦恼，总结和怎么去解决问题，是一个不败的经验。

公主靓鞋坊：总结和怎么去解决问题是一个不败的经验，这句话说得太好了！接下来你的淘宝店目标是什么，你将要去做的事情是什么，你觉得自己的店还有哪些方面需要提高？

雨荷宝贝：现在的店铺目标是直冲四皇冠！虽然现在还只有不到8万个好评，但是我和伙伴们都信心满满。人家说“三皇冠已经来了，四皇冠还会远吗？”真是直击肺腑啊！目前最迫切需要做的是多借助活动和加大推广去迅速加大好评率，当然这其中我们的客服素质也要提高，一个微笑能打动千里之外的顾客，你信吗？

公主靓鞋坊：我相信。一开始给你做访谈，我就感到了你的亲和力和热情，能给广大的新手卖家说几句话吗？

雨荷宝贝：我不喜欢客套话，记得读书的时候就特别讨厌上台演讲，我想这也是我会选择做淘宝的原因吧，自由自律，不需要面对太多的沟通。这里我想给刚步入淘宝或者即将涉足淘宝的卖家们说一些话：“不要指望淘宝能一下子给你带来很多的金钱，因为淘宝只是一个交易的平台，靠天靠地，最后还是要靠自己！多到做得好的店铺去学习他们的经营之道，好好想想他们是如何成功的。”

公主靓鞋坊： 凡事靠自己是最经典的一句话。我们一定要谨记这句话，坚持到成功的那一天！

采访后记： 采访结束后，我问自己，他的成功来自幸运吗？不是，是靠自己一步一步脚踏实地的坚持，并注重每一个细节，统筹兼顾，才能成功！就像雨荷大哥说的，“只有织好紧密的网，才能网到最多的鱼！”淘宝掌柜们，你的网织得够密、够细、够好吗？成功人士的经验各有不同，希望广大新手卖家们好好把握和运用，恰到好处，才能发挥最好的作用！